أجوبة القرآن
عن أسئلة الإنسان الثلاثة
من أين؟ لماذا؟ وإلى أين؟

أجوبة القرآن

عن أسئلة الإنسان الثلاثة

من أين؟ لماذا؟ وإلى أين؟

تأليف الدكتور

عزالدين بن سعيد كشنيط الجزائري

بـإشراف الدكتور

مشعان سعود عبد العيساوي

الطبعة الأولى

2011 – 2012م

المملكة الأردنية الهاشمية رقم الإيداع لدى دائرة المكتبة الوطنية (2010/12/4632)

220

الجزائري، عز الدين كشنيط

أجوبة القرآن عن أسئلة الإنسان الثلاثة من أين؟ لماذا؟ وإلى أين/ عز الدين كشنيط الجزائري .- عمان: دار مجدلاوي للنشر والتوزيع، 2010

(392) ص.

ر.إ: (2010/12/ 4632)

الواصفات: القرآن الكريم// الإسلام// الثقافة الإسلامية/

* يتحمل المؤلف كامل المسؤولية القانونية عن محتوى مصنفه ولا يعبّر هذا المصنف عن رأي دائرة المكتبة الوطنية أو أي جهة حكومية أخرى.

(ردمك) 978-9957-02-427-7 ISBN

Dar Majdalawi Pub.& Dis.
Telefax: 5349497 - 5349499
P.O.Box: 1758 Code 11941
Amman- Jordan
www.majdalawibooks.com
E-mail: customer@majdalawibooks.com

دار مجدلاوي للنشر والتوزيع
تليفاكس : ٥٣٤٩٤٩٧ – ٥٣٤٩٤٩٩
ص . ب ١٧٥٨ الرمز ١١٩٤١
عمان - الأردن

◄ الآراء الواردة في هذا الكتاب لا تعبّر بالضرورة عن وجهة نظر الدار الناشرة.

بسم الله الرحمن الرحيم

قَالَ تَعَالَى: ﴿ وَنَزَّلْنَا عَلَيْكَ ٱلْكِتَٰبَ تِبْيَٰنًا لِّكُلِّ شَىْءٍ وَهُدًى وَرَحْمَةً وَبُشْرَىٰ لِلْمُسْلِمِينَ ﴾

النحل: ٨٩

قَالَ تَعَالَى: ﴿ وَمَا مِن دَآبَّةٍ فِى ٱلْأَرْضِ وَلَا طَٰٓئِرٍ يَطِيرُ بِجَنَاحَيْهِ إِلَّآ أُمَمٌ أَمْثَالُكُم مَّا فَرَّطْنَا فِى ٱلْكِتَٰبِ مِن شَىْءٍ ثُمَّ إِلَىٰ رَبِّهِمْ يُحْشَرُونَ ۝ ﴾

الأنعام: ٣٨

5

الإهـــــداء

إلى أبي الباحثين عن اليقين؛ أبي الأنبياء والمرسلين "إبراهيم عليه السلام".
وإلى كل حيران تائه في ظلم هذه الأرض
أهدي هذا الجهد المتواضع
إلى كل باحث عن حقائق هذه الحياة يبتغي في اليقين
سكينة نفسه، وطمأنينة قلبه، ليعمل بعلم، ويدعو إلى
سبيل ربه على بصيرة
وإلى والـــــديَّ الكريمين
أهدي ثمرة هذا الجهد المتواضع.

شكر وثناء

أقدم وافر الشكر وأخلص الامتنان لفضيلة الدكتور مشعان سعود على قبوله الإشراف على هذه الرسالة أولا ثم على ما بذله من النصح والتوجيهات، وما خصَّني به من العناية. إذ يعود إليه الفضل -بعد اللـه- في إخراج البحث على ما هو عليه.

وأقدم أصدق الشكر أيضا إلى كلِّ من قدم لي يد العون وأسهم في ظهور هذا الجهد المتواضع برأي أو نقد أو تنبيه أو توجيه من أساتذتي الأفاضل بالعراق وأخص بالذكر منهم أساتذتي الأفاضل: الدكتور محسن عبد الحميد، والدكتور حارث سليمان ضاري، والدكتور محمد رمضان، والدكتور محمد صالح عطية، والدكتور محمد أمين الكبيسي.

ولا يفوتني أن أسجل خالص شكري لأساتذتي بالجزائر وأخص بالذكر منهم أستاذي الدكتور عمّار جيدل، والأستاذ محمد الهادي الحسني، والأستاذ محمد بـن بريكة، والأستاذ العيد شريفي، والأستاذ شريفي بالحاج، والأستاذ يوسف تيتواح.

كما لا يفوتني هنا أن أدوّن شكري الخالص إلى الفاضلين الحاج قيس القدسي، والحاج عايد جبر الذين غمراني بكامل الرعاية والاهتمام طول مدة إقامتي ببغداد، وإلى أبي حسنين محمد الرَّاوي الذي جعل مكتبته القيمة تحت تصرُّفي طيلة فترة البحث.

10

الفهرست

المقدمة

الحمد لله رب الأولين والآخرين، سبحانه أعطى كل شيء خلقه ثم هدى وبدأ خلق الإنسان من طين، وهبنا السمع والأبصار والأفئدة وألهمنا النطق والتبيين. أكمل لنا الدين وأتمَّ علينا النعمة، وبعث فينا رسولا منا يتلو علينا آياته ويزكينا ويعلمنا الكتاب والحكمة، فله الحمد على نعمه الجمَّة. وأشهد أن لا إله إلا الله وحده لا شريك له تكون لمن اعتصم بها خير عصمة، وأشهد أن محمدا عبده ورسوله أرسله بأنوار الهداية واليقين للعالمين رحمة، وفرض عليه بيان ما أنزل إليه من الأمور المهمة، صلى الله عليه وعلى آله وأصحابه صلاة تكون لنا نورا من كل ظلمة، وسلم تسليما[1].

وبعد:

فإن خوض غمار هذا الموضوع بالبحث والتأليف خطب جليل ومقصد نبيل، وإنه ليبعث في نفس من تصدَّر له من الإغراء ما لا قبل له بمقاومته، ومن المهابة ما يرعب رشيق الأقلام عن مداعبته.

إغراء يثيره شغف النفس وكلفها بالاطلاع على كبرى حقائق هذا الوجود، وكبرى الحقائق المتعلقة بالجنس البشري. وجمع ناصية العلوم النافعة من أطرافها، جملة واحدة.

وأما الباعث على الخوف؛ فما في الجرأة على الكتابة في هذا الموضوع من الخطر العظيم على من لم يعصم الله تعالى قلمه من الزلل والتقصير في التعريف بالمقاصد الربانية بسوء فهم أو سوء تعبير.

---

(1) انظر مقدمة جامع العلوم والحكم، أبو الفرج عبد الرحمن بن رجب الحنبلي ص2.

وإنني إذا أذعنت للخاطر الثاني فلِمَا في نفسي من المحبة العظيمة لهذا الموضوع، ثم لما في نفسي من الطمع في توفيق الله تعالى ومنِّه عليَّ بالوقوف على بلسم الشفاء، وإكسير الحياة، في كتابه الكريم لقلبي وقلوب الكثيرين ممـن تشعبت بهـم السبل في دنيا الأقوال المتهافتة.

والحقيقة أن هذا الموضوع كان من مشاريعي العلمية المحبوبة لـديَّ والتـي كنـت أدَّخرها لفترة ما بعد الدراسة الأكاديمية، ولكن الله يسَّر -بفضله- أن أتناوله كجـزء مـن متطلبات نيل درجة الماجستير في جامعـة بغـداد العـامرة، فبسطته للبحـث بإمكانيـاتي المتواضعة وكلي رجاء في عون اللـه وتوفيقه.

أهمية الموضوع:

يستمد هذا الموضوع أهميته مـن كونـه بحثـا عـن صـلة المضمون القرآني بزبـدة تطلُّعات الفكر البشري طيلة وجوده في هذه الحياة.

لقد نظرت في سعي الناس وراء العلوم والمعارف فرأيت أن غايـة مـا يسعى إليـه البحث العلمي الجاد هو تبسيط المفاهيم المعقدة، وتيسير الصعب منها، وفكُّ أسر المعاني الجليلة من قيد الألفاظ والمصطلحات المستعصية وتجريدها من كثرة ما يكتنفها من غموض، مع الانتقال من الدراسات الجزئية المتخصصة إلى دراسـة المفاهيم الكلِّية. وعليه فإني أحببت أن أتناول الهداية القرآنية بالبحث على منهج يحرِّر الفطرة الإنسانية عامة والعقليـة المسلمة خاصة مـن سطوة المنطق اليونـاني، وهيمنته. فأتخلَّص مـن المصطلحات الفلسفية أو الكلامية المعقدة. وأختصرـ التصنيفات والمباحـث الجزئيـة الكثيرة في ثلاثة مواضيع رئيسة مهمة وهي: أجوبة القرآن عـن أسئلة الإنسـان الثلاثـة: (من أين؟)، و(إلى أين؟)، و(لماذا؟).

وهذا كفيل بأن يقي الباحث من الضِّياع في غمرة البحوث الكثيرة والمتشعبة في جزئيات الدراسات القرآنية والإنسانية وزحمتها، ويُذكِّره دوما بأمهات المسائل وكلِّياتها لدى الوعي البشريّ، وكبرى المقاصد والحقائق القرآنية عن هذا الوجود.

ثم إن هذا الموضوع صميمٌ يعالج أكثر مسائل الإنسان جوهرية وكلِّية على الإطلاق، ويعالج أعقد الأمراض الفكرية المتوارثة بين الأجيال وهي الحيرة التي عبَّر عنها الشاعر [1] بقوله:

جئت، لا أعلم من أين، ولكني أتيت

ولقد أبصرت قدامي طريقا فمشيت

وسأبقى سائرا إن شئت هذا أم أبيت

كيف جئت؟ كيف أبصرت طريقي؟ لست أدري

أجديد أم قديم أنا في هذا الوجــود؟

هل أنا حرّ طليق أم أسير في قيــود؟

هل أنا قائد نفسي في حياتي أم مقود؟   لست أدري

وقال أيضا:

أتراني قبلما أصبحت إنسانا سويًّا

كنت محوا أو محالا أم تراني كنت شيئا

ألهذا اللغز حل؟ أم سيبقى أبديا

لست أدري ... ولماذا لست أدري؟   لست أدري

---

(1) هو الشاعر اللبناني المغترب إيليا أبو ماضي من قصيدته الطويلة المسماة بالطلاسم من ديوانه الجداول.

وقال:

أوراء القبر بعد الموت بعث ونشور؟

فحياة، فخلود، أم فناء فدثور؟

أكلام الناس صدق أم كلام الناس زور؟

أصحيح أن بعض الناس يدري؟ لست أدري [1]

إنه لا يدري، ولا يعلم لماذا لا يدري، ولا إمكانية أن يدري، وليس يدري إن كان بعض الناس يدري. فهي المعضلة بكل ما تحمله الكلمة من معنى. وذلك هو مقصد المقاصد من إنزال الكتب عامة والقرآن خاصة. ففي هذا البحث بيان لأهم ما في تلك الهداية التي وعد الله بها البشرية بقوله: قَالَ تَعَالَى: ﴿ فَإِمَّا يَأْتِيَنَّكُم مِّنِّي هُدًى فَمَنِ ٱتَّبَعَ هُدَايَ فَلَا يَضِلُّ وَلَا يَشْقَىٰ ۝ وَمَنْ أَعْرَضَ عَن ذِكْرِى فَإِنَّ لَهُۥ مَعِيشَةً ضَنكًا وَنَحْشُرُهُۥ يَوْمَ ٱلْقِيَٰمَةِ أَعْمَىٰ ۝ ﴾ طه: ١٢٣ - ١٢٤.

فتوعَّد الله تعالى من لم يؤمن بها ويذعن لها ويعمل بها بالمعيشة الضنك في دنياه وبالخسران المبين في آخرته. وذلك هو جانب الخطورة في تجاهلها.

ثم إن هذا البحث يعالج أهمَّ ما يميز الإنسان عـن الحيوان وهي ظاهرة الـوعي بالماضي والحاضر والمستقبل، والوعي بقيمة السلوك. إذ شتَّان بين من يعي أجوبة هـذه الحقائق الكبرى وبين من تاه في غمرة هذه الحياة يهيم على وجهه كالحيوان بـل أضـل منه سبيلا.

يقول القرضاوي: "وفرق كبير بين إنسان كعمر الخيام يقول في حال حيرته وشكه:

_____

(1) العقيدة في الله، عمر سليمان الأشقر ص 15-18.

لبست ثوب العمر لم أستشر وحرت فيه بين شتى الفكر!

وسوف أنضو الثوب عني ولم أدر: لماذا جئت، أين المفر؟

وبين آخر يقول في يقين وطمأنينة:

وما الموت إلا رحلة، غير أنها من المنزل الفاني إلى المنزل الباقي"[1]

الدراسات السابقة:

بالنسبة للدراسات السابقة في هذا الموضوع فإنني لم أطَّلع لحد الآن على مؤَلَّفٍ أفرد هذه الأسئلة الثلاثة وأجوبتها في القرآن بالبحث المنهجي المركز، على هذا النمط، وبهذه الشمولية. وأقرب ما صادفت شبها بعنوان رسالتي هذه؛ رسالةٌ تقدَّم بها طالب دراسات عليا بالجامعة الإسلامية بالمدينة المنورة بعنوان "يسألونك في القرآن والجواب عنها"[2] وقد تيسر لي أن أطلع على خطة مواضيعها فوجدت الباحث قد أدرج فيها كل ما يتعلق بلفظة "يسألونك" الواردة في القرآن. ووجدت أنه قد صنَّف الأسئلة الواردة في القرآن إلى عدة أقسام ملتزما بما في العنوان عما يتعلق بيسألونك دون أن يتطرق إلى الأسئلة المضمرة في السياق وهي كثيرة. ووجدت أن معظم بحثه ليس مركزا على القضايا الكبرى بل بسط فيها الكلام عن كل شؤون الحياة، والتي منها الأسئلة الخاصة بالعقيدة والغيبيات.

مصادر هذا البحث، ومنهجي في تناوله:

من المؤكد أن الباحث في هذا الموضوع لا يجد مشكلة في مصادره، وذلك لدرجة شموليته ولأن لكل بحث من بحوث الفكر الإنساني علاقة بهذا الموضوع

---

(1) الدين في عصر العلم، د. يوسف القرضاوي ص71.

(2) رسالة ماجستير تقدم بها الطالب: محمد الشيخ محمد عثمان ركاب، تحت إشراف الشيخ أبو بكر جابر الجزائري - المملكة العربية السعودية/ 1406هـ

-بشكل أو بآخر-. فكل ما أفرزه الفكر الإنساني عامة، والفكر الإسلامي خاصة يصلح بهذا الاعتبار أن يكون مصدرا أو مرجعا لهذا البحث.

ولكنها مع ذلك متفاوتة في مدى صلتها بالموضوع من حيث شموليته، وتركيزه على عناصره. وعلى هذا الاعتبار فإني صنفت ما توفر لدي من مصادر ومراجع إلى ثلاثة أصناف:

- الصنف الأول وهي البحوث التي تناولت الموضوع بكل عناصره. وخير مثال على هذا الصنف البحث الذي كتبه الدكتور محمد سعيد رمضان البوطي بعنوان: مدخل إلى فهم الجذور (من أين؟ ولماذا؟ وإلى أين؟.)

- صنف ثانٍ وهي بحوث مركزة مباشرة على واحدٍ أو اثنين من عناصر هذا الموضوع الثلاثة. ومثال هذا الصنف كتاب "اللـه" لعباس محمود العقاد، وكتاب "العقيدة في الله" لعمر سليمان الأشقر بالنسبة لمباحث فصل البدايات. وكتاب التذكرة في أحوال الموتى وأمور الآخرة للقرطبي، وكتابي الأشقر عن اليوم الآخر [1] بالنسبة لمباحث فصل مصير الكون والإنسانية. وكتاب شيخ الإسلام ابن تيمية "العبودية" وكتابي د.القرضاوي: "العبادة" و"قيمة الإنسان وغاية وجوده في الإسلام"، بالنسبة لمباحث فصل الوظيفة والغاية. وكتاب د. البوطي "كبرى اليقينيات الكونية" الذي ركز فيه على مسألتي وجود الخالق ووظيفة المخلوق.

- صنف ثالث تناول المباحث المختلفة لهذا الموضوع عرضا ولم يقصد التعمق فيها، وإنما ذكرها كجزئية مكملة في كتابه وأدرجت في هذا الصنف

---

(1) الكتابين هما: "اليوم الآخر: الجنة والنار" و"اليوم الآخر: القيامة الكبرى".

كل ما له علاقة بأحد جزئيات هذا الموضوع، وهي كثيرة؛ ككتاب الإنسان في القرآن الكريم للعقاد، وكتب العقائد والكلام والتاريخ وغيرها.

ثم إنه إن كان لشمولية هذا البحث أثرها الإيجابي من جانب وفرة المصادر فإن لهذه الشمولية جانبها المتعب أيضا. فمشكلة الباحث في هذا الموضوع هي كيفية انتقاء المناسب من تلك المصادر ثم استخلاص جواهر ما فيها مما له علاقة جوهرية بلبِّ البحث واستخلاص عصارة تلك البحوث ووضعها في مكانها المناسب من هذا البحث. بما يوافق وظيفتها فيه. وأصعب ما في الكتابة في هذا الموضوع هي التوفيق بين جمع أطرافه المترامية، وإعطاء كل جانب من جوانبه تمام حقه.

ومن أجل تحقيق هذا الغرض اتبعت في هذا البحث المنهجية الآتية:

حاولت أن أمهِّد للموضوع، وأن أخصص لكل سؤال من أسئلة الإنسان الثلاثة فصلا خاصا به مستهلا كل فصل ببيان أهمية ذلك السؤال وأهمية الوقوف على جوابه الصحيح من القرآن. وأوردت خلاصة لما وصل إليه الفكر البشري في محاولاته الإجابة عنه.

ثم حاولت أن أبسط جواب القرآن عنه باستعراض الآيات -القليلة أو الكثيرة-التي تناولَت موضوع السؤال، وأختار منها أكثرها شمولية وإيحاءً في تناول الجواب، وقد اخترت أن أركز في استشهاداتي التفسيرية على أهم التفاسير الأثرية وهو تفسير بن كثير، وأقرب التفاسير إلى روح العصر الحديث وهو تفسير الظلال لما يحمله من ذوق بياني، ووعي بكبرى حقائق ومقاصد القرآن، ولم يمنعني ذلك من التعامل مع باقي التفاسير - قديمها وحديثها- والاستئناس بها. وليس ذلك زهدا مني فيها، وإنما حفاظا على جزئيات الموضوع من التشتت وكثرة الاستطرادات، ثم إني غالبا ما ألجأ إلى صحيح السنة قصد بيان مبهم القرآن وبيان بعض التفاصيل المهمة أو توضيحا لما لم يبينه القرآن.

وقد اقتضت طبيعة هذا الموضوع أن أتناوله على النحو الآتي:

قسمت بحثي هذا -بعد المقدمة - إلى أربعة فصول وخاتمة

أما الفصل الأول فهو فصل تمهيدي فرعته إلى ثلاثة مباحث:

- المبحث الأول: عرَّفت فيه بالسؤال ومعانيه وأهميته، وذكرت أهم ما يدفع الناس إلى التساؤل. ثم تكلمت عن المقاييس التي تقيَّم بها شرعية السؤال في الإسلام.

- المبحث الثاني: حددت فيه أمهات مسائل الوعي البشري التي جعلت منها مواضيع الفصول المتبقِّية. ثم تناولت الكلام بيان المكان الذي يمكن أن يكون مظنة لأجوبة تلك المسائل، وعن وسائل نوالها.

وأما الفصل الثاني فقد خصَّصته لجواب القرآن عن السؤال الأول المتعلـق بموضوع البداية الأولى وقسمته إلى مبحثين:

- المبحث الأول: تناولت فيه مسألة العلة الأولى أو علة العلل.

- المبحث الثاني: تناولت فيه مسألة المعلولات الأولى التي تهمُّ الإنسان، وهي قصة بداية وجود السموات والأرض، وقصة بداية الوجود البشري.

ثم تطرقت في الفصل الثالث إلى بيان جواب القرآن عـن مصير هـذا الوجود عامـة والوجود البشري خاصة. وقسمته إلى مبحثين رئيسين:

- المبحث الأول: تكلمت فيه عن فناء ما في هذه الدنيا، مركزا على مسألتين مهمتـين وهما: ظاهرة الموت أو آلة الفناء الفردي. قيام الساعة التي هي آلة خراب نظام هذا الكون، وفناء البشرية جمعاء.

- المبحث الثاني: تكلمت فيه عن أحوال دار البقاء مركزا على محورين رئيسين هـما: مرحلة إعادة الناس وحسابهم ثم الكلام على مستقرهم الأخير.

وفي الفصل الرابع بسطت الكلام عن الغاية التي خلق الكون لأجلها، والوظيفة التي أنيطت بالإنسان، وقسَّمته إلى مبحثين:

- المبحث الأول: تكلمت فيه عن سريان ظاهرة الغائية في كل مظاهر الكون وبيَّنتها.

- المبحث الثاني: بسطت فيه الكلام عن إثبات وجود الغاية في الإنسان، وعن وضع الإنسان في هذا الوجود والحقائق التي تحيط به وعن كلام القرآن عن سبب وجوده.

ثم ختمت هذا البحث بخاتمة ضمنتها أهم نتائجه، وبقائمة للمراجع والمصادر التي استعملتها في إنجاز هذا البحث.

هذا ما تيسر لي تقديمه طول فترة اشتغالي بهذا الموضوع الذي على الرغم من أنه أجهدني كثيرا فإنني أعترف أني تمتعت به أشد المتعة. وهذه ثمرة جهودي المضنية من خلال معايشتي لهذا الموضوع حولين كاملين أضعها بين أيدي أساتذتي الأفاضل، وكلي آذان صاغية أترقب توجيهاتهم وملاحظاتهم عليه مشكورين. نفع الله بهم الإسلام والمسلمين آمين.

21

الفصل الأول

"التفاؤل والتساؤلات"

وهو فصل تمهيدي يشتمل على المبحثين الآتيين:

المبحث الأول: التساؤل والأسئلة.

وهو مخصص للكلام عن مفهوم السؤال ووظيفته في الجهاز المعرفي. مع بيان الطباع الإنسانية الدافعة إلى التساؤل. ثم التطرق إلى مسألة شرعية السؤال عموما.

المبحث الثاني: تحديد مجال الطلب المعرفي، ووسائل الطالب المعرفية.

وهو مخصص لبيان أمهات أسئلة الإنسان، وتحديد المجال الذي هو مظنة الظفر بأجوبة تلك الأسئلة، وطرق المعرفة الإنسانية ومصادرها.

24

المبحث الأول

التساؤل والأسئلة

ويتضمن أربعة مطالب:

المطلب الأول: السؤال (التعريف بالسؤال، وتحديد أسئلة الموضوع).

يرد لفظ السؤال في اللغة بمعنى الطلب مطلقا سأل يسأل سؤالا ومسألة؛ طلب.

جاء في اللسان عن ابن بري قوله: سألته الشيء بمعنى استعطيته إياه. ﴿قَالَ تَعَالَىٰ:

﴿وَلَا يَسْـَٔلْكُمْ أَمْوَٰلَكُمْ ٣٦﴾ محمد: ٣٦. وسألته عن الشيء استخبرته. ... والسائل؛ الطالب... وأسـألته سـؤلته ومسـألته، أي قضيت حاجتـه)[1]. (السؤال والسؤلة) بضم فسكون ما طلبته (والمسألة) الحاجة[2]. ورجل سؤلة: كثير السؤال[3].

وقد يحتمل هذا اللفظ عدة معان في عدة وجوه بحسب بنيته الصرفية، ومقصد قائله من قوله، وموقعه في تركيب الجملة وسياق الكلام، وكل تلك الوجوه ترجع إلى معنى طلب الشيء، وتختلف فيما بينها باختلاف الشيء المطلوب.

---

(1) انظر لسان العرب (سأل). وقال د. جميل صليبا في معجمه الفلسفي: (السؤال ما يُسأل: وهو استدعاء المعرفة، أو ما يؤدي إلى المعرفة.. والسؤال للمعرفة قد يكون للاستفهام والاستعلام تارة أو التعريف والتبيين أخرى. وقد يكون معنى السؤال الطلب ... أما المسألة فهي الدعوى من حيث ورود السؤال عليها، أو على دليلها. وتطلق أيضا على القضية المطلوب بيانها في العلم. (المعجم الفلسفي: د.جميل صليبا. ص675). وقال صاحب التعريفات: (المسائل هـي المطالب التي يبرهن عليها العلم، ويكون الغرض من ذلك العلم معرفتها). (التعريفات: الشريف علي بن محمد الجرجاني. ص211).

(2) دائرة معارف القرن العشرين/ محمد فريد وجدي (سأل).

(3) معجم مقاييس اللغة ج3، تحقيق عبد السلام هارون (سأل).

25

وقد ذكر صاحب الوجوه والنظائر[1] منها سبعة استخرجها من القرآن الكريم وهي: (- معنى الاستفتاء - الاستمناح - الدعاء - المراجعة - الطلب - الحساب - التخاصم). ومثل لكل منها بشيء من الشواهد القرآنية فمثل للسؤال الذي يرد بمعنى **الاستمناح** بقوله تعالى: **قَالَ تَعَالَى:** ﴿ وَأَمَّا ٱلسَّآئِلَ فَلَا تَنْهَرْ ﴿١٠﴾ ﴾ الضحى: ١٠ (يعني: المستمنح فلا تنهر). وقوله: **قَالَ تَعَالَى:** ﴿ وَٱلسَّآئِلِينَ وَفِي ٱلرِّقَابِ ﴿١٧٧﴾ ﴾ البقرة: ١٧٧ وقوله: **قَالَ تَعَالَى:** ﴿ لِّلسَّآئِلِ وَٱلْمَحْرُومِ ﴿١٩﴾ ﴾ الذاريات: ١٩ للسائل والمحروم ﴾.

ومثَّل للسؤال الذي معناه **الدعاء** بقوله تعالى: **قَالَ تَعَالَى:** ﴿ سَأَلَ سَآئِلٌۢ بِعَذَابٍ وَاقِعٍ ﴿١﴾ ﴾ المعارج: ١ (يعني: دعا داع).

وللسؤال الذي بمعنى **المراجعة** في الكلام والاعتراض، بقوله تعالى: **قَالَ تَعَالَى:** ﴿ فَلَا تَسْئَلْنِ مَا لَيْسَ لَكَ بِهِۦ عِلْمٌ ﴿٤٦﴾ ﴾ هود: ٤٦ (يعني: لا تراجعني). وقوله أيضا: **قَالَ تَعَالَى:** ﴿ لَا يُسْئَلُ عَمَّا يَفْعَلُ وَهُمْ يُسْئَلُونَ ﴿٢٣﴾ ﴾ الأنبياء: ٢٣

ومثَّل للسؤال الذي بمعنى **الطلب** بقوله تعالى: **قَالَ تَعَالَى:** ﴿ يَسْئَلُهُۥ مَن فِي ٱلسَّمَٰوَٰتِ وَٱلْأَرْضِ كُلَّ يَوْمٍ هُوَ فِي شَأْنٍ ﴿٢٩﴾ ﴾ الرحمن: ٢٩ (يعني: يطلب من في السموات ومن في الأرض المغفرة). وبقوله تعالى: **قَالَ تَعَالَى:** ﴿ قُلْ جَآءَ ٱلْحَقُّ وَمَا يُبْدِئُ ٱلْبَٰطِلُ وَمَا يُعِيدُ ﴿٤٩﴾ ﴾ سبأ: ٤٩.

ومثَّل للسؤال الذي يقصد منه **الحساب**، بقوله تعالى: **قَالَ تَعَالَى:** ﴿ فَلَنَسْئَلَنَّ ٱلَّذِينَ أُرْسِلَ إِلَيْهِمْ وَلَنَسْئَلَنَّ ٱلْمُرْسَلِينَ ﴿٦﴾ ﴾ الأعراف: ٦ وقوله أيضا:

---

(1) قاموس القرآن الكريم أو إصلاح الوجوه والنظائر: الدامغاني.

قَالَ تَعَالَى: ﴿ فَوَرَبِّكَ لَنَسْأَلَنَّهُمْ ﴾ الحجر: ٩٢

(أي: لنحاسبنهم على ما كان منهم).

وأما السؤال الـذي معناه **التخاصم**؛ فمثَّل لـه بقولـه تعالى: قَالَ تَعَالَى: ﴿ عَمَّ يَتَسَاءَلُونَ ﴾ النبأ: ١ (يعني: يتخاصمون).

ومثَّل للسؤال الذي هو بمعنى **الاستفتاء**، بقوله تعالى في سورة البقرة قَالَ تَعَالَى: ﴿ يَسْأَلُونَكَ ﴾ البقرة: ١٨٩ (يعني: يستفتونك). وبكل "يسألونك"[1] وردت في القرآن.[2]

كذا ورد هذا اللفظ في آي القرآن الكريم ويجدر هنا بيان ما يتعلق من تلك المعاني بموضوع هذا البحث مما لا علاقة له به.

- فأما ما كان استعطاء أو استمناحا أو دعاءا، فلا يتعلق منها بهذا الموضوع إلا ما كان القصد منه تحصيل معرفة، وأما الباقي فله أحكامه الفقهيـة الشرعية التي عنيت به. ولا علاقة له بهذا الموضوع.

- وأما إن كان الذي يحصل من اللـه تعالى من الاستجواب لعباده في الآخرة؛ فهذا الوجه مبسوط في مباحث السمعيات، في كتب الأخبار والعقائد.

- وأما إن كـان المـراد منـه طلب المعرفـة الخالصة (أي الاسـتفتاء) فهـو المعنى المقصود من أسئلة هذا البحث.

---

(1) البقرة: ١٨٩، ٢١٥، ٢١٧، ٢١٩، ٢٢٠، ٢٢٢. والمائدة: ٤. والأعراف: ١٨٧. والأنفـال: ١. النازعـات: ٤٢. انظر المعجم المفهرس لآيات القرآن الكريم. ص٢٥٧.

(2) قاموس القرآن الكريم أو إصلاح الوجوه والنظائر: الدامغاني ص ٢٢٣،٢٢٤.

فإذا بحثنا عن لفظ دقيق يؤدي المعنى المراد من أسئلة هذا البحث وجدنا أن أنسب أساليب الطلب عند البلاغيين والنحويين دلالة على هذا المعنى هي كلمات **الاستفهام والاستخبار والاستعلام**. والشائع استعماله عندهم لفظ الاستفهام الذي يشكل أحد أساليب الطلب عندهم.

(والاستفهام: في أصل اللغة هو (**طلب الفهم**)، جاء في "لسان العرب": "استفهمه: سأله أن يفهمه. وقد استفهمني الشيء فأفهمته وفهَّمته تفهيما"[1].

قال د. قيس الأوسي: (وكذلك هو في اصطلاح النحاة): "(الاستفهام): طلب الفهم". وقد وافقهم السبكي من البلاغيين فحده بأنه: "طلب الفهم". وحده غيره من أصحاب "شروح التلخيص" بأنه "طلب حصول صوره الشيء في الذهن")[2].

وعلى هذا يكون هذا اللفظ أولى بأن يوضع علما لهذا الوجه من معاني السؤال.

ثم أورد خلافا يسيرا بين النحاة في الفرق بين الاستفهام والاستخبار. ففرق بعضهم بينهما في المعنى، فقال:

(و(الاستخبار) يختلف عن (الاستفهام) وذلك لأنه يفيد معنى "طلب الخبر". ومن النحاة من قد سوى بينهما، يقول ابن فارس: "(الاستخبار) طلب خبر ما ليس عند المستخبِر، وهو (الاستفهام)" ويقول الجرجاني: "إن (الاستفهام)، و(الاستخبار): هو طلب المخاطَب أن يخبرك". وقد ساوى ابن يعيش بين (الاستفهام) و(الاستعلام) و(الاستخبار)، فقال: (الاستفهام والاستعلام والاستخبار بمعنى واحد فالاستفهام مصدر استفهمت أي طلبت الفهم، وهذه السين تفيد

---

(1) لسان العرب (فهم).

(2) أساليب الطلب عند النحويين والبلاغين: د. قيس إسماعيل الأوسي ص307.

الطلب.)[1] وذكر بعض النحاة أن بين الاستخبار والاستفهام أدنى فرق، فقال بعضهم: إنّ الاستخبار يسبق الاستفهام وذلك لأنك تستخبر فتجاب بشيء فربما فهمته وربما لم تفهمه، فإذا سألت ثانية فأنت مستفهم، تقول: أفهمني ما قلته لي. وقال آخرون: إنّ الاستخبار قد يكون تنبيها للمخاطب وتوبيخا، ولا يقتضي ـ عدم الفهم، والاستفهام بخلاف ذلك)[2].

وعلى كلِّ حال فإن السؤال المعرفي الوارد في القرآن لا يخرج عن معنى الاستخبار أو الاستفهام أو الاستفتاء أو الاستعلام.

ثم إنّ السؤال بهذا الوجه لا يكون استفهاما حقيقيا على الدوام. إذ (لكون الاستفهام طلب ما في الخارج أو تحصيله في الذهن، لزم ألا يكون حقيقيا إلا إذا صدر من شاك مصدق بإمكان الإعلام، فإن غير الشاك إذا استفهم يلزم تحصيل الحاصل، وإذا لم يصدق بإمكان الإعلام انتفت فائدة الاستفهام.

ولذلك ذهب النحاة إلى أن الاستفهام في القرآن يختلف عن الاستفهام في كلام البشر، وذلك لأن المستفهم غير عالم، إنما يتوقع الجواب فيعلم به. و الله عز وجل منزه عن ذلك، لأنه تعالى لا يستفهم خلقه عن شيء، فالاستفهام في القرآن غير حقيقي، لأنه واقع ممن يعلم ويستغني عن طلب الإفهام. وإنما يخرج الاستفهام في القرآن مخرج التوبيخ والتقرير، فالله تعالى يستفهم عباده ليقررهم ويذكرهم أنهم قد علموا حق ذلك الشيء، فإذا استفهموا عنه أنفسهم يجدونه عندها تخبرهم به.

لذلك فإن أكثر استفهامات القرآن الكريم لا تحتاج إلى جواب. يقول أبو حيان في قوله تعال: قَالَ تَعَالَى: ﴿ فَكَيۡفَ إِذَا جَمَعۡنَٰهُمۡ لِيَوۡمٖ لَّا رَيۡبَ فِيهِ ﴾ ٢٥ آل عمران: ٢٥

(1) شرح المفصل، ابن يعيش النحوي (150/8).
(2) أساليب الطلب عند النحويين والبلاغين ص307.

"هذا استفهام لا يحتاج إلى جواب، وكذلك أكثر استفهامات القرآن، لأنها من عالم الغيب والشهادة، وإنما استفهامه تعالى تقريع".

وعلى هذا لا يكون الاستفهام حقيقيا إلا إذا كان لفظه الظاهر موافقا لمعناه الباطن عند سؤالك عما لا تعلمه..)[1]

وعلى ذلك، ينحصر مفهوم الأسئلة المعرفية التي سيتناول موضوع هذا البحث أهمها في أحد وجوه معانيه؛ وهو الوجه الذي بمعنى الاستفهام الحقيقي وما يؤدي شيئا من معانيه كالاستخبار والاستعلام والاستفتاء.

المطلب الثاني: وظيفة السؤال في الجهاز المعرفي.

للسؤال وظيفة بالغة الأهمية في حياة الإنسان، إذ أن الكائن البشري يخرج إلى هذا العالم الفسيح مجرّدا من كل العلوم، وخالي الفؤاد من كل المعارف. ولكن حكمة خالقه تعالى اقتضت أن يضع له استعدادات ووسائل تكون أساسا قويا يمكّنه من كسب المعارف، فزوّده بالحواس التي بها يدخل المعلومات التي يحسُّها، وزوّده بالعقل بكل ما فيه من وظائف تساعد على معالجة ما التقطته الحواس وفهمه، فيتكون لكل إنسان بذلك رصيد معرفي مهم، وهذا ما أشارت إليه الآية الكريمة: قَالَ تَعَالَى: ﴿ وَٱللَّهُ أَخْرَجَكُم مِّنۢ بُطُونِ أُمَّهَٰتِكُمْ لَا تَعْلَمُونَ شَيْئًا وَجَعَلَ لَكُمُ ٱلسَّمْعَ وَٱلْأَبْصَٰرَ وَٱلْأَفْـِٔدَةَ لَعَلَّكُمْ تَشْكُرُونَ ۝ ﴾ النحل: ٧٨ [2].

---

[1] أساليب الطلب عند النحويين والبلاغيين ص307-309.
[2] وتعتبر هذه الآية أساسا لنظرية المعرفة الإنسانية. قال د. راجح الكردي عند كلامه عن مسألة طروء المعرفة على العقل الإنساني: (والذي يحكم النظرة القرآنية لهذه المسألة نجده في الآية الكريمة الواضحة في مدلولها على طروء المعرفة الإنسانية إذ يقول تعالى: قَالَ تَعَالَى: ﴿ وَٱللَّهُ أَخْرَجَكُم مِّنۢ بُطُونِ أُمَّهَٰتِكُمْ لَا تَعْلَمُونَ شَيْئًا وَجَعَلَ لَكُمُ ٱلسَّمْعَ وَٱلْأَبْصَٰرَ وَٱلْأَفْـِٔدَةَ لَعَلَّكُمْ تَشْكُرُونَ ۝ ﴾ النحل: ٧٨ (نظرية المعرفة بين القرآن والفلسفة/ د. راجح الكردي. ص 482) وانظر دعائم الفلسفة: إدريس خضير ص19. وكتاب: الطبيعة البشرية في القرآن الكريم. لطفي بركات أحمد ص 24.

فحواس الإنسان واستعداداته العقلية هي أساس تحصيله للعلوم في جهازه المعرفي.

هذا باعتبار الإنسان جهازا معرفيا قائما بذاته منفصلا عن غيره من بني جلدته من الناس، ولكن لما كانت الحياة الاجتماعية حاجة إنسانية ملحة[1] وكان تمازجه بالناس في شعوب وقبائل سنة جارية منذ القدم، زوده الله تعالى بملكة أخرى تمكنه من جمع شتات ثمار الأفكار مهما اختلفت بين الناس الأمصار، وتباعدت بينهم الأزمان والإعصار.

هذه الملكة هي قدرته على البيان بالكلام والكتابة، والقدرة على الفهم وتلقي المعارف والمعلومات والأفكار، بالقراءة والسماع والإحساس.

يقول الله تعالى مانًّا على الإنسان بإقداره على البيان: قَالَ تَعَالَى: ﴿ ٱلرَّحْمَٰنُ ﴿١﴾ عَلَّمَ ٱلْقُرْءَانَ ﴿٢﴾ خَلَقَ ٱلْإِنسَٰنَ ﴿٣﴾ عَلَّمَهُ ٱلْبَيَانَ ﴿٤﴾ ﴾ الرحمن: ١ - ٤[2].

فأمَّا البيان بالكلام فيشير إليه القرآن الكريم بقوله تعالى: قَالَ تَعَالَى: ﴿ أَلَمْ نَجْعَل لَّهُۥ عَيْنَيْنِ ﴿٨﴾ وَلِسَانًا وَشَفَتَيْنِ ﴿٩﴾ وَهَدَيْنَٰهُ ٱلنَّجْدَيْنِ ﴿١٠﴾ ﴾ البلد: ٨ - ١٠.

فالإنسان يرى الأشياء بعينيه في الخارج فتستقر لها صورا في ذهنه، ثم يضع لها رموزا صوتية اصطلاحية بلسانه وشفتيه، هذا دأبه مع كل ما يراه أو يسمعه أو يحسُه من الموجودات المادية أو المعنوية، يترجمها في مقاطع صوتية موزونة، وعبارات مسموعة.

---

(1) يقول ابن خلدون: "إن البشر لا يمكن حياتهم إلا باجتماعهم وتعاونهم على تحصيل قوتهم وضروراتهم وإذا اجتمعوا دعت الضرورة إلى المعاملة واقتضاء الحاجات". المقدمة (تحقيق المستشرق الفرنسي: ا.م. كاترمير) ص337-338.

(2) قال الحسن: يعني به النطق. حكاه عنه ابن كثير في تفسيره لهذه الآية ورجَّحه. والذي يظهر لي أن للبيان مفهومـا أعـم وأشمل من مجرد النطق، فيتناول الكتابة وكل أنواع الرموز و الله أعلم.

وأما الكتابة والقراءة، فقد نوَّه اللـه تعالى بهما في أوَّل نزلة قرآنية لجبريل عليه السلام فقال: قَالَ تَعَالَى: ﴿ ٱقۡرَأۡ بِٱسۡمِ رَبِّكَ ٱلَّذِى خَلَقَ ۝ خَلَقَ ٱلۡإِنسَٰنَ مِنۡ عَلَقٍ ۝ ٱقۡرَأۡ وَرَبُّكَ ٱلۡأَكۡرَمُ ۝ ٱلَّذِى عَلَّمَ بِٱلۡقَلَمِ ۝ عَلَّمَ ٱلۡإِنسَٰنَ مَا لَمۡ يَعۡلَمۡ ۝ ﴾ العلق: ١ ــ ٥.

أجل لقد تعلم الإنسان بالكتابة والقراءة ما لم يكن يعلم، وجمع بهما من المعارف ما لم يكن ليجمعه بمجرد اعتماده على ذاكرته.

هذا مجمل ما يستخلص من النظرة القرآنية في مسألة المعرفة الإنسانية.

وتفصيل ذلك أن الإنسان وُجد ليعيش في مجتمع، لا لينفرد ويتوحش، فخِلقته ضعيفة، لا تؤهله لمواجهة الحياة بمفرده، لذا دفعته حاجته الأمنية للاجتماع والتعارف. ثم لمَّا كان هذا التعارف يحتاج إلى اتصال فكري، أوجد اللـه تعالى له وسيلة هذا الاتصال، فزوَّده بالعقل والشَّفتين واللِّسان، وعلَّمه البيان، وفي ذلك منَّة إلهية لبني الإنسان، إذ لا يتأتى لأحد الناس -مهما عظمت قواه الإدراكية- أن ينفرد بعقله ومشكلات الإنسانية كلها في هذه الحياة، فيحل عُقدها، ويفُك ألغازها، ويستقصي حقائقها، ويكشف عن أسرارها لوحده.. إنَّ هذا ممتنع قطعا. إذ لا خلقة الإنسان تقوى على بلوغ غايته، ولا فترة وجوده تسع ذلك. فاستوجب ذلك تظافر جهود العقلاء على حلِّ ألغاز هذا الوجود، وفي ذلك تكمن أهمِية معرفة الإنسان للكلام والبيان.

وتظهر عظمة هذه النِعمـة في كونها تسـاهم في حبك شبكة معلوماتيـة واسعـة، تتكون عقدها من عقول بشرية متفاوتة المدارك، ومتنوِعة المعارف.

إنَّ تبادل الناس للمعارف عن طريـق الكـلام والسـماع أنتج ثروة معرفيـة هائلـة، وعلى الرغم من ذلك يمكن وصف هاتين الوسيلتين بالقصور، إذ غاية ما يمكن تحصيله بهما، مجرد تبادل معرفي -قاصر- بين أهل زمان واحد، في مكان محدود، يضاف إليه شيء يسير مما تداولوه عن بعض قدمائهم من المعارف اعتمادا

32

على الذاكرة، وقد أثبتت الذاكرة البشرية عجزها البيِّن عن استيعاب ذلك التراكم المعرفي المتضاعف باستمرار، عبر تطاول الأعصار، فلا تطيق الذاكرة غير ذلك النزر القليل من الروايات الشَّفوية في أحسن الأحوال. إنّ الإنسان في أشد الحاجة إلى تواصل معرفي متين بين الأجيال والأمم، بغية الاقتصاد في التفكير، وتفادي تكرار بذل الجهود وإهدار الوقت فيما قد تم تمحيصه، ولأنّ من ظواهر هذا الكون وأسراره ما يحتاج إلى تجربة و إمعان نظر يستغرقان أكثر من عمر جيل أو تاريخ أمة، بل إنّ أهل عصر واحد قد يتعذر تبادل المعارف بينهم، لِمَا قد يحول دون تحقيق ذلك من عداوة أو تعذُّر اتصال.

فلمّا كان الإنسان شديد الحاجة إلى ذلك التواصل، هداه الله تعالى إلى استخدام نفس مبدأ الوسيلة السابقة، وتعلّم الكتابة. إذ أنّه بعد أن رمز لما يفكر فيه بأصوات مخصوصة، أحدث لتلك الألفاظ رموزا خطية، تواضع عليها مع جماعة من بني جنسه على إفادتها لمعان مخصوصة، فأحدث لها بذلك وجودا كتابيًا، فتعلّم النَّاس بتلك الوسيلة، علوم عهود غابرة، موغلة في القدم، لم يكن ليسع الروايات الشَّفوية أن تنقل القليل منها مضبوطا، فضلا عن أن تنقلها جميعا، وذلك ما أشاد به القرآن الكريم في أول نزلة لجبريل بقوله: قَالَ تَعَالَى: ﴿ ٱقۡرَأۡ بِٱسۡمِ رَبِّكَ ٱلَّذِي خَلَقَ ١ خَلَقَ ٱلۡإِنسَٰنَ مِنۡ عَلَقٍ ٢ ٱقۡرَأۡ وَرَبُّكَ ٱلۡأَكۡرَمُ ٣ ٱلَّذِي عَلَّمَ بِٱلۡقَلَمِ ٤ عَلَّمَ ٱلۡإِنسَٰنَ مَا لَمۡ يَعۡلَمۡ ٥ ﴾ العلق: ١ – ٥، فاجتماع الأمر بالقراءة هاهنا، مع التنويه بشأن القلم، وتعليم الله الإنسان ما لم يعلم يوحي بمعنى مشترك بينهما، وهو الأمر بقراءة ما خطه القلم، لتعلُّم ما جهل.

بل إنّ الله تعالى يقسم بالقلم والكتابة في مطلع ثاني سورة نزلت فيقول: قَالَ تَعَالَى:

﴿ نٓ وَٱلۡقَلَمِ وَمَا يَسۡطُرُونَ ١ ﴾ القلم: ١، وفي قسمه بها تعظيم لقيمتها، وتوجيه إليها[1] لما في ذلك كله من توسيع لطاقة الذاكرة البشرية. إنّ هذه الخطوات التي خطاها الإنسان، هي ما يعبر عنه المناطقة بمراتب

---

(1) الظلال: (6/3654).

الوجود للأشياء التي نحسها، فما نحسه هو الوجود الحقيقي، فإذا نقلنا صورته إلى أذهاننا فقد أوجدنا له وجودا ذهنيا، ثم إننا إذا رمزنا لذلك الشيء بمقطع أو مقاطع صوتية معينة فقد، أوجدنا له وجودا لفظيا، وإذا رمزنا له برموز كتابية مخصوصة، فقد أوجدنا له وجودا رابعا وهو الوجود الكتابي، وكلا من الكلام والكتابة بنيت أصلا على أساس الرمز والاصطلاح، وتلك الملكة هي ما عبر عنه القرآن بكلمة (البيان) في شتَّى أشكاله.

هذه الخطوات التي خطاها الإنسان هي خاصيته، وهي السِّرُّ الإلهي الذي أودعه في آدم عليه السلام، فاستحق به الخلافة دون غيره من الخلائق، إنه (سر القدرة على الرمز بالأسماء للمسمَّيات)[1] (فألهمه وأقدره على وضع اسم لكل ما تقع عليه عينه)[2] .

وبذلك يكون الإنسان قد استنفد جميع قدراته البشرية، وحصَّل كامل استعداداته باكتساب أعظم وسائل التحصيل المعرفي والعلمي.

من مجموع ما سبق ذكره، نخلص إلى أن الجهاز المعرفي الإنساني مكوَن من حواس هي وسائل إدخال للمعلومات، ومن عقل وهو القدرة الإدراكية المحللة للمعلومات الواردة، المركبة للتصور المعرفي الناتج، وهذه المعلومات تصل إليه من الخارج إمَا معاينة وإمَا مشافهة أو إما مكاتبة أو بغير ذلك من الرموز والإشارات[3] .

ولكن هي ذي الحواس سليمة، وهاهو العقل صفحة بيضاء، فبماذا يتحرك العقل لإدخال المعلومات واستقدامها من الخارج أو استنباطها مما لديه في ذاكرته؟

(1) المرجع نفسه: (57/1).

(2) قصص الأنبياء: عبد الوهاب النجار ص 5.

(3) ولدى الإنسان اليوم عدد كبير من الكيفيات وكلها طرق تعتمد أساسا على مبدأ الاصطلاح على رموز معينة.

هنا يأتي دور السؤال، وهنا تكمن أهميته. يقول تعالى: قَالَ تَعَالَى: ﴿ فَسۡـَٔلُوٓاْ أَهۡلَ ٱلذِّكۡرِ إِن كُنتُمۡ لَا تَعۡلَمُونَ ٧ ﴾ الأنبياء: ٧. صفحة بيضاء وعقل مدرك وحواس سليمة!! ثم ماذا؟ ما الذي سيحرك كل هذا الجهاز غير طبع التساؤل والسؤال. إنه مفتاح أبواب المعرفة، هذا هو موقعه في الجهاز المعرفي للإنسان[1].

المطلب الثالث: الطباع الإنسانية الدافعة للسؤال.

إنّ المسألة التي تطرح نفسها للبحث بعد معرفة موقع السؤال وأهميته في جهاز الإنسان المعرفي، هي معرفة ما يحرك هذا المفتاح فيه، فيسعى لفتح أبواب المعرفة، فما هي الدَّوافع التي تجعل الإنسان يتساءل ويسأل.

1- النظرة الغربية للدوافع الإنسانية للسؤال:

لقد اختلف العلماء منذ القديم في تحديد دوافع تساؤلات الإنسان[2]، وتعيين أسباب أسئلته، وافترقوا في ذلك مذاهب شتى، أهمُها ما يلي:

ذهب فريق منهم إلى أنَّ تأمُّل الإنسان ونظره فيما حوله، وفي نفسه يبعثان فيه شعورا بالاندهاش والتعجُب، وهذا كفيل بدفعه إلى محاولة جادة للوقوف على أسرار ما يدهشه، بكل ما تيسر له من الوسائل يقول أرسطو: (إنّ الناس -الآن ودائما-يسعون إلى التفلسف بسبب الدهشة..)[3].

---

(1) فالسؤال مفتاح العلم، والعلم مفتاح العمل، والعمل طريق النجاح في الدنيا والفلاح في الآخرة/ يسألونك في الدين والحياة، د. أحمد الشرباصي، (1/10).

(2) انظر: الفلسفة والإنسان، د. الآلوسي ص7-26. وكتاب نشأة الدين، بين التصور الإنساني والتصور الإسلامي/ حسن علي مصطفى.

(3) "الفلسفة والإنسان" ص21. ويرى ماكس موللر في "كتابه علم الأساطير المقارنة" أن الدين نشأ كأول نتيجة لتعامل الفكر الإنساني مع الواقع بتأثير الدهشة والعجب عند النظر في الطبيعة المستقرة أي الظواهر العادية انظر كتاب: نشأة الدين ص37، 38.

35

ويرى فريق آخر أن مشاعر الدهشة والتعجب ليست بالسبب الكافي لإيقاظ الإنسان من حالة الغفلة التي تورثها كثرة التكرار والاعتياد[1]. فعلى الرغم من أنَّ كل شيء حولنا وفينا هو مثار للدهشة والتعجب فإنَّ عددا هائلا من البشر قد ماتوا وهم غافلون عن التأمل والنَّظر في أشد الظواهر حضورا في حياتنا اليومية، وأكثرها تكرارا وإثارة، كميلاد الصبيان، وتداول الليل والنهار، وتناوب الفصول.. الخ.

إنَّ مشاعر الدَّهشة -عند هؤلاء- لا تثير إلا أفكار القلَّة القليلة من النَّاس، من ذوي الحسِّ المرهف والحساسية المفرطة، لأنَ العادة تقتل الفضول البشري في أغلب الناس.

لذا فإنهم يرون أن أولى الأسباب بالاعتبار، وأقواها إثارة للتَساؤلات الإنسانية، هو ما تحدثه المظاهر الطبيعة العنيفة والمرعبة، في نفس الإنسان من مشاعر الخوف والرَّهبة والرُّعب، كالزلازل والصَّواعق وكل ما يندر وقوعه من الأهوال مما لم يتعوده الإنسان. (فالطبيعة بقسوتها وجبروتها كانت تلجئ الإنسان للبحث عن الخلاص والنجاة)[2]. فالموت مثلا يثير الرعب في قلوب كل الناس، ولا ينجو من تأثير تقريعه حتَى أكثرهم بلادة.

---

(1) قال به العالم الإنجليزي جيفونس نشأة الدين ص 39. ويقول ابن سينا: (إننا نعجب للشيء غير المألوف ... بينما كل شيء هو مثار للدهشة و السؤال، لولا تعودنا عليه) الفلسفة والإنسان ص21.

(2) روح الدين الإسلامي: عفيف طبارة ص103. ويطلق عليها اسم الطبيعة الشاذة أي الظواهر غير المألوفة في الطبيعة - جيفونس- ينظر في كتاب نشأة الدين ص39.

ومن العلماء من يرى أنَّ الفضول وحبُّ الاستطلاع طبيعة مصقولة في كيان الإنسان[1]، والواضح أنَّ هذه الطبيعة لا تدفع الإنسان دفعا، وإنما تتحرك تحت أثر خارجي، فقد يُثبِّطها الإلف والاعتياد فتتعطَّل، وقد يحرِّكها وينشِّطها الشُّعور بالخوف والرُّعب والدهشة فتعمل.

ومنهم من يُرجع سبب تساؤلات الإنسان إلى تلك الآلام النَفسية التِي يسببها له ما يراوده من شكوك فيما عنده من معارف، فيسعى للتأكد من ذلك[2]، وكذا قلقه على مصيره ومستقبله، وحيرته فيما هو فيه، وتقلُّبات الحياة حوله، ثمَ شعوره بالعجز والضعف[3]، فيسعى ليتعلم ما يؤمِّن به مستقبله.

كل هذا يولِد فيه صراعا نفسيًا يتزايد أو ينقص بزيادة أو نقصان وعيه، ومدى صحة عقله، وحينها يقع أمام أحد خيارين، فإمَا أن يجد الجواب الذي يرتضيه، فتسكن به نفسه وتصحَ، وإمَا أن يتناسى ويتغافل عن جواب السُؤال بشتَى الطرق.

ومن العلماء من يرجع سبب التَساؤلات إلى سعي الإنسان الدؤوب لتحصيل الكمال، ونيل السَعادة، فهو يتحرَّك تحت تأثير إغرائهما، فيطلب المعرفة ويتخذها وسيلة لتحقيق سعادته -بغض النَظر عن مفهومها لديه- في دنياه أو في آخرته أو في كليهما.

وخلاصة أقوالهم أن الدهشة والتعجب، والشك والحيرة والقلق، والخوف والرعب والرهبة، والفضول وحب المعرفة كل هذه المشاعر والطباع تساهم بنسب مختلفة في طرح تساؤلات الإنسان وتحريكه للبحث عن أجوبة لها.

---

(1) انظر دعائم الفلسفة ص20.
(2) مذهب الشك هو ما جعل سقراط يرسي أسس مدرسته الأخلاقية، وهو عند الغزالي شرط للنظر، أما ديكارت فقد رد التفلسف بجملته إلى الشك. انظر الفلسفة والإنسان ص23.
(3) أبيكيت الرواقي والوجودي هيدغر. انظر المرجع نفسه: ص22-23.

هـذه جملـة تعليـلات العلـماء و الفلاسـفة لأسبـاب تسـاؤلات الإنسان ودوافعـها، والظاهـر أنَ كل تعليـل منها، إنما هو أحـد الأسبـاب أو بعضـها، ولكنـه ليس بالسَّبـب الكـافي الذي يحمل كافة النّاس أو غالبيتهم على التَّفكير والسَّعـي لطلب المعرفة[1].

2- التصوير القرآني للطبع الإنساني:

تلك هي نظرة الغرب وفلاسفته إلى أسباب انسياق الإنسان نحو السؤال للمعرفة، فلننظر الآن بعين القرآن إلى طبع الإنسان.

يمكن للباحث عن سمات هذا الطبع في القرآن التماسه في نوعين من آياته:

- النّوع الأول منها، آيات بيّن الله تعالى فيها عددا مـن أوصـاف و طبـائع النـفس البشرية.

- النّوع الثاني منها، آيات يتبيّن فيها أسلوب تعامل اللـه تعالى مـع هـذه النفس وفق ما تقتضيه طبائعها، وإيقاع خطاباته وأفعاله على الأوتار الحسـاسة لديها، فهـو خالقها وعالم سرها وعلانيتها، يقـول تعالـى: قَالَ تَعَالَى: ﴿وَلَقَدْ خَلَقْنَا ٱلْإِنسَٰنَ وَنَعْلَمُ مَا تُوَسْوِسُ بِهِۦ نَفْسُهُۥ ١٦﴾ ق: ١٦، ويقـول: قَالَ تَعَالَى: ﴿أَلَا يَعْلَمُ مَنْ خَلَقَ وَهُوَ ٱللَّطِيفُ ٱلْخَبِيرُ ١٤﴾ الملك: ١٤ ألا، فهو أولى بحيازة الجواب الصحيح من غيره.

---

(1) يقول د. حسام الآلوسي: ((وعلى كل حال مهما اختلف الفلاسفة في أي شيء أكثر من غيره دعانا إلى التعجب، أو شككنا فيما حولنا، أو شعرنا بالضعف و العدم، يبقى أن حب المعرفة والتأكد مـن المعرفة، ومواجهـة الشرور والآلام والمـوت والإحباط والأمل وما أشبه،هي منابع التفلسف بكل مستوياته)) الفلسفة والإنسان ص23.

فأما النوع الأول -وهي الآيات التي بينت الأوصاف والطبائع التي تحرك النفس الإنسانية- فيجملها القرآن الكريم في خصلتين رئيستين هما:

1 - اتصافه بحب الخير، والرغبة غير المحدودة في الاستزادة منه، والسعي الحثيث لتحصيله والحرص الشديد على حفظه. يقول الله تعالى في الإنسان قَالَ تَعَالَى: ﴿ وَإِنَّهُ لِحُبِّ ٱلْخَيْرِ لَشَدِيدٌ ﴾ العاديات: ٨، ويبين الله تعالى مختلف رغبات الناس فيقول: قَالَ تَعَالَى: ﴿ زُيِّنَ لِلنَّاسِ حُبُّ ٱلشَّهَوَٰتِ مِنَ ٱلنِّسَآءِ وَٱلْبَنِينَ وَٱلْقَنَٰطِيرِ ٱلْمُقَنطَرَةِ مِنَ ٱلذَّهَبِ وَٱلْفِضَّةِ وَٱلْخَيْلِ ٱلْمُسَوَّمَةِ وَٱلْأَنْعَٰمِ وَٱلْحَرْثِ ﴾ آل عمران: ١٤، ويبين حبه للامتلاك فيقول: قَالَ تَعَالَى: ﴿ وَتُحِبُّونَ ٱلْمَالَ حُبًّا جَمًّا ﴾ الفجر: ٢٠، ثم يبين الله تعالى رغبة الإنسان غير المحدودة في الاستزادة من الخير فيقول: ﴿ يَسْئَمُ ٱلْإِنسَٰنُ مِن دُعَآءِ ٱلْخَيْرِ ﴾ فصلت: ٤٩، ثم هو حريص على حفظه إلى درجة الإقتار، قال تعالى: قَالَ تَعَالَى: ﴿ قُل لَّوْ أَنتُمْ تَمْلِكُونَ خَزَآئِنَ رَحْمَةِ رَبِّي إِذًا لَّأَمْسَكْتُمْ خَشْيَةَ ٱلْإِنفَاقِ وَكَانَ ٱلْإِنسَٰنُ قَتُورًا ﴾ الإسراء: ١٠٠، هذا هو طبع الإنسان ودأبه الذي يحركه دائمًا إلى طلب المزيد حتى يوسَّدَ في التراب قال تعالى: قَالَ تَعَالَى: ﴿ أَلْهَىٰكُمُ ٱلتَّكَاثُرُ حَتَّىٰ زُرْتُمُ ٱلْمَقَابِرَ ﴾ التكاثر: ١ - ٢، وكل هذا راجع إلى شديد حرصه على تحقيق سعادته.

2 - اتصافه بكراهية ما يضره والمبالغة في اجتناب ما يؤلمه والحذر منه، وكثرة شكواه مما يصيبه من أهوال، وخوفه من ضعفه أمامها، وتلك طبيعة لا ينفك عنها حتى أهل الإيمان، يقول الله تعالى: قَالَ تَعَالَى: ﴿ وَتَوَدُّونَ أَنَّ غَيْرَ ذَاتِ ٱلشَّوْكَةِ تَكُونُ لَكُمْ وَيُرِيدُ ٱللَّهُ أَن يُحِقَّ ٱلْحَقَّ بِكَلِمَٰتِهِ وَيَقْطَعَ دَابِرَ ٱلْكَٰفِرِينَ ﴾ الأنفال: ٧، أي تحبون ما لا ألم فيه ولا أذى بل

إنّ هذا الطبع لا يتخلص منه حتى الأنبياء عليهم السلام، فهاهي الآية الكريمة تروي خوف موسى وهارون عليهما السلام من طغيان فرعون وبطشه على لسانيهما: قَالَ تَعَالَى: ﴿قَالَا رَبَّنَآ إِنَّنَا نَخَافُ أَن يَفْرُطَ عَلَيْنَآ أَوْ أَن يَطْغَىٰ ۝﴾ طه: ٤٥، وهاهو إبراهيم عليه السلام يخاف من زائريه عندما رأى أيديهم لا تصل إلى طعامه: قَالَ تَعَالَى: ﴿فَلَمَّا رَءَآ أَيْدِيَهُمْ لَا تَصِلُ إِلَيْهِ نَكِرَهُمْ وَأَوْجَسَ مِنْهُمْ خِيفَةً قَالُوا لَا تَخَفْ إِنَّآ أُرْسِلْنَآ إِلَىٰ قَوْمِ لُوطٍ ۝﴾ هود: ٧٠. فالخوف من الأذى أيضا وازع شديد التأثير وبالغ الأهمية في إثارة فكر الإنسان واستفزازه ليترك خموله.

إذن فالآيات القرآنية تبين الوازعين الرئيسين الذين يحركان مشاعر الإنسان وفكره وجوارحه، وهما وازع الرغبة فيه بكل مشاعرها من حب وآمال وأمنيات لكل ما يحقق سعادته، ووازع الرَّهبة مع كل ما يمثلها من خوف ورعب وفزع وجزع وكراهية لكل ما يؤذيه وينغص عليه حياته.

هذا هو النوع الأول من الآيات المبينة للطباع البشرية.

النوع الثاني من الآيات القرآنية هي الآيات التي بينت المعاملة الربانية للجنس البشري:

فإذا كان القرآن قد عرَّفنا بالصفات والطباع التي تُحرك النفس البشرية، فإننا نجد التطبيق العملي الصحيح لما يقتضيه ذلك العلم من المعاملة، متمثلا في أرقى صوره في هذا النوع من الآيات بأسلوبي الترغيب والترهيب أو الوعد والوعيد.

فأمَّا الترغيب، أو الوعد بالفوز والظفر بالحياة الطيبة في الآخرة أو في الدُّنيا والآخرة معا، فقد أكثر الله تعالى من ذكر ذلك كقوله: قَالَ تَعَالَى: ﴿وَعَدَ اللَّهُ الْمُؤْمِنِينَ وَالْمُؤْمِنَاتِ جَنَّاتٍ تَجْرِي مِن تَحْتِهَا الْأَنْهَارُ خَالِدِينَ فِيهَا وَمَسَاكِنَ طَيِّبَةً فِي

40

جَنَّتِ عَدْنٍ وَرِضْوَنٌ مِّنَ اللَّهِ أَكْبَرُ ذَلِكَ هُوَ الْفَوْزُ الْعَظِيمُ ﴿٧٢﴾ ﴾ التوبة: ٧٢،

فوعدهم الله تعالى بالخلود في الجنّة ورضاه عنهم مقابل إيمانهم به، ويصفها لهم فيقول: ﴿قَالَ

تَعَالَى: ﴿ مَّثَلُ الْجَنَّةِ الَّتِي وُعِدَ الْمُتَّقُونَ تَجْرِي مِن تَحْتِهَا الْأَنْهَرُ أُكُلُهَا دَآئِمٌ وَظِلُّهَا

تِلْكَ عُقْبَى الَّذِينَ اتَّقَواْ ﴿٣٥﴾ ﴾ الرعد: ٣٥، ثم إنه -تعالى- يؤكد صحة وعده، وعدم إخلافه

بما وعد بقوله: ﴿قَالَ تَعَالَى: ﴿ يَأَيُّهَا النَّاسُ إِنَّ وَعْدَ اللَّهِ حَقٌّ فَلَا تَغُرَّنَّكُمُ الْحَيَوةُ الدُّنْيَا وَلَا يَغُرَّنَّكُم

بِاللَّهِ الْغَرُورُ ﴿٥﴾ ﴾ فاطر: ٥، وقال قَالَ تَعَالَى: ﴿ وَعْدَ اللَّهِ لَا يُخْلِفُ اللَّهُ وَعْدَهُ وَلَكِنَّ أَكْثَرَ

النَّاسِ لَا يَعْلَمُونَ ﴿٦﴾ ﴾ الروم: ٦.

وقد أورد مشاهد عدة لاعترافات صريحة بصدق هذا الوعد، من ذلك ما أخبر به عن اعتراف

إبليس في قوله تعالى: قَالَ تَعَالَى: ﴿ وَقَالَ الشَّيْطَنُ لَمَّا قُضِيَ الْأَمْرُ إِنَّ اللَّهَ وَعَدَكُمْ وَعْدَ

الْحَقِّ وَوَعَدتُّكُمْ فَأَخْلَفْتُكُمْ ﴿٢٢﴾ ﴾ إبراهيم: ٢٢، ووصف لنا مشهدا آخر لقول أهل الجنة

عند دخولها قَالَ تَعَالَى: ﴿ وَقَالُوا الْحَمْدُ لِلَّهِ الَّذِي صَدَقَنَا وَعْدَهُ وَأَوْرَثَنَا الْأَرْضَ نَتَبَوَّأُ

مِنَ الْجَنَّةِ حَيْثُ نَشَاءُ فَنِعْمَ أَجْرُ الْعَمِلِينَ ﴿٧٤﴾ ﴾ الزمر: ٧٤، ثم إن وعد الله ليس

خاصًّا بالآخرة فقط بل ويشمل الحياة الدنيا أيضا، يقول تعالى: قَالَ تَعَالَى: ﴿ وَعَدَ اللَّهُ الَّذِينَ ءَامَنُواْ

مِنكُمْ وَعَمِلُواْ الصَّلِحَتِ لَيَسْتَخْلِفَنَّهُمْ فِي الْأَرْضِ كَمَا اسْتَخْلَفَ الَّذِينَ مِن قَبْلِهِمْ ﴿٥٥﴾

﴾ النور: ٥٥ وغيرها من الآيات كثير. هذه الوعود في هذه الآيات وفي غيرها وكأنها تنتصب أمام

الإنسان في منتهى بهائها وروعتها، تغريه وتجذبه إليها جذبا. بل إنّ في شريعتنا العديد من مظاهر

هذه المعاملة؛ أشهرها معاملة الإسلام لأهل الذمة بإعطائهم الحق في الزكاة ترغيبا لهم في الإسلام.

41

وأما الترهيب فقد أورد الله تعالى مع أغلب تلك النصوص وعيدا بعذاب قاسٍ في الآخرة أو في الدنيا والآخرة معا لمن عصاه وعصى رسله، وأطاع هواه واتبع شيطانه. فيقول متوعِّدا إبليس ومن اتبعه:

قَالَ تَعَالَى: ﴿ قَالَ ٱخْرُجْ مِنْهَا مَذْءُومًا مَّدْحُورًا لَّمَن تَبِعَكَ مِنْهُمْ لَأَمْلَأَنَّ جَهَنَّمَ مِنكُمْ أَجْمَعِينَ ۝ ﴾ الأعراف: ١٨، ويتوعد الكفار بقوله: قَالَ تَعَالَى: ﴿ وَمَن كَفَرَ فَأُمَتِّعُهُ قَلِيلًا ثُمَّ أَضْطَرُّهُ إِلَىٰ عَذَابِ ٱلنَّارِ وَبِئْسَ ٱلْمَصِيرُ ۝ ﴾ البقرة: ١٢٦، وبقوله: قَالَ تَعَالَى: ﴿ وَعَدَ ٱللَّهُ ٱلْمُنَٰفِقِينَ وَٱلْمُنَٰفِقَٰتِ وَٱلْكُفَّارَ نَارَ جَهَنَّمَ خَٰلِدِينَ فِيهَا هِيَ حَسْبُهُمْ وَلَعَنَهُمُ ٱللَّهُ وَلَهُمْ عَذَابٌ مُّقِيمٌ ۝ ﴾ التوبة: ٦٨، ثمَّ يحذر المؤمنين من النار فيقول: قَالَ تَعَالَى: ﴿ يَٰٓأَيُّهَا ٱلَّذِينَ ءَامَنُوا۟ قُوٓا۟ أَنفُسَكُمْ وَأَهْلِيكُمْ نَارًا وَقُودُهَا ٱلنَّاسُ وَٱلْحِجَارَةُ ۝ ﴾ التحريم: ٦، هذا الوعيد موجَّه إلى كل من عصى الله ورسوله: قَالَ تَعَالَى: ﴿ وَمَن يَعْصِ ٱللَّهَ وَرَسُولَهُۥ فَإِنَّ لَهُۥ نَارَ جَهَنَّمَ خَٰلِدِينَ فِيهَآ أَبَدًا ۝ ﴾ الجن: ٢٣.

وهذا النوع من الوعيد و التَّخويف إنما هو خاصٌّ بعاقبة أمور الناس، ولكن لمَّا كان من طبع الإنسان النِسيان بطول العهد، ويغلب عليه إيثار العاجل من اللذَّات على الآجل منها، فقد استعمل الله تعالى معه التَّقريع للتَّذكير في حياته الدُّنيا، لإعادة إنعاش قلبه -الَّذي يوشك أن يموت- فيعرِضه للأخطار والمصائب من حين لآخر، يقول تعالى: قَالَ تَعَالَى: ﴿ وَمَا نُرْسِلُ بِٱلْءَايَٰتِ إِلَّا تَخْوِيفًا ۝ ﴾ الإسراء: ٥٩ وهكذا فعل الله مع جميع الأمم قَالَ تَعَالَى: ﴿ وَمَآ أَرْسَلْنَا فِى قَرْيَةٍ مِّن نَّبِىٍّ إِلَّآ أَخَذْنَآ أَهْلَهَا بِٱلْبَأْسَآءِ وَٱلضَّرَّآءِ لَعَلَّهُمْ يَضَّرَّعُونَ ۝ ﴾ الأعراف: ٩٤، ويذكر الله بعض أنواع بلائه فيقول: قَالَ تَعَالَى: ﴿ وَلَنَبْلُوَنَّكُم بِشَىْءٍ مِّنَ ٱلْخَوْفِ وَٱلْجُوعِ وَنَقْصٍ مِّنَ ٱلْأَمْوَٰلِ وَٱلْأَنفُسِ وَٱلثَّمَرَٰتِ وَبَشِّرِ ٱلصَّٰبِرِينَ ۝ ﴾ البقرة: ١٥٥. وفي شريعتنا العديد من مظاهر هذه المعاملة أيضا من بينها تشريع الحدود ومختلف التعزيرات الشرعية وغيرها.

42

وخلاصة الكلام في المسألة أنّ اللـه تعالى استعمل مع الإنسـان أسـلوبين لتحريكه وتحريك فكره ووجدانه، فهو يجذبه من الأمـام بالتَّرغيب والوعد بالفوز والسَّعادة في الدَّارين مع التركيز على ذكر الجنة ونعيمها باعتبارها أعظم مرغب، ثم هو يدفعه من الوراء بتخويفه ممَّا قد يصيبه إن هو عصى ربَه وكفر بنعمه مع التركيز على ذكر النار وعذابها باعتبارها أعظم منفِّر ومرهِّب. وهذا ما يناسب الطبع الإنساني الـذي ينفر مـن الألم مهما كان نوعه، ويسعى إلى السَّعادة قُدُماً أينما وُجدت.

هذا الأسلوب هو ما استخلصه علماء الإسلام وفقهاء دعوته من الخطابات القرآنية، والَّذي عبَّروا عنه بمصطلحي التَّرغيب والتَّرهيب، وجعلوهما سبيلا للدَّعوة لهذا الدِّين.

بقي أن نـذكر -هاهنا- أمرين هـامَّين في المسألة؛ الأمـر الأوَّل هـو مَن مِنَ الوازعين أقوى تأثيرا في النَّفس الإنسانية من الثَّاني، والأمـر الآخـر عـن طبيعـة رد الفعل البشري المتنوِّع أمام هذين الأسلوبين.

أمَّا عن الفرق بـين هـذين الـوازعين وأيُّهما أقوى أثرا في إثـارة النَّفس الإنسانية ودفعها قدما نحو التساؤل فيرد إلى أنَّ مشاعر الرغبة تحرك ذوي الهمـم وقـد تحرك البعض ممن لا همَة له، أمَّا مشاعر الرَهبة فلا يستثني أثرها التَّحريكي حتَّى أشد النَّاس بلادة وزهدا في طلب المعارف والعلوم؛ لأن الإنسان قـد يسعى لتحصيل مصـلحة أو تحقيق لذَّة وقد لا يسعى إلى ذلك تكاسلا أو اكتفاء بما عنده، ولكنـه لا ينفك يفزع إلى الهرب، يدافع عنه المفاسد والآلام مهما كان حاله، في منشطه ومكرهه يقول تعالى: قَالَ

تَعَالَى: ﴿ وَإِذَآ أَنْعَمْنَا عَلَى ٱلْإِنسَنِ أَعْرَضَ وَنَـَٔا بِجَانِبِهِۦ وَإِذَا مَسَّهُ ٱلشَّرُّ فَذُو دُعَآءٍ

عَرِيضٍ ﴿٥١﴾ ﴾ فصلت: ٥١، فالكلُ في الانفعال -عند حصول المصائب-سواء.

43

وأمّا عن اختلاف ردود أفعال النّاس أمام هذين الوازعين فيصف الله تعالى أكثرهم بالكفر ونكران الجميل عندما يبسط لهم فضله فيقول: قَالَ تَعَالَى: ﴿إِنَّ ٱللَّهَ لَذُو فَضْلٍ عَلَى ٱلنَّاسِ وَلَٰكِنَّ أَكْثَرَ ٱلنَّاسِ لَا يَشْكُرُونَ ٦١﴾ غافر: ٦١، ثم يستثني الله تعالى بعضهم وهم القليلون فيقول: قَالَ تَعَالَى: ﴿ٱعْمَلُوٓا۟ ءَالَ دَاوُۥدَ شُكْرًا وَقَلِيلٌ مِّنْ عِبَادِىَ ٱلشَّكُورُ ١٣﴾ سبأ: ١٣، وكذلك الأمر في الترهيب والتخويف فالغالب على الناس الإذعان والإنابة أو تأثّرهم عند حصولهما، ولكن نتيجة ذلك تختلف في نفوسهم؛ فمنهم من يقول فيه تعالى: قَالَ تَعَالَى: ﴿وَنُخَوِّفُهُمْ فَمَا يَزِيدُهُمْ إِلَّا طُغْيَٰنًا كَبِيرًا ٦٠﴾ الإسراء: ٦٠، ومنهم من يذعن في ذلك الحين وسرعان ما يزول عنه الأثر قال تعالى في هؤلاء: قَالَ تَعَالَى: ﴿وَإِذَا مَسَّ ٱلْإِنسَٰنَ ٱلضُّرُّ دَعَانَا لِجَنۢبِهِۦٓ أَوْ قَاعِدًا أَوْ قَآئِمًا فَلَمَّا كَشَفْنَا عَنْهُ ضُرَّهُۥ مَرَّ كَأَن لَّمْ يَدْعُنَآ إِلَىٰ ضُرٍّ مَّسَّهُۥ ١٢﴾ يونس: ١٢. ومنهم من إذا ذُكِّر تذكّر واعتبر كالّذي حصل لسحرة فرعون بعد أن رأوا آية موسى فسارعوا قائلين: قَالَ تَعَالَى: ﴿فَأُلْقِىَ ٱلسَّحَرَةُ سُجَّدًا قَالُوٓا۟ ءَامَنَّا بِرَبِّ هَٰرُونَ وَمُوسَىٰ ٧٠﴾ طه: ٧٠. وبقي أثر ذلك في قلوبهم إلى آخر رمق فيهم.

إذن فغالب النتائج المتوقعة من النّاس أمام هذين الأسلوبين هو أن بعضهم يخافون عند التّخويف المادي ثم يكفرون ويتغافلون عند مجرّد انتهائه، ويتحقق هذا النَّموذج من الناس بوضوح في آل فرعون، فقد خوفهم الله بعدّة مصائب وكانوا يكفرون بمجرّد انكشاف المصيبة عنهم، قال تعالى فيهم: قَالَ تَعَالَى: ﴿فَأَرْسَلْنَا عَلَيْهِمُ ٱلطُّوفَانَ وَٱلْجَرَادَ وَٱلْقُمَّلَ وَٱلضَّفَادِعَ وَٱلدَّمَ ءَايَٰتٍ مُّفَصَّلَٰتٍ فَٱسْتَكْبَرُوا۟ وَكَانُوا۟ قَوْمًا مُّجْرِمِينَ ١٣٣﴾ الأعراف: ١٣٣، ثم إنّ البعض الآخر من الناس يخاف عند حصول المصائب، فيقيم على الشُكر والطاعة زمناً بعد انكشاف الضر عنهم ثم هم يكفرون ومثال ذلك في القرآن كلامه الكثير عن بني إسرائيل؛ فقد أنجاهم من عدوهم فرعون وأدخلهم

44

الأرض المقدسة، ثم هم يقيمون على العبادة مدة ويكفرون. ثم إنّ لقوة النفوس وضعفها أثرا كبيرا في اختلاف ردود أفعال النَّاس وتباينها، فكما أن الخوف والبلاء الشديدين يدفعان النفوس القوية إلى الجد في تحصيل أسباب القوة والأمان؛ فإنها في المقابل تشلُّ عزيمة وحركة ضعاف النفوس.

بعد ذكر كل ما سبق من المرغبات والمرهبات فإن المتبادر إلى الذهن أن اجتماع كـل هـذه الأسبـاب كاف لجعل كل الناس لا يتوقفون عن السعي لطلب المعارف وذلك خلاف لما هـو موجـود في الواقـع وإنمـا يفسر معظم ذلك الإعراض عن الطلب بجملة أسباب أهمها ما يلي:

1 - ميوله إلى الراحة والسكينة المادية والمعنوية أو الكسل والاتكال على ما حصله غيره.

2 - الاستعجال: فهو يحبذ اللذة العاجلة على اللذة الآجلة ولو كثرت فلا يكلف نفسـه عنـاء البحـث عن الحقائق. قال تعالى يبيّن هـذا الطبـع في الإنسـان: قَالَ تَعَالَى: ﴿كَلَّا بَلْ تُحِبُّونَ ٱلْعَاجِلَةَ ۝ وَتَذَرُونَ ٱلْأَخِرَةَ ۝﴾ القيامة: ٢٠ - ٢١.

3 - اختلاف طبائع الناس؛ إذ منهم القوي العنيد، ومنهم الضعيف الذي سرعان ما يستسـلم. ويـركن إلى السهولة والراحة.

4 - الإلف والعادة مميتان للفطنة، ويفقد الظواهر خاصية التنبيه (الغفلة).

5 - التفوق قد يوقف الطلب لانتهاء عامل المنافسة.

6 - إنّ الإنسان قد يسعى لطلب المعرفة وكلما أكثر من تحصيلها تضاعفت لديه المجاهيل فيرى أنـه في سعيه هذا إنما هو يطلب تحصيل ما لا نهاية له، فإما أن يحدد غايته ويغير منهجية طلبها أو يعلن عجزه ويثَّاقل ويميل إلى الأرض، أو يشكِّك أصلا في وجود ما يطلبه من حقائق.

المطلب الرابع: شرعية السؤال. (أو ما يجوز من السؤال وما لا يجوز)

وردت نصوص من الكتاب والسنة تأمر بالسؤال وتجيب عنه دونما حرج أو إنكار، كقوله تعالى قَالَ تَعَالَى: ﴿ فَسْـَٔلُوٓا۟ أَهْلَ ٱلذِّكْرِ إِن كُنتُمْ لَا تَعْلَمُونَ ۝ ﴾ النحل: ٤٣، وقوله: قَالَ تَعَالَى: ﴿ سَلْ بَنِىٓ إِسْرَٰٓءِيلَ كَمْ ءَاتَيْنَٰهُم مِّنْ ءَايَةٍ ۝ ﴾ البقرة: ٢١١. قَالَ تَعَالَى: ﴿ وَسْـَٔلْهُمْ عَنِ ٱلْقَرْيَةِ ۝ ﴾ الأعراف: ١٦٣، وقوله صلى الله عليه وسلم لمن سأله: (...سل ما بدا لك)[1] وقوله لبعض أصحابه معاتبا لهم: (ألا سألوا إذ لم يعلموا فإنما شفاء العي السؤال..)[2].. ووردت نصوص أخرى تنهى عنه وتذم سائله وتقرعه كما في قوله تعالى: قَالَ تَعَالَى: ﴿ يَٰٓأَيُّهَا ٱلَّذِينَ ءَامَنُوا۟ لَا تَسْـَٔلُوا۟ عَنْ أَشْيَآءَ إِن تُبْدَ لَكُمْ تَسُؤْكُمْ ۝ ﴾ المائدة: ١٠١، وقوله تعالى: قَالَ تَعَالَى: ﴿ أَمْ تُرِيدُونَ أَن تَسْـَٔلُوا۟ رَسُولَكُمْ كَمَا سُئِلَ مُوسَىٰ مِن قَبْلُ وَمَن يَتَبَدَّلِ ٱلْكُفْرَ بِٱلْإِيمَٰنِ فَقَدْ ضَلَّ سَوَآءَ ٱلسَّبِيلِ ۝ ﴾ البقرة: ١٠٨، وقال في بني إسرائيل: قَالَ تَعَالَى: ﴿ فَقَدْ سَأَلُوا۟ مُوسَىٰٓ أَكْبَرَ مِن ذَٰلِكَ فَقَالُوٓا۟ أَرِنَا ٱللَّهَ جَهْرَةً فَأَخَذَتْهُمُ ٱلصَّٰعِقَةُ بِظُلْمِهِمْ ثُمَّ ٱتَّخَذُوا۟ ٱلْعِجْلَ مِنۢ بَعْدِ مَا جَآءَتْهُمُ ٱلْبَيِّنَٰتُ فَعَفَوْنَا عَن ذَٰلِكَ وَءَاتَيْنَا مُوسَىٰ سُلْطَٰنًا مُّبِينًا ۝ ﴾ النساء: ١٥٣، وقال تعالى عن نفسه: قَالَ تَعَالَى: ﴿ لَا يُسْـَٔلُ عَمَّا يَفْعَلُ وَهُمْ يُسْـَٔلُونَ ۝ ﴾ الأنبياء: ٢٣، وقال ينهى نبيه نوحا عليه السلام قَالَ تَعَالَى: ﴿ فَلَا تَسْـَٔلْنِ مَا لَيْسَ لَكَ بِهِۦ عِلْمٌ ۝ ﴾ هود: ٤٦، وقد ورد مثل هذا النهي عن النبي صلى الله عليه وسلم في عدة أحاديث كما في قوله: (إنما أهلك الذين من قبلكم كثرة مسائلهم واختلافهم على أنبيائهم)[3] قال أنس بن مالك: (نهينا أن نسأل في عهد رسول الله صلى الله عليه وسلم

---

(1) أخرجه البخاري: (1/ 22).

(2) أخرجه ابن ماجة في كتاب الطهارة وسننها (1/ 189).

(3) أخرجه البخاري، فتح الباري (13/312). ومسلم في كتاب الحج:(2/975). وابن ماجه (المقدمة): (1/3).

46

عن شيء ... وروى الحديث)[1] وليس في ذلك من تضارب بين النصوص -إذ النَّص الصَّحيح معصوم من ذلك-. فإذا سلَّمنا بهذا كله، تبيَّن لنا أن المأمور به من السؤال غير المنهي عنه، فوجب على السائل تبيُّن الأمر، والتحقيق فيما أبيح مما شمله الحظر. وخير طريقة لمعرفة ذلك، تتبُّع ما أمكن من النصوص التي تناولت موضوع السؤال بالأمر أو بالنهي. ثم استنباط تعليلات الأمر والنهي فيها، مع الإتيان بالمقياس الشرعي الذي تقيَّم به شرعية عامة الأفعال في الإسلام، وعرضها على المقياس السالف ذكره ليتبين المأمور به من المحظور.

أولا- أوصاف السؤال المذموم (من خلال آي القرآن وما ورد في السنة):

1 - ما كرهه الله تعالى أو نبيه صلى الله عليه وسلم وغضب ممن سأله. كما في قول النبي صلى الله عليه وسلم: " إنّ الله كره لكم ثلاثا، قيل وقال، وإضاعة المال، وكثرة السؤال"[2] وروى أبو موسى الأشعري قوله: "سئل رسول الله صلى الله عليه وسلم عن أشياء كرهها فلما أكثروا عليه المسألة غضب ... فلما رأى عمر ما بوجه رسول الله صلى الله عليه وسلم من الغضب قال إنا نتوب إلى الله عز وجل"[3]. فمجرد كره الله ورسوله صلى الله عليه وسلم وغضبهما على من سأل عن شيء ما، يجعل السؤال عنه محظورا أو مذموما.

2 - السؤال عمّا لا طاقة للإدراك البشريّ بتصوُّره. كالذي ورد في القرآن من طلب موسى ثم قومه من بعده رؤية الله تعالى فقال موسى: ﴿ قَالَ تَعَالَى: ﴿ رَبِّ أَرِنِي أَنظُرْ إِلَيْكَ ۚ ١٤٣ ﴾ الأعراف: ١٤٣. وقالت اليهود لموسى: قَالَ تَعَالَى: ﴿ أَرِنَا ٱللَّهَ جَهْرَةً ١٠٣ ﴾ النساء: ١٥٣، وعلى الرغم من أن السؤال

_____

(1) أخرجه مسلم في كتاب الإيمان:(41/1)، ورقمه:(12).
(2) أخرجه مسلم (1341/3).
(3) أخرجه مسلم في كتاب الفضائل (4 /1835-1834)، ورقمه: (2360).

كان واحدا وهو طلب الرؤية إلا أن الجواب كان مختلفا لاختلاف نيات الطرفين، إذ بينما كان الدافع لموسى عليه السلام في طلبها الشوق إلى جمال ذات الله تعالى، كان طلب اليهود للرؤية شرطا يعلقون عليه إيمانهم، فكان جوابُ الله تعالى لموسى، أن دعاه إلى تلمس خطورة وعظمة طلبه بتجربة ذلك على الجبل ومعرفة النتيجة بقوله له: قَالَ تَعَالَى: ﴿لَن تَرَىٰنِي وَلَٰكِنِ ٱنظُرْ إِلَى ٱلْجَبَلِ فَإِنِ ٱسْتَقَرَّ مَكَانَهُۥ فَسَوْفَ تَرَىٰنِي ۚ فَلَمَّا تَجَلَّىٰ رَبُّهُۥ لِلْجَبَلِ جَعَلَهُۥ دَكًّا وَخَرَّ مُوسَىٰ صَعِقًا ۚ فَلَمَّآ أَفَاقَ قَالَ سُبْحَٰنَكَ تُبْتُ إِلَيْكَ وَأَنَا۠ أَوَّلُ ٱلْمُؤْمِنِينَ ١٤٣﴾ الأعراف: ١٤٣. فعلى الرغم من عدم شرعية السؤال إلا أن الله تجاوز عنه لعلمه بحسن نيته، أما قومه فأجابهم -فيما حكاه- بصاعقة جزاء ظلمهم: قَالَ تَعَالَى: ﴿فَأَخَذَتْهُمُ ٱلصَّٰعِقَةُ بِظُلْمِهِمْ ١٥٣﴾ النساء: ١٥٣ ثم عفا عنهم بعدها. فلا يحق للعقل البشري أن يتجرأ على معرفة كنه ذات الله تعالى وإن كان ذلك من طبائع إفراط الفضول الإنساني، وقد صح في الحديث القدسي أن الله تعالى قال للنبي صلى الله عليه وسلم: "إن أمتك لا يزالون يتساءلون فيما بينهم حتى يقولوا هذا الله خلق الناس فمن خلق الله"؟[1].

3 - ويذمُّ كذلك السؤال عمَّا يُعد تدخُّلا في حِكم الله تعالى في أفعاله على سبيل الاعتراض أو المراجعة، من ذلك قول نبي الله نوح عليه السلام: قَالَ تَعَالَى: ﴿رَّبِّ إِنَّ ٱبْنِي مِنْ أَهْلِي وَإِنَّ وَعْدَكَ ٱلْحَقُّ وَأَنتَ أَحْكَمُ ٱلْحَٰكِمِينَ ٤٥﴾ هود: ٤٥، فقال له: قَالَ تَعَالَى: ﴿قَالَ يَٰنُوحُ إِنَّهُۥ لَيْسَ مِنْ أَهْلِكَ ۖ إِنَّهُۥ عَمَلٌ غَيْرُ صَٰلِحٍ ۖ فَلَا تَسْـَٔلْنِ مَا لَيْسَ لَكَ بِهِۦ عِلْمٌ ۖ إِنِّي أَعِظُكَ أَن تَكُونَ مِنَ ٱلْجَٰهِلِينَ ٤٦﴾ هود: ٤٦،

---

(1) أخرجه البخاري في كتاب الاعتصام (259/4)، ومسلم في كتاب الإيمان (338/1)، ورقمه:(196).

ومعنى السؤال هنا: الاستفسار بقصد المراجعة، فتدارك نوح عليه السلام الموقف بقوله: قَالَ

تَعَالَى: ﴿رَبِّ إِنِّي أَعُوذُ بِكَ أَنْ أَسْأَلَكَ مَا لَيْسَ لِي بِهِ عِلْمٌ وَإِلَّا تَغْفِرْ لِي

وَتَرْحَمْنِي أَكُن مِّنَ ٱلْخَٰسِرِينَ ۝﴾ هود: ٤٧، ونجد الآية القرآنية الأخرى

تنهى صراحة عن حشر الأنوف والتطفل على معرفة حِكم اللـه تعالى في أفعاله -مما

ليس من اختصاص العقل البشري- والاعتراض عليها فتقول: قَالَ تَعَالَى: ﴿لَا يُسْأَلُ عَمَّا

يَفْعَلُ وَهُمْ يُسْأَلُونَ ۝﴾ الأنبياء: ٢٣.

4 - الجرأة على عظمة اللـه والانتقاص مـن قدر الألوهية وقدسية الكلام الإلهي كالذي

طلبته اليهود مـن موسى عليه السلام تطاولا، قَالَ تَعَالَى: ﴿فَقَالُوٓا أَرِنَا ٱللَّهَ جَهْرَةً

فَأَخَذَتْهُمُ ٱلصَّٰعِقَةُ بِظُلْمِهِمْ ۝﴾ النساء: ١٥٣، وقول جهال المشركين في

القرآن الكـريم: قَالَ تَعَالَى: ﴿وَقَالَ ٱلَّذِينَ لَا يَعْلَمُونَ لَوْلَا يُكَلِّمُنَا ٱللَّهُ أَوْ تَأْتِينَآ

ءَايَةٌ ۝﴾ البقرة: ١١٨، أو السؤال عمـا هـو مـن شـأن العلـم الإلهي، كتطاول

النـاس فـي السـؤال عن الذات الإلهيـة في قوله تعالى: قَالَ تَعَالَى: ﴿قَالُوٓا وَمَا ۩ ۝﴾

الفرقان: ٦٠. وما جاء في الحديث القدسي أيضا (إنّ أمتك لا يزالون يقولون ما كذا، ما

كذا حتى يقولوا هذا اللـه خلق الخلق فمن خلق اللـه..؟)[1].

5 - السؤال على غير وجه الاسترشاد، ويكون:

إما على سبيل الاقتراح والعناد والمكابرة كالذي ورد في القرآن من قول كفار العرب للنبي صلى

اللـه عليـه وسـلم قَالَ تَعَالَى: ﴿وَقَالَ ٱلَّذِينَ لَا يَعْلَمُونَ لَوْلَا يُكَلِّمُنَا ٱللَّهُ أَوْ تَأْتِينَآ ءَايَةٌ

۝﴾ البقرة: ١١٨؛ (أي هلا يكلمنا اللـه مشافهة أو بإنزال الوحي علينا بأنك رسوله..

_____
(1) أخرجه مسلم في كتاب الإيمان (121/1)، ورقمه: (136).

- أو تأتينا آية- تكون برهانا وحجة على صدق نبوتك، قالوا ذلك استكبارا وعنادا..)[1] يقول ابن كثير في تفسير قوله تعالى: قَالَ تَعَالَى: ﴿ يَسْـَٔلُكَ أَهْلُ ٱلْكِتَٰبِ أَن تُنَزِّلَ عَلَيْهِمْ كِتَٰبًا مِّنَ ١٥٣﴾ النساء: ١٥٣ (والمراد أن الله ذم من سأل الرسول صلى الله عليه وسلم عن شيء على وجه التعنت والاقتراح..)[2] وقال الزمخشري (وإنما اقترحوا ذلك على سبيل التعنت قال الحسن ولو سألوه لكي يتبينوا الحق لأعطاهم وفيما آتاهم كفاية..)[3] وكذا في قوله تعالى: قَالَ تَعَالَى: ﴿ وَقَالُوا۟ لَن نُّؤْمِنَ لَكَ حَتَّىٰ تَفْجُرَ لَنَا مِنَ ٱلْأَرْضِ يَنۢبُوعًا ٩٠﴾ الإسراء: ٩٠ وقوله عز وجل قَالَ تَعَالَى: ﴿ وَقَالَ ٱلَّذِينَ لَا يَرْجُونَ لِقَآءَنَا لَوْلَآ أُنزِلَ عَلَيْنَا ٱلْمَلَٰٓئِكَةُ أَوْ نَرَىٰ رَبَّنَا لَقَدِ ٱسْتَكْبَرُوا۟ فِىٓ أَنفُسِهِمْ وَعَتَوْ عُتُوًّا كَبِيرًا ٢١﴾ الفرقان: ٢١ إلى غير ذلك من الآيات الدالة على كفر مشركي العرب وعتوهم وعنادهم وسؤالهم ما لا حاجة لهم فيه إنما هو الكفر والمعاندة)[4].

وإما أن يكون بقصد التعجيز والتبكيت، كالذي طلبه كفار قريش في قوله تعالى: قَالَ تَعَالَى:
﴿ وَقَالُوا۟ لَن نُّؤْمِنَ لَكَ حَتَّىٰ تَفْجُرَ لَنَا مِنَ ٱلْأَرْضِ يَنۢبُوعًا ٩٠ أَوْ تَكُونَ لَكَ جَنَّةٌ مِّن نَّخِيلٍ وَعِنَبٍ فَتُفَجِّرَ ٱلْأَنْهَٰرَ خِلَٰلَهَا تَفْجِيرًا ٩١ أَوْ تُسْقِطَ ٱلسَّمَآءَ كَمَا زَعَمْتَ عَلَيْنَا كِسَفًا أَوْ تَأْتِىَ بِٱللَّهِ وَٱلْمَلَٰٓئِكَةِ قَبِيلًا ٩٢ أَوْ يَكُونَ لَكَ بَيْتٌ مِّن زُخْرُفٍ أَوْ تَرْقَىٰ فِى ٱلسَّمَآءِ وَلَن نُّؤْمِنَ لِرُقِيِّكَ حَتَّىٰ تُنَزِّلَ عَلَيْنَا كِتَٰبًا نَّقْرَؤُهُۥ قُلْ سُبْحَانَ رَبِّى هَلْ كُنتُ إِلَّا بَشَرًا رَّسُولًا ٩٣﴾ الإسراء: ٩٠ - ٩٣، إن طبيعة أسئلة هؤلاء تبين أنهم لا يريدون غير تعجيز نبيهم بدليل قولهم ﴿ولن نؤمن لرقيك﴾ على الرغم من أن الرقي في السماء ليس في

(1) صفوة التفاسير (1-77).
(2) تفسير القرآن العظيم: (266-267/1).
(3) الكشاف: (2/4).
(4) تفسير القرآن العظيم (283/1).

متناول البشر، لذلك قال الله تعالى فيهم: ﴿ وَلَوْ فَتَحْنَا عَلَيْهِم بَابًا مِّنَ السَّمَاءِ فَظَلُّوا فِيهِ يَعْرُجُونَ ۝ لَقَالُوا إِنَّمَا سُكِّرَتْ أَبْصَارُنَا بَلْ نَحْنُ قَوْمٌ مَّسْحُورُونَ ۝ ﴾

﴿ الحجر: ١٤ - ١٥ ﴾، فغايتهم من السؤال تعجيز المسئول بكثرة المطالب حتى يملَّ، لا طلبُ الحق.

- وقد يكون ذلك بقصد الابتداع، وقد كان علماء السلف يعرضون عـن إجابـة أصحـاب البدع، ومن ذلك ما رُوي أن رجلا سأل التابعي الجليل سعيد بن المسيّب عـن شيء، فلم يجبه. فسُئل عن السبب، فقال: أزيشان -أي من أهل الأهواء والبدع-[1].

- أو يكون ذلك على سبيل الاستهزاء. (فقد روي عن ابن عباس رضي الله عنه قوله: كان قوم يسألون رسول الله صلى الله عليه وسلم استهزاء فيقول الرجل من أبي؟ ويقول الرجل تضل ناقته أين ناقتي فأنزل الله هذه الآية: قال تعالى: ﴿ يَـٰٓأَيُّهَا الَّذِينَ ءَامَنُوا لَا تَسْـَٔلُوا عَنْ أَشْيَاءَ إِن تُبْدَ لَكُمْ تَسُؤْكُمْ ۝ ﴾ المائدة: ١٠١

حتى فرغ من الآية كلها)[2]، وذلك ما حذر الله عز وجل منه فقال: قال تعالى: ﴿ وَلَئِن سَأَلْتَهُمْ لَيَقُولُنَّ إِنَّمَا كُنَّا نَخُوضُ وَنَلْعَبُ قُلْ أَبِاللَّهِ وَءَايَـٰتِهِ وَرَسُولِهِ كُنتُمْ تَسْتَهْزِءُونَ ۝ ﴾ التوبة: ٦٥.

6- السؤال عما سكت عنه الشارع من حِكمٍ وأحكام وأخبار. وجعل فيه سعة للناس.

وقد ورد النهي الصريح عن ذلك في قوله تعالى: قال تعالى: ﴿ يَـٰٓأَيُّهَا الَّذِينَ ءَامَنُوا لَا تَسْـَٔلُوا عَنْ أَشْيَاءَ إِن تُبْدَ لَكُمْ تَسُؤْكُمْ ۝ ﴾ المائدة: ١٠١ (أي لا

_____

(1) أخرجه الدارمي في المقدمة: 399.
(2) أخرجه البخاري في كتاب التفسير، فتح الباري: (356/8)، ورقمه: (4622).

51

تسألوا عن أشياء عفا الله عنها وترك فرضها أو تفصيلها ليكون في الإجمال سعة ...أو ترك ذكرها أصلا)[1] بل (وأنذرهم بأنهم سيجابون عنها إذا سألوا في فترة الوحي في حياة رسول الله صلى الله عليه وسلم وستترتب عليهم تكاليف عفا الله عنها فتركها ولم يفرضه)[2]، فقال:قَالَ تَعَالَى: ﴿ يَٰٓأَيُّهَا ٱلَّذِينَ ءَامَنُوا۟ لَا تَسْـَٔلُوا۟ عَنْ أَشْيَآءَ إِن تُبْدَ لَكُمْ تَسُؤْكُمْ ۝ ﴾ المائدة: ١٠١،

(وقد صح عن رسول الله صلى الله عليه وسلم أنه فقال: " إن الله تعالى فرض فرائض فلا تضيعوها، وحد حدودا فلا تعتدوها وحرم أشياء فلا تنتهكوها. وسكت عن أشياء رحمة بكم -غير نسيان- فلا تسألوا عنها")[3] وقد ينتج عن مثل هذا السؤال أمران:

أولهما السؤال عما قد يكون في جوابه تشريع فيه تكليف بما لا يطيقه السائل؛ فيفتتن ويكفر وذلك مجرب فيمن سبق. يقول تعالى بعد إيراد الآية السالفة الذكر: قَالَ تَعَالَى: ﴿ قَدْ سَأَلَهَا قَوْمٌ مِّن قَبْلِكُمْ ثُمَّ أَصْبَحُوا۟ بِهَا كَٰفِرِينَ ۝ ﴾ المائدة: ١٠٢. قال صاحب الكشاف: (وذلك أن بني إسرائيل كانوا يستفتون أنبياءهم عن أشياء فإذا أمروا بها تركوها)[4] وقال صاحب الظلال: (ضرب لهم المثل بمن كانوا قبلهم -من أهل الكتاب- ممن كانوا يشددون على أنفسهم بالسؤال عن التكاليف والأحكام. فلما كتبها الله عليهم كفروا بها ولم يؤدوها. ولو سكتوا وأخذوا الأمور باليسر الذي شاءه الله لعباده ما شدد عليهم، وما احتملوا تبعة التقصير والكفران)[5] أي ينجرُّ عن

---

(1) الظلال (986/2).

(2) المرجع نفسه: (986/2).

(3) المرجع نفسه: (986/2)، التخريج.

(4) الكشاف (50/2).

(5) الظلال (986/2).

ذلك إيجاب ما فيه مشقة كبيرة على الناس فيقصِّروا في أداء الواجب ويتعرضون للفتن مما قد يفوق طاقتهم؛ تقريعا لهم على جرأتهم وانشغالهم بالجدل عوضا عن العمل كشديد تنطعهم في مسألة البقرة التي أمرهم الله بذبحها. وقد صح في الأثر أن أحد الصحابة سأل عن الواجب من الحج فقال: " يا رسول الله الحج علينا كل عام فأعرض عنه..حتى أعاد عليه المسألة ثلاث مرات فقال صلى الله عليه وسلم ويحك ما يؤمنك أن أقول نعم، و الله لو قلت نعم لوجبت ولو وجبت ما استطعتم ولو تركتم لكفرتم فاتركوني ما تركتكم فإنما هلك من كان قبلكم بكثرة مسائلهم واختلافهم على أنبيائهم فإذا أمرتكم بأمر فخذوا منه ما استطعتم وإذا نهيتكم عن شيء فاجتنبوه"[1].

والثاني سؤال عما لم يتطرق إليه الشارع بالتحريم فحرم من أجل تلك المسألة. يقول النبيصلى الله عليه وسلم فيمن فعل ذلك: " إنّ أعظم المسلمين جرما من سأل عن شيء لم يحرم فحرم من أجل مسألته"[2].

7- الفضول الزائد وكثرة الجدل مع قلة العمل من ذلك كثرة السؤال (فإنما أهلك الذين من قبلكم كثرة مسائلهم واختلافهم على أنبيائهم..)[3]، والتشديد في المسألة والإلحاح أو الغلوطات وقد ذكر الدارمي أن عبادة بن نسي الكندي قال أدركت أقواما ما كانوا يشددون تشديدكم ولا يسألون مسائلكم[4]. ورُوي عن معاوية أن النبي صلى الله عليه وسلم نهى عن الغلوطات[5]. قال قال

(1) أخرجه مسلم في كتاب الحج:(975/2). وابن ماجه (المقدمة): (3/1).

(2) أخرجه البخاري في كتاب الاعتصام، فتح الباري: (328/13). ومسلم في كتاب الفضائل(1831/4)، ورقمه: (2358).

(3) أخرجه مسلم في كتاب الحج:(975/2). وابن ماجه (المقدمة): (3/1).

(4) أخرجه الدارمي في المقدمة: (127). ورجاله ثقات. ويقصد بقوله " أدركت أقواما " بعض من أدركهم من الصحابة.

(5) أخرجه الإمام أحمد في مسنده (435/5)، وأبو داود في كتاب العلم (321/3)، ورقمه: (3656).

الأوزاعي: (الغلوطات شداد المسائل وصعابها)[1]. وروى الأوزاعي عن عبدة بن أبي لبابة قوله: وددت أن أحظى من أهل هذا الزمان أن لا أسألهم عن شيء ولا يسألوني عن شيء يتكاثرون بالمسائل كما يتكاثر أهل الدراهم بالدراهم[2].

8 - سؤال أهل الكتاب عما فُصِّل في القرآن والسنة فعن ابن عباس قال: (كيف تسألون أهل الكتاب عن شيء وكتابكم الذي أنزل على رسول الله صلى الله عليه وسلم أحدث؛ تقرءونه محضا لم يشب، وقد حدَّثكم أن أهل الكتاب بدَّلوا كتاب الله، وغيروه، وكتبوا بأيديهم ... ألا ينهاكم ما جاءكم من العلم عن مسألتهم، لا و الله ما رأينا منهم رجلا يسألكم عن الذي أنزل عليكم)[3] وقال تعالى: قَالَ تَعَالَى: ﴿مَّا فَرَّطْنَا فِي ٱلْكِتَٰبِ مِن شَىْءٍ ثُمَّ إِلَىٰ رَبِّهِمْ يُحْشَرُونَ ٣٨﴾ الأنعام: ٣٨. وكالذي روى جابر بن عبد الله أن عمر بن الخطاب أتى النبي صلى الله عليه وسلم بكتاب أصابه من بعض أهل الكتب فقرأه النبي صلى الله عليه وسلم فغضب فقال: "أمتهوكون فيها يا ابن الخطاب والذي نفسي بيده لقد جئتكم بها بيضاء نقية لا تسألوهم عن شيء فيخبروكم بحق فتكذبوا به أو بباطل فتصدقوا به والذي نفسي بيده لو أن موسى صلى الله عليه وسلم كان حيا ما وسعه إلا أن يتبعني"[4].

_____

(1) أخرجه الإمام أحمد في مسنده (435/5).
(2) جامع بيان العلم وفضله ص172.
(3) أخرجه البخاري في كتاب الاعتصام، فتح الباري (411-412/13).
(4) أخرجه الإمام أحمد في مسنده (387/3).

- والتقصي والتنطع في ما لا فائدة من التنقيب عن خباياه. قال رسول الله صلى الله عليه وسلم "هلك المتنطعون قالها ثلاثا"(1) فعن ابن عباس (قال ما رأيت خيرا من أصحاب رسول الله صلى الله عليه وسلم ما سألوه إلا عن ثلاث عشرة مسألة حتى قبض ... قال ما كانوا يسألون إلا عمًّا ينفعهم)(2) وفي ذلك تلاعب بقدسية الوحي.

والسؤال عما لم يكن أي الأسئلة الافتراضية. يقول صاحب الظلال: فأمَّا الاستفتاء عن مسائل لم تقع، فهو استفتاء عن فرض غير محدد.. والسؤال والجواب عندئذ يحملان معنى الاستهتار بجدية الشريعة، كما يحملان مخالفة للمنهج الإسلامي القويم. وقد ورد عن الصدر الأول من هذه الأمة أنهم كانوا (لا يفتون في مسألة إلا إذا كانت قد وقعت بالفعل)(3).

من ذلك ما أسنده الزهري عن عمار بن ياسر -وقد سئل عن مسألة- فقال: (هل كان هذا بعد؟ قالوا لا. قال دعونا حتى يكون فإذا كان تجشمناها لكم)(4). وروي أن رجلا جاء ابن عمر يوما فسأله عن شيء لم يحصل بعد فقال له ابن عمر: (لا تسأل عما لم يكن فإني سمعت عمر بن الخطاب يلعن من سأل عما لم يكن)(5).

(1) أخرجه مسلم في كتاب العلم: (2055/4)، ورقمه: (2670). وأبو داود في السنة: (201/4)، ورقمه: (4608).

(2) أخرجه الحافظ الهيثمي في مجمع الزوائد ومنبع الفوائد عن ابن عباس (158/1). ينظر جامع بيان العلم وفضله، لحافظ المغرب أبو عمرو بن عبد البر (173/1).

(3) الظلال (2/ 987).

(4) المرجع نفسه: (987/2). وينظر جامع العلوم والحكم ص 86.

(5) أخرجه ابن عبد البر في جامع بيان العلم وفضله (170/1 و175).

ثانيا- أوصاف السؤال المأمور به أو المباح:

1. أن يكون بغرض المعرفة والاستعلام وفي ذلك يقول تعالى: قَالَ تَعَالَى: ﴿ فَسْـَٔلُوٓا۟ أَهْلَ ٱلذِّكْرِ إِن كُنتُمْ لَا تَعْلَمُونَ ۝ ﴾ الأنبياء: ٧.

2. السؤال للتعليم أو الاختبار وقد ورد الكثير من هذا القبيل في القرآن والسنة حيث يستثير الله تعالى ورسوله الكريم صلى الله عليه وسلم في الإنسان أسئلة طالما غفل أو تغافل عنها من ذلك قوله تعالى: قَالَ تَعَالَى: ﴿ أَفَحَسِبْتُمْ أَنَّمَا خَلَقْنَٰكُمْ عَبَثًا وَأَنَّكُمْ إِلَيْنَا لَا تُرْجَعُونَ ۝ ﴾ المؤمنون: ١١٥، وعن أبي هريرة رضي الله عنه أن رسول الله صلى الله عليه وسلم قال يوما: " أنا سيد الناس يوم القيامة فلما رأى أصحابه لا يسألونه قال ألا تقولون كيفه؟ قالوا كيفه ..."(1) وكذا ما ورد في الصحيح أن النبي صلى الله عليه وسلم سأل معاذا عن حق الله عز وجل على العباد وحق العباد على الله تعالى فقال: "يا معاذ، أتدري ما حق الله على العباد؟... قال أتدري ما حقهم عليه؟"(2). وقوله صلى الله عليه وسلم لأصحابه: "أتدرون من المفلس؟ قالوا: المفلس فينا من لا درهم له ولا متاع. فقال: المفلس من أمتي يأتي يوم القيامة بصلاة وصيام وزكاة ويأتي وقد شتم هذا وقذف هذا ..."(3).

3. السؤال عن مهمات الأمور: من ذلك ما روى مسلم عن أنس بن مالك ﷺ أنه قال: (.. كنا نهينا في القرآن أن نسأل رسول الله صلى الله عليه وسلم عن شيء قال فكان يعجبنا أن يجيء الرجل من أهل البادية العاقل يسأل رسول الله صلى الله عليه وسلم

---

(1) أخرجه البخاري في كتاب الجهاد والسير، فتح الباري(6 /73)، ورقمه:(2856). ومسلم في كتاب الإيمان: (186/1).

(2) أخرجه مسلم في كتاب الإيمان (59/1).

(3) أخرجه مسلم في كتاب البر والصلة والآداب: (1997/4). و الترمذي في كتاب صفة القيامة والرقاق والورع (529/4- 530)، ورقمه: (2418).

قال فجاء رجل فجلس عند ركبتيه فقال ... فقال رسول الله صلى الله عليه وسلم هذا جبريل أراد أن تعلموا إذ لم تسألوا)[1] وصح عن النبي صلى الله عليه وسلم أيضا أنه قال:" سلوني، فهابوه أن يسألوه فجاء رجل فجلس... "[2] فسأل عن الإسلام والإيمان والإحسان وعن وقت الساعة وأماراتها. وقد أخرج البخاري في صحيحه عن حذيفة بن اليمان أنه قال: (كان الناس يسألون رسول الله صلى الله عليه وسلم عن الخير وكنت أسأله عن الشر مخافة أن يدركني ...)[3] وقد صحَّ أيضا أن جماعة أخطئوا الفتوى في عهد رسول الله صلى الله عليه وسلم في حق مريض كان جنبا مما سببا لوفاته فقال فيهم النبي صلى الله عليه وسلم: "قتلهم الله، ألا سألوا إذ لم يعلموا، فإنما شفاء العِيِّ السؤال"[4].

إذْ أن يكون بغرض التحقق واطمئنان البال كما في قوله تعالى: قَالَ تَعَالَى: ﴿ سَلْ بَنِيٓ إِسْرَٰٓءِيلَ كَمْ ءَاتَيْنَٰهُم مِّنْ ءَايَةِۭ بَيِّنَةٍۗ ﴾ ﴿٢١١﴾ البقرة: ٢١١ ﴿ سل بني إسرائيل كم آتيناهم من آية بينة..﴾، وقوله على لسان خليله إبراهيم عليه السلام: قَالَ تَعَالَى: ﴿ وَإِذْ قَالَ إِبْرَٰهِۦمُ رَبِّ أَرِنِى كَيْفَ تُحْىِ ٱلْمَوْتَىٰۖ قَالَ أَوَلَمْ تُؤْمِنۖ قَالَ بَلَىٰ وَلَٰكِن لِّيَطْمَئِنَّ قَلْبِىۖ ﴾ ﴿٢٦٠﴾ البقرة: ٢٦٠، وقوله لنبيه محمد صلى الله عليه وسلم: قَالَ تَعَالَى: ﴿ فَإِن كُنتَ فِى شَكٍّ مِّمَّآ أَنزَلْنَآ إِلَيْكَ فَسْـَٔلِ ٱلَّذِينَ يَقْرَءُونَ ٱلْكِتَٰبَ مِن قَبْلِكَۚ لَقَدْ جَآءَكَ ٱلْحَقُّ مِن رَّبِّكَ فَلَا تَكُونَنَّ مِنَ ٱلْمُمْتَرِينَ ﴾ ﴿٩٤﴾ يونس: ٩٤.

وما حكاه عن سؤال الحواريين في قوله: قَالَ تَعَالَى: ﴿ إِذْ قَالَ ٱلْحَوَارِيُّونَ يَٰعِيسَى ٱبْنَ مَرْيَمَ

---

(1) أخرجه مسلم في كتاب الإيمان (41/1).

(2) أخرجه مسلم في كتاب (40/1).

(3) أخرجه البخاري في كتاب المناقب: فتح الباري (6/763-764)، ورقمه: (3606). ومسلم في كتاب الإمارة (3/1475)، ورقمه: (1847).

(4) أخرجه الدارمي (طهارة): 284.

هَلْ يَسْتَطِيعُ رَبُّكَ أَن يُنَزِّلَ عَلَيْنَا مَآئِدَةً مِّنَ السَّمَآءِ قَالَ اتَّقُوا اللَّهَ إِن كُنتُم

مُّؤْمِنِينَ ۝ قَالُوا نُرِيدُ أَن نَّأْكُلَ مِنْهَا وَتَطْمَئِنَّ قُلُوبُنَا وَنَعْلَمَ أَن قَدْ صَدَقْتَنَا

وَنَكُونَ عَلَيْهَا مِنَ الشَّاهِدِينَ ۝ ﴾ المائدة: ١١٢ - ١١٣. فأجابهم الله إلى

مرادهم بقوله: قَالَ تَعَالَى: ﴿ قَالَ اللَّهُ إِنِّي مُنَزِّلُهَا عَلَيْكُمْ ۝ ﴾ المائدة: ١١٥.

ومن صحيح الآثار في ذلك أن أعرابيا أتى النبي صلى الله عليه وسلم فقال له: "إني
سائلك فمشدد عليك في المسألة فلا تجد عليَّ في نفسك فقال: سل ما بدا لك. قال:
أسألك بربك وربِّ من قبلك ءالله أرسلك إلى الناس كلهم"[1]. وصح أن عبد الله بن سلام
سلام بلغه مقدم رسول لله صلى الله عليه وسلم المدينة فأتاه فقال: "إني سائلك عن
ثلاث لا يعلمهن إلا نبي. قال: ما أول أشراط الساعة وما أول طعام يأكله أهل الجنة
ومن أي شيء ينزع الولد إلى أبيه ومن أي شيء ينزع إلى أخواله؟ فقال رسول الله
خبَّرني بهن جبريل آنفا"[2].

5. أن يراعى فيه الأدب مع الله ورسوله. من ذلك طلب غضّ الصوت عند

مخاطبة الرسول صلى الله عليه وسلم قال تعالى: قَالَ تَعَالَى: ﴿ يَا أَيُّهَا الَّذِينَ

ءَامَنُوا لَا تَرْفَعُوا أَصْوَاتَكُمْ فَوْقَ صَوْتِ النَّبِيِّ وَلَا تَجْهَرُوا لَهُ بِالْقَوْلِ كَجَهْرِ

بَعْضِكُمْ لِبَعْضٍ أَن تَحْبَطَ أَعْمَالُكُمْ وَأَنتُمْ لَا تَشْعُرُونَ ۝ ﴾ الحجرات:
٢.

(1) أخرجه البخاري في كتاب العلم: (22/1).
(2) أخرجه البخاري في كتاب الأنبياء: فتح الباري (446/6).

6. أن يكون بنية الانتفاع بالجواب والعمل بمقتضاه. فقد روي عن ابن عباس قال: (ما رأيت قوما كانوا خيرا من أصحاب رسول الله صلى الله عليه وسلم ... ما كانوا يسألون إلا عما ينفعهم)[1].

الخلاصـــة:

يُقيَّم العمل في الإسلام وتُعرف شرعيته بمقياسين هامين هما أن يكون العمل خالصا وصوابا، إذا تقرر لدينا هذا، وراجعنا -على ضوئه- أوصاف الأسئلة السالف ذكرها، خلصنا إلى أن شرعية السؤال في الإسلام تحدد بالمعيارين الآتيين:

الأول: مقصد السائل من مسألته.

والثاني: موضوع السؤال، وكيفية تبليغه لمن يجيب عنه (أي جوهره وصيغته).

فأما عن مقصد السائل من سؤاله؛ فيتوجب فيه ما يلي:

- أن يكون بغرض التحقُّق، واطمئنان البال. لا على سبيل الاقتراح والعناد والمكابرة والمجادلة بغير حق.

- وأن يكون بغرض معرفة الحق والاستعلام عنه. دون السخرية والاستهزاء، أو التعجيز والتبكيت، أو الاعتراض والاستنكار.

- وأن تكون نيته من تلك المعرفة إتباع الحق والعمل بمقتضاه. لا إكثارُ الجدل، مع قلة العمل. أو من أجل إشباع فضول زائد فقط.

---

(1) أخرجه الدارمي (المقدمة): 125. أخرجه الحافظ الهيثمي في مجمع الزوائد ومنبع الفوائد عن ابن عباس (158/1).

- وأن يكون جادا في مسألته. واقعيا في مسائله. فيسأل عن مهمات الأمور وأمهاتها، دون التنطع والتقصيـ عـن خبايـا مـا لا فائـدة فيـه، متلاعبـا بقدسـية الـوحي وجديته، ويسأل عما يعترض طريقه في واقعه معرضا عما لم يقع بعد.

- وللعالم أن يسأل غيره بنية اختباره أو تعليمه ما يجهله فإن هـذه الطريقـة مـن هدي التربية النبوية.

ويجمع أكثر هذه المعاني حديث النبي صلى الله عليه وسلمفيما رواه عنه عمـر بـن الخطاب ﷺ: "نما الأعمال بالنيات، وإنما لكل امرئ ما نوى"[1]، هـذا الحـديث الصحيح الذي يفتتح به أكثر المؤلفين[2] في الفقه والحديث كتبهم؛ جعله الكثير من علماء الإسلام أحد الأصول التي يقوم عليها هذا الدين[3]، إذ لا عمل في الإسلام إلا بنية.

وأما عن صيغة السؤال وموضعه؛ فيتوجـب في الموضـوع ألّا يكـون ممـا نهـى عنـه الشارع من الأسئلة وكرِهه. وأن يلتزم في الصيغة الأدب اللائـق بمقـام الربوبيـة، ومرتبـة الرسالة، وقدسية الوحي الإلهي.

ومن أدب السؤال عدم التشديد في المسألة والإلحاح -خاصة في المسائل الفقهية- ولو كانت مشروعة، أما في أمهات العقائد فيجوز ذلك إن كان بنية طلب الحقيقـة والتحقـق منهـا، واطمئنان البال للإتباع.

وكذا يُتجنب السؤال عما سكت عنه الشارع مـن حكـم وأحكـام وأخبار؛ ممـا لا طاقة للإدراك البشري بتصوره، أو عما هو من خصائص العلم والتدبير الإلهيين.

---

(1) أخرجه البخاري (6-5/1). ومسلم (1516-1515/3).

(2) انظر صحيح البخاري (6-5/1). ورياض الصالحين، يحيى بن شرف الدين النووي ص 1. وجامع العلوم والحكم، أبي فرج زين الدين عبد الرحمن بن رجب الحنبلي ص5.

(3) انظر التعليق على هذا الحديث في صحيح مسلم (1515/3).

وأن يوحي سياق السؤال طلب المعرفة بالجواب لأجل الانتفاع. فلا تكون الصيغة استنكارية. ولو كان الغرض منها مجرد الاستفهام. وأن يكون موضوع السؤال من مهمات الأمور.

ويجمع أكثر هذه الضوابط قوله صلى الله عليه وسلم في حديث أم المؤمنين عائشة رضي الله عنها: "من عمل عملا ليس عليه أمرنا فهو رد"[1] وفي لفظ للبخاري "من أحدث في أمرنا هذا ما ليس منه فهو رد". وكثير من آيات الأمر بإتباع سبيل الله وهدي رسوله صلى الله عليه وسلم[2] وهذا الحديث جعله الكثير من علماء السنة علما لما في بابه من الأحاديث والآيات التي تضبط العمل الإسلامي.

وخلاصة القول في الحكم الشرعي للسؤال هو أنه على ضربين:

- ضرب منه يقع في جانب الحظر والمنهيات، ويتوزع على درجاتها من كراهة، وكراهة تحريمية، وحرمة.

- والضرب الثاني يقع في جانب الإباحة، أو المأمورات ويتوزع على درجاتها من مباح إلى مستحب أو واجب.

يقول ابن الأثير: (السؤال في كتاب الله والحديث نوعان: أحدهما ما كان على وجه التبيين والتعليم مما تمس الحاجة إليه فهو مباح أو مندوب أو مأمور به والآخر ما كان على طريق التكلف والتعنت فهو مكروه ومنهيٌّ عنه فكل ما كان من هذا الوجه ووقع السكوت عن جوابه؛ فإنما هو ردعٌ وزجرٌ للسائل وإن وقع الجواب عنه فهو عقوبة تغليظ)[3].

---

(1) أخرجه مسلم في كتاب الأقضية: (3/1343).

(2) انظر تعليق محمد فؤاد عبد الباقي على صحيح مسلم (3/1343).

(3) أورده صاحب لسان العرب (13/337).

المبحث الثاني

تحديد مجال الطلب المعرفي

ووسائل الطالب المعرفية

بعد التعريف بالسؤال وأهميته، وبيان ما يبحث عنه مما ينفر منـه، والكلام عـن مشروعيته، فإنّ أهمّ ما يتوجب التطرق إليه هـو بيـان أهمّ أسـئلة الإنسـان التـي هـي موضوع هذا البحث، ثم تحديد معالم الحقل المعرفي الذي هو مظنة الظفر بأجوبة هذه الأسئلة، ومعرفة الطاقة الإدراكية لوسائل المعرفة التي يمتلكها الإنسان، لمعرفة ما يمكن معرفته بها، مما لا قبل لها به، وكيفيـة تحصيلها لمـا لا قبـل لهـا بـه، وذلـك مـن خـلال المطالب الثلاثة الآتية:

المطلب الأول: بيان أسئلة الإنسان الخالدة

وسأتطرّق في هـذا المطلب إلى بيـان أسئلة الإنسان عامـة، ثم استخلاص أهمِها وأخطرها، والتي ستكون موضوع هذا البحث. وسـأمهِّد لـذلك بكلام مختصرـ عن أثر اختلاف بيئات الناس وطباعهم في تباين عدد أسئلتهم وتنوعها.

أ- اختلاف الأسئلة باختلاف البيئات والأشخاص:

إنّ تعطُّش الإنسان لإدراك الحقائق قد يبلغ حدود الهيام، وإنّ رحلتـه في مطاردة المجهول مستمرَة عبر كلِ فترات وجوده.. هذا الطبع موجود عند كل إنسان في كل زمـان ومكان، ولكن فعاليَة هذا الطبع متباينة عند النَاس، والظاهر أنَ ذلك يرجـع إلى عـاملين هامّين، أولهما: -اختلاف النَاس في بيئاتهم، واختلاف أزمنة وجودهم وأمكنة وجودهم. وثَانيهما: اختلاف طباعهم، وقدرات كلٍ منهم.

هذا الاختلاف الكبير ينتج عنه -لا محالة- اختلاف وتباين يماثله في عدد مسائل كلٍ منهم، وتنوُع مواضيع هذه المسائل.

63

فأمَّا أثر اختلاف بيئات النَّاس وتنوعها في تعدد وتنوع مسائلهم فإن المتعارف عليه لدى النَّاس أنَ الإنسان ابن بيئته، وأنَّ الحاجة أمُ الاختراع، فلكل إنسان موقعه العائلي الخاص به، وهذا العامل يحدِّد الامتيازات الفردية لكل منهم، ولكلِّ موقعـه الاجتماعي الخاص به، وهذا الموقع يرسم الإطار العام لمجال نشاطه الفكري والعملي، ثمَ إنَ لكلٍ زمانه الخاص به ولكل زمان اهتماماته وانشغالاته وظروفه الخاصة، ولكل إنسان -أيضًا- -مكانه الخاص الذي عاش فيه، كـل هـذه العوامـل تجعـل اهتمامـات النَّـاس متعـددة، ومتنوعة متفاوتة في الأهمِّية، فتتلاقى هذه العوامـل لـدى أيِّ إنسـان لتشـكِّل لـه بيئتـه الخاصَّة به، وتفرز له حاجاته الخاصة به، وتطرح عليه مسائله الخاصة.

وأمَّا أثر اختلاف الطباع والقدرات الفردية في تعدد المسائل، وتنوع مواضيعها، فـإنَ بعض الصِفات النفسية، كالحس المرهـف، والفضـول وحـب التطلُّـع، والطمـوح، وتوقـد الذكاء، والشجاعة، وغيرها من صفات الامتياز الخاصة بالنَّوع الإنساني، توجد عند النـاس بنسب متفاوتة، وهذا التفاوت النِّسبيّ يجعل بعض النَّاس أكثر تساؤلًا وأسئلة من غـيره، فنجد الحادثة الواحدة، الظاهرة لكل الناس، تثير فكر بعضهم دون البعض الآخر، وإن من الظواهر ما لا يثير إلا الآحاد منهم، أو الواحد فقـط، مـن دون الملايـين التـي يعيـش بينها، ولا فرق بينـه وبينـهم سـوى تفـاوت في حساسـية، أو تبـاين في ذكـاء، أو تمـايز في نباهة، أو في صفة من سائر الصفات الأخرى.

وهذا التفاوت الملحوظ بين الناس يؤدي ضرورة إلى نتيجتين بارزتين لديهم:

أولاهما: تباين واضح بيـنهم في عـدد أسـئلتهم إذ مـنهم مـن يسـأل عـن كـل شيء يصادفه، ويجدُّ في طلب الجواب. ومنهم من لا يسـأل إلا عمَّا يحتاجه في تدبير معاشه. وقد تخطر بباله بعض الأسئلة، مما لا حاجة له.

فيها، في حاضره، فيُضرب عنها صفحا إلى أن يُكرهه الواقع على الإلمام بمعرفتها.

والثانية: تباين بيّن بينهم في أهمِّية ما يتناولونه مـن مواضيـع، فيتساءل الفطـن النَّبيه منهم عمَّا لا يخطر ببال عوامِهم، فضلا عن البلهاء. وبينما نجد رب الأسرة البسيط، يتساءل فقط عن سبل تأمين السَّعادة لأسرته ومـن حولـه، نجد الحاكم يسأل عمَّا يحمـي بـه أمتـه، ونجد الحكمـاء يتساءلون عمَّا يمكن أن يسعد الإنسانية في هذه الحياة، ونجد الأنبياء الذين أدركوا أنوار الهداية، يتساءلون عن كيفية هداية أقوامهم سبلها.

قال الشاعر:

وقائلة لِم علَّتك الهمــوم   فقلت إنّ الهموم بقدر الهمم

ثم إنه لمَّا كان فضول الإنسان عطشا بـل هُياما لا قبل لـه بمعرفـة مداه. وكانت المواضيع التي تثير هذا الفضول مطموسة المعالم، لا يقـف لهـا علـى نهايـة، وكان عمـره قصـيرا، لا يكفـي لإرواء ذاك العطـش، والإجابـة عـن بعض تلك المواضيـع اللامتناهيـة، توجب على الإنسان الجادِّ في حياته أن يتجنب العبث في تتبع ما لا يقين مـن الظفر بنهايته، ويحدد ما يودُّ أن يعرفه، وما يتوجب عليه معرفته، ومـا الـذي يمكنـه معرفتـه، ليقتصد عليه المجهود، ويختصر عليه الطريق لنيل المقصود.

فماذا يودُ الإنسان أن يعرف؟ وما الذي يتوجَّب عليـه معرفتـه؟ ومـاذا بإمكانـه أن يعرف؟.

ب- أسئلة الإنسان: (أو عمَّ يتساءلون)؟

ليس من العسير على الإنسان أن يحدد ما يَوَدُّ معرفته في هذه الحياة، فإن من طبع الإنسان السَوي أن يسأل ويتساءل عن كل ما يخطر بباله، أو يعترض إدراكه، فهو شغوف بمعرفة كل شيء.

ولكنه عند وعيه بقصر العمر، وعظيم ما يهدده من خطر، وطول ترحاله، وترحال غيره في الطلب وسبر الأغوار دون نيل الوطر، بل وانقلاب بصره إليه خاسئا وهو حسير، يحط الرحال ليعيد النظر فيما قدَّم وأخَّر، لأنه يدرك أن سعيه في طلبها لن يكون له آخر. فيحاول حصر الموضوعات حصرا منهجياً، والحصول على أهم مسائلها، وأخطرها عليه وعلى مستقبله.

(إن عبقرية الإنسان لا تكمن في أنه يجيب عن الأسئلة المطروحة عليه بشكل جيد ... لأن السؤال قد يكون حجمه محدودا ومهما تنوعت عبقرية الإجابة عنه يبقى الجواب بحجم السؤال المطروح ولذا فإن عبقرية الإنسان تتحدد في مسار جوهرية الأسئلة التي يطرحها، وهذه كانت المهمة الأساسية التي اضطلع بها الإنسان عبر محاولاته الفلسفية القديمة)[1].

فمن الموضوعات التي تشغل باله، شغفه بمعرفة أصول الأشياء ومصادرها. ولا غرابة في ذلك، فهو معتاد على تتبع علل الأشياء، وأسباب حدوثها، ثم أسباب تلك الأسباب، ويسترسل في التقصي إلى أن يتوغَّل في أعماق التاريخ، باحثا عن البداية الأولى لتلك السلسلة الطويلة من العلل. يشاهد بعينه خروج النبتة من البذرة، وخروج البذرة من النبتة، وهكذا دواليك..فيحتار من منهما السبب الأول لوجود الثاني؟.

---

(1) الأسئلة الخالدة، أحمد الموصلي ص23.

(أكانت الجوزة من الشجرة أم كانت الشجرة من الجوزة؟ وحتى إذا كشف عنا الحجاب وعرفنا الجواب فمن أين الجوزة الأولى؟ أو من أين الشجرة الأولى؟ وهنا يجمد الإنسان في حيرته ...)[1] هكذا حالته مع جميع مشاهداته في عالمه الرحيب. بل وفي نفسه أيضا، فهو يرى أن والديه هما علة وجوده، وأجداده كانوا علة لوجود والديه، ثم ماذا بعد ذلك؟! من هو جده الأول؟ كيف وجد؟ ومتى كان ذلك؟ ثم يتمادى في السؤال إلى حدِّ آخر ما يتوصل إليه خياله[2]، والظاهر أن ما يشغله بتقصي ـ تلك المبادئ، شدة إيمانه بمبدأ السببية الذي يؤكد أن لكل معلول علة تسبقه، وذلك يعني أن كل شيء حدث أو يحدث الآن، إنما هو نتيجة حتمية لسبب سابق لذاك الحدث، وعليه فكل ما سيقع لاحقا، ما هو إلا نتيجة حتمية لأسباب سبقته في الوجود بقليل أو كثير، ثم هو يعاين في الكثير مما حوله ـ أشياء طبيعية أو من صنع الإنسان ـ أنها ذات غايات محددة، ويعاين في مصنوعات الناس أن القصد من صناعة الشيء يسبق صناعته في الواقع، ولما كان شديد الوله بمعرفة حاضره ومستقبله، وحاضر الكون ومستقبله، حاول السفر عبر الزمن في رحلة طويلة عبر التاريخ، يتتبع تلك السلسلة الطويلة من الأسباب ليتعرف على قصة وجود الكون على العموم، وعلى قصة وجود نوعه على الخصوص، ثم هو لا يتوقف عن المتابعة إلى أن يقف على تلك البداية، فإذا بلغها توقف، وانحصرت تساؤلاته في سؤالين أساسيين هما:

---

(1) ما هو التصوف (ما هي الطريقة النقشبندية): أمين علاء الدين النقشبندي. ص 20.
(2) وقد صح في الحديث القدسي قوله تعالى لنبيه ﷺ: "إن أمتك لا يزالون يتساءلون فيما بينهم حتى يقولوا هذا الله خلق الناس فمن خلق الله" أخرجه البخاري في كتاب الاعتصام: فتح الباري (13/329)، ورقمه: (7296).

- سؤال عن العلة الأولى، والسبب المطلق الذي لا سبب قبله، فيسأل عن الباري الذي خلق من العدم، والذي قدّر صنعة كل شيء فأحكم. ما حقيقة هذا السبب؟ وما كنهه؟.

- ثم سؤال عن المعلولات الأولى، وأهم ما فيها، بداية وجود هذا الكون عامة، وبداية وجود النوع الإنساني خاصة. ما هو الكون وما حقيقته؟ ما هو الإنسان وما هي حقيقته؟.

هذان السؤالان يشكّلان معا أحد أسئلة الإنسان الخالدة، وهو قوله: [من أين؟][1].

ومما يرد على النفس الإنسانية من تساؤلات أيضا، نوع يختص بمستقبلها، إنه الخوف مما يخفيه المستقبل من أخطار، والشوق إلى ما يخفيه من مسرّات، فدفعته حاجته هذه إلى ملاحقة النبوءات ينشدها، وللعلامة ابن خلدون كلام طريف في ذلك إذ يقول: (اعلم أن من خواص النفس البشرية التشوف إلى عواقب أمورهم وعلم ما يحدث لهم من حياة وموت وخير وشر سيما الحوادث العامة لمعرفة ما بقي من الدنيا ومعرفة مدد الدول أو تفاوتها والتطلع إلى هذا طبيعة مجبولون عليها، ولذلك تجد الكثير من الناس يتشوفون إلى الوقوف على ذلك في المنام، ... وقد نجد في المدن صنفا من الناس ينتحلون المعاش من ذلك لعلمهم بحرص الناس عليه ... فتغدو عليهم وتروح نسوان المدينة وصبيانها، وكثير من ضعفاء العقول يستكشفون عواقب أمرهم في الكسب والجاه والمعاش ... وأكثر من يعتني بذلك ويتطلع إليه الأمراء والملوك في آماد دولتهم)[2]، إنه خوف الإنسان على مصيره بالدرجة الأولى. والغرابة كل الغرابة فيمن لم يفكر في ذلك قط، يقول الدكتور البوطي عن

(1) ينظر في رسالة زياد الأحدب: " مسألة الألوهية وأصل العالم"، ص 10.
(2) مقدمة ابن خلدون ص 330 طبعة دار الفكر.

ذلك: (.. فما رأيت أغرب من رجل يمتطي ركوبا يغذُّ به السـير إلى حيـث لا يعلم، وهو مع ذلك مرحٌ جذلان، لا يحاول أن يسأل نفسه ولو في لحظة واحدة عن النهاية)[1]. أجل! إنها غفلة غريبة عند الكثيرين من الناس عن مصائرهم، وفي أغلب فتـرات حيـاتهم، على الرغم من كثرة ما يستدعي الحـرص والحـذر مـن أسباب الهـلاك والفنـاء. إنَّ تلـك النهاية الحتمية الرهيبة التي يعاينها كل النـاس حـولهم جديرة بجعل الإنسـان يطرق أبواب هذا المجال من المعرفة بكل ما أوتي من قوة وبإلحاح شديد. إنه المـوت!! النهايـة المادية التي لم يستسغها العقل البشري يومـا، ولا رضي بها أحـد مـن النـاس إلا خـداعا لنفسه.

وعلى كل حال فقد أسفر طرق الإنسان على هـذا البـاب على ثلاث أسـئلة بالغـة الأهمية:

- سؤال خاص بمصيره، ومصير الإنسانية.

- سؤال خاص بمصير الكون ونهايته.

- سؤال خاص، عما سيقع بعد نهاية الحياة الدنيا.

ويجمع كل هذه التساؤلات السؤال المعرفي الخالد: [إلى أين]؟.

ومن مهمات ما يعرض للوعي البشري من التطلعات حرصـه عـلى تقصِّي الغايـات فيما يصادف من المخلوقات. ولعل ذلك يرجع إلى كون المعرفة بالغاية تسـهِّل عـلى الإنسان حياته. فبها يحدد وجهته، وبها يتبين لـه الأهـم مـن المهـم، والإنسان بطبعـه لا يحب تضييع وقته وجهده فيما يقل نفعه، فكلـما كـان تحديده لغايتـه دقيقـا، حصّـلها ببذل أقل الجهد في أقل مدة ومن أدنى الطرق. أمَّا عن أساس فكرة الغايـة والحكمـة في الأشياء، فقد سبق القول بأن الإنسان يحس بها ويشاهدها في

---

(1) كبرى اليقينيات الكونية ص

كثير مما يعرض له من ظواهر في حياته. فهو يهتك ستائر الحكمة في المخلوقات سترا سترا كلَّما زادت معارفه وعلومه. يكشف عن مظاهرها فيما كان يظنه بلا غاية أوْلم يكن يأبه له غفلة منه وسهوا.

فيتحقق له بذلك استقراء ناقص قد يحاول استيفاءه فلا يقدر، وأنَّى له تحقيق ما عجز عن تحصيله جهود أجيال وأمم متظافرة، تداولت على طرق ذاك الباب دون نيل الوطر!؟.

إن الإنسان عندما ييأس من ذلك يعود إلى أساس فكرة الغاية في المخلوقات، فيراها فكرة يتزايد ما يؤيد القول بها كل يوم، ويتناقص ما قد ينقضها كذلك، وأن تراكم المعارف لدى الإنسان وتقدمها يدعم دوما فكرة النظام، ويهدُّ فكرة العبث جيلا بعد جيل. من هذا كله قفز فكر الإنسان من البحث في الغايات الجزئية في مظاهر الكون، إلى البحث في أمهات الغايات وكلياتها. إذ أنه بعد أن عاين شيئا من هذه الحقيقة في بعض أجزاء الكون، انجرَّ إلى البحث عن الغاية من وجود الكون، وبعد أن أدرك غايات بعض أعضاء بدنه -فمه وعيناه ويداه ورجلاه -، وسريان مبدأ الغائية في الكثير مما حوله، يتساءل عن الغاية من وجوده هو وكل نوعه.

وهذا السؤال -بالذات- أهم الأسئلة جميعا. يقول الدكتور يوسف القرضاوي في أهمية هذا السؤال: (سؤال واجب على الإنسان -كل إنسان- أن يسأله لنفسه، وأن يفكر مليا في جوابه. فإن كل جهل -مهما عظمت نتائجه- قد يغتفر إلا أن يجهل الإنسان سرَّ وجوده، وغاية حياته، ورسالة نوعه وشخصه على الأرض)![1]، ومما سبق ذكره، يتبين أن نهاية تطلعات الإنسان لمعرفة الغايات من الخلق، توَّجت بسؤالين كلِّيَّين مهمَّين هما:

_____

(1) العبادة في الإسلام ص13.

- تساؤلاته عن الغاية من وجود الكون؟.

- وتساؤلاته عن الغاية من وجود الإنسان ووظيفته؟.

ويجمعهما سؤاله الخالد: [لماذا]؟.

ومما سبق ذكره تتلخص أسئلة الإنسان المعرفية الخالدة في المحاور الآتية:

- معرفة أصول الأشياء وحقائقها وجـذورها.

- معرفة الغاية من خلق الأشيـاء وحقيقة الحياة.

- معرفة مصير المخلوقات ونهايتها[1].

قال الدكتور يوسف القرضاوي: (ويعبر بعض المفكرين عـن هـذه الأسـئلة بهذه الكلمات الموجزة: من أيـن؟ وإلى أيـن؟ ولم؟. هـذه هـي الأسـئلة الثلاثـة التـي صاحبت الإنسان منذ فكر وتأمل، ولا زالت تلحُّ عليه وتطلب الجـواب الشـافي لهـا فبدون هـذا الجواب لا تتحدد كينونة الإنسان، ولا موضعه في الكـون ولا رسـالته في الوجـود ... إنهـا الأسئلة الخالدة[2] التي حاولت كل فلسفة في الشرق والغرب أن تجيب عنها. بـل لا تعـد فلسفة إذا أغفلت الجواب عنها.

من أين؟ وإلى أين؟ ولماذا[3])؟.

ــــــــــــــــــــــــــــــ

(1) اعتمدت هذا الترتيب نظرا لكون الناس في الغالب لا يقومون بعمل معـين إلا بعـد معرفـة الثمـرة المترتبـة عـن فعلـه أو الضرر المتوقع من تركه، لذلك جعلت السؤال المتعلق بالجانب العملي أخر الأسئلة الخالدة ترتيبا. وهو الذي عليه أكثـر من تكلم عنها.

(2) والتي عبر عنه الكاتب في آخر كتبه بـ "الحقائق الكبرى في الوجود" وحدَّدها في الأسئلة الآتية: -من أين؟ -لماذا؟ وإلى أين؟ بهذا الترتيب. انظر كتابه "الدين في عصر العلم". من ص 65 إلى 72.

(3) العبادة في الإسلام ص 14.

المطلب الثاني: تحديد مجال وجود أجوبة تلك الأسئلة.

إنّ بغية الإنسان المعرفية -مهما غالى في فضوله- لا تتعدى أن تكون في أحد عالمين:

أحدهما هو هذا العالم الذي نشاهده ونحسه بما وهبنا اللـه تعالى مـن حـواس وإدراكات وأحاسيس، فهو عالم الشهادة[1].

هذا العالم الذي على الرغم من علم الإنسان بأن الإحاطة بمعرفتـه متعـذرة، ولكنـه واثق -على الأقل- من قدرة عقله على الكشف عن الكثير مـن خباياه وأسراره، لأنه قد جرّب الكثير من ذلك، ولا زال يعاين الكثير مـن تلـك التجارب يومـا بعد يوم، وفي كل أرجاء المعمورة.

وأما **الثاني** فهو العالم المغيب عن مداركنا، نرى آثاره ولا نبصره وهو عالم الغيب[2].

فإذا بحثنا عن موقع أسئلتنا الكبرى في هذين المجـالين، وجـدنا أن معظـم مطالبهـا متعلق بمجال الغيبيات.

فالإنسان لا يتأتى له من معرفة كنه العلّة الأولى للوجود إلا شيء مـن صفاتها التـي يستنتجها من آثارها في معلولاتها؛ كوجود صانع لهذه المصنوعات، واتصاف هـذا الصـانع بالقوة والحكمة والوحدانية وغير ذلك من الأوصاف. ولا يتأتَّى له من

---

(1) انظر نظرية المعرفة بين القرآن والفلسفة ص 480.
(2) يقال الغيب ويقصد به في الاصطلاح اللغوي و القرآني ((كل ما كان غائبا عن الحواس)). وقد يطلق لفظ الغيب ويراد به ((كل ما لا سبيل إلى الإيمان به إلا عن طريق الخبر اليقيني)). انظر كبرى اليقينيات الكونية ص 301.

معرفة ملابسات بداية الخلق إلا أنه تكوَّن منذ زمن سحيق جـدا. وأنه مصنوع، محكم الصنع. أما تفاصيل تلك البداية فلا يعرف عنها أدنى شيء.

وهو لا يدرك -أيضا- من أسباب وجوده إلاَّ أن لِوجوده غاية معيَّنة؛ يعرف ذلك قياسا على ما يرى من اختصاص كل ما حوله بوظيفة خاصة به. أما طبيعة تلك الوظيفة فلا يملك من تفاصيلها شيئا.

ثم هو لا يعرف عن مستقبله إلا أنه سيموت يوما مَّا. وقد يعرف أنَّ البشريَّة سينتهي أمر وجودها في أحد الأيام أيضا. ولكنه لا يمكنه معرفة ما وراء ذلك إذ لم يعد من الأموات أحد ليحدثنا بما من علم من حقائق ذلك العالم.

وذلك هو الجانب اليسير الذي يمكن تعقله مـن كـل تلـك الأسئلة. وأمـا الجانـب الآخر فلا قِبَل للعقل البشريِّ باكتناه حقائقه البتة.

المطلب الثالث: طرائق المعرفة الإنسانية ومصادرها

قد مرَّ بنا من قبل أن الإنسان يخرج إلى عالمه صفحة بيضاء لا يعلم شيئا. وأنه مزود بحواس وعقل: قَالَ تَعَالَى: ﴿ وَٱللَّهُ أَخْرَجَكُم مِّنۢ بُطُونِ أُمَّهَٰتِكُمْ لَا تَعْلَمُونَ شَيْـًٔا وَجَعَلَ لَكُمُ ٱلسَّمْعَ وَٱلْأَبْصَٰرَ وَٱلْأَفْـِٔدَةَ لَعَلَّكُمْ تَشْكُرُونَ ۝ ﴾

النحل: ٧٨. وأن اللـه تعـالى زوَّده بنعمـة البيـان: قَالَ تَعَالَى: ﴿ خَلَقَ ٱلْإِنسَٰنَ ۝ عَلَّمَهُ ٱلْبَيَانَ ۝ ﴾ الرحمن: ٣ - ٤. وهذه هي سبله التي يتعلم منها ما لم يكن يعلم. فهو يدرك الحقائق بحواسه أو بالاستدلال عليها بواسطة عقله أو بالحصول على خبر صادق بإحدى وسائل ملكة البيان. وهذا القدر قد اتفق عليه جماهير العقلاء وسلَّموا بـه. واختلفـوا في مـا ادعـاه أصحاب المـذهب الإشراقـي وغيرهم في القـديم، والمتصوفة في الإسلام، من قولهم بإدراك الحقائق بطريق الإلهام والكشف؛ وذلك بتهيئة محل المعرفة في النفس الإنسانية لتتلقى الفيوضات من خارجها.

73

وعلى ضوء هذا فإني سأبسط الكلام في هذه الطرق وموقفها من مسائلنا في أقسام ثلاثة وهي:

- ما يختص به كل إنسان لوحده وهي الحواس والعقل.

- ما يتعامل به الناس فيما بينهم ويتلقونه بتهيئة حواسهم وهو الخبر الصادق.

- ما يتعامل به الإنسان غيبيا مع غيره بتهيئة باطنه وتحسين قابليته الروحية، لاستقبال ما يرد إليه من خارج نفسه، بواسطة الكشف والإلهام.

أولا- حدود الطاقة المعرفية لقوى الإدراك البشرية:

إذا كانت هذه الأسئلة الخالدة مساطير، تقع في مجال الغيبيات فأنّى للإنسان التوصل إلى الكشف عن أجوبتها التي هي بلسم شفائه، ونور ظلامه الحالك. (.. كيف نصل حقيقة إلى الإجابة عليها؟ ما هو السبيل الصحيح للاطمئنان التام فيما يتعلق بشأنها؟ هل مرد الأمر فيها إلى الحواس والملاحظة، والتجربة، والعلم الحديث وما فيه من طبيعة وكيمياء، أو من فلك وطب؟ اللهم لا)[1] إذ كيف يتسنّى لحواس الإنسان أن تُحِس ما لا يُحَسّ؟. وإذا خذلت الإنسان حواسه، فما هي الوسيلة التي يروي عن طريقها غليله، ويداوي بها هيامه؟.

قد يقال هنا: إن مردَّ ذلك كله إلى العقل!. فإلى عقل من سنلجأ؟.

أنلجأ إلى الفلاسفة أم إلى المتكلمين. وأيهم أجدر بذلك من غيره؟. إنّ التجربة التاريخية أثبتت أن خوض العقول في هتك أستار الغيبيات، قد انتهى بخلافٍ لا نظير له! (فمِن إنكار مطلق للألوهية، وللروح، إلى إيمان مطلق عام، يغرق في

---

(1) المنقذ من الضلال، للإمام أبو حامد الغزالي ص332.

الوهم، ويبعد عن الضلال، حتى يصل إلى التخريف بأوسع معانيه. وبين هذا وذاك، مذاهب لا يحصيها العد..إلى مذاهب يبعث اختلافها الدوار في الرأس)![1].

يقول د. عبد الحليم محمود: (ربما يقال: إنه من الطبيعي أن يكون الحس طريق المعرفة المادية، وأن يكون العقل طريق المعرفة العقلية، وما دامت المغيبات من المعقولات فالطريق إلى معرفتها -إذن- إنما هي العقل، وما دمنا قد وثقنا بالحس في معرفة الماديات، فلنلتزم بالعقل في معرفة المغيبات.

هذا النمط من التفكير يبدوا موفقا، ولكنه محض سفسطة، فالتصور -هو أساس المعقولات- لا يقوم إلا على الحس، وإذا جردته من المدركات الحسية، فقد أزلته إزالة لا تترك له من أثر، ومهما أغرق الشعراء في الخيال ... فإبداعاتهم، وصورهم المبتكرة، منتزعة من الواقع، والاختراع: تنسيق للمحس على نمط جديد... ومادام الأمر كذلك، فالتفكير المجرد عن المحسات معدوم وما دامت المساتير وما شأن لها بالحس، فكل تفكير فيها لا يؤدي إلى نتيجة)[2].

ولنرجع مرة أخرى إلى جوهر الاستدلال العقلي فنقول: ما هي الآلية التي يستدل بها العقل، وهل تمكّنه من خرق ستائر الغيبيات؟.

يجيبنا الدكتور عبد الحليم محمود بقوله: (قد تقول: إنّ العقل.. له مقاييسه وله موازينه التي لا يتطرق إليها الخلل. إن المنطق القديم منه والحديث: آلة تعصم مراعاتها الذهن عن الخطأ في التفكير. ولقد جاهدت الإنسانية جهادا طويلا حتى جعلت من الاستقراء والقياس أداتين للفصل بين الهدى والضلال، والتفرقة بين العماية والعماء والصواب والأصوب. فالاستقراء والقياس -إذن- هما وسيلتا العقل..

(1) انظر المرجع نفسه: ص287.
(2) المرجع نفسه: ص 289-288.

إن وجهة النظر هذه تبدو وكأنها لا غبار عليها، بيد أنها عند النظرة الفاحصة تتزلزل وتنهار.

أما أولا: فلأن المعتزلة أنفسهم، والعقليين عامة -مع اعتمادهم على القياس والاستقراء- قد اختلفوا فرقا وأحزابا لا تحصى، وكل فرقة أو شيعة تتبع رئيسا وصل به "استقراؤه" ووصل به "قياسه" إلى نتائج معينة تختلف -في قليل أو كثير-عن نتائج استقراء آخر، وقياس مختلف.

وأما ثانيا: فلأن فكرة -المنطق يعصم الذهن عن الخطأ في التفكير أو المنطق وسيلة التفكير الصحيح- فكرة خرافية، أكثر منها حقيقة، وذلك يحتاج منا إلى تبيان:

إن المقاييس هي كما ذكرنا: الاستقراء والقياس.

أما الاستقراء -وهو أساس المفهومات العامة والقضايا الكلية- فإنه:

أ- مبني كله على الحس: إنه استقراء المحسات، إنه تتبع جزئيات، لا يخرج عن نطاق المادة، أما المساتير فهو بعيد عنها كل البعد، إنها لا تدخل في دائرة اختصاصه. فهو عاجز عن أن يخترق الحجب، ليصل إلى ما وراء الطبيعة.

ب- ثم إنّ الاستقراء: تام وناقص، والمناطقة يعترفون بأن التام لا ثمرة له، وأما الناقص وهو المهم فهو ظني لأنه عرضة للتغيير في أي وقت، والعلم لا يعترف بغير اليقينيات.

أما القياس فلديه ثلاث معوقات تعطله، وتنزع منه أهليته لاقتحام عالم الغيب وهي:

الأولى: أنه مبني على الاستقراء.

والثانية: أن المناطقة لا يشترطون في مقدماته الصدق.

والثالثة: أنه مع ذلك استدلال دوري فاسد.

أما أنه مبني على الاستقراء فلكونه مُنطوٍ دوما على كُلِّية استقرائية، وأما عدم اشتراطهم الصدق في قضاياه فقد يكون القياس صحيحا والنتيجة كاذبة، فما قيمته إذا لم يحفل بصدق قضاياه!

وأما كونه "استدلال دوري فاسد" فذلك أن النتيجة متوقفة على العلم بالكبرى، والعلم بالكبرى متوقف على العلم بالنتيجة مثاله قولنا: محمد إنسان، وكل إنسان ناطق، فمحمد ناطق. وهذا القياس استدلال دوريٌّ فاسد، لا يُعوَّل عليه. ثم إنّ القياس لا يزودنا بجديد كان مجهولا من معلوم، ولكن النتيجة كانت متضمنة في المقدمات فلا جدوى منه)[1].

(فقصور العقل إذن فيما بيِّن فيما يتعلق بالأخلاق وهو قاصر على الخصوص فيما يتعلق بالإلهيات[2] ويؤيِّد هذا الكلام النظري، تضارب استدلالات أكثر من خاض في هذا المجال من المعرفة، وإقرار الكثير من جهابذتهم وحكمائهم به، من ذلك الإمام الرازي الذي يقول بعد أن تأمل الطرق الكلامية والمناهج الفلسفية: (فما رأيتها تشفي عليلا ولا تروي غليلا)[3] وقال في عجز العقل:

نهاية إقدام العقول عقال   وأكثر سعي العالمين ضلال[4]

إذن فهو طور آخر من المعرفة التي تستدعي مقاييس وموازين أخرى، غير موازين العقل ومقاييسه. وليس ذلك بقادح في أحكام العقل ولا حطًّا من سلطانه. بل

---

(1) تلخيص لكلام د. عبد الحليم محمود في دراسة له على المنقذ من الضلال ص 291-294.

(2) انظر المصدر نفسه: ص 294.

(3) المرجع نفسه: ص433.

(4) المرجع نفسه: ص333.

من مقتضيات العمل العقلي الجاد أن يتعرف العقل على حدوده، ويهتدي إلى المجال الذي يتحرك فيه.

صحيح أن العقل بالغ الدقة في موازينه، ولكن وزن هذه المسائل الكلية بميزان العقل، أشبه بوزن الجبال بميزان الذهب. (فالعقل ميزان صادق في نطاق حدوده الطبيعية، وليس في وسعه أن يكون كذلك بالنسبة لعالم الغيب)[1]. فمن الواجب إذن أن ندرك أننا لا ندرك كل شيء، وعدم إدراكنا لما لا ندركه: لا يعني -بالضرورة- أنه غير موجود، ولو أدركنا كل شيء لخرجنا من طبيعتنا البشرية، واتخذنا لأنفسنا صفة إلهية[2]. ولهذا يرى ابن خلدون -كما يقول محمد التومي- أنه (من الأفضل لنا أن نكرس جهودنا في الميدان التجريبي الذي نستطيع أن نستفيد منه ونقلل من التفكير في عالم الغيب حسما لضياع الوقت بدون جدوى ما دمنا لا نقدر على التوصل إلى نتيجة إيجابية والحصول على أية فائدة. وهو لا يهدف من وراء ذلك إلى وضع حد لتأملات العقل وخوضه في الوجود بصفة عامة وإنما يريد أن يستفيد من هذا التفكير بدلا من تضييع حياتنا في متاهات شائكة لا نجني منها ثمارا)[3].

وإذا كان كل ما سبق ذكره يوحي بعجز الحواس والعقل عن خرق ستائر الغيب للكشف عن جواب هذه الكلِّيات المشكلة لدى الإنسان، وثبت بذلك عدم جدارة الإنسان للتصدي لها، فما دور العقل إذن؟ ومن هو مظنة تلك المعرفة؟ وكيف السبيل إلى الاتصال بذلك العالم؟.

إذا عجزت الحواس -تمام العجز- عن إدراك شيء من المغيبات، فإن العقل لم يقل كلمته الأخيرة في ذلك. إذ بإمكانه أن يُثبِت وجود صانع حكيم قوي؛ يدبر

(1) دعائم الفلسفة: إدريس خضير. ص271.

(2) انظر الجدل في القرآن الكريم: محمد التومي. ص83-85.

(3) المرجع نفسه: ص289.

أمور هذا الكون ولو لم يدرك من ماهيته شيئا. بل إنّ معرفة وجود اللـه عز وجـل ميسورة من طريق النظر والعقل أكثر مما هي ميسورة عن طريق الخبر اليقيني[1].

وهو يعرف أيضا أن لا أحد أعلم بدقائق الخلق ممن بدأ خلقها أول مـرة. فهـو -لا محالة- مظنة المعرفة المطلقة.

ثم لما كثر من الناس من يدعي الاتصال بذلك المنبع، والظفر بالكثير أو اليسـير مـن تلك المعرفة المطلقة، فقد زود العقل بما يكفي لتمييز المحق منهم من المضل والصـادق في دعواه من الكاذب.

إذن فدور العقل في هذا المجال مقتصر على ثلاث خطوات بالغة الأهمية:

- أولاها: إثبات وجود اللـه تعالى.

- والثانية: إثبات جواز النبوة والرسالة على العموم، وصحة نبوة محمد صلى اللـه عليه وسلم ورسالته إلى كافة الناس على الخصوص.

- والثالثة: التأكد مـن عصـمة المخبر عـن اللـه تعالى. وقطعيـة ثبـوت النصوص الواردة عنه؛ بالتأكد مـن صـلاحية الخبـر المتـواتر، وكل مـا حـاز شروط الصـحة كطريق يقيني للعلم.

وبعد ذلك؛ يجب على العقل أن يسلم قِياده إلى النص الصحيح.

يقول ابن حزم الظاهري: (ونحن نقول قولا كافيا بإذن اللـه تعالى وقوته: وهو أن كل ما اختلف فيه من غير تصحيح الشريعة ومن تصحيح حدوث العالم وأن لـه محـدثا واحدا لم يزل ومن تصحيح النبوة ثم نبوة محمد صلى اللـه عليه وسلم فإن براهين كـل ذلك راجعة رجوعـا صحيحا ضروريـا إلى الحـواس، وضرورة العقـل، فـما لم يكـن هكـذا فليس بشيء، ولا هو برهانا، وإنّ كل ما اختلف فيه من الشريعة بعد صحة حملها

_____

(1) كبرى اليقينيات الكونية ص301.

فإن براهين كل ذلك راجعة إلى ما أخبر به رسول اللـه صلى اللـه عليه وسلم عن اللـه تعالى إذ هـو المبعـوث إلينا بالشريعة فما لم يكن هكذا فليس برهانا ولا هـو شيئا)[1].

إن دور العقل -إذن- لا يتعدى عملية التـدليل على مـن هو مظنَّة ذلك العلـم. وكيفية الاتصال به ومحاولة فهم تلك النصوص للوصول إلى معانيها فحسب[2]. فيلعب بذلك دور الجسر الرابط بين العالمين، ليـزود الإنسانية بمنبـع معرفي جديد، تنهل منـه النفوس المتعطشة إلى المعرفة المطلقة.

---

(1) الفصل في الملل والأهواء والنحل: (370/ 1) (النسخة المحققة). وينظر أصول الدين لعبد القاهر البغدادي ص24.
(2) تخيل أحدهم مناظرة بين العلم والعقل فوصفها بهذه الأبيات اللطيفة:

من ذا الذي من ذين قد أحرز الشرفا	علم العليم وعقل العاقل اختلـفا
والعقـل قال أنا الرحمان بي عرفا	فالعلم قال أنا أحرزت غايتــه
بأيِّنا الله في فرقانه اتصفـا	فأفصح العلم إفصاحا وقال لـه
فقبل العقل رأس العلم وانصرفا	فبان للعقل أن العلـم سيـده

ثانيا- الوحي وما وراء الطبيعة:

أ- الحاجة إلى الوحي:

إذا كانت تلك الأسئلة بكل تلك الأهمية، فالواجب على الإنسان تحصيل أجوبتها الكافية ضرورة؛ وقبل مغادرته لهذه الحياة. بل عليه استعجال تحصيل ذلك، ليؤمّن سلامة مستقبلٍ غمره الظلام.

ولما كان العقل عاجزا عن تحقيق ذلك؛ نشأت حاجة الإنسانية إلى مصدر معرفي آخر، يحوز الأهلية الكافية ليجيب عما أشكل أمره.

لقد بحث الإنسان دوما عمن هو أعلم منه ليحصل على المزيد، ولكن إلى من يلجأ هذه المرة؟ إنّ كلية مسائله تلك؛ تحتم عليه أن يلجأ هذه المرة إلى من يتصف بالعلم الكلي، وبالأزلية والخلود. إذ لا يعقل أن يحيط بالبداية المطلقة من كانت له بداية. ولا يمكن أن نطلب النهاية المطلقة عند من له نهاية.

وقد نظر الإنسان حوله فلم يجد من هو أحدّ منه ذكاء، وأوسع منه علما ومعرفة. ونظر إلى مسائله فوجدها أوسع وأجلُّ خطبا من أن تنالها أوهام عقول محدودة الوجود بالمكان والزمان. ورأى أنّ الصنعة تدل على أوصاف صانعها من علم وقدرة وحكمة وغير ذلك. هذا ما هو مشاهد لديه في دنيا الناس. فإذا تفاوتت درجات هذه الصفات بين الناس، فلا بد أنها موجودة بأعلى درجة فيمن صنعهم وصنع فيهم هذه الأوصاف المتفاوتة. فإن يكن في الإمكان اتصاف أحد بتلك الدرجة المطلقة من المعرفة المحيطة. فإن مبدع هذا الكون المحكم الصنع، ومدبِّر حركاته وسكناته، أولى بأن يكون أهلا لها ومظنتها. وليس على الإنسان بعدها سوى محاولة الاتصال بذلك المصدر ليتحصل على ما يريد. وعن هذه الرغبة الجامحة في الاتصال بذلك المنبع، نشأت حاجة الإنسانية لمن يأتيها منه بالخبر اليقين.

وما كان اللـه تعالى ليخيب ظن عباده فإن (القدرة الإلهية التي لا تترك النمل مـن دون أمير، والنحل من دون يعسوب، لا تترك حتما البشر من دون نبي، من دون شريعة. نعم هكذا يقتضي سر النظام)[1].

وكما أن هذه الأسئلة إنسانية باختلاف الزمان والمكان؛ فقد تعهد اللـه تعالى أمـم البشرية -الواحدة بعد الأخرى- بالرسل والأنبياء يوصلون إليها شيئا مـما تحتاجه مـن العلوم الإلهية ويبلغونها خبر السماء وما لا سبيل إليه إلا بالسمع، واستمر ذلك التعهد الإلهي إلى أن بعث للبشرية قاطبة من يزودها بكتاب يكفي حاجتها، ويضمـن لهذه الهداية الخالدة، بضمان خلود ذلك الكتاب العظيم في قوله تعالى: **قَالَ تَعَالَى:** ﴿ إِنَّا نَحْنُ نَزَّلْنَا ٱلذِّكْرَ وَإِنَّا لَهُۥ لَحَٰفِظُونَ ۝﴾ الحجر: ٩. فكان القرآن المعجزة الخالدة؛ التي حوت أجوبةً كليةً خالدةً، لأسئلة الإنسانية جمعاء.

ب- يقينية المعارف القرآنية وحجيتها:

لقد أرسل اللـه تعالى الرسل والأنبياء على مر العصور وقد ادعى هؤلاء أنهم دعاة إلى اللـه. وأنّه أرسل معهم كتبه التي بيّن فيها للإنسان طريق الهداية، وهـذه دعـوى ادعاها الصادقون المصلحون كما ادعاها متألهون ومتنبئون كذابون مبطلون، فبم يتميـز المحق من المبطل؟ إنّ من حق أي طالب للهداية أن يسأل هذا السؤال ليتحقق مـن يقينية هذا المصدر. وهو أمر أقره الإسلام وطالب به، بل وأنكر على

---

(1) لوامع في معارف الإيمان وأدب القرآن، النورسي ص19.

الذين يتبعون من يدعي ذلك بغير تحقق[1]. وبما أنَّنا الآن بصدد الكلام عن القرآن، فما الذي يجعل هذا الكتاب مصدرا معرفيا موثوقا به؟.

إن التحقق من هذا يجرُّنا إلى الحديث عن أمرين مهمين في المسألة:

الأول: صحة كون القرآن كلام اللـه تعالى.

والثاني: سلامة وصوله إلينا كما قاله اللـه تعالى.

1- فأما عن صحة كونه كتاب اللـه تعالى، فإن محتواه البياني والعلمي يشهد له بيقينية معارفه من وجوه شتى أبرزها؛ أن اللـه تعالى تحدَّى به الثقلين فقال: قَالَ تَعَالَى: ﴿ قُل لَّئِنِ ٱجْتَمَعَتِ ٱلْإِنسُ وَٱلْجِنُّ عَلَىٰ أَن يَأْتُواْ بِمِثْلِ هَٰذَا ٱلْقُرْءَانِ لَا يَأْتُونَ بِمِثْلِهِۦ وَلَوْ كَانَ بَعْضُهُمْ لِبَعْضٍ ظَهِيرًا ﴿٨٨﴾ ﴾ الإسراء: ٨٨. وتحدى بعشر سور من مثله مفتريات فقال: قَالَ تَعَالَى: ﴿ أَمْ يَقُولُونَ ٱفْتَرَىٰهُ قُلْ فَأْتُواْ بِعَشْرِ سُوَرٍ مِّثْلِهِۦ مُفْتَرَيَٰتٍ وَٱدْعُواْ مَنِ ٱسْتَطَعْتُم مِّن دُونِ ٱللَّهِ إِن كُنتُمْ صَٰدِقِينَ ﴿١٣﴾ ﴾ هود: ١٣. بل وتحدى بسورة تماثل إحدى سوره، مبالغة في التعجيز، فقال: قَالَ تَعَالَى: ﴿ وَإِن كُنتُمْ فِى رَيْبٍ مِّمَّا نَزَّلْنَا عَلَىٰ عَبْدِنَا فَأْتُواْ بِسُورَةٍ مِّن مِّثْلِهِۦ وَٱدْعُواْ شُهَدَآءَكُم مِّن دُونِ ٱللَّهِ إِن كُنتُمْ صَٰدِقِينَ ﴿٢٣﴾ ﴾ البقرة: ٢٣. وقال: قَالَ تَعَالَى: ﴿ قُلْ فَأْتُواْ بِسُورَةٍ مِّثْلِهِۦ وَٱدْعُواْ مَنِ ٱسْتَطَعْتُم مِّن دُونِ ٱللَّهِ إِن كُنتُمْ صَٰدِقِينَ ﴿٣٨﴾ ﴾ يونس: ٣٨. وهذا التحدي موجه لكل الناس بما يحسنونه.

فهو تحد لأرباب البلاغة بما تفوقوا به على غيرهم، وهو تحد لأرباب العلوم الكونية والحكماء بما تألَّقوا فيه من العلوم، بل وحجة حتى على بسطاء الناس لأنه

---

(1) قال تعالى: قَالَ تَعَالَى: ﴿ قُلْ هَاتُواْ بُرْهَٰنَكُمْ إِن كُنتُمْ صَٰدِقِينَ ﴿١١١﴾ ﴾ البقرة: ١١١. وقال: قَالَ تَعَالَى: ﴿ يَٰٓأَيُّهَا ٱلَّذِينَ ءَامَنُوٓاْ إِن جَآءَكُمْ فَاسِقٌ بِنَبَإٍ فَتَبَيَّنُوٓاْ أَن تُصِيبُواْ قَوْمًۢا بِجَهَٰلَةٍ فَتُصْبِحُواْ عَلَىٰ مَا فَعَلْتُمْ نَٰدِمِينَ ﴿٦﴾ ﴾ الحجرات: ٦. وقال: قَالَ تَعَالَى: ﴿ إِن يَتَّبِعُونَ إِلَّا ٱلظَّنَّ ﴿٦٦﴾ ﴾ يونس: ٦٦.

خاطب العقل الإنساني بما يدهشه من الحقائق ويحكم بصحته أو على الأقل بإمكانية صحة ما يحكيه، وعدم استحالة حدوثه. فكان بحق تحدٍّ وحجة على البشرية بأكملها. وقد ثبت تاريخيا أن هذا التحدي لم يجابه بما يبطله إلى اليوم. فما أفلح في معارضة إعجازه البياني أرباب البلاغة والبيان من العرب وغيرهم -مع شدة حاجتهم لذلك، وحرصهم عليه-. ولا أثبتت تجربة تطبيقه والعمل به في واقع الناس فشله أو عدم كفايته لتلبية حاجيات الاجتماع الإنساني. بل إنه قد أوجد خير أمة أخرجت للناس، وأعظم حضارة إنسانية في تاريخ البشرية، ولم يفلح في تكذيب أخباره التاريخية مؤرخ محقق، أو كتابيٌّ منصف. ولا أبطل مُضيَّ الزّمان صِدق نبوءاته، ولا فنَّد تطور العلوم صحة إشاراته العلمية التي سبقت أوقات اكتشافها بالإمكانات البشرية بأزمان طويلة، بل إنّ التقدم العلمي يؤكد صدق المعارف الواردة في القرآن كلما خطا خطوة راشدة إلى الأمام. هذا زيادة على كون النبي صلى الله عليه وسلم أمِّياً لا يقرأ ولا يكتب، فكيف يتأتى لذلك الأُمِّيّ من المعارف ما لم يحصل البعض القليل منه لجماهير من علماء القرن العشرين مجتمعة. كل هذه التحديات الراسية الشامخة وغيرها، شواهد عدل على صحة نسبة محتواه إلى الله تعالى.

2- وأما عن سلامة وصوله إلينا كما قاله الله تعالى لرسوله صلى الله عليه وسلم، فإن ذلك يتأكد لدينا بأمرين مهمين: أحدهما؛ إثبات صحة تبليغ النبي صلى الله عليه وسلم من الله تعالى إلى من حوله من الناس والثاني؛ إثبات صحة وصول ما أخبر به عن الله تعالى إلينا وأن ما لدينا هو عين ذاك الذي نزل.

فأما صحة تبليغ النبي صلى الله عليه وسلم لما أمر بتبليغه، فإن قومه الذين عايشهم أربعين سنة قد شهدوا له فيها بالصدق والأمانة وائتمنوه على أموالهم فدعوه بالأمين، فتلك شهادة قومه له، وقد شهد له القرآن أيضا بمثل ذلك في الكثير من آياته فقال: قَالَ تَعَالَى: ﴿ مَا كَانَ حَدِيثًا يُفْتَرَىٰ وَلَٰكِن تَصْدِيقَ ٱلَّذِى بَيْنَ يَدَيْهِ وَتَفْصِيلَ كُلِّ شَىْءٍ وَهُدًى

وَرَحْمَةً لِّقَوْمٍ يُؤْمِنُونَ ﴿١١١﴾ يوسف: ١١١، وقال: قَالَ تَعَالَىٰ: ﴿ وَمَا يَنطِقُ عَنِ الْهَوَىٰ ﴿٣﴾ إِنْ هُوَ إِلَّا وَحْيٌ يُوحَىٰ ﴿٤﴾ النجم: ٣ - ٤، بل وتوعد رسوله إن هو تقول عليه ما لم يقل -وحاشاه- فقال: قَالَ تَعَالَىٰ: ﴿ وَلَوْ تَقَوَّلَ عَلَيْنَا بَعْضَ الْأَقَاوِيلِ ﴿٤٤﴾ لَأَخَذْنَا مِنْهُ بِالْيَمِينِ ﴿٤٥﴾ ثُمَّ لَقَطَعْنَا مِنْهُ الْوَتِينَ ﴿٤٦﴾ فَمَا مِنكُم مِّنْ أَحَدٍ عَنْهُ حَاجِزِينَ ﴿٤٧﴾ الحاقة: ٤٣ - ٤٧. وبعد تلك الشهادتين نراه يُشهد الناس في أواخر أيامه على أنه بلغ فيقول بعد خطبته البليغة في حجة الوداع: "اللهم هل بلّغت اللهم هل بلّغت؟ قالوا نعم قال اللهم اشهد فليبلّغ الشاهد الغائب"[1] فشهدوا له بذلك، وتلك شهادة كاملة لرسول الله صلى الله عليه وسلم على تبليغه لما أمر بتبليغه.

وأما عن سلامة وصول ما أنزل على الرسول الصادق صلى الله عليه وسلم إلينا، فيتقرر ذلك بالتسليم بأمرين مهمين: أحدهما التسليم بأن التواتر يفيد اليقين في نقل الأخبار، وهذا أمر مسلّم به عند الغالبية من عقلاء الناس، إذ به يتيقن وجود البلدان والدول التي لم يرها الناس. والثاني؛ معرفة أن هذا الكتاب قد وصلنا بتواتر لم يتيسر ـ لكتاب سابق أو لاحق من عدد من الرّواة في مختلف طبقاته ما تيسر لهذا الكتاب. فقد (نقله أهل المشرق والمغرب عن أمثالهم جيلا جيلا لا يختلف في ذلك مؤمن ولا كافر منصف غير معاند للمشاهدة)[2].

ج- كفاية القرآن ومنهج الإسلام في المعرفة:

إذا ثبتت حاجة الجنس البشري إلى الوحي الإلهي، وثبت كون القرآن كتابا حاز كل معايير اليقينية، فغدا منارة كل طالب للحقيقة وحجة لكل من دعا إلى

---

(1) أخرجه البخاري في كتاب الحج، فتح الباري (٣/٧٣١) ورقمه: (١٧٤١).

(2) ابن حزم في الفصل في الملل والأهواء والنحل في كلامه عن نقل المسلمين لكتابهم (٢/٨١) (النسخة غير المحققة).

عقائده وحجة على كل منكر لها أو غافل عن الحق. فهل فيه الكفاية لإرواء غليل التطلعات البشرية؟.

إن النصوص القرآنية الكثيرة تؤكد ذلك بشتى الأساليب فمنها قوله تعالى: ﴿قَالَ تَعَالَى: أَوَلَمْ يَكْفِهِمْ أَنَّا أَنزَلْنَا عَلَيْكَ ٱلْكِتَبَ يُتْلَىٰ عَلَيْهِمْ إِنَّ فِي ذَٰلِكَ لَرَحْمَةً وَذِكْرَىٰ لِقَوْمٍ يُؤْمِنُونَ ٥١﴾ العنكبوت: ٥١ (أي: أولم يكفهم آية أنا أنزلنا عليك الكتاب العظيم الذي فيه خبر ما قبلهم ونبأ ما بعدهم وحكم ما بينهم وأنت رجل أمي لا تقرأ ولا تكتب ولم تخالط أحدا من أهل الكتاب..)[1].

وقال تعالى: ﴿قَالَ تَعَالَى: وَنَزَّلْنَا عَلَيْكَ ٱلْكِتَبَ تِبْيَنًا لِّكُلِّ شَيْءٍ وَهُدًى وَرَحْمَةً وَبُشْرَىٰ لِلْمُسْلِمِينَ ٨٩﴾ النحل: ٨٩. قال مجاهد "كل حلال وحرام". ويقول فيه ابن مسعود: "قد بين لنا في القرآن كل علم وكل شيء" وهو اختيار ابن كثير إذ علَّق على ذلك بقوله: وقول ابن مسعود أعم وأشمل فإن القرآن اشتمل على كل علم نافع من خبر ما سبق وعلم ما سيأتي وكل حلال وحرام وما الناس محتاجون إليه في أمر دنياهم ودينهم ومعاشهم ومعادهم[2].

ومنها قوله تعالى: ﴿قَالَ تَعَالَى: مَا كَانَ حَدِيثًا يُفْتَرَىٰ وَلَٰكِن تَصْدِيقَ ٱلَّذِي بَيْنَ يَدَيْهِ وَتَفْصِيلَ كُلِّ شَيْءٍ وَهُدًى وَرَحْمَةً لِّقَوْمٍ يُؤْمِنُونَ ١١١﴾ يوسف: ١١١. قال ابن كثير "وتفصيل كل شيء" من تحليل وتحريم ومحبوب ومكروه وغير ذلك من الأمر بالطاعات والواجبات والمستحبات والنهي عن المحرمات وما شاكلها من المكروهات والإخبار عن الأمور الجلية وعن الغيوب المستقبلية المجملة والتفصيلية

---

(1) تفسير بن كثير: (4/424).

(2) تفسير بن كثير: (3/446).

والإخبار عن الرب تبارك وتعالى بالأسماء والصفات، وتنزهه عن مماثلة المخلوقات، فلهذا كانت ﴿ هدى ورحمة لقوم يؤمنون ﴾[1].

ثم إنّ الله تعالى يخبرنا بأنه فصّله للناس دون أن يُغفل بيان ما يحتاجون إليه من أسباب الهداية فيقول: قَالَ تَعَالَى: ﴿ وَلَقَدْ جِئْنَٰهُم بِكِتَٰبٍ فَصَّلْنَٰهُ عَلَىٰ عِلْمٍ هُدًى وَرَحْمَةً لِّقَوْمٍ يُؤْمِنُونَ ٥٢ ﴾ الأعراف: ٥٢.

فكل ما يحُزّ في صدر الإنسان من أحاسيس الحيرة و الشك ففي القرآن دواءه الكافي للشفاء. يقول الله تعالى: قَالَ تَعَالَى: ﴿ وَنُنَزِّلُ مِنَ ٱلْقُرْءَانِ مَا هُوَ شِفَآءٌ وَرَحْمَةٌ لِّلْمُؤْمِنِينَ وَلَا يَزِيدُ ٱلظَّٰلِمِينَ إِلَّا خَسَارًا ٨٢ ﴾ الإسراء: ٨٢، ويقول أيضا: قَالَ تَعَالَى: ﴿ يَٰٓأَيُّهَا ٱلنَّاسُ قَدْ جَآءَتْكُم مَّوْعِظَةٌ مِّن رَّبِّكُمْ وَشِفَآءٌ لِّمَا فِي ٱلصُّدُورِ وَهُدًى وَرَحْمَةٌ لِّلْمُؤْمِنِينَ ٥٧ ﴾ يونس: ٥٧، بل إنّ الله تعالى يؤكد في بداية القرآن الكريم كونه هداية للمتقين فيقول: قَالَ تَعَالَى: ﴿ الٓمٓ ١ ذَٰلِكَ ٱلْكِتَٰبُ لَا رَيْبَ فِيهِ هُدًى لِّلْمُتَّقِينَ ٢ ﴾ البقرة: ١ - ٢، فكل أسباب الهداية -إذن- متوفرة فيه، لا ريب في ذلك ولا شك.

لقد أوصى الله تعالى البشرية مخاطبا إياها من خلال آدم وزوجه حين أخرجهما من الجنة، فقال: قَالَ تَعَالَى: ﴿ فَإِمَّا يَأْتِيَنَّكُم مِّنِّي هُدًى فَمَن تَبِعَ هُدَايَ فَلَا خَوْفٌ عَلَيْهِمْ وَلَا هُمْ يَحْزَنُونَ ٣٨ ﴾ البقرة: ٣٨ وفي آية أخرى: قَالَ تَعَالَى: ﴿ فَلَا يَضِلُّ وَلَا يَشْقَىٰ ١٢٣ ﴾ طه: ١٢٣.

ثم هو يصف هذا القرآن بأنه هدى في الكثير من الآيات منها قوله: قَالَ تَعَالَى: ﴿ طسٓ تِلْكَ ءَايَٰتُ ٱلْقُرْءَانِ وَكِتَابٍ مُّبِينٍ ١ هُدًى وَبُشْرَىٰ لِلْمُؤْمِنِينَ ٢ ﴾ النمل: ١ - ٢، وقوله: قَالَ تَعَالَى: ﴿ ذَٰلِكَ هُدَى ٱللَّهِ يَهْدِي بِهِ مَن يَشَآءُ ٢٣ ﴾ الزمر: ٢٣، فلا شك في أن القرآن الذي سمّاه الله تعالى "هدى" هو الهدى الموعود،

---

(1) المرجع نفسه: (318/3).

وأنه حاوٍ لكل أسباب السعادة الدنيوية والأخروية، وواق من كل أسباب الخوف والحزن والضلال والشقاء.

يقول د. محمد علي الصابوني: (ولقد تسابق الفصحاء والبلغاء والحكماء والشعراء في وصف هذا القرآن، وسرد محاسنه وفضائله، ولكنّا لا نجد أبلغ ولا أسمى من وصف صاحب الرسالة الذي قال:" كتاب الله فيه نبأ من قبلكم وخبر من بعدكم وحكم ما بينكم، هو الفصل ليس بالهزل، من تركه من جبار قصمه الله، ومن ابتغى الهدى في غيره أضله الله، هو حبل الله المتين، وهو الذكر الحكيم وهو الصراط المستقيم، وهو الذي لا تزيغ به الأهواء، ولا تلتبس به الألسنة، ولا يشبع منه العلماء، ولا يخلق على كثرة الرد، ولا تنقضي عجائبه، وهو الذي لم تنته الجن إذ سمعته حتى قالوا: ﴿ إنا سمعنا قرآنا عجبا يهدي إلى الرشد فآمنا به.. ﴾ من قال به صدق، ومن عمل به أجر، ومن حكم به عدل، ومن دعا إليه هدى إلى صراط مستقيم") [1]، وقد أخرج مسلم ما يقارب معناه فروى عن النبي صلى الله عليه وسلم أنه قال: "كتاب الله فيه الهدى والنور من استمسك به وأخذ به كان على الهدى ومن أخطأه ضل" [2] وفي الباب الكثير من الآيات والأحاديث التي يتعذر حصرها هنا.

(1) التبيان في علوم القرآن: محمد علي الصابوني. ص5-6. والحديث أخرجه الترمذي في باب فضائل الأعمال (158/5- 159)، ورقمه: (2906). وقال: هذا حديث غريب لا نعرفه إلا من هذا الوجه وفي إسناده مجهول. وقال الصنعاني في كتابه ترجيح أساليب القرآن على أساليب اليونان: ((.. ورواه بن الأثير في جامع الأصول.. ولم يزل العلماء يتداولونه، فهو مع شهرته في شرط أهل الحديث متلقى بالقبول عند علماء الأصول، فصار صحيح المعنى في مقتضى- الإجماع والمنقول والمعقول.)) ص15.

(2) أخرجه مسلم في كتاب فضائل الصحابة (1874/4)، (4425).

ولقائل أن يقول هاهنا: إنّ لديّ من الأسئلة التي تحيرني وتحيِّر الكثيرين من النـاس ما لا أجد له أجوبة صريحة في القرآن، فكيف تصح دعوى كفاية مـا في القـرآن للإجابـة عن أسئلة الإنسان؟.

وجواب ذلك أن نزول كتاب يجيب عن كل ما شغل ذهن الإنسان منـذ وجـد غـير مُتصوَّر، وإن كان ذلك غير ممتنع على قدرة اللـه تعالى. ذلك أن مقصد اللـه من إنـزال كتابه هو أن يجعله هداية للناس لا أن يكون دائرة معـارف أو موسـوعة علميـة دقيقـة تتكلم في كل دقائق الفنون، فيكفي أن يورد فيه ما تحصل به الهداية وتستقيم به حيـاة البشرية، وأما ما زاد على ذلك، فإما أن يكون مما لا ضرورة فيه أو أن العقل كفيل بـأن يصل إليه فلا يتكلف الوحي جوابه، وأما بعض آي القرآن مـن تفاصيل تلك الفنون، فإنما كان على سـبيل التنبيـه والتمثيل لا الحصـر والتفصـيل. أو مـن قبيـل الإعجاز العلمي الذي يلزم كل الناس بالإذعان لـه ـعربهم وعجمهم ـ علـى مـرِّ العصـور، وتكدس رصيد الإنسانية المعرفي.

لقد سلك القرآن منهجـا واضحا في تعاملـه مـع العقـل الإنسـاني، فلـم يعطـه مـن حقائق الغيب إلا ما هو بحاجـة إليـه في واقعـه، وحجب عنـه البـاقي ممـا لا خطـر في الجهل به يقول صاحب الظلال: (..إن المعرفة في الإسلام إنما تطلب لمواجهة حاجة واقعة وفي حدود هذه الحاجة الواقعة..فالغيب وما وراءه، تصان الطاقـة البشـرية أن تنفـق في استجلائه و استكناهه، لأن معرفتـه لا تواجـه حالـة واقعيـة في حيـاة البشـرية. وحسـب القلب البشري أن يؤمن بهذا الغيب كما وصفه العليم به. فأما حين يتجاوز الإيمان بـه إلى البحث عن كنهه فإنه لا يصل إلى شيء أبدا، لأنه ليس مزودا بالمقدرة على استكناهه إلا في الحدود التي كشف اللـه عنها..فهـو جهـد ضـائع. فـوق أنه ضرب مـن التيـه بـلا دليل، يؤدي إلى الضلال البعيد)[1].

---

(1) الظلال ج2 ص986/987. وينظر قصة الإيمان ص243-244.

د- القرآن والأسئلة: (كيفية ورود هذه الأسئلة في القرآن).

إنّ الأصل في النصوص القرآنية أنها وردت كإجابات لتطلعات الحاجة البشرية على العموم، فهو يجيب على الأسئلة دون ذكر السؤال غالبا. إذ ليس من الضرورة ذكر السؤال عند الإجابة. وذلك ما حدا بالكثير من المهتمين بالتفسير وعلومه إلى استحداث علم جديد يدعى بأسباب النزول، ويكون ذلك السبب سؤالا بلسان الحال أو بالمقال يستدعي نزول بيان إلهي في المسألة وأمثالها. لذلك نجد أن هذه الأسئلة قد حكى القرآن بعضها وورد البعض الآخر في السنة، وكما أن أسئلة الإنسان المعرفية قد اتخذت اتجاهات شتى من حقائق الماضي وبدايته، إلى الحاضر وحكمه، وإلى المستقبل ونهايته، فإن في حديث القرآن المجيد وما أثر من السنة عن أسئلة الذين عاصروا نزوله، ومن سبقهم ما يشعرنا بأنهم قد ذهبوا بأسئلتهم مذاهب شتى، وأجابهم القرآن بالأجوبة المناسبة.

من ذلك أنهم سألوا عن الماضي، وكيف بدأ الخلق، وعن السابقين وما حدث في القرون الأولى، كالذي ورد في السنة أن النبي صلى الله عليه وسلم طلب من وفد اليمن أن يقبلوا البشرى فقالوا: (قبلنا. جئناك لنتفقه في الدين ولنسألك عن أول هذا الأمر ما كان..)[1] فكان أوّل سؤالهم عن بداية الوجود. وكالذي جاء في قوله تعالى:

قَالَ تَعَالَى: ﴿ وَيَسْـَٔلُونَكَ عَن ذِى ٱلْقَرْنَيْنِ ۞ ﴾ الكهف: ٨٣، وفي قوله تعالى: قَالَ

تَعَالَى: ﴿ قَالَ فَمَا بَالُ ٱلْقُرُونِ ٱلْأُولَىٰ ۞ ﴾ طه: ٥١، وسألوا عن حاضرهم، فسألوا عما يجب عليهم أو يباح لهم فعله في حياتهم، فسألوا عن الحلال كما في قوله

تعالى: قَالَ تَعَالَى: ﴿ يَسْـَٔلُونَكَ مَاذَآ أُحِلَّ لَهُمْ ۞ ﴾ المائدة: ٤، وسألوا عما حرم

عليهم قوله أو فعله قَالَ تَعَالَى: ﴿ ۞ يَسْـَٔلُونَكَ عَنِ ٱلْخَمْرِ وَٱلْمَيْسِرِ قُلْ فِيهِمَآ

إِثْمٌ كَبِيرٌ وَمَنَـٰفِعُ لِلنَّاسِ وَإِثْمُهُمَآ

---

(1) أخرجه البخاري في كتاب التوحيد، فتح الباري (13/ 496-497)،ورقمه: (7418).

أَكْبَرُ مِن نَّفْعِهِمَا ﴿٢١٩﴾ ﴾ البقرة: ٢١٩، وسألوا عن المعاملات، فسألوا عن النفقة: قَالَ تَعَالَى: ﴿

يَسْـَٔلُونَكَ مَاذَا يُنفِقُونَ ﴿٢١٥﴾ ﴾ البقرة: ٢١٥، وسألوا عن معاملة اليتامى قَالَ تَعَالَى: ﴿

وسألوا عن الحياة الزوجية: قَالَ تَعَالَى: ﴿ وَيَسْـَٔلُونَكَ وَيَسْـَٔلُونَكَ عَنِ ٱلْيَتَٰمَىٰ ﴿٢٢٠﴾ ﴾ البقرة: ٢٢٠

عَنِ ٱلْمَحِيضِ قُلْ هُوَ أَذًى فَٱعْتَزِلُوا۟ ٱلنِّسَآءَ فِى ٱلْمَحِيضِ ﴿٢٢٢﴾ ﴾ البقرة: ٢٢٢. وسألوا عن شؤون

القتال: قَالَ تَعَالَى: ﴿ يَسْـَٔلُونَكَ عَنِ ٱلشَّهْرِ ٱلْحَرَامِ قِتَالٍ فِيهِ قُلْ قِتَالٌ فِيهِ كَبِيرٌ ﴿٢١٧﴾ ﴾ البقرة:

قَالَ تَعَالَى: ﴿ يَسْـَٔلُونَكَ عَنِ ٱلْأَنفَالِ ﴿١﴾ ﴾ الأنفال: ١.﴿٢١٧، وقوله:

وسألوا عن المستقبل وما تخفيه ستائر الغيب، فسألوا عن موعد الساعة كما في قوله تعالى: قَالَ

تَعَالَى: ﴿ يَسْـَٔلُونَكَ عَنِ ٱلسَّاعَةِ أَيَّانَ مُرْسَىٰهَا ﴿١٨٧﴾ ﴾ الأعراف: ١٨٧. وقوله: قَالَ تَعَالَى: ﴿ وَيَقُولُونَ مَتَىٰ

هَٰذَا ٱلْوَعْدُ إِن كُنتُمْ صَٰدِقِينَ ﴿٤٨﴾ ﴾ يونس: ٤٨، وسألوا عن كيفية البعث والنشور كما في قوله

تعالى: قَالَ تَعَالَى: ﴿ قَالَ أَنَّىٰ يُحْىِۦ هَٰذِهِ ٱللَّهُ بَعْدَ مَوْتِهَا ﴿٢٥٩﴾ ﴾ البقرة: ٢٥٩، وقوله: قَالَ تَعَالَى: ﴿

قَالَ إِبْرَٰهِمُ رَبِّ أَرِنِى كَيْفَ تُحْىِ ٱلْمَوْتَىٰ ﴿٢٦٠﴾ ﴾ البقرة: ٢٦٠.

وسألوا عن عالم الشهادة، وعما تخفيه ستائر الغيب. فسألوا عن أمور الطبيعة والكون قال تعالى:

قَالَ تَعَالَى: ﴿ وَيَسْـَٔلُونَكَ عَنِ ٱلْجِبَالِ ﴿١٠٥﴾ ﴾ طه: ١٠٥. وقال أيضا: قَالَ تَعَالَى: ﴿ ۞ يَسْـَٔلُونَكَ عَنِ

ٱلْأَهِلَّةِ ﴿١٨٩﴾ ﴾ البقرة: ١٨٩. وسألوا عن حقائق ما غُيِّب عن مداركهم، فسألوا عن حقيقة الروح قَالَ

تَعَالَى: أَعُوذُ بِٱللَّهِ مِنَ ٱلشَّيْطَٰنِ ٱلرَّجِيمِ ﴿ وَيَسْـَٔلُونَكَ عَنِ ٱلرُّوحِ ﴿٨٥﴾ ﴾ الإسراء: ٨٥ وسألوا عن حقائق

الألوهية كما في قوله تعالى: قَالَ تَعَالَى: ﴿ قَالَ فَمَن رَّبُّكُمَا يَٰمُوسَىٰ ﴿٤٩﴾ ﴾ طه: ٤٩. وقوله: قَالَ تَعَالَى:

﴿ قَالَ فِرْعَوْنُ وَمَا رَبُّ ٱلْعَٰلَمِينَ ﴿٢٣﴾ ﴾ الشعراء: ٢٣. قَالَ تَعَالَى: ﴿ قَالَ رَبِّ أَرِنِىٓ أَنظُرْ إِلَيْكَ

﴿١٤٣﴾ ﴾ الأعراف: ١٤٣.

قَالَ تَعَالَى: ﴿ لِلرَّحْمَٰنِ قَالُوا۟ وَمَا ٱلرَّحْمَٰنُ ۝ ﴾ الفرقان: ٦٠ . وسألوا عـن ربهـم فقالوا "أقريب ربُّنا فنناجيه أم بعيد فنناديه"؟[1] فقال اللـه تعالى: قَالَ تَعَالَى: ﴿ وَإِذَا سَأَلَكَ عِبَادِى عَنِّى فَإِنِّى قَرِيبٌ ۝ ﴾ البقرة: ١٨٦ .

ثالثا- الكشف أو الإلهام وما وراء الطبيعة:

أجملَ القرآن -إذن- الإجابة عن كل تلك الأسئلة. فهل يحق للإنسان بعـد ذلك أن يسأل عن التفاصيل؟ وبما أن زمن الوحي قد انصرم فمن يجيب عما ترك القرآن الإجابة عنه؟

يقول الدكتور عبد الحليم محمود عـن تفاصيل تلك الأمـور: (...فهذه المشاكل تقضُّ مضاجع كثيرين من ذوي الإحساس الديني المرهف، وتؤرق أعينهم، وتشغلهم - مصبحين ممسين- قَالَ تَعَالَى: ﴿ وَإِذْ قَالَ إِبْرَٰهِۦمُ رَبِّ أَرِنِى كَيْفَ تُحْىِ ٱلْمَوْتَىٰ قَالَ أَوَلَمْ تُؤْمِن قَالَ بَلَىٰ وَلَٰكِن لِّيَطْمَئِنَّ قَلْبِى ۝ ﴾ البقرة: ٢٦٠، فما هي الوسيلة التي يروون عن طريقها غلتهم ... إنّ الدين لم يتعرض لهذه المشاكل، والحس لا يصل إلى حلها، والعقل بموازينه ومقاييسه وقواعده، عاجز... إلام نتجه إذن)؟[2] ثم هو يجيب بأن التصوف هو الحل.

---

(1) أخرجه الحافظ ابن كثير بأسانيده من عدة طرق منها قوله: " قال ابن أبي حاتم حدثنا يحيى بن المغيرة أخبرنا جرير عـن عبدة بن أبي برزة السختياني عن الصلت بن حكيم بن معاوية بن حيدة القشيري عن أبيه عن جده أن أعرابيا قال يـا رسول الله أقريب ربنا فنناجيه أم بعيد فنناديه؟ فسكت النبي ﷺ فأنزل الله ﴿ وإذا سألك عبادي عني فإني قريب ....الآية﴾ (تفسير القرآن العظيم: (315-316/1)).

(2) في دراسة قدمها مع المنقذ من الضلال ص332 إلى 335.

إن طلاب الحقائق من علماء الصوفية يضعون لليقين ثلاث درجات وهي:

- علم اليقين وهو التصديق الذي لا يرتقي إلى درجة الاطمئنان التـام. كأن يقول للصبي من يثق فيه بأن النار محرقة.

- عين اليقين وهو العلم الحاصل عن المشاهدة والمعاينة. كأن يشاهد ذلك الصبي النار وهي تحرق ما حولها، فيتأكد من إحراقها، لكنه يجهل حقيقة أثـر الإحراق في المحروق.

- حق اليقين وهو العلم الحاصل من طريق الذوق، كأن يلمس ذلك الصـبي النـار فيحترق، وحينها يحصل له العلم بحقيقة الإحراق[1].

وغاية مـا يمكن للعقـل -حـرًا كـان أم مقيـدا بنـص- أن يصـل إليـه -وفي بعـض الماورائيات فقط- هـو مـن الدرجـة الأولى -أي علـم اليقـين- لا أكـثر، وهـذا النـوع مـن المعرفة (..هو طريق إيمان العلماء والفلاسفة والمفكرين قبل الإسلام وبعده.. أما طريـق التصوف ...فهو الذي يوصل السالك إلى عين اليقين أو حق اليقين)[2].

هذه المرتبة السامية من المعرفة هي مـا يـدعى عنـد الصوفية بعلم المكاشـفة أو الإلهام أو العلم اللدني. والكشف لغة: رفع الحجاب[3]. وأمَّا اصطلاحا، فيعرفونه بقـولهم: هو الإطلاع على ما وراء الحجاب من المعاني الغيبية، والأمور الحقيقية وجودا وشهودا[4].

_____

(1) انظر كتاب "ما هو التصوف" للشيخ أمين النقشبندي ص 32-33.
(2) ما هو التصوف ص37.
(3) التعريفات: 184. وانظر المعجم الفلسفي: مجمع اللغة العربية. ص 153.
(4) نفس المرجعين السابقين في نفس الصفحتين.

ويقولون بأنه يحصل للإنسان بالذوق الذي (هـو عبـارة عـن نـور يقذفه اللـه في القلب)[1]. أو هو: (نور عرفاني يقذفه الحق بتجليه في قلوب أوليائه، فيفرقـون بـه بـين الحق والباطل. من غير أن ينقلوا ذلك من كتاب أو غيره)[2].

ويحصل الاتصال بهذا المصدر عن طريق مجاهدة النفس و(تطهير القلـب وتزكيتـه من صفاته المذمومة)[3].

ثم بالتعرض للنفحات الإلهية. فإذا حصل ذلك الاتصال؛ فإنه (ينكشـف مـن ذلك النور أمور كثيرة كان يُسمع من قبل أسماءها، فيُتوهم لها معـاني مجملـة غـير متضحة. فتتضح إذ ذاك حتى تحصل المعرفة الحقيقية بذات اللـه سبحانه، وبصفاته الباقيـات التامات، وبأفعاله، وبحكمه في خلق الـدنيا والآخـرة ... ومعرفـة الآخـرة والجنـة والنـار وعذاب القبر والصراط والميزان والحساب...إلى غير ذلك مما يطول تفصيله)[4].

ويقول الغزالي في درجة يقينية هذه المعرفة: (ونعني بالمكاشفة أن يرتفع الغطـاء حتى تتضح له جلية الحق في هذه الأمور اتضاحا يجـري مجـرى العيـان الـذي لا شـك فيه)[5].

الصوفية يرون -إذن- أن كشفهم أوفر مصادر المعرفة معارفا، وأكثرها تفصـيلا. وأن علومه حائزة على أعلى مراتب الصدق واليقينية فهـو حـق اليقـين. ولسـت هنـا بصـدد إثبات وجود مثل هذا العلم أو عدم وجوده، وإنما طبيعة الموضوع

---

(1) الإحياء: (19/1).

(2) المصدر نفسه: (19/1).

(3) المصدر نفسه: (19/1).

(4) المصدر نفسه: (20/1).

(5) المصدر نفسه: (20/1).

توجب عليَّ التطرُّق هنا إلى مسألتين هامتين من مسائل التصوف، بدتا لي على صلة وثيقة بالموضوع[1]:

أولاهما: مناقشة مدى حاجة البشرية إلى مثل هذه المعارف التفصيلية والعلوم اللدنية.

والثانية: مناقشة مدى حجية ما يرد إلينا من المعارف من هذا الطريق.

أ- مدى حاجة الناس إلى معارف الصوفية:

فأما عن مدى الحاجة إلى مثل هذه العلوم، فإن الله تعالى لم يطالبنا بمعرفتها قطعا، ولا طلبها رسوله صلى الله عليه وسلم، وإنما كلَّفنا بالإيمان المجمل بما جاء في القرآن الكريم، وصحيح ما أثر عن رسوله صلى الله عليه وسلم من أخبار ذلك العالم الغامض من الغيبيات. ففيهما كل ما يحتاج الجنس البشري ليؤدي وظيفته في هذه الحياة الدنيا على أكمل وجه. فمن خصائص هذا الدين أن الله تعالى أعلن كفايته وكماله وتمامه، وضمن حفظه من التغيير وخلوده ليكون سبب هداية وسعادة لأمة محمد صلى الله عليه وسلم ما بقيت، فيقول: قَالَ تَعَالَى: ﴿ أَوَلَمْ يَكْفِهِمْ أَنَّآ أَنزَلْنَا عَلَيْكَ ٱلْكِتَٰبَ يُتْلَىٰ عَلَيْهِمْ إِنَّ فِي ذَٰلِكَ لَرَحْمَةً وَذِكْرَىٰ لِقَوْمٍ يُؤْمِنُونَ ٥١ ﴾ العنكبوت: ٥١. ويقول: قَالَ تَعَالَى: ﴿ ٱلْيَوْمَ أَكْمَلْتُ لَكُمْ دِينَكُمْ وَأَتْمَمْتُ عَلَيْكُمْ نِعْمَتِي وَرَضِيتُ لَكُمُ ٱلْإِسْلَٰمَ دِينًا ٣ ﴾ المائدة: ٣.

إذن فالأكيد في المسألة أن معرفة تفاصيل ما أثبت العقل وجوده، وأجمل القرآن ذكره، غير ضرورية للمجتمع الإنساني. إذ لا نصوص الشرع بينت تلك التفاصيل، ولا هي أمرت بتحصيلها، بل أكدت كفاية ما أتت به لمن أراد الهداية في الدنيا والسعادة في الدارين.

---

(1) دون الدخول في مطارحات كلامية خاصة بموضوع التصوف.

إن تمام الشرائع وكمال الدين، واحتواءه على ما يكفي من أسباب السعادة من المعيشة الطيبة في الدنيا والفوز بالجنة في الآخرة، أمرٌ مسلَّم به لدى كل من آمن بالإسلام دينا وفهمه، بل إنّ إنكاره، إنكار لأمر معلوم من الدين بالضرورة - وتلك قضية قد سبق بيانها ولا تحتاج إلى إطالة كلام لإثباتها- فما الحاجة إلى معارف الصوفية إذن؟!

يشخص لنا الدكتور عبد الحليم محمود هذه الحاجة فيقول بأن (البشرية ... لا تخلوا من طائفة كبيرة تتطلب في إلحاح، وفي قلق، وفي تحمس جارف، ما وراء إثبات وجود الله. النفس الإنسانية هكذا خلقت ... إنّ وجود الله ووحدانيته، وكونه عالمًا، مريدا، قادرا، كل هذه مسائل هينة لو وقفت عندها النفوس لمَّا كانت هناك فلسفة. ولمَّا كان علم كلام. ولمَّا كانت الأبحاث النظرية فيما وراء الطبيعة. ولمَّا كان التصوف. ولكن النفوس لم تقتصر على ذلك، ولا يمكنها الاقتصار على ذلك، ولن يتأتى لها -عن رغبة أو رهبة -أن تقتصر على ذلك)!!(1)، ثم هو يحكي بعض ما يشد اهتمام الإنسان من التفصيلات.ويردف د. عبد الحليم محمود هذا بذكر تفاصيل حول هذه التساؤلات من ذلك أن القرآن أخبرنا بخلق العالم، فكيف خلق الله العالم؟ وما حلُّ لغز مسألة خلق شيء من لا شيء التي لا يتصورها العقل؟ وما هي صلة الذات الإلهية بهذا الكون. ما حقيقة أو نوع علم الله تعالى وبم يتعلق؟ ما هي حقيقة قدرته تعالى، وهل تتعلق بالمستحيل؟ ما هي حقيقة إرادته تعالى وكيف تتعلق بالخير والشرـ؟ ثم إنّ صفاته عامة وشاملة، فهو الجبار وهو الرحمن الرحيم، فما هي الحدود الفاصلة بين الرحمة والجبروت؟ وما الزمن؟ وغير هذه من الأسئلة التفصيلية في هذا الميدان وفي غيره كثيرة(2).

---

(1) دراسة مقدَّمة مع المنقذ من الضلال ص 320.

(2) انظر دراسته على المنقذ من الضلال ص327-331.

ثم يقـول: (..هـذه المشـاكل لم أخترعهـا اختراعـا، ولم أبتـدعهـا ابتـداعـا، وإنمـا هـي موجودة تصادفك في الفلسفة، وتصادفك في علم الكلام، وهي موجودة قديما، وموجودة حديثا، وهي بعض من كل)[1]. وليس لـدى العقل أو الحـس حلـول لهـذه المشـاكل و لا فصل الوحي مسائلها، وإنما (نجد أن القرآن الذي لا يأتيه الباطل مـن بـين يديـه ولا مـن خلفه، يرشد في مواطن عدة، إلى نوع من المعرفة، لـيس طريقـه الحـس، وليس طريقـه العقل، ولا يستمد صراحة مـن الكتب المقدسـة، ذلك النـوع في أبسط صوره وأعمها وأشملها هو الرؤيا)[2].

فليست المشكلة إذا في عامة الناس ومجموعهم، وإنمـا في طائفـة محـدودة منهم تتميز بطبع متطرف لا يهدأ إلا بنيل المراد من المعارف وبأقصى ـ تفاصيله، ولا يكتفون بدونه.

بل وقد لا يكفيهم شيء! إنه جموح الفضول البشري من الاعتدال إلى غاية الهيـام المعرفي[3].

ولست هنا بصدد إنكار إمكانية حصول مثل هذه المعارف لبعض هؤلاء أو غيرهم، وإنما أؤكد اعتمادا على ما سبق ذكره مـن الآيـات التـي يؤيـدها الكثير مـن الأحاديـث الصحاح؛ بأنها ليست من العلوم الضرورية اللازمة للاعتقاد والعمل، بل

هي زائدة على حد الضرورة، بل إنّ أرباب التصوف أنفسهم يشيرون إلى أن هتك أستار الغيب ورفع الحجب ليست من مقاصد التصوف، وإنما هي (علاماتٌ على صحة السير وليست هدفا له)[1] فيقول ابن عطاء اللـه السكندري في واحدة مـن حكمـه: (تشوُّفك إلى ما بطن فيـك من العيوب خير مـن تشـوفك إلى ما حجب عنـك مـن الغيوب)[2] وإنما التصوف تزكية للنفس، وطلب للاستقامة والدَّوام عليها.

هذه النَّتيجة هي أهم ما يتعلق بالمسألة التي نحن بصدد الكلام عنها في هـذا الموضوع. لأن الظاهر أن الخوض في هذا المجال يستدعي لا محالة التطرق إلى شرعيـة السؤال عما لم يرد ذكره في نصوص الشريعة الصحيحة وقد سبق الكلام عما يتعلق بذلك في المبحث السابق.

ب- مدى حجية علوم هذا المصدر:

وأمَّا عن مدى حجية ما يرد إلينا من المعارف من هذا الطريق فتفصيل القول فيها أن النص المعصوم قد أثبت حصول مثل هذه العلوم لبعض الناس في الماضي. فعيَّن بعضهم دون بعض. وزكى بعضهم دون البعض الآخر. وصدق ما قالوه في هذا المجال. فحكى حصول مثل هذه المعارف لبعض الأنبياء، كرؤيا إبراهيم عليه السلام التي حكاها تعالى عنه في قوله: قَالَ تَعَالَى: ﴿ قَالَ يَٰبُنَىَّ إِنِّىٓ أَرَىٰ فِى ٱلۡمَنَامِ أَنِّىٓ أَذۡبَحُكَ فَٱنظُرۡ مَاذَا تَرَىٰ ۝ ﴾ الصافات: ١٠٢ ورؤيا يوسف عليه السلام في قوله: قَالَ تَعَالَى: ﴿ إِذۡ قَالَ يُوسُفُ لِأَبِيهِ يَٰٓأَبَتِ إِنِّى رَأَيۡتُ أَحَدَ عَشَرَ كَوۡكَبٗا وَٱلشَّمۡسَ وَٱلۡقَمَرَ رَأَيۡتُهُمۡ لِى سَٰجِدِينَ ۝ ﴾ يوسف: ٤. وأثبتها لبعض من اختلف في نبوتهم، كالذي جاء في قصة العبد الصالح

(1) مجلة الموافقات: عن مذكرات في منازل الصديقين والربانين/ سعيد حوى: ص179.

(2) حكم ابن عطاء اللـه، ص112.

الذي سمته السنة بالخضر قَالَ تَعَالَى: ﴿ فَوَجَدَا عَبْدًا مِّنْ عِبَادِنَآ ءَاتَيْنَهُ رَحْمَةً مِّنْ عِندِنَا وَعَلَّمْنَهُ مِن لَّدُنَّا عِلْمًا ۝ ﴾ الكهف: ٦٥.

وحكى حصول مثلها لكافرين؛ كالذي حصل للذين رافقا يوسف عليه السلام في سجنه قَالَ تَعَالَى: ﴿ قَالَ أَحَدُهُمَآ إِنِّيٓ أَرَىٰنِيٓ أَعْصِرُ خَمْرًا وَقَالَ ٱلْأَخَرُ إِنِّيٓ أَرَىٰنِيٓ أَحْمِلُ فَوْقَ رَأْسِى خُبْزًا تَأْكُلُ ٱلطَّيْرُ مِنْهُ ۝ ﴾ يوسف: ٣٦. والذي حصل لملك مصر بعدهما فقال: ﴿ قَالَ تَعَالَى: إِنِّيٓ أَرَىٰ سَبْعَ بَقَرَٰتٍ سِمَانٍ يَأْكُلُهُنَّ سَبْعٌ عِجَافٌ وَسَبْعَ سُنۢبُلَٰتٍ خُضْرٍ وَأُخَرَ يَابِسَٰتٍ ۝ ﴾ يوسف: ٤٣، فكل تلك الأخبار والعلوم المزكاة حجة ولا شك. لشهادة النَّص المعصوم لها بالصِّحة والسداد.

وقد أثبت النص الصحيح أيضا إمكانية حصول مثل هذه العلوم لأناس آخرين غير هؤلاء ولم يعينهم، كقوله صلى الله عليه وسلم: "أيها الناس إنه لم يبق من مبشرات النبوة إلا الرؤيا الصالحة، يراها المسلم أو ترى له.."(1) وقوله أيضا: "رؤيا المؤمن جزء من ستة وأربعين جزءا من النبوة"(2) وقد وصف النبي صلى الله عليه وسلم هذه الرؤى بأنها مبشرات، وقال أيضا: "من رآني في المنام فقد رآني فإن الشيطان لا يتمثل بي"(3) وروي عن النبي صلى الله عليه وسلم أنه قال: "الرؤيا الصالحة من الله، والحلم من الشيطان"(4).

وأخبر النبي صلى الله عليه وسلم بأنه سيكون من هذه الأمة محدثون أو ملهمون، وما ذكر منهم غير اسم عمر ﷺ فقال: "لقد كان في الأمم قبلكم محدثون فإن يكن في أمتي أحد فإن عمر بن الخطاب منهم

---

(1) أخرجه البخاري في كتاب فضائل الصحابة فتح الباري (7/52). ومسلم في كتاب الصلاة (1/348).
(2) أخرجه البخاري في كتاب التعبير فتح الباري (12/461)، ورقمه: (6987).
(3) أخرجه مسلم: (4/1775).
(4) أخرجه البخاري في كتاب التعبير، فتح الباري (12/461)، ورقمه: (9686).

"(1)". وفي لفظ آخر: "لقد كان فيمن كان قبلكم من بني إسرائيل رجال يكلمون من غير أن يكونوا أنبياء.."(2) وكل ذلك صحيح لا شك فيه، نؤمن ونسلم به لصحة ما ورد بشأنه.

إذن، لا جدال في صحة وحجية ما حكي عن الرسل و الأنبياء عليهم السلام من تلك العلوم؛ إذ عصمتهم كافية لإثبات ذلك.

ولا جدال أيضا في صحة ما حكاه النص الصحيح عن باقي الناس -من غير الأنبياء- من تلك العلوم، إذ أن صحتها وحجيتها ثبتت بنص صحيح ومعصوم عن الخطأ. وبقي الكلام فيما أثبته النص من إمكانية حدوث مثل تلك العلوم بعد عصر النبوة لبعض الناس أمرا مشكلا لدى الكثيرين، وهو لبُّ هذه المسألة.

هل يضاف ما يحصل من هذا الباب من المعارف إلى تلك الأخبار والأحكام اليقينية التي أتى بها النبي صلى الله عليه وسلم وتلك التي شهد لها الوحي المعصوم بالصحة أم لا؟.

إنّ النّاظر في كلام القوم يجده إما إخبارٌ بنفس ما ثبت قبل ذلك بالنصِّ الصَّحيح. وإما زيادة على ما جاء به ذلك النص.

فأمَّا كلامهم الموافق لنصِّ الشارع، فهو حجة لتقرير الشارع له. وأما الزيادة فلا حجة في كلام أحد في غيب أو تشريع بعد موت رسول الله صلى الله عليه وسلم أصلا، إلا ما استثناه الشارع من حجية الإجماع وذلك لأمور أهمها:

_____

(1) أخرجه البخاري في كتاب فضائل أصحاب النبي ﷺ فتح الباري (52/7)، ورقمه: (3689). ومسلم في كتاب فضائل الصحابة (1864/4)، واللفظ له.
(2) أخرجه البخاري في كتاب فضائل الصحابة، فتح الباري (52/7).

- أن النبي المعصوم أوصى بكتاب اللـه تعالى وبسنته وسنة الخلفاء المهديين المتبعين لسنته. ولم يعيِّن لنا معصوما آخر يقوم مقامه غير إجماع علماء أمته من بعده.

- أن المحققين منهم لا يعتبرون الإلهام حجة شرعية. يقول أبو سليمان الداراني - (ربما أجد النكتة من كلام القوم في قلبي فلا أقبلها إلا بشاهدي عدل من الكتاب والسنة)[1]. وقال أبو الحسن الشاذلي: (إذا عارض كشفك الكتاب والسنة فتمسك بالكتاب والسنة ودع الكشف وقل لنفسك: إن اللـه تعالى قد ضمن العصمة في الكتاب والسنة ولم تضمنها في جانب الكشـف والإلهام، ولا المشاهدة، مع أنهم أجمعوا أنه لا ينبغي العمل بالكشف، ولا الإلهام، ولا المشاهدة إلا بعد عرضه على الكتاب والسنة)[2].

- أنهم غير مأمورين شرعا بالتبليغ. ولا هم معصومون من الخطأ فيما يبلِّغون إن صحت المشاهدة.

- أن ما يرونه هو إما بشارة على صحة السير أو حسن القبول فهو تثبيت إلهي، هذا إن لم يكن استدراجا.

---

(1) مجلة الموافقات.

(2) المدرسة الشاذلية الحديثة وإمامها أبو الحسن الشاذلي، عبد الحليم محمود ص 91. وكتاب تطور تفسير القرآن، د. محسن عبد الحميد. ص155. وينظر في رسالة "التفسير الإشاري، ماهيته وضوابطه". د. مشعان سعود عبد العيساوي. ص 136-137 و141-143. ونظرية المعرفة بين القرآن والسنة، د. راجح الكردي، ص 96-99.

- أتهم يقسمون الخواطر التي ترد على القلب إلى أربعة أقسام[1]: خواطر ربانيـة، وخواطر ملكية، وخواطر النفس وتدعى هواجسا. وخواطر شيطانية تدعى وساوساً. ولا يؤتمن جانب الشيطان في مثل هذه المعارف.

- وكذا لكونهم يعترفون بأن ما يراه أحدهم لا قبل للبيان البشري ببيان حقيقتـه ووصفه. فهي أمور يضيق عنها نطاق النطق وغاية ما على من عاينه أن يقول:

وكان ما كان مما لست أذكره   فظن خيرا ولا تسأل عن الخبر[2].

---

(1) التعريفات: 95-96.
(2) ينظر: المنقذ من الضلال أبو حامد الغزالي ص.

الفصل الثاني

البدايات الأولى (جواب "من أين"؟)

ويشتمل على المبحثين الآتيين:

المبحث الأول: علة العلل (المبديء).

وهو مخصص للكلام عن علة العلل أو العلة المطلقة لكل الوجود.

المبحث الثاني: المعلولات الأولى (الكون عامة والإنسان خاصة).

وهو مخصص للكلام عن البداية الأولى لوجود هذا الكون، ووجود الإنسان.

104

تمهيد:

لقد كان شغف الإنسان عظيما بمعرفة بداية حدوث الأشياء منذ القدم، فكان يحاول الرجوع بالذاكرة إلى أقصى حقب التاريخ المظلمة ينعم النظر في الحوادث يتقصى عللها ويتتبع سلسلة الأسباب يبتغي الوقوف على البداية الأولى التي لا بداية تسبقها، بل إنه لا يتوقف أبدا عن طلب العلل حتى إن وقف على العلة الأولى [1]. لأن العقل البشري يكل عن تصور ذلك وإن حكم البرهان العقلي بصحته.

وقد تواصل ذلك البحث المضني عبر كل العصور الغابرة إلى عصر الرسالة الخاتمة. وكان هذا الموضوع أول ما يستفسر عنه بين يدي الكهنة والحكماء والأنبياء، وقد صح في الأخبار أن وفد اليمن قدم إلى نبينا محمد صلى الله عليه وسلم فقال لهم: (اقبلوا البشرى يا أهل اليمن إذ لم يقبلها بنو تميم. قالوا قبلنا. جئناك لنتفقه في الدين ولنسألك عن أول هذا الأمر ما كان) [2]؟ وصح أيضا عن عمر بن الخطاب رضي الله عنه أنه كان يقول: (قام فينا النبي صلى الله عليه وسلم مقاما فأخبرنا عن بدء الخلق حتى دخل أهل الجنة منازلهم وأهل النار منازلهم حفظ ذلك من حفظه ونسيه من نسيه) [3]. فكان الاستفسار عن بداية أمر الوجود، أول مسائلهم. ثم تواصل ذلك الفضول بعدهم ولا يزال مستمرا إلى أن يرث الله الأرض ومن عليها. وغاية مراد الإنسان من ذلك أن يحصل على أجوبة كافية عن ملابسات تلك البداية بالكشف عن السبب الأول الذي

---

(1) صح عن النبي صلى الله عليه وسلم أن الله تعالى حكى في ذلك فقال: (إن أمتك لا يزالون يتساءلون فيما بينهم حتى يقولوا: هذا الله خلق الناس فمن خلق الله "أخرجه البخاري في كتاب الاعتصام (259/4)، ومسلم في كتاب الإيمان (338/1)، ورقمه: (196).

(2) أخرجه البخاري توحيد: فتح الباري (351/6)، ورقمه: (3191).

(3) أخرجه البخاري في كتاب بدء الخلق: فتح الباري (352/6)، ورقمه: (3192) بغير هذا اللفظ.

هو علة كل الوجود. وعـن المعلـولات الأولى لتلـك العلـة. وعـلى ذلـك فإن الكلام عـن موضوع البداية الأولى يقتضي تصنيفه إلى مبحثين متمايزين:

- أولهما؛ مبحث عن الحقائق المتعلقة بتلك العلة؛ -علة العلل-التي لا علة قبلها، وعن صفاتها وأخبارها وصلتها بالعالم.

- والثاني؛ مبحث عن أخبار يقينية عن بداية وجود العالم عامة، وعن بداية وجـود الجنس البشري خاصة، وملابسات تلك البداية.

106

المبحث الأول

عِلَّة العِلـل (المُبديء)

وقد ذكرت فيه تصوُّرات غير المسلمين لتلك العلة. ثـم أوردت التصـوير القرآني لتلك العلة في المطالب الآتية:

المطلب الأول: التصورات البشرية لتلك العلة.

لقد تاه الكثير من الناس في تصور تلك العلة، وتخيُّل صفـاتها. وذهبـوا في تفسـيرها مذاهب شتى، فأنكر وجودها فريق منهم[1] عندما عجز عن إدراكها بالكيفية التي تريح فضوله. فقال بالتكوُّن والوجود مصادفة، دون الحاجة إلى علة. أو أن سلسلة العلل غير متناهية فلا أول لها ولا آخر. وأثبت الأكثرية وجودها، واختلفوا في تصورها. فمنهم من عدَّدها فأكثر، ومنهم من قلَّل إلى أن ثلَّث أو ثنَّى، ومنهم من وحَّدها.

ثم إنَّ هؤلاء جميعا اختلفوا في تصوُّر وتصوير تلك العلـة، وتصوُّر علاقتها بهذا العالم، فمنهم من جعلها مفارقة لهذا العالم مستقلة عنه وبالغ في تنزيهها إلى أن جرَّدها من كل معاني الوجود -كفلاسفة اليونان-، ومنهم من يلبسها كل معاني الوجود إلى أن جعلها نفس العالم بكل ما فيه -وهم القائلون بوحدة الوجود-، ومنهم مـن جسدها أو جعلها حالَّة فيه، أو في جزء أو أجزاء منه[2]، ومنهم من يقول بأنها مباينة للعالم مستقلة عنه محرِّكة له، وكلٌّ يصفها وفق ما ترجَّح لديه، أو بما يودُّ أن تكون عليه.

---

(1) وهم الدُّهرية. انظر الفصل في الملل والأهواء والنحل (1/9) (النسخة غير المحققة).

(2) كما يتصوره الهنود والنصارى وغيرهم وبعض الفرق الضالة المنتسبة إلى الإسلام. وكالـذي توهمـه عبـدة الكواكب وعبـاد الأبطال خصوصا.

107

وأما اليهود فإن تاريخهم حافل بأخبار الصراعات المريرة بين توحيد آبائهم وأنبيائهم، ووثنية يقتبسها كبراؤهم وعوامّهم ممن جاورهم من الشعوب[1] في أحقاب طويلة. فإذا كانت السمة المعروفة عنهم أنهم شعب موحِد؛ فإن واقعهم التاريخي يثبت كثرة تمردهم على هذه العقيدة، ولمدد متطاولة. فاعتنقوا وثنية من جاورهم من الشعوب على فترات طويلة تخللتها بعض فترات من هداية وإصلاح بعض أنبيائهم. وبِغضِّ النظر عن تلك الوثنية التي كانت تتغشاهم من وقت لآخر، فإن لهم في مفهوم الألوهية تصورا بدائيا ساذجا، فتوراتهم الحالية ترسم لإلههم صورة ذات ملامح بشرية بحتة[2]. ويثبتون له صفات الجسمية، بل يحلونه بما تتصف به الشخصية اليهودية، فهو انعكاس للصفات الغالبة على شعب إسرائيل. وله في تصرفاته شيء من طيشهم ونزواتهم. فهو يرتكب الأخطاء فيندم على فعل بعضها، بل إنه يتعرض لموعظة أحد أنبيائه فيتعظ. ويبخل بما عنده، فيمسك يديه خشية الفقر، وهو يسير في الغالب وفق هوى شعبه المختار، يحابيه ويلبى رغباته.

وعلى الرغم من كل هذه التصورات الساذجة فقد ذكرت التوراة في بعض أسفارها ما يرقى بمفهوم الألوهية إلى مرتبته السامية، وذلك هو البقية الباقية من سمو ذلك المفهوم لدى أنبيائهم وعلمائهم[3].

فإذا اتجهنا غربا وجدنا أساس حضارتهم قائما على وثنية إغريقية ساذجة مخلوطة بمفهوم خاص من التوحيد -قال به بعض فلاسفتهم- ثم انتهت أبحاثهم في الأمور الإلهية إلى القول بوحدانية مصدر الوجود. واختلفوا في وصفه، ومعرفة حقيقة علاقته بالعالم.

---

(1) كالكنعانيين بحكم الجوار والمصريين بعد فترة استعبادهم لهم. والبابليين بعد الأسر البابلي.

(2) ينظر: "الله"، للعقاد ص 110.

(3) "لن يدخل الجنة إلا من كان هودا أو نصارى "وقالوا لن تمستا النار إلا أياما معدودات".-جاء في الوصايا العشر أن الله تعالى كتب لموسى: (لا تصنع لك إلها منحوتا..)العهد القديم

108

أما عوامُّهم فقد اتخذوا لكل رغبة إلها يحققها، ولكل مرهوب منه إلها يتعوذ به من شرها. ولكل ظاهرة من مظاهر الطبيعة آلهة تسيطر عليها وتتحكم فيها. ثم هم يجعلون بعض تلك الآلهة أقوى من بعض[1] وجعلوا لها من صفات البشرـ ما يجعلها تأكل وتشرب وتلهو وتتزاوج وتفسق ولا تفارق البشرـ إلا في كونها تفوقهم في الحجم والقوة والدّهاء[2].

وأما خواصُّهم -وهم الفلاسفة- فقد اتَّجهت نتائج تعقُّلاتهم في هذه المباحث إلى نبذ وثنية أقوامهم، ومقاربة عقيدة التوحيد في مسيرة متعثِّرة[3]. ولهم في ذلك مقالات شتى:

فلبعضهم في أصل الوجود كلام يماثل القول بوحدة الوجود. فلا يرى في الموجودات شيئا يصلح أن يكون أصلا لها غير صفة الوجود أو مفهوم الوجود. وما هذه الأشياء التي نراها إلا تجلٍ لذلك الوجود الحقيقي، الذي (يصفه لنا بأنه وجود (أزلي)، (لا يتغير)، و(لا يفنى)، وليس له ماض ولا مستقبل، بل هو يستوعب الأزل والأبد. وهو لا (يتحرك)، و(لا يتجزأ)، لأن الحركة صورة للتحول، وهو (كامل)، وليس وراءه وجود آخر[4].

وذهب فريق منهم إلى القول بأن أصل الوجود مادة قديمة لا بداية لوجودها[5]. وأنها تتحرك من ذاتها، ولا حاجة لها إلى إله يدبر أمرها. وأشهر من تزعم هذا

---

(1) انظر "الله" للعقاد ص 106.

(2) أنظر قصة الإيمان ص30. وينظر "الله" للعقاد ص 106.

(3) نفس المرجع السابق: ص28.

(4) أنظر نفس المرجع السابق: ص32.

(5) اختلفوا في تحديدها ما بين قائل أنها الماء، وقائل بأنها الهواء، وقائل هي مجموعة عناصر أربعة: ماء وتراب وهواء ونار. وقيل: بل هي عدد لا متناه من الذرات. وقيل غير ذلك. (انظر قصة الإيمان ص29-36)

التيار صاحب المذهب الذري (ديمقريطس)[1] الذي قال بقدماء ثلاثة: (الذرات والفراغ والحركة). وجعل الكون بكل ما هو عليه من نظام، نتيجة لعمل تلك الحركة بالضرورة العمياء، في تلك المادة الأزلية، في ذاك الفراغ[2].

وذهب فريق آخر إلى الإقرار بوجود إله قديم إلى جانب تلك المادة القديمة. وجعلوه مجرد مكون لها على ما هي عليه ومدبر لأحوالها. من ذلك قول (أناكساغورس). مفنِّدًا قول (ديمقريطس): "من المستحيل على قوة عمياء، أن تبدع هذا الجمال..فالذي يحرك المادة هو عقل، رشيد، بصير حكيم"[3]. وإلى جانب أناكساغورس، يقول أمبيدوقلس -الذي قال بأن أصل الكون المادي أربع عناصر قديمة: تراب وماء ونار وهواء- يقول بأن هذه العناصر؛ مادة موات، لا حياة فيها. وإنما حركتها نتيجة لفعل قوَّتين مستقلتين عنها. وهما قوتا (الحب والنفور). والغريب في مذهب هذا الرجل أنه يزعم بأن الأرواح والآلهة نفسها مركبة من تلك العناصر الأربعة، بفعل قوتي الحب والنفور[4].

وأما الفريق الرابع فقد قارب عقائد التوحيد في قوله بوجود إله واحد، أثبتوا له الكثير من صفات الكمال[5] ولكنهم تعثروا حين أرادوا فك سر وجود المادة الأولى. وعجزوا عن تصور الخلق من العدم. لقد كانوا (يرون الأشياء، ويرون أنها متغيرة من صورة إلى صورة، فيحكمون أن هذه الصور محدثة، ويجرهم الجدل العقلي إلى تصور مادة قديمة بلا صورة، ويحارون في وصف ماهية هذه المادة، التي لا

---

(1) أنظر كلام الجسر عن ديمقريطس: قصة الإيمان 35.

(2) أنظر نفس المرجع السابق: ص 35.

(3) نفس المرجع السابق: ص 35.

(4) انظر نفس المصدر السابق: ص 34.

(5) قلت "الكثير" لأنهم جردوه من بعض أهم الصفات كصفتي الإرادة، والعلم بالجزئيات، والقدرة على إعادة الجزئيات.

صورة لها)[1]، تعجز عقولهم عن تصور خلق العالم من العـدم المحـض؛ فيأبون إلا أن يجعلوا له مادة تشاركه في أزليته.. مادة يسـتحيل تصـورها أو وصـفها بغـير اعتبارهـا عدما محضا[2]. هذا الارتباك جعل أفلاطون يقول بـأن اللـه وجـد تلك المـادة التـي لا شكل لها ولا أوصاف، فأعطاها صور المثل -التـي قـال بها أفلاطـون- فاكتسبت بتلك الصور حقيقة وجودها[3]. ثم جاء بعده تلميذه أرسطو فقال بقريب مـن مقالـة أسـتاذه إذ ادعى (قدم المادة، ثم ساقه عقله السليم إلى الاعتراف، بأن هـذه المـادة يسـتحيل أن تكون شيئا معينا، لأنها بلا صورة، فحار في تعريفها. وانتهى به الأمـر إلى أن قال عنهـا أنهـا عبارة عن "قابلية التلقي".. فكأنه قال أنها عبارة عن العدم)[4].

وهذا ما يجرِّد هذا الإله الذي أثبتوا وجوده مـن صـفة الخالقيـة. ويجعلـه مجـرد مدبر للكون أو محركا أولا لبدايته -على قول بعضهم-[5]. وهؤلاء هم أقرب الفلاسـفة إلى إلى عقيدة التوحيد الخالصة.

وعلى كل حال فإن المجمع عليه لدى كل هؤلاء قولهم بقدم المادة التي صنع منهـا الكون[6].

<hr>

(1) قصة الإيمان ص40.

(2) أنظر نفس المرجع السابق: ص40.

(3) أنظر نفس المرجع السابق: ص41.

(4) نفس المرجع السابق: ص42.

(5) قال بذلك أرسطو.

(6) قد يستثنى من هذا التعميم صاحب مذهب الصيرورة هيرقليط الذي قال بأن أصل الوجـود وحقيقتـه هـو الاتحـاد الآنـي لصفتي الوجود واللاوجود أي أن الشيء الواحد يكون موجودا وعدما في آن واحد ولكنه مع تخطيه لهـذه العقـدة التـي أعجزت غيره لم يتخلص من القول بقدم ذاك التناوب بين الوجود والعدم. أنظر قصة الإيمان ص33.

ثم تطاول بهم الزمن وجمهورهم الأعظم على العقائد الوثنية. حتى أخذت بأيديهم النصرانية. فأقروا بالإله الذي دعا المسيح عليه السلام إلى عبادته. وما لبثوا إلا قليلا حتى عادوا إلى المزج الغريب بين التوحيد الخالص، والتثليث. فقالوا بأن إلههم جوهر واحد يتجلّى في ثلاثة أقانيم. وهي الأب والابن وروح القدس. ثم نصّبوا الوسائط بين الخلق وخالقهم فقالوا بأن الإله الآب فوّض أمر تسيير الكون إلى ابنه الوحيد، ثم إنّ هذا الأخير قد أعطى صلاحيات الربوبية لآباء الكنائس على الأرض. فكل ما أحلّوه على الأرض فهو حلال في السماء وكل ما حرموه في الأرض فهو حرام في السماء.

المطلب الثاني: التصوير القرآني لتلك العلة.

ورد في القرآن والسنة بعض أسئلة القدماء والمعاصرين لـزمن الـوحي عـن مسائـل تتعلق بذات الله تعالى وصفاته وأفعاله. فقد روي أن أحد الصحابة رضي الله عـنهم سأل النبي صلى الله عليه وسلم فقال: "يا رسول الله أين كان ربنا قبل أن يخلق خلقه"؟[1]. وكذلك ما ورد ذكره في سبب نزول آية قَالَ تَعَالَى: ﴿ وَإِذَا سَأَلَكَ عِبَادِى عَنِّى فَإِنِّى قَرِيبٌ ﴿١٨٦﴾ ﴾ البقرة: ١٨٦ أن بعض المسلمين سألوا الرسول صلى الله عليه وسلم فقالوا: أقريب ربنا فنناجيه أم بعيد فنناديه؟ ومن ذلك ما حكى الله عن موسى عليه السلام أنه طلب نهاية المعرفة بالله وهي المشاهدة فقال: قَالَ تَعَالَى: ﴿ رَبِّ أَرِنِى أَنظُرْ إِلَيْكَ ﴿١٤٣﴾ ﴾ الأعراف: ١٤٣ وورد مثل ذلك عـن بنـي إسرائيـل قَالَ تَعَالَى: ﴿ وَإِذْ قُلْتُمْ يَٰمُوسَىٰ لَن نُّؤْمِنَ لَكَ حَتَّىٰ نَرَى ٱللَّهَ جَهْرَةً ﴿٥٥﴾ ﴾ البقرة: ٥٥. بل إنَّ النبـي الكريم يقرِّر بأن هذا التساؤل سيبقى ملازما للذهن البشري أبدا فيقول: "ليسألنكم الناس عن كل شيء حتى يقولوا

---

(1) أخرجه الترمذي في كتاب تفسير القرآن (269/5)، ورقمه:(3109) ثم قال وهذا حديث حسن. وابن ماجة في المقدمة (65-46/1).

الله خلق الخلق فمن خلقه.."[1] وهو ما أخبره به ربه في الحديث القدسي "إن أمتك لا يزالون يتساءلون فيما بينهم حتى يقولوا هذا الله خلق الناس فمن خلق الله"[2] فبِمَ أجاب الوحي عن تلك الانشغالات الأبدية للإنسان؟

لقد أكثر علماء الأديان والفلاسفة ومنهم علماء الإسلام من الاستدلالات العقلية على وجود الله تعالى ووحدانيته. ولكن غالبية تلك الطرق والبراهين لم تكن في متناول جميع الناس وهذا ما جعل فيلسوف الإسلام ابن رشد ينتقدها ويدعو للرجوع إلى بساطة الطريقة القرآنية ذات العبارة البسيطة والدلالة المحكمة، ولاتصافها بما يلي:

- إنها تتسم بالبداهة وعدم التعقيد.

- إنها لا تثير الشبهات.

- أن براهينها نقلية ذات الصياغة العقلية وهذا ما يجعل منها أدلة شرعية وعقلية في آن واحد. ويجعلها خطابا صالحا لإقناع العامة وذوي الألباب على السواء[3].

وقد كانت معالجة القرآن لهذه المسألة كذلك.. إذ أعطى الربوبية قدرها. فأثبت للناس **وجوده** بأجلى بيان وأبسط برهان. وأعلن **وحدانيته ووصفه** بما يليق بجلاله دونما تقصير في قدره، مع بيان الفارق بين الخالق والإنسان، وذكر صلته بالعالم وأفعاله فيه. فتفرد في ذلك عن بقية من خاض في الكلام فيه من أرباب الملل

---

(1) أخرجه البخاري في كتاب بدء الخلق ورقمه في فتح الباري (3276). ومسلم في كتاب الإيمان (120/1)، ورقمه: (135). وأبو داود في كتاب السنة (231/4)، ورقمه: (4721).

(2) أخرجه البخاري في كتاب الاعتصام: فتح الباري (329/13)، ورقمه: (7296). ومسلم في كتاب الإيمان (121/1-122)، ورقمه: (136).

(3) انظر مناهج الأدلة في عقائد الملة، أبو الوليد بن رشد ص24-25.

والنحل وأهل الكتب وفلاسفة اليونان. وسأبسط هنا الحديث عن كلام القرآن في مسألة وجوده تعالى أولا، ثم وصفه وتعريف الناس به ثانيا، ومركزا على مسألة الوحدانية.

أولا: وجود الله تعالى ومسلك القرآن في تقرير ذلك.

لم يخصص القرآن الكريم هذه المسألة بمواضع مستقلة ناقشها فيه وإنما كان استدلالاته عليها قليلة وعرضية لبساطة أمرها وعدم كبير حاجة الناس إلى الإيغال في الاستدلال 0. وإن وجود القرآن نفسه دليل على قائله. وزيادة على ذلك فإن مسألة إنكار وجود علة لهذا الكون إنما هو أمر شاذ في تاريخ الفكر الإنساني ولم يستفحل هذا الشذوذ إلا في نهاية القرن الماضي والنصف الأول من هذا القرن.

هذا بِغَضِّ النظر عما حواه هذا الكتاب من دلائل وبراهين قاطعة على وجوده تعالى. وله في ذلك مسلكه الخاص به.

مسلك القرآن في تقرير وجود الله تعالى:

قال تعالى: قَالَ تَعَالَى: أَعُوذُ بِاللَّهِ مِنَ الشَّيْطَانِ الرَّجِيمِ ﴿ وَإِذْ أَخَذَ رَبُّكَ مِنْ بَنِي ءَادَمَ مِن ظُهُورِهِمْ ذُرِّيَّتَهُمْ وَأَشْهَدَهُمْ عَلَىٰ أَنفُسِهِمْ أَلَسْتُ بِرَبِّكُمْ قَالُوا بَلَىٰ شَهِدْنَا أَن تَقُولُوا يَوْمَ الْقِيَامَةِ إِنَّا كُنَّا عَنْ هَٰذَا غَافِلِينَ ۝ أَوْ تَقُولُوا إِنَّمَا أَشْرَكَ ءَابَاؤُنَا مِن قَبْلُ وَكُنَّا ذُرِّيَّةً مِّنۢ بَعْدِهِمْ أَفَتُهْلِكُنَا بِمَا فَعَلَ الْمُبْطِلُونَ ۝ ﴾ الأعراف: ١٧٢ - ١٧٣.

تماشيا مع هذه الحقيقة كان السياق القرآني يخاطب الناس على أساس وجود هذه العقيدة بالفطرة في ضمائرهم. هذا ما يوحيه سياق الآيات التي تكلمت في وجود الله تعالى.

وقد عامل تعالى الناس على هذا الأساس وهو ذلك الإقرار المضمر فيهم فقال عن المشركين:

قَالَ تَعَالَى: ﴿ وَلَئِن سَأَلْتَهُم مَّنْ خَلَقَ ٱلسَّمَٰوَٰتِ وَٱلْأَرْضَ لَيَقُولُنَّ ٱللَّهُ ۚ ۝ ﴾

الزمر: ٣٨. وقالت رسل الله في استفهام المتعجب: قَالَ تَعَالَى: ﴿ ۞ أَفِي ٱللَّهِ شَكٌّ فَاطِرِ ٱلسَّمَٰوَٰتِ وَٱلْأَرْضِ ۝ ﴾ إبراهيم: ١٠. وحتى من أنكرها بلسانه فإن القرآن يعامله على أساس ما هو موجود في فطرته فهذا فرعون الذي تأله ونفى حتى أن يكون له شريك في الألوهية بقوله: قَالَ تَعَالَى: ﴿ مَا عَلِمْتُ لَكُم مِّنْ إِلَٰهٍ غَيْرِي ۝ ﴾ القصص: ٣٨. وعلى الرغم من ذلك كله فإن موسى عليه السلام كان يخاطبه فيقول: قَالَ تَعَالَى: ﴿ قَالَ لَقَدْ عَلِمْتَ مَآ أَنزَلَ هَٰٓؤُلَآءِ إِلَّا رَبُّ ٱلسَّمَٰوَٰتِ وَٱلْأَرْضِ ۝ ﴾ الإسراء: ١٠٢. فقول موسى "لقد علمت" يوحي أن فرعون كان يوقن بذلك في نفسه. بل ويؤكد القرآن ذلك في حق فرعون وكل أتباعه أيضا فيقول: قَالَ تَعَالَى: ﴿ وَجَحَدُوا۟ بِهَا وَٱسْتَيْقَنَتْهَآ أَنفُسُهُمْ ظُلْمًا ۝ ﴾ النمل: ١٤. فذلك اليقين كان موجودا وإنما كان الباعث على ذلك الإنكار هو العلو والاستكبار والمعاندة. يتضح ذلك في ردهم على موسى وهارون بقولهم: قَالَ تَعَالَى: ﴿ فَقَالُوٓا۟ أَنُؤْمِنُ لِبَشَرَيْنِ مِثْلِنَا وَقَوْمُهُمَا لَنَا عَٰبِدُونَ ۝ ﴾ المؤمنون: ٤٧. ففي هذه الآية لم يطعنوا فيما دعوا إليه وإنما جهروا بالسبب الحقيقي لذلك الإنكار وهو الاستكبار والعلو والخوف من فقد الامتيازات الاجتماعية وفقدان لذة تقديس الناس لهم.

وقد أشار القرآن إلى سبيل اكتشاف وجود تلك الحقيقة في الفطرة البشرية. فذكر بأنها تستيقظ في الإنسان بمجرد أن يلم به كرب عظيم يهدد حياته أو حياة من يحبه. هذا ما حدث لفرعون وآله ويحدث لكل الناس حينما يهددهم الفناء. قال تعالى في آل فرعون: قَالَ تَعَالَى: ﴿

وَلَمَّا وَقَعَ عَلَيْهِمُ ٱلرِّجْزُ قَالُوا۟ يَٰمُوسَى ٱدْعُ لَنَا رَبَّكَ بِمَا عَهِدَ

عِندَكَ لَئِن كَشَفْتَ عَنَّا الرِّجْزَ لَنُؤْمِنَنَّ لَكَ وَلَنُرْسِلَنَّ مَعَكَ بَنِي

إِسْرَائِيلَ ﴿١٣٤﴾ ﴾ الأعراف: ١٣٤. وقال تعالى في فرعون يصف حاله حين الغرق:

قَالَ تَعَالَى: ﴿ حَتَّى إِذَا أَدْرَكَهُ الْغَرَقُ قَالَ ءَامَنتُ أَنَّهُ لَا إِلَهَ إِلَّا الَّذِي ءَامَنَتْ

بِهِ بَنُوٓا إِسْرَائِيلَ وَأَنَا۠ مِنَ الْمُسْلِمِينَ ﴿٩٠﴾ ﴾ يونس: ٩٠. فالمسألة إذن ليست مسألة

يقين داخلي وإنما هو الغفلة أو الجحود والاستكبار. وذلك دأب كل الناس ودأبنا نحن

أيضا. قال تعالى: قَالَ تَعَالَى: ﴿ وَإِذَا غَشِيَهُم مَّوْجٌ كَالظُّلَلِ دَعَوُا اللَّهَ مُخْلِصِينَ لَهُ الدِّينَ

﴿٣٢﴾ ﴾ لقمان: ٣٢. وقال: قَالَ تَعَالَى: ﴿ وَإِذَا مَسَّكُمُ الضُّرُّ فِي الْبَحْرِ ضَلَّ مَن

تَدْعُونَ إِلَّا إِيَّاهُ ﴿٦٧﴾ ﴾ الإسراء: ٦٧.

ثم إنه لا أحد ينكر مبدأ الألوهية مطلقا وإنما اختلف الناس في تشخيصها. ففرعون نفسه لم ينكرها مطلقا وإنما شخصها في ذاته، وحتى الملحدون اليوم حينما ينكرون الله تعالى؛ فإنهم يلجئون إلى آلهة أخرى يعبدونها؛ وهي الطبيعة فقالوا إنّ الأصل الأول لهذا الوجود هي العناصر الآتية: (المادة، القوة، الذكاء)، وعلى الجملة فالقرآن يعتبر كل من انحرف عن الفطرة فأنكر وجود الله أو أشرك به غيره إنما يؤله بذلك هواه قال تعالى قَالَ تَعَالَى: ﴿ أَرَأَيْتَ مَنِ اتَّخَذَ إِلَهَهُ هَوَىٰهُ أَفَأَنتَ تَكُونُ

عَلَيْهِ وَكِيلًا ﴿٤٣﴾ ﴾ الفرقان: ٤٣. قال الشهرستاني: (أما تعطيل العالم عن الصانع العليم القادر الحكيم فلست أراها مقالة لأحد ولا أعرف عليها صاحب مقالة إلا ما نقل عن شرذمة قليلة من الدهرية ...ولست أرى صاحب هذه المقالة ممن ينكر الصانع بل هو معترف بالصانع ... فما عدت هذه المسألة من النظريات التي يقام عليها برهان)[1]. وهذا ما يفسر الظاهرة التي أذهلت علماء تاريخ الديانات حيث أقروا بأنه لم تخل أي حقبة من تاريخ البشرية من حضور الدين في حياتهم، والذي أساسه الأول؛ الاعتقاد بالقوة العظمى المسيطرة على ما حولهم، وإن اختلفوا في كنهها

_____

[1] نهاية الإقدام للشهرستاني ص١٢٣-١٢٤.

116

وصفاتها. وعلى هذا الاعتبار لم يطل القرآن في الاستدلال على وجود الله تعالى لأنه يقرر أن الفطر السليمة تقر بوجوده من غير دليل[1]. وغاية ما فعله هو إثارة تلك الفطرة الكامنة في النفوس، ونفض الغبار عنها بما يلي:

- توبيخ من شك في وجوده والتعجب من مقالتهم تلك والإنكار عليهم كما في قوله عز وجل: قَالَ تَعَالَى: ﴿ أَفِى ٱللَّهِ شَكٌّ فَاطِرِ ٱلسَّمَٰوَٰتِ وَٱلْأَرْضِ ۝ ﴾ إبراهيم: ١٠.

- بيان حقيقة تلك الفطرة للناس وتعريفهم بها كما في قوله تعالى: قَالَ تَعَالَى: ﴿ فَأَقِمْ وَجْهَكَ لِلدِّينِ حَنِيفًا فِطْرَتَ ٱللَّهِ ٱلَّتِى فَطَرَ ٱلنَّاسَ عَلَيْهَا لَا تَبْدِيلَ لِخَلْقِ ٱللَّهِ ذَٰلِكَ ٱلدِّينُ ٱلْقَيِّمُ ۝ ﴾ الروم: ٣٠. وقوله تعالى: قَالَ تَعَالَى: ﴿ وَإِذْ أَخَذَ رَبُّكَ مِنْ بَنِى ءَادَمَ مِن ظُهُورِهِمْ ذُرِّيَّتَهُمْ وَأَشْهَدَهُمْ عَلَىٰ أَنفُسِهِمْ أَلَسْتُ بِرَبِّكُمْ قَالُوا بَلَىٰ شَهِدْنَا أَن تَقُولُوا يَوْمَ ٱلْقِيَٰمَةِ إِنَّا كُنَّا عَنْ هَٰذَا غَٰفِلِينَ ۝ أَوْ تَقُولُوا إِنَّمَا أَشْرَكَ ءَابَاؤُنَا مِن قَبْلُ وَكُنَّا ذُرِّيَّةً مِّنْ بَعْدِهِمْ أَفَتُهْلِكُنَا بِمَا فَعَلَ ٱلْمُبْطِلُونَ ۝ ﴾ الأعراف: ١٧٢ - ١٧٣.

- التنبيه على ما تجمع العقول على الإقرار به؛ من أن الموجود لا بد له من سبب يرجح وجوده على عدمه؛ لأن العدم لا يوجد شيئا البتة. فالمعهود لدى الناس جميعا أنه ما من فعل إلا وله فاعل قام به. وبما أن الناس وهذا العالم موجودون بالفعل ولا ينكر ذلك عاقل فإنه لا بد لهم من خالق رجح وجودهم على عدمهم فوجدوا. قال الفيلسوف الفرنسي (رينييه ديكارت) (إنني موجود فمن أوجدني ومن خلقني؟ إنني لم أخلق نفسي، فلا بد لي من خالق)[2]. وذلك ما عبر عنه القرآن بأسلوبه البديع بقوله تعالى: قَالَ تَعَالَى: ﴿ أَمْ خُلِقُوا مِنْ

_____

(1) انظر العقيدة في الله: عمر سليمان الأشقر ص69.
(2) قصة الإيمان ص 230 وص 285.

غَيْرِ شَيْءٍ أَمْ هُمُ الْخَلِقُونَ ۝ ٣٥ أَمْ خَلَقُوا السَّمَوَتِ وَالْأَرْضَ بَل لَّا يُوقِنُونَ ۝ ٣٦ ﴾ الطور: ٣٥ - ٣٦.

(أي أوجدوا من غير موجد؟ أم هم أوجدوا أنفسهم؟ أي لا هذا ولا هذا بل الله هو الذي خلقهم وأنشأهم بعد أن لم يكونوا شيئا مذكورا)[1]. قال أبو سليمان الخطابي في قوله تعالى: ﴿أم خلقوا من غير شيء أم هم الخالقون﴾ (أم خلقوا من غير شيء، فوجدوا بلا خالق، وذلك ما لا يجوز أن يكون، لأن تعلق الخلق بالخالق من ضرورة الأمر، فلا بد من خالق، فإذا أنكروا الإله الخالق، ولم يجز أن يوجدوا بلا خالق خلقهم، أفهم الخالقون لأنفسهم؟ وذلك في الفساد أكثر، وفي الباطل أشد، لأن ما لا وجود له كيف يجوز أن يكون موصوفا بالقدرة، وكيف يخلق؟ وكيف يتأتى منه الفعل، وإذا بطل الوجهان معا قامت الحجة عليهم بأن لهم خالقا، فليؤمنوا به إذا)[2]. وزيادة في الحجة وقطعا للجدل -على عادة القرآن- تحدى القرآن بخلق السموات والأرض التي إن تجرأ أحدهم وادعى خلق نفسه فلن يجرؤ على ادعاء خلقهما عاقل أبدا[3]. إنّ هذه الآية على الرغم من قصرها إلا أنها تحمل البرهان التام والكافي لنفض غبار الغفلة عن تلك الحقيقة.

- ومما أكثر القرآن من الاستدلال به أيضا؛ ذكره للكثير من مظاهر النظام والعناية في هذا الكون، وجوهر هذين الدليلين هو نسف مقالة من ادعى أن الكون وُجد على هذا النحو بالمصادفة فلا حاجة تضطرنا إلى افتراض وجود خالق له. إنّ القرآن أثبت أن وجود كل هذا النظام في الكون، وكل تلك العناية بالإنسان وبمن حوله لا بد وأن من ورائها حكيما عليما رحيما

---

(1) تفسير القرآن العظيم (244/4) -طبعة دار المعرفة-.
(2) ذكره البيهقي عنه في كتاب الأسماء والصفات ص496.
(3) انظر العقيدة في الله للأشقر ص67.

وقديرا. فإن المعهود من العماء والصدفة أن لا ينتج عنهما إلا الفوضى والعبث. من ذلك قوله تعالى:

قَالَ تَعَالَى: ﴿ إِنَّ فِي خَلْقِ ٱلسَّمَٰوَٰتِ وَٱلْأَرْضِ وَٱخْتِلَٰفِ ٱلَّيْلِ وَٱلنَّهَارِ وَٱلْفُلْكِ ٱلَّتِي تَجْرِي فِي ٱلْبَحْرِ بِمَا يَنفَعُ ٱلنَّاسَ وَمَا أَنزَلَ ٱللَّهُ مِنَ ٱلسَّمَاءِ مِن مَّاءٍ فَأَحْيَا بِهِ ٱلْأَرْضَ بَعْدَ مَوْتِهَا وَبَثَّ فِيهَا مِن كُلِّ دَابَّةٍ وَتَصْرِيفِ ٱلرِّيَٰحِ وَٱلسَّحَابِ ٱلْمُسَخَّرِ بَيْنَ ٱلسَّمَاءِ وَٱلْأَرْضِ لَآيَٰتٍ لِّقَوْمٍ يَعْقِلُونَ ۝ ﴾ البقرة: ١٦٤. وقال تعالى عن هذه السماء يتحدى بدقة مقاديرها ونظامها المتقن: قَالَ تَعَالَى: ﴿ ثُمَّ ٱرْجِعِ ٱلْبَصَرَ كَرَّتَيْنِ يَنقَلِبْ إِلَيْكَ ٱلْبَصَرُ خَاسِئًا وَهُوَ حَسِيرٌ ۝ ﴾ الملك: ٤ ـ ٥.

وأما التدلّيل بعنايته فمنها قوله تعالى: قَالَ تَعَالَى: ﴿ ٱلَّذِي جَعَلَ لَكُمُ ٱلْأَرْضَ مَهْدًا وَجَعَلَ لَكُمْ فِيهَا سُبُلًا لَّعَلَّكُمْ تَهْتَدُونَ ۝ ﴾ الزخرف: ١٠. وقوله أيضا: قَالَ تَعَالَى: ﴿ هُوَ ٱلَّذِي جَعَلَ ٱلشَّمْسَ ضِيَاءً وَٱلْقَمَرَ نُورًا وَقَدَّرَهُ مَنَازِلَ لِتَعْلَمُوا عَدَدَ ٱلسِّنِينَ وَٱلْحِسَابَ ۝ ﴾ يونس: ٥. وقوله: قَالَ تَعَالَى: ﴿ وَٱلْأَنْعَٰمَ خَلَقَهَا لَكُمْ فِيهَا دِفْءٌ وَمَنَٰفِعُ وَمِنْهَا تَأْكُلُونَ ۝ وَلَكُمْ فِيهَا جَمَالٌ حِينَ تُرِيحُونَ وَحِينَ تَسْرَحُونَ ۝ وَتَحْمِلُ أَثْقَالَكُمْ إِلَىٰ بَلَدٍ لَّمْ تَكُونُوا بَٰلِغِيهِ إِلَّا بِشِقِّ ٱلْأَنفُسِ إِنَّ رَبَّكُمْ لَرَءُوفٌ رَّحِيمٌ ۝ وَٱلْخَيْلَ وَٱلْبِغَالَ وَٱلْحَمِيرَ لِتَرْكَبُوهَا وَزِينَةً وَيَخْلُقُ مَا لَا تَعْلَمُونَ ۝ ﴾ النحل: ٥ ـ ٨.

- ثم إنه لما كانت السموات والأرض موجودتين ولم يدّع أحد من عقلاء الناس أنه خلقهما. فإن الله تعالى نسب خلقهما إلى نفسه وأقام الحجة على ذلك بأن تحدى غيره بأن يخلق مثل خلقه، قال تعالى يتحدى بخاصية الخلق: قَالَ تَعَالَى: ﴿ يَٰأَيُّهَا ٱلنَّاسُ ضُرِبَ مَثَلٌ فَٱسْتَمِعُوا لَهُ إِنَّ ٱلَّذِينَ تَدْعُونَ مِن دُونِ ٱللَّهِ لَن يَخْلُقُوا ذُبَابًا وَلَوِ ٱجْتَمَعُوا لَهُ ۝ ﴾ الحج: ٧٣.

وقال: قَالَ تَعَالَى: ﴿ أَفَرَءَيْتُم مَّا تُمْنُونَ ۝ ءَأَنتُمْ تَخْلُقُونَهُ أَمْ نَحْنُ ٱلْخَٰلِقُونَ ۝ ﴾ الواقعة: ٥٨ ـ ٥٩.

- ومثل ذلك في هذا النظام الذي يسود العالم؛ أخبر تعالى بأنه هو القيوم على بقائه وتحدى بأن يوجد من يقوم مقامه إن هو تركها كما في قوله: قَالَ تَعَالَى:

﴿ أَفَرَءَيْتُمُ ٱلْمَآءَ ٱلَّذِى تَشْرَبُونَ ۝ ءَأَنتُمْ أَنزَلْتُمُوهُ مِنَ ٱلْمُزْنِ أَمْ نَحْنُ ٱلْمُنزِلُونَ ۝ لَوْ نَشَآءُ جَعَلْنَٰهُ أُجَاجًا فَلَوْلَا تَشْكُرُونَ ۝ ﴾ الواقعة: ٦٨ ـ ٧٠.

وقوله: قَالَ تَعَالَى: ﴿ قُلْ أَرَءَيْتُمْ إِنْ أَصْبَحَ مَآؤُكُمْ غَوْرًا فَمَن يَأْتِيكُم بِمَآءٍ مَّعِينٍ ۝ ﴾ الملك: ٣٠. إنّ العناية الإلهية يسرت وصول الماء إلى الإنسان عذبا فراتا في دورة معقدة المراحل تساهم فيه المسطحات المائية والشمس والرياح والسحب والجبال فإذا عطل الله تعالى نظام هذه الدورة وغار الماء في جوف الأرض فمن هو أهل ليسترجعه للناس. لا أحد يتجرأ على ادعاء ذلك. وغير هذه النعم كثيرة وتحمل دلالة واضحة على أنه هو تعالى هو صاحب هذا النظام والقائم عليه.

وكل تلك الاستدلالات إنما هي تحريك لتلك الفطرة المضمرة في الإنسان أو نفض للغبار المتراكم عليها. فإذا وجد ذلك الغبار قد ترسب وخالطه الماء فتحجر على قلب صاحبه قرعه عز وجل بالوعيد بالعذاب الشديد.

ثانيا: التعريف بالله تعالى ومسلك القرآن في ذلك.

إذن لم يسهب القرآن الكريم في الاستدلال لوجود علة تقف وراء وجود هذا الكون لتيسر معرفة ذلك أو لبداهته، وإنما ساق أكثر كلامه لأجل التعريف به. فذكر بإسهاب أسماءه وصفاته وأفعاله. مركزا على مسألة وحدانيته. وذلك لأن المعروف من تاريخ البشرية أنها -في جملتها- مجمعة على وجود خالق لهذا العالم، أو على الأقل منظم ومدبر له[1] وإنما كان الاختلاف في تصور هذه العلة أو هذا المنظم.

_____

(1) قال بهذا حتى من لم يستطع هضم إمكانية الإيجاد من العدم وقال بقدم العالم فقال فريق من هؤلاء بعدم الحاجة إلى افتراض وجود علة له ولكنهم رغم ذلك فإن النظام الساري في هذا الكون اضطرهم إلى الإقرار بوجود منظم حكيم عليم قدير يقف وراء هذا النظام.

فاتخذت البشرية من الآلهة مثنى وثلاث ورباع وربما أكثرت أو أقلّت. وشبهتها تارة حتى التجسيم. ونزهتها تارة أخرى حتى التعطيل. وبين هؤلاء وهؤلاء عاش الآلاف من البشر في دوامه لا تقف لها على قرار. فذلك موضع الجرح الذي حرص القرآن على تنقيته من الأمراض ليلتئم على الحق والحقيقة. وإن أهم مسائل التعريف بالله تعالى توحيده تعالى.

مسلك القرآن في التعريف بالله تعالى:

لقد سلك القرآن في التعريف برب العالمين منهجا بديعا زاوج فيه بين الوصف الإخباري وبين توجيه الفكر الإنساني بقدر الإمكان إلى تحسُّس آثار تجلِّيات تلك الصفات فيما يحسون ويشاهدون.

قال ابن القيم: (الرب تعالى يدعو عباده في القرآن إلى معرفته من طريقين: أحدهما النظر في مفعولاته، والثاني التفكر في آياته وتدبرها فتلك آياته المشهودة، وهذه آياته المسموعة المعقولة)[1].

أ- تعريف الله تعالى نفسه بنفسه إذ لا يعرف حقيقة الله تعالى إلا الله. وأعرف الخلق به هم رسله.

وهذه آيات عرف الله تعالى بها خلقه بنفسه:

- قَالَ تَعَالَى: ﴿ قُلْ هُوَ ٱللَّهُ أَحَدٌ ۝ ٱللَّهُ ٱلصَّمَدُ ۝ لَمْ يَلِدْ وَلَمْ يُولَدْ ۝ وَلَمْ يَكُن لَّهُۥ كُفُوًا أَحَدٌ ۝ ﴾ الإخلاص: ١ - ٤. وفيها دلالة على

---

(1) الفوائد، ابن قيم الجوزية. ص 20.

تفرده تعالى في ذاته وصفاته وأفعاله. وتفرده بالكمال في كل أنواع الشرف والسؤدد[1].

- قَالَ تَعَالَى: ﴿لَّا تُدْرِكُهُ ٱلْأَبْصَٰرُ وَهُوَ يُدْرِكُ ٱلْأَبْصَٰرَۖ وَهُوَ ٱللَّطِيفُ ٱلْخَبِيرُ ١٠٣﴾

﴿ الأنعام: ١٠٣. وفيها دلالة على تعذر واستحالة إدراكنا لذات الله عز وجل.

- قَالَ تَعَالَى: ﴿لَيْسَ كَمِثْلِهِۦ شَيْءٌۖ وَهُوَ ٱلسَّمِيعُ ٱلْبَصِيرُ ١١﴾ الشورى: ١١.
وفيها تنزيه مطلق لله تعالى عن مشابهة ذاته وصفاته لذوات وصفات المخلوقين[2].

- قَالَ تَعَالَى: ﴿هُوَ ٱلْأَوَّلُ وَٱلْآخِرُ وَٱلظَّٰهِرُ وَٱلْبَاطِنُۖ وَهُوَ بِكُلِّ شَيْءٍ عَلِيمٌ ٣﴾ الحديد: ٣.

- قَالَ تَعَالَى: ﴿ٱللَّهُ خَٰلِقُ كُلِّ شَيْءٍ ٦٢﴾ الزمر: ٦٢.

- قَالَ تَعَالَى: ﴿كُلُّ شَيْءٍ هَالِكٌ إِلَّا ٨٨﴾ القصص: ٨٨.

- قَالَ تَعَالَى: ﴿أَلَا إِنَّهُۥ بِكُلِّ شَيْءٍ مُّحِيطٌ ٥٤﴾ فصلت: ٥٤.

- قَالَ تَعَالَى: ﴿إِنَّ ٱللَّهَ يَعْلَمُ غَيْبَ ٱلسَّمَٰوَٰتِ وَٱلْأَرْضِۚ وَٱللَّهُ بَصِيرٌ بِمَا تَعْمَلُونَ ١٨﴾ الحجرات: ١٨.

- قَالَ تَعَالَى: ﴿وَعِندَهُۥ مَفَاتِحُ ٱلْغَيْبِ لَا يَعْلَمُهَآ إِلَّا هُوَۚ وَيَعْلَمُ مَا فِي ٱلْبَرِّ وَٱلْبَحْرِۚ وَمَا تَسْقُطُ مِن وَرَقَةٍ إِلَّا يَعْلَمُهَا وَلَا حَبَّةٍ فِي ظُلُمَٰتِ ٱلْأَرْضِ وَلَا رَطْبٍ وَلَا يَابِسٍ إِلَّا فِي كِتَٰبٍ مُّبِينٍ ٥٩﴾ الأنعام: ٥٩.

---

(1) انظر شرح العقيدة الواسطية: محمد خليل هراس. ص26.
(2) انظر نفس المرجع السابق. ص35.

وفي هذه الآيات إشارة واضحة إلى إحاطته تعالى بالأشياء مـن كـل وجـه. فالأول والآخر إشارة إلى إحاطته الزمانية. والظاهر والباطن بيان لإحاطته المكانية[1].

- قَالَ تَعَالَى: ﴿ تَبَارَكَ ٱلَّذِى نَزَّلَ ٱلۡفُرۡقَانَ عَلَىٰ عَبۡدِهِۦ لِيَكُونَ لِلۡعَٰلَمِينَ نَذِيرًا ١ ٱلَّذِى لَهُۥ مُلۡكُ ٱلسَّمَٰوَٰتِ وَٱلۡأَرۡضِ وَلَمۡ يَتَّخِذۡ وَلَدًا وَلَمۡ يَكُن لَّهُۥ شَرِيكٌ فِي ٱلۡمُلۡكِ وَخَلَقَ كُلَّ شَيۡءٍ فَقَدَّرَهُۥ تَقۡدِيرًا ٢ ﴾ الفرقان: ١ - ٢.

- قَالَ تَعَالَى: ﴿ وَلَوۡ يَرَى ٱلَّذِينَ ظَلَمُوٓاْ إِذۡ يَرَوۡنَ ٱلۡعَذَابَ أَنَّ ٱلۡقُوَّةَ لِلَّهِ جَمِيعًا وَأَنَّ ٱللَّهَ شَدِيدُ ٱلۡعَذَابِ ١٦٥ ﴾ البقرة: ١٦٥.

- قَالَ تَعَالَى: ﴿ إِنَّ رَبَّكَ فَعَّالٌ لِّمَا يُرِيدُ ١٠٧ ﴾ هود: ١٠٧.

- قَالَ تَعَالَى: ﴿ وَكَانَ ٱللَّهُ عَلَىٰ كُلِّ شَيۡءٍ قَدِيرًا ٢٧ ﴾ الأحزاب: ٢٧.

- قَالَ تَعَالَى: ﴿ وَرَبُّكَ يَخۡلُقُ مَا يَشَآءُ وَيَخۡتَارُ مَا كَانَ لَهُمُ ٱلۡخِيَرَةُ سُبۡحَٰنَ ٱللَّهِ وَتَعَٰلَىٰ عَمَّا يُشۡرِكُونَ ٦٨ ﴾ القصص: ٦٨.

وفي هذه الآيات دلالة بالغة على عظيم ملكه ومطلق قدرته وإرادته.

هذا وقد ضمن القرآن آياته العديد من أسمائه الحسنى الدالة على أوصافه[2].

- فمنها أسماء تدل على ربوبيته كلفظ الرب ﴿الحمد لله رب العالمين﴾، وأسماؤه الملك والخالق والبارئ وغيرها.

---

(1) انظر نفس المرجع السابق.. ص30-31.

(2) انظر العقيدة الإسلامية في القرآن الكريم ومناهج المتكلمين: محمد عياش الكبيسي. ص117-118.

- ومنها أسماء تدل على سعة علمه؛ منها العليم والحكيم في قوله تعالى: قَالَ تَعَالَى: ﴿ وَهُوَ الْعَلِيمُ الْحَكِيمُ ۝ ﴾ التحريم: ٢. والخبير في قوله تعالى: قَالَ تَعَالَى: ﴿ وَهُوَ اللَّطِيفُ الْخَبِيرُ ۝ ﴾ الملك: ١٤. والسميع والبصير في قوله تعالى: قَالَ تَعَالَى: ﴿ وَهُوَ السَّمِيعُ الْبَصِيرُ ۝ ﴾ الشورى: ١١.

- ومنها ما يدل على قدرته عز وجل؛ منها القدير كما في قوله: قَالَ تَعَالَى: ﴿ وَكَانَ اللَّهُ عَلَىٰ كُلِّ شَيْءٍ قَدِيرًا ۝ ﴾ الأحزاب: ٢٧. والقوي كما في غير هذه الآية.

- ومنها ما يدل على رحمته كالرحمن والرحيم في قوله: قَالَ تَعَالَى: ﴿ الرَّحْمَٰنِ الرَّحِيمِ ۝ ﴾ الفاتحة: ٢. والرءوف والعفو والتواب وغيرها من الآيات.

- ومنها ما يدل على عظمته تعالى وعظمة سلطانه كما في قوله: قَالَ تَعَالَى: ﴿ هُوَ اللَّهُ الَّذِي لَا إِلَٰهَ إِلَّا هُوَ الْمَلِكُ الْقُدُّوسُ السَّلَامُ الْمُؤْمِنُ الْمُهَيْمِنُ الْعَزِيزُ الْجَبَّارُ الْمُتَكَبِّرُ ۝ ﴾ الحشر: ٢٣. وغير تلك كالقهار والعظيم والعلي في غير هذه الآية.

ثانيا: توجيه الناس لمعرفة الله تعالى وصفاته بالنظر إلى مخلوقاته.

وهذا مسلك ثان ركز فيه القرآن على جعل الناس يتحسسون أكبر قدر من آثار تجليات صفات الله في مخلوقاته. وهو منهج بديع في التعريف برب العالمين؛ إذ أنه يوجه الفكر دائما إلى معرفته تعالى بآثاره المحسوسة في ما خلق. فأكثر من الحث على النظر في مخلوقات الله تعالى والتفكر فيها والاعتبار منها. وذلك اعتمادا على ما تعارف عليه الناس -بكل فئاتهم -من أن الصنعة تدل على وجود صانع لها، وتشي بشيء من صفاته. فهذا راعي الغنم يقرر هذا المبدأ بقوله: (إنّ البعرة تدل

على البعير، والأثر يدل على المسير؛ فسماء ذات أبراج وأرض ذات فجاج ألا يدل ذلك على العليم الخبير)[1].

ولقد استطاع علماء الآثار في عصرنا الحاضر -عملا بهذا المبدأ- معرفة أنماط معيشة أقوام عمروا الأرض منذ عهود غابرة. من مجرد بقية يسيرة مما خلفته حضاراتهم. وبقدر ما يتوفر لديهم من تلك الآثار يتكامل تصور الباحثين عن ذلك المجتمع، ويكون حكمهم عليه أصوب. ذلك ما يفعله البشر حينما يودون معرفة الغائب الذي حضر ـ أثره.

فإذا رجعنا إلى هذا الكون -الذي هو بجملته أثر من آثار الله عز وجل الذي احتجب عنا، وغاب عن مداركنا -وتفحصناه، وتفكرنا فيه -كما أمر القرآن-؛ حصل لدينا من الإدراك لعظمة تلك المعاني التي وصف الله بها نفسه ما لا يحصل بمجرد سماع الخبر فقط.

ثم إنّ الله تعالى وإن تجلى للخلائق في هذه الدنيا فلا طاقة لها بمشاهدته بمجرد ما لديها من القوى الإدراكية، وهذا كليمه موسى عليه السلام يهزه الشوق ويسوقه إلى طلب رؤية ربه تعالى، فيجيبه تعالى بقوله: قَالَ تَعَالَى: ﴿لَن تَرَىٰنِى وَلَٰكِنِ ٱنظُرْ إِلَى ٱلْجَبَلِ فَإِنِ ٱسْتَقَرَّ مَكَانَهُ فَسَوْفَ تَرَىٰنِى فَلَمَّا تَجَلَّىٰ رَبُّهُ لِلْجَبَلِ جَعَلَهُ دَكًّا وَخَرَّ مُوسَىٰ صَعِقًا فَلَمَّا أَفَاقَ قَالَ سُبْحَٰنَكَ تُبْتُ إِلَيْكَ وَأَنَا۠ أَوَّلُ ٱلْمُؤْمِنِينَ﴾

(١٤٣) الأعراف: ١٤٣. فبين له بأن لا طاقة له بالنظر إلى ما طلب. بأن بين له جسامة الخطب، ووجهه ليرى شيئا من أثر تلك الرؤية التي طلبها فيمن هو أشد منه خلقة.

قال حجة الإسلام أبو حامد الغزالي: (ولما كان النظر في ذات الله تعالى وصفاته خطرا من هذا الوجه اقتضى أدب الشرع وصلاح الخلق أن لا يتعرض

---

[1] العقيدة في الله: للأشقر. ص73.

125

لمجاري الفكر فيه، لكنا نعدل إلى المقام الثاني وهو النظر في أفعاله ومجاري قـدره وعجائب صنعه وبدائع أمره في خلقه، فإنها تدل على جلاله وكبريائه وتقدسـه وتعاليه، وتدل على كمال علمه وحكمته وعلى نفاذ مشيئته. فينظر إلى صفاته من آثار صفاته)[1] وهذه هي طريقة الأنبياء في تعريف الناس بربهم. فهذا فرعون يسأل موسى عن ماهيـة ربه، فما كان جواب موسى عليه السلام إلا أن عرفه له بآثاره في مخلوقاته. قال تعالى

يـروي الحـوار: قَالَ تَعَالَى: ﴿ قَالَ رَبُّنَا ٱلَّذِىٓ أَعۡطَىٰ كُلَّ شَىۡءٍ خَلۡقَهُۥ ثُمَّ هَدَىٰ ٥٠ ﴾ طه: ٤٩ - ٥٠. وكذا فعل إبراهيم عليه السلام حينما أراد أن يعرف الملك بربه قَالَ

تَعَالَى: ﴿ إِذۡ قَالَ إِبۡرَٰهِـۧمُ رَبِّـيَ ٱلَّذِى يُحۡيِ ٢٥٨ ﴾ البقرة: ٢٥٨. فكانوا يصرفون عقول الناس دائمًا عن التفكر فيما لا طاقة لهم به إلى ما يطيقون.

لذا ركز اللـه تعالى في كتابه على توجيه الناس ليتفكروا في عجيب مخلوقاته وليعرفوه بما خلق)[2]. ومن هذا المنطلق امتدح الباري عز وجل المتفكرين في آثار حكمته وعظيم قدرته في مخلوقاته بقوله: قَالَ تَعَالَى: ﴿ إِنَّ فِي خَلۡقِ ٱلسَّمَٰوَٰتِ وَٱلۡأَرۡضِ وَٱخۡتِلَٰفِ ٱلَّيۡلِ وَٱلنَّهَارِ لَأٓيَٰتٖ لِّأُوْلِي ٱلۡأَلۡبَٰبِ ١٩٠ ٱلَّذِينَ يَذۡكُرُونَ ٱللَّهَ قِيَٰمٗا وَقُعُودٗا وَعَلَىٰ جُنُوبِهِمۡ وَيَتَفَكَّرُونَ فِي خَلۡقِ ٱلسَّمَٰوَٰتِ وَٱلۡأَرۡضِ رَبَّنَا مَا خَلَقۡتَ هَٰذَا بَٰطِلٗا سُبۡحَٰنَكَ فَقِنَا عَذَابَ ٱلنَّارِ ١٩١ ﴾

---

(1) التفكر في خلق اللـه: لحجة الإسلام أبو حامد الغزالي ص75-76.
(2) وقد ورد في السنة النهي عن التفكر في ذات اللـه تعالى منها ما روي عن النبي صلى اللـه عليه وسلم أنه قال: "تفكروا في آلاء اللـه ولا تفكروا في اللـه" من عدة طرق وهي وإن كانت كلها ضعيفة إلا أن اجتماعها يكتسب قوة ومعناها صحيح يعضده ما صح عنه صلى اللـه عليه وسلم في صحيح مسلم عن أبي هريرة مرفوعا: "لا يزال الناس يتساءلون حتى يقال: هذا اللـه خلق الخلق، فمن خلق اللـه؟! فمن وجد من ذلك شيئا فليقل: آمنت باللـه "أخرجه مسلم في صحيحه (119/1)، ورقمه: (124). وينظر الأصول الفكرية للمناهج السلفية عند شيخ الإسلام بن تيمية ص 123.

آل عمران: ١٩٠ - ١٩١. ووجه أنظار الناس إلى تفقد آثار عظمته وقدرته تعالى على الخلق والتدبير في الآفاق والأنفس. ومن ذلك ما ورد في هذه الآيات:

- قَالَ تَعَالَى: ﴿ أَوَلَمْ يَنظُرُوا۟ فِى مَلَكُوتِ ٱلسَّمَٰوَٰتِ وَٱلْأَرْضِ وَمَا خَلَقَ ٱللَّهُ مِن شَىْءٍ ... ۝١٨٥ ﴾ الأعراف: ١٨٥.

- قَالَ تَعَالَى: ﴿ فَلْيَنظُرِ ٱلْإِنسَٰنُ مِمَّ خُلِقَ ۝٥ خُلِقَ مِن مَّآءٍ دَافِقٍ ۝٦ يَخْرُجُ مِنۢ بَيْنِ ٱلصُّلْبِ وَٱلتَّرَآئِبِ ۝٧ ﴾ الطارق: ٥ - ٧.

- قَالَ تَعَالَى: ﴿ فَلْيَنظُرِ ٱلْإِنسَٰنُ إِلَىٰ طَعَامِهِۦٓ ۝٢٤ أَنَّا صَبَبْنَا ٱلْمَآءَ صَبًّا ۝٢٥ ثُمَّ شَقَقْنَا ٱلْأَرْضَ شَقًّا ۝٢٦ فَأَنۢبَتْنَا فِيهَا حَبًّا ۝٢٧ وَعِنَبًا وَقَضْبًا ۝٢٨ وَزَيْتُونًا وَنَخْلًا ۝٢٩ وَحَدَآئِقَ غُلْبًا ۝٣٠ وَفَٰكِهَةً وَأَبًّا ۝٣١ مَّتَٰعًا لَّكُمْ وَلِأَنْعَٰمِكُمْ ۝٣٢ ﴾ عبس: ٢٤ - ٣٢.

- قَالَ تَعَالَى: ﴿ أَفَلَا يَنظُرُونَ إِلَى ٱلْإِبِلِ كَيْفَ خُلِقَتْ ۝١٧ وَإِلَى ٱلسَّمَآءِ كَيْفَ رُفِعَتْ ۝١٨ وَإِلَى ٱلْجِبَالِ كَيْفَ نُصِبَتْ ۝١٩ وَإِلَى ٱلْأَرْضِ كَيْفَ سُطِحَتْ ۝٢٠ ﴾ الغاشية: ١٧ - ٢٠.

وفي النظر فيما حثت عليه هذه الآيات دلالة بليغة على عظمة صفات الله تعالى التي تجلت آثارها في مخلوقاته.

فالذي ينظر في أصل نشأة الإنسان وكيف عاد التراب إنسانا لحما ودما وعظما وأعصابا يدرك شيئا عظيما من حقيقة قدرة الله تعالى وروعة إبداعه. وعلم قدر عجز البشر مقارنة بربهم. وعلم الفرق بين الخالق والمخلوق.

قال الغزالي (فارجع الآن إلى النطفة وتأمل حالها أولا وما صارت إليه ثانيا. وتأمل أنه لو اجتمع الجن والإنس على أن يخلقوا للنطفة سمعا وبصرا أو عقلا أو قدرة أو علما أو روحا.. هل يقدرون على ذلك)[1]؟ فالذي ينظر في ملكوت الله؛

---

(1) التفكر في خلق الله ص٩٢-٩٣.

يتفقد سماواته وأرضه، ويتفكر في ما هما عليه من الشدة في الخلقة، والسعة في الفضاء، والإحكام في الصنعة، والدقة والتناسق التام في الحركة، وغير ذلك؛ فإنه سيدرك لا محالة عظيم قدرة وقوة خالقهما، وسعة ملكه، وإحاطة علمه بكل ما فيهما، وبالغ حكمته وخبرته، وحسن تدبيره أمورهما.

والذي ينظر في كثرة نعم الله تعالى على بني البشر ـ وكثرة معصيتهم له، وكثرة عفوه عنهم مع قدرته على استبدالهم بآخرين يطيعونه ولا يعصونه أبدا يعلم عظيم حلمه تعالى ورحمته وعفوه وكرمه.

وغير ذلك من المشاهدات كثير. فإن الناظر بعين الإيمان في أيٍ من مخلوقات الله تعالى سيشاهد لا محالة انعكاس شيء من أثر تلك الصفات التي وصف بها نفسه. وبقدر التفكر يزداد اليقين في القلوب، ويحصل للعقول تصور أكمل عن جوانب من عظمة الرب جل جلاله.

ثالثا: وحدانية الله تعالى ومسلك القرآن في تقرير ذلك.

إنّ التوحيد مسألة جوهرية فيما ساقه القرآن من النصوص التي تعالج مواضيع العقيدة. بل لا أعد مبالغا إذا ما قلت بأن التعريف بهذه المسألة هي محور الرسالات السماوية وأهم مواضيع القرآن على الإطلاق. فقد ذكر تعالى أن أهم ما كانت الرسل تدعوا إليه هي دعوتهم إياهم إلى التوحيد بداية من نوح عليه السلام وانتهاء بنبينا صلى الله عليه وسلم. فقد كان النداء الأول لكل رسول قوله: يا قوم اعبدوا الله ما لكم من إله غيره. بهذا دعا قومه نوح وهود وصالح وإبراهيم ولوط وشعيب وكل رسول بعث إلى قوم مشركين. قال تعالى: قَالَ تَعَالَى: ﴿ وَلَقَدْ بَعَثْنَا فِي كُلِّ أُمَّةٍ رَّسُولًا أَنِ اعْبُدُوا اللَّهَ وَاجْتَنِبُوا الطَّاغُوتَ ۝ ﴾ النحل: ٣٦[1].

---

(1) العبادة في الإسلام ص22-23.

فمعالجة الشِّرك كانت المحور الأساس في القرآن وذلك لأمرين مهمـين؛ أحـدهما أن مسألة وجود علة لهذا الوجود ليس بالأمر الذي يستعصي على العقول معرفته. والثاني أنه نزل على قوم يعتقدون بمبدأ الربوبية وإنما وقع لديهم الاشتباه فيما يمثل هذه القوة على الأرض. وهذه الظاهرة وإن كان مشركو العرب أبلغ نموذج للمجتمـع المشرك إلا أن الشرك ظاهرة عمت كل المجتمعات في مختلف العصور.

وقد عالج القرآن الكريم مسألة التوحيد مركزا على أهم جوانبها وهي:

أ- توحيد الربوبية[1]:

(وهو توحيد اللـه تعالى بأفعاله وهو الإيمـان بأنـه الخـالـق والرازق المـدبر لأمـور خلقه المتصرف في شئونهم في الدنيا والآخرة لا شريك له في ذلك ... وهذا النوع قـد أقر به المشركون عباد الأوثان)[2]. وأهم ما فيه:

1- إفراده تعالى في الخلق: فأثبت القرآن أن خاصية الخلق لله تعالى وحده. وسلبها عن غيره. وأنه تعالى خالق لكل ما وجد وما هو موجود. قال تعالى: **قَالَ تَعَالَى:**

﴿ ذَٰلِكُمُ ٱللَّهُ رَبُّكُمْ لَآ إِلَٰهَ إِلَّا هُوَ خَٰلِقُ كُلِّ شَىْءٍ فَٱعْبُدُوهُ وَهُوَ عَلَىٰ كُلِّ شَىْءٍ وَكِيلٌ ۝ ﴾ الأنعام: ١٠٢. وقال: **قَالَ تَعَالَى:**

﴿ وَٱتَّخَذُوا۟ مِن دُونِهِۦٓ ءَالِهَةً لَّا يَخْلُقُونَ ۝ ﴾ الفرقان: ٣. وقال:

قَالَ تَعَالَى: ﴿ وَٱللَّهُ خَلَقَكُمْ وَمَا تَعْمَلُونَ ۝ ﴾ الصافات: ٩٦.

---

(1) قال الشيخ محمد عبد الوهاب: ((.. توحيد الربوبية فعل الرب، مثل: الخلق، والـرزق، والإحيـاء والإماتـة، وإنـزال المطـر، وإنبات النبات، وتدبير الأمور..)) مجموعة متون العقائد: تلقين أصول العقيـدة للعامـة لمحمـد عبد الوهـاب ص15. بعناية بسام عبد الوهاب الجابي.

(2) انظر تعليق الشيخ ابن باز على العقيدة الطحاوية ص 2-3.

2- إفراده في الملك: ومعناه التسليم له بأنه المالك الحقيقي لكل ما هو موجود. وأن ملك كل من سواه إنما هو تخويل واستخلاف منه ولا يخرج عن ملكه قط. وهذه الصفة من نتائج الصفة الأولى؛ إذ من حق الذي تفرد بخلق كل شيء أن ينفرد بملك كل شيء. قال تعالى يثبت الملك لنفسه ويخبر أن ملك الملوك إنما هو تخويل منه: قَالَ تَعَالَى: ﴿ قُلِ ٱللَّهُمَّ مَٰلِكَ ٱلۡمُلۡكِ تُؤۡتِي ٱلۡمُلۡكَ مَن تَشَآءُ وَتَنزِعُ ٱلۡمُلۡكَ مِمَّن تَشَآءُ وَتُعِزُّ مَن تَشَآءُ وَتُذِلُّ مَن تَشَآءُ ۖ ٢٦ ﴾ آل عمران: ٢٦. قَالَ تَعَالَى: ﴿ وَتَرَكۡتُم مَّا خَوَّلۡنَٰكُمۡ وَرَآءَ ظُهُورِكُمۡ ٩٤ ﴾ الأنعام: ٩٤. ونفى عنه الشركاء بقوله: قَالَ تَعَالَى: ﴿ وَلَمۡ يَكُن لَّهُۥ شَرِيكٌ فِي ٱلۡمُلۡكِ وَخَلَقَ كُلَّ شَيۡءٖ فَقَدَّرَهُۥ تَقۡدِيرٗا ٢ ﴾ الفرقان: ٢. قال تعالى: قَالَ تَعَالَى: ﴿ ذَٰلِكُمُ ٱللَّهُ رَبُّكُمۡ لَهُ ٱلۡمُلۡكُ ۚ وَٱلَّذِينَ تَدۡعُونَ مِن دُونِهِۦ مَا يَمۡلِكُونَ مِن قِطۡمِيرٍ ١٣ ﴾ فاطر: ١٣.

ب- توحيد الألوهية:

هو فعل العبد تجاه ربه أو حق الرب تعالى على عبيده[1] ومفاده أن من حق خالق كل شيء، ومالك الكل أن ينفرد بحق الحكم والتشريع. وأن لا يعبد في هذا الكون غيره. وهذا التوحيد هو الذي أنكره المشركون بقولهم: قَالَ تَعَالَى: ﴿ أَجَعَلَ ٱلۡأَلِهَةَ إِلَٰهٗا وَٰحِدًاۖ إِنَّ هَٰذَا لَشَيۡءٌ عُجَابٌ ٥ ﴾ ص: ٥. وهو الذي جاءت الرسل داعية إليها بقولها: قَالَ تَعَالَى: ﴿ ۞ ٱعۡبُدُواْ ٱللَّهَ مَا لَكُم مِّنۡ إِلَٰهٍ غَيۡرُهُۥ ٨٤ ﴾ هود: ٨٤. وقولهم:

---

(1) قال الشيخ محمد عبد الوهاب: (.. وتوحيد الألوهية فعلك أيها العبد، مثل الدعاء، والخوف، والرجاء، والتوكل، والإنابة، والرغبة، والرهبة، والنذر، والاستغاثة، وغير ذلك من أنواع العبادة) مجموعة متون العقائد: أصول العقيدة للعامة: محمد عبد الوهاب ص15.

قَالَ تَعَالَى: ﴿إِنِ ٱلْحُكْمُ إِلَّا لِلَّهِ أَمَرَ أَلَّا تَعْبُدُوٓا۟ إِلَّآ إِيَّاهُ ذَٰلِكَ ٱلدِّينُ ٱلْقَيِّمُ ٤٠﴾ يوسف: ٤٠. وله جانبان مهمان هما:

1- إفراده تعالى في الحكم والتشريع: وذلك أن من حق خالق كل شيء، ومالك كل شيء أن ينفرد بالأمر كله. قال تعالى: قَالَ تَعَالَى: ﴿أَلَا لَهُ ٱلْخَلْقُ وَٱلْأَمْرُ ٥٤﴾ الأعراف: ٥٤. وقال على لسان نبيه يوسف: قَالَ تَعَالَى: ﴿إِنِ ٱلْحُكْمُ إِلَّا لِلَّهِ ٤٠﴾ يوسف: ٤٠.

2- إفراده تعالى بالعبادة: أي أن من حق من انفرد بخلق العالم ودبر أموره أن لا يعبد غيره. وأن ينفرد وحده بدعاء الناس، وخوفهم، ورجائهم، وتوكلهم، وإنابتهم، ورغبتهم ورهبتهم ونذرهم واستغاثتهم، وغير ذلك من أنواع العباد.[1] قال تعالى: قَالَ تَعَالَى: ﴿يَٰٓأَيُّهَا ٱلنَّاسُ ٱعْبُدُوا۟ رَبَّكُمُ ٱلَّذِى خَلَقَكُمْ وَٱلَّذِينَ مِن قَبْلِكُمْ لَعَلَّكُمْ تَتَّقُونَ ٢١ ٱلَّذِى جَعَلَ لَكُمُ ٱلْأَرْضَ فِرَٰشًا وَٱلسَّمَآءَ بِنَآءً وَأَنزَلَ مِنَ ٱلسَّمَآءِ مَآءً فَأَخْرَجَ بِهِۦ مِنَ ٱلثَّمَرَٰتِ رِزْقًا لَّكُمْ فَلَا تَجْعَلُوا۟ لِلَّهِ أَندَادًا وَأَنتُمْ تَعْلَمُونَ ٢٢﴾ البقرة: ٢١ - ٢٢. قَالَ تَعَالَى: ﴿وَمَآ أُمِرُوٓا۟ إِلَّا لِيَعْبُدُوا۟ ٱللَّهَ مُخْلِصِينَ لَهُ ٱلدِّينَ ٥﴾ البينة: ٥.

وغاية الغايات في هذا التوحيد هو تخليص الإنسان من الوسائط. قال تعالى: قَالَ تَعَالَى: ﴿وَإِذَا سَأَلَكَ عِبَادِى عَنِّى فَإِنِّى قَرِيبٌ ١٨٦﴾ البقرة: ١٨٦.

---

(1) انظر مجموعة متون العقائد: أصول العقيدة للعامة. ص15.

131

يقول د. محمد عياش: (والحقيقة أن هذا الجانب هو ثمرة الجانب العملي للتوحيد ولهذا ركز القرآن عليه أيما تركيز... ويكفي أن نعلم أن هذا الجانب اعتبره القرآن غاية الخلق وعلته فقال: قَالَ تَعَالَى: ﴿ وَمَا خَلَقْتُ ٱلْجِنَّ وَٱلْإِنسَ إِلَّا لِيَعْبُدُونِ ٥٦ ﴾ الذاريات: ٥٦)[1].

3- توحيده في أسمائه وصفاته:

وهو إفراده تعالى في كل ما سمى به نفسه أو وصف نعت به ذاته؛ فلا يساوي معه أحد في الاتصاف بإحداها فضلا عن بعضها وجملتها. ولا يجعل له سمي يماثله في اسم من أسمائه، أو يدانيه في صفة من صفات عظمته، قال تعالى: قَالَ تَعَالَى: ﴿ فَٱعْبُدْهُ وَٱصْطَبِرْ لِعِبَٰدَتِهِۦ هَلْ تَعْلَمُ لَهُۥ سَمِيًّا ٦٥ ﴾ مريم: ٦٥. وقال: قَالَ تَعَالَى: ﴿ لَيْسَ كَمِثْلِهِۦ شَيْءٌ وَهُوَ ٱلسَّمِيعُ ٱلْبَصِيرُ ١١ ﴾ الشورى: ١١. وقال: قَالَ تَعَالَى: ﴿ لِلَّذِينَ لَا يُؤْمِنُونَ بِٱلْءَاخِرَةِ مَثَلُ ٱلسَّوْءِ وَلِلَّهِ ٱلْمَثَلُ ٱلْأَعْلَىٰ وَهُوَ ٱلْعَزِيزُ ٱلْحَكِيمُ ٦٠ ﴾ النحل: ٦٠.

مسلك القرآن في تقرير التوحيد:

إنّ شعار العقيدة الإسلامية الأول هو الشهادة بأن لا إله إلا الله، وهي عبارة جمع فيها منهج القرآن في توحيد الباري عز وجل الذي يتمثل في نفي وسلب الألوهية عن كل ما سوى الله وإثباتها لله وحده. (نفي وإثبات). وعلى ذلك درج في تقرير هذه العقيدة؛ يذكر الشرك ويهدمه ثم يقيم صرح التوحيد على الأنقاض.

فذكر تعالى عن المشركين أن منهم من عبد الأصنام، ومنهم من عبد الشمس أو القمر، ومنهم من عبد الملائكة أو الجن. ومنهم من عبد الأنبياء والصالحين. وأعطى للشرك مفهوما أعم وأشمل مما تعارف عليه الناس فقرر أن إتباع أي هوى مغاير لما جاءت به رسل الله، إنما هو وثن وشرك بالله. قال تعالى: قَالَ تَعَالَى:

---

(1) انظر العقيدة الإسلامية في القرآن الكريم ومناهج المتكلمين. ص96.

﴿ أَرَأَيْتَ مَنِ اتَّخَذَ إِلَهَهُ، هَوَاهُ أَفَأَنْتَ تَكُونُ عَلَيْهِ وَكِيلًا ﴿٤٣﴾ ﴾ الفرقان: ٤٣.

ثم تطرق إلى بيان تهافت مذاهب الشرك كلها. وهدمها بما اتفقت عليه عقولهم، وما جرت به العادة لديهم. وسأذكر هنا بعض ما أورده القرآن من ذلك.

أ- تحريك الفطرة:

إنّ من أجلى دلائل وحدانيته تعالى التي ذكرها القرآن الكريم ما أشار إليه تعالى من العهد الذي كتبه بقلم قدرته عز وجل في الفطرة البشرية. قال تعالى: قَالَ تَعَالَى: ﴿ وَإِذْ أَخَذَ رَبُّكَ مِنْ بَنِي ءَادَمَ مِنْ ظُهُورِهِمْ ذُرِّيَّتَهُمْ وَأَشْهَدَهُمْ عَلَى أَنْفُسِهِمْ أَلَسْتُ بِرَبِّكُمْ قَالُوا بَلَى شَهِدْنَا أَنْ تَقُولُوا يَوْمَ الْقِيَامَةِ إِنَّا كُنَّا عَنْ هَذَا غَافِلِينَ ﴿١٧٢﴾ أَوْ تَقُولُوا إِنَّمَا أَشْرَكَ ءَابَاؤُنَا مِنْ قَبْلُ وَكُنَّا ذُرِّيَّةً مِنْ بَعْدِهِمْ أَفَتُهْلِكُنَا بِمَا فَعَلَ الْمُبْطِلُونَ ﴿١٧٣﴾ ﴾ الأعراف: ١٧٢ - ١٧٣. ففي قوله: قَالَ تَعَالَى: ﴿ أَوْ تَقُولُوا إِنَّمَا أَشْرَكَ ءَابَاؤُنَا مِنْ قَبْلُ وَكُنَّا ذُرِّيَّةً مِنْ بَعْدِهِمْ أَفَتُهْلِكُنَا بِمَا فَعَلَ الْمُبْطِلُونَ ﴿١٧٣﴾ ﴾ الأعراف: ١٧٣ تأكيد بأن مسألة التوحيد أمر فطري في الإنسان أيضا. ودليل القرآن على تلك الحقيقة الإحساس الذي ينكشف من النفوس حينما تعالج أسباب الهلاك.

قال تعالى: قَالَ تَعَالَى: ﴿ حَتَّى إِذَا كُنْتُمْ فِي الْفُلْكِ وَجَرَيْنَ بِهِمْ بِرِيحٍ طَيِّبَةٍ وَفَرِحُوا بِهَا جَاءَتْهَا رِيحٌ عَاصِفٌ وَجَاءَهُمُ الْمَوْجُ مِنْ كُلِّ مَكَانٍ وَظَنُّوا أَنَّهُمْ أُحِيطَ بِهِمْ دَعَوُا اللَّهَ مُخْلِصِينَ لَهُ الدِّينَ لَئِنْ أَنْجَيْتَنَا مِنْ هَذِهِ لَنَكُونَنَّ مِنَ الشَّاكِرِينَ ﴿٢٢﴾ ﴾ يونس: ٢٢. وما ذلك إلا بوح بما هو مضمر في سرائرهم. والمصائب كفيلة بتصفية جوهر الفطرة ونفض الغبار المترسب عليها.[1]

---

(1) انظر نفس المرجع السابق. ص103. والعقيدة في الله ص71.

ب- الاستدلال بخاصية الخلق:

واستدل القرآن للتوحيد أيضا بما هو من أخص خصائص الربوبية ألا وهي خاصية الخلق. فمما ذكره تعالى عن نفسه أنه خالق كل شيء. وطلب من المشركين أن يطلعوه على ما خلقه شركاؤهم.

قال تعالى عن نفسه: قَالَ تَعَالَى: ﴿ خَلَقَ ٱلسَّمَٰوَٰتِ بِغَيْرِ عَمَدٍ تَرَوْنَهَا وَأَلْقَىٰ فِى ٱلْأَرْضِ رَوَٰسِىَ أَن تَمِيدَ بِكُمْ وَبَثَّ فِيهَا مِن كُلِّ دَآبَّةٍ وَأَنزَلْنَا مِنَ ٱلسَّمَآءِ مَآءً فَأَنبَتْنَا فِيهَا مِن كُلِّ زَوْجٍ كَرِيمٍ ﴿١٠﴾ هَٰذَا خَلْقُ ٱللَّهِ فَأَرُونِى مَاذَا خَلَقَ ٱلَّذِينَ مِن دُونِهِۦ ﴿١١﴾ ﴾ لقمان: ١٠ - ١١. وقال يخاطب المشركين: قَالَ تَعَالَى: ﴿ قُلْ أَرَءَيْتُمْ شُرَكَآءَكُمُ ٱلَّذِينَ تَدْعُونَ مِن دُونِ ٱللَّهِ أَرُونِى مَاذَا خَلَقُوا۟ مِنَ ٱلْأَرْضِ ﴿٤٠﴾ ﴾ فاطر: ٤٠.

فأما الناس فلم يدَّعِ أحدهم من ذلك شيئا. وهم لا يدَّعون لأصنامهم من ذلك شيئا لأنها مما عملته أيديهم أو صورته أوهامهم. فهي في العجز من باب أولى. ثم يتحدَّاهم الله تعالى بخلق شيء هو من أهون مخلوقاته عليه فقال: قَالَ تَعَالَى: ﴿ يَٰٓأَيُّهَا ٱلنَّاسُ ضُرِبَ مَثَلٌ فَٱسْتَمِعُوا۟ لَهُۥٓ إِنَّ ٱلَّذِينَ تَدْعُونَ مِن دُونِ ٱللَّهِ لَن يَخْلُقُوا۟ ذُبَابًا وَلَوِ ٱجْتَمَعُوا۟ لَهُۥ ﴿٧٣﴾ ﴾ الحج: ٧٣. هذا والكل يعلم يقينا أن لا أحد يجرؤ على ادعاء القدرة على ذلك.

قال ابن القيم معلقا على هذه الآية: (وهذا المثل من أبلغ ما أنزل الله في بطلان الشرك وتجهيل أهله، وتقبيح عقولهم، والشهادة عليهم أن الشيطان قد تلاعب بهم أعظم من تلاعب الصبيان بالكرة، حيث أعطوا الإلهية التي من بعض لوازمها القدرة على جميع المقدرات، والإحاطة بجميع المعلومات، والغنى عن جميع المخلوقات، ... فأعطوها صورا وتماثيل تمتنع عليها القدرة على أقل مخلوقات الإله وأذلها وأصغرها وأحقرها، ولو اجتمعوا لذلك وتعاونوا عليه)[1] وكأني بهم ناكسي

---

(1) أمثال القرآن وأمثال الحديث: ابن القيم. ص96.

الرءوس يخاطبهم ربهم معاتبا إياهم بقوله: قَالَ تَعَالَى: ﴿ أَفَمَن يَخْلُقُ كَمَن لَّا يَخْلُقُ أَفَلَا تَذَكَّرُونَ ۝ ﴾ النحل: ١٧. وقال عنهم: قَالَ تَعَالَى: ﴿ أَيُشْرِكُونَ مَا لَا يَخْلُقُ شَيْئًا وَهُمْ يُخْلَقُونَ ۝ ﴾ الأعراف: ١٩١. إنّ عقد مقارنة بسيطة جدا كاف لمعرفة الفرق بين خالق الكون وبين باقي الشركاء.

فإذا ثبت بأن لا أحد من الناس ولا من الشركاء من يدعى خاصية الخلق ولم يدع ذلك غيره عز وجل فالأمر ثابت له وحده وبدون منازع والأولى تأليه من خلق الجميع.

قال تعالى: قَالَ تَعَالَى: ﴿ وَمِنْ ءَايَٰتِهِ ٱلَّيْلُ وَٱلنَّهَارُ وَٱلشَّمْسُ وَٱلْقَمَرُ لَا تَسْجُدُوا۟ لِلشَّمْسِ وَلَا لِلْقَمَرِ وَٱسْجُدُوا۟ لِلَّهِ ٱلَّذِى ۝ ﴾ فصلت: ٣٧ - ٣٨.

ج- دليل النظام:

ومما يستدل به القرآن على وحدانيته تعالى وجود ذلك الكمال والتناسق الشامل في الكون كله، والذي يُكوِّن بجملته نظاما يتسم بالشمولية والتكامل وبدرجة عالية من التعقيد بحيث أن كل شيء فيه يرتبط بكل شيء. وكل شيء فيه يحتاج لكل شيء!. هذا النظام دقيق وحساس وبديع إلى درجة الروعة بحيث لا نستطيع مشاهدة أي عدم توازن فيه.[1] وهو في جملته -وبلا شذوذ- يسعى إلى تحقيق غاية خلق لها بدقة متناهية. وهي خدمة الإنسان. إنّ المعهود لدى الناس أن العمل الذي يشترك فيه أكثر من واحد لا يتحقق فيه التناسق التام مهما كانت درجة حرصهم على تحقيق ذلك. وإن أقصى حد من التناسق يمكن تحقيقه يحصل بأن يُولَّى عليهم من يشرف عليهم جميعا. وإذا كان الكون غاية في النظام والتناسق أفلا يدل ذلك على وحدانية مصدره وأن واضع الناموس والنظام فيه ومدبر أموره واحد لا شريك

له.[1] لقد أشار تعالى إلى دقة هذا النظام كما في قوله: ﴿قَالَ تَعَالَى: ۞ فَلَا أُقْسِمُ بِمَوَٰقِعِ ٱلنُّجُومِ ۝ وَإِنَّهُۥ لَقَسَمٌ لَّوْ تَعْلَمُونَ عَظِيمٌ ۝﴾ الواقعة: ٧٥ - ٧٦. فنبه تعالى إلى عظمة مواقعها وهذا ما وقف العلم الحديث على بعضه. كما أشار إلى كمال تناسق صنعته بقوله: ﴿قَالَ تَعَالَى: ٱلَّذِى خَلَقَ سَبْعَ سَمَٰوَٰتٍ طِبَاقًا مَّا تَرَىٰ فِى خَلْقِ ٱلرَّحْمَٰنِ مِن تَفَٰوُتٍ فَٱرْجِعِ ٱلْبَصَرَ هَلْ تَرَىٰ مِن فُطُورٍ ۝ ثُمَّ ٱرْجِعِ ٱلْبَصَرَ كَرَّتَيْنِ يَنقَلِبْ إِلَيْكَ ٱلْبَصَرُ خَاسِئًا وَهُوَ حَسِيرٌ ۝﴾ الملك: ٣ - ٤.

ثم إنَّ أحدا لم يدَّعِ أنه صاحب هذا النظام غير الله تعالى، وأقام البينة على ذلك بأن خرق السنة الجارية فيه عدة مرات. من ذلك إبطاله لخاصية الإحراق في النار كما في قوله تعالى: ﴿قَالَ تَعَالَى: قُلْنَا يَٰنَارُ كُونِى بَرْدًا وَسَلَٰمًا عَلَىٰٓ إِبْرَٰهِيمَ ۝﴾ الأنبياء: ٦٩. كما في قوله تعالى يبين عجزهم: ﴿قَالَ تَعَالَى: يَٰٓأَيُّهَا ٱلنَّاسُ ضُرِبَ مَثَلٌ فَٱسْتَمِعُوا۟ لَهُۥٓ إِنَّ ٱلَّذِينَ تَدْعُونَ مِن دُونِ ٱللَّهِ لَن يَخْلُقُوا۟ ذُبَابًا وَلَوِ ٱجْتَمَعُوا۟ لَهُۥ ۝﴾ الحج: ٧٣. وكما في الحجة التي ألهمها إبراهيم حين قال للملك الطاغية الذي ادعى خاصية الإحياء والإماتة: ﴿قَالَ تَعَالَى: أَلَمْ تَرَ إِلَى ٱلَّذِى حَآجَّ إِبْرَٰهِـۧمَ فِى رَبِّهِۦٓ أَنْ ءَاتَىٰهُ ٱللَّهُ ٱلْمُلْكَ إِذْ قَالَ إِبْرَٰهِـۧمُ رَبِّىَ ٱلَّذِى يُحْىِۦ وَيُمِيتُ قَالَ أَنَا۠ أُحْىِۦ وَأُمِيتُ قَالَ إِبْرَٰهِـۧمُ فَإِنَّ ٱللَّهَ يَأْتِى بِٱلشَّمْسِ مِنَ ٱلْمَشْرِقِ فَأْتِ بِهَا مِنَ ٱلْمَغْرِبِ فَبُهِتَ ٱلَّذِى كَفَرَ وَٱللَّهُ لَا يَهْدِى ٱلْقَوْمَ ٱلظَّٰلِمِينَ ۝﴾ البقرة: ٢٥٨. فتحداه إبراهيم عليه السلام بتعطيل الناموس الكوني الموجود واستبداله بغيره. وهو عين ما فعله موسى عليه السلام مع سحرة فرعون؛ إذ السنة الجارية في هذا الكون هي أن الحبل أو العصا لا تنقلب حية. فلما ألقوا حبالهم وعصيهم يوهمون الناس بأنهم سيخرقونها، وألقى موسى عصاه؛ تبين للناس الفرق بين سحرهم وبين حقيقة خرق الناموس الذي قام به موسى فأذعنوا له.

_____

(1) انظر العقيدة الإسلامية في القرآن الكريم ومناهج المتكلمين. ص101-102.

لعلمهم أنه لا يتأتى لأحد أن يخرق السنة الكونية إلا إن كان هو موجدها قَالَ تَعَالَى:

﴿فَأُلۡقِيَ ٱلسَّحَرَةُ سُجَّدٗا قَالُوٓاْ ءَامَنَّا بِرَبِّ هَٰرُونَ وَمُوسَىٰ ٧٠﴾ طه: ٧٠.

د- دليل التمانع:

ومن بديع الاستدلال القرآني على وحدانيته تعالى مخاطبة الناس بما جرى به العرف لديهم مما يسلمون بصحة نتائجه.

إذ مما يسلم به الناس في مجتمعاتهم -دولا وممالك- أن الرئاسة أو الإمارة أو الملك لا يصلح أن يتولاها أكثر من شخص واحد. لذا ترى أهل الحل والعقد منهم لا ينصبون عليهم إلا واليا واحدا، وترى صاحب الأمر فيهم لا يولي على أحد مقاطعاته أو أحد جيوشه أكثر من أمير واحد أو قائد واحد. وذلك لما لدى الناس من اليقين من أن تولية اثنين على أمر واحد مدعاة للخصام والمنازعة ومحاولة استعلاء أحدهم على الآخر، أو محاولة كل منهم أن ينفرد بنصيب مما وكل به. وذلك ما عبر عنه القرآن يقوله تعالى: قَالَ تَعَالَى: ﴿قُل لَّوۡ كَانَ مَعَهُۥٓ ءَالِهَةٞ كَمَا يَقُولُونَ إِذٗا لَّٱبۡتَغَوۡاْ إِلَىٰ ذِي ٱلۡعَرۡشِ سَبِيلٗا ٤٢﴾

الإسراء: ٤٢. أي أن ذلك مفض إلى تنازعهم على الانفراد بالسلطان. وقال تعالى: قَالَ تَعَالَى: ﴿مَا ٱتَّخَذَ ٱللَّهُ مِن وَلَدٖ وَمَا كَانَ مَعَهُۥ مِنۡ إِلَٰهٍۚ إِذٗا لَّذَهَبَ كُلُّ إِلَٰهِۭ بِمَا خَلَقَ وَلَعَلَا بَعۡضُهُمۡ عَلَىٰ بَعۡضٖۚ ٩١﴾ المؤمنون: ٩١. وذلك ما يؤدي لا محالة إلى فساد الكون الذي اشتركوا فيه. قال تعالى: قَالَ تَعَالَى: ﴿لَوۡ كَانَ فِيهِمَآ ءَالِهَةٌ إِلَّا ٱللَّهُ لَفَسَدَتَاۚ فَسُبۡحَٰنَ ٱللَّهِ رَبِّ ٱلۡعَرۡشِ عَمَّا يَصِفُونَ ٢٢﴾ الأنبياء: ٢. يقول ابن رشد أن قوله تعالى في هذه الآية (يقرر حقيقة بديهية وفطرية تشهد الملاحظة بصدقها وهي أن وجود ملكين في مدينة واحدة يفسدها، إلا أن يعمل أحدهما ويبقى الآخر دون عمل. وإذا جاز هذا في الملوك، فإنه لا يجوز في الآلهة. فإن العاجز أو المتعطل لا يصلح أن

137

يوصف بالألوهية)[1]. هذا من جهة؛ ومن جهة أخرى فإن ذوي البصائر من الناس يسلِّمون أيضا بأن لا فساد في هذا الكون وإنما هو غاية في حسن الحبك ودقة النظام إنّ هذا الأمر يتأكد لدى الناس يوما بعد يوم. وهذا ما يؤكد أن وراء هذا الكون خالقا واحدا يشرف عليه ولا يشاركه فيه أحد. وهذا ما يدعوه علماء الكلام ببرهان التمانع[2].

يقول العقاد بعد عرضه بعض الشروح لوجه الدلالة في هذه الآية (وصواب الأمر أن وجود إلهين سرمديين مستحيل، وأن بلوغ الكمال المطلق في صفة من الصفات يمنع بلوغ كمال مطلق آخر في تلك الصفة، وأن الإثنينية لا تتحقق في موجودين كلاهما يطابق الآخر ولا يتمايز منه في شيء من الأشياء، وكلاهما بلا بداية ولا نهاية ولا حدود ولا فروق، وكلاهما يريد ما يريده الآخر ويقدر ما يقدره ويعمل ما يعمله في كل حال وفي كل صغير وكبير، فهذان وجود واحد وليسا بوجودين، فإذا كانا اثنين لم يكونا إلا متمايزين متغايرين ... فلا ينتظم على هذا التمايز والتغاير نظام واحد)[3].

هـ- التمثيل لهم بما يملكون:

لقد كان مشركو العرب يعترفون بوجوده وربوبيته، قال تعالى: ﴿قَالَ تَعَالَى:

وَلَئِن سَأَلْتَهُم مَّنْ خَلَقَ ٱلسَّمَٰوَٰتِ وَٱلْأَرْضَ لَيَقُولُنَّ ٱللَّهُ ﴿٣٨﴾﴾ الزمر: ٣٨.

فإذا سُئلوا عن سبب إشراكهم قالوا بأنهم إنما يجعلون تلك الأوثان وسائط بينهم وبين الله تقربهم إليه. قَالَ تَعَالَى: ﴿أَلَا لِلَّهِ ٱلدِّينُ ٱلْخَالِصُ ۚ وَٱلَّذِينَ ٱتَّخَذُوا۟ مِن دُونِهِۦٓ أَوْلِيَآءَ مَا نَعْبُدُهُمْ إِلَّا لِيُقَرِّبُونَآ إِلَى ٱللَّهِ زُلْفَىٰٓ ﴿٣﴾﴾ الزمر: ٣. فمن حجاج قرآن لهم مخاطبته إياهم بقوله:

---

(1) مناهج الأدلة في عقائد الملة لابن رشد ص 34.

(2) انظر شرح النسفية في العقيدة الإسلامية: الدكتور عبد الملك السعدي. ص52-53.

(3) الله، العقاد ص242.

قَالَ تَعَالَى: ﴿ ضَرَبَ لَكُم مَّثَلًا مِّنْ أَنفُسِكُمْ هَل لَّكُم مِّن مَّا مَلَكَتْ أَيْمَٰنُكُم مِّن شُرَكَاءَ فِي مَا رَزَقْنَٰكُمْ فَأَنتُمْ فِيهِ سَوَاءٌ تَخَافُونَهُمْ كَخِيفَتِكُمْ أَنفُسَكُمْ كَذَٰلِكَ نُفَصِّلُ الْآيَٰتِ لِقَوْمٍ يَعْقِلُونَ ﴿٢٨﴾ ﴾ الروم: ٢٨.

وقد كان العرب قوماً ذوي عبيد وإماء وما كان أحدهم ليقبل -بأي حال- أن يشاركه أحد عبيده في شيء مما يملك. فعاتبهم القرآن متعجباً منهم؛ كيف لا يقبلون ذلك لأنفسهم ويجيزونه على اللـه الذي هو المالك الحقيقي لكل ما في الكون بأسره!!

قال ابن القيم: (وهذا دليل قياس احتج اللـه سبحانه على المشركين حيـث جعلوا له من عبيده وملكه شركاء. فأقام عليهم حجة يعرفون صحتها من أنفسهم، لا يحتاجون فيها إلى غيرهم. ومن أبلغ الحجاج أن يأخذ الإنسان نفسه على نفسه، ويحتج بما هـو في نفسه مقرر معلوم له، فقال: قَالَ تَعَالَى: ﴿ مِّمَّا مَلَكَتْ أَيْمَٰنُكُمْ ﴿٣٣﴾ ﴾، من عبيدكم وإمائكم شركاء في المال والأهل، أي هل يشارككم عبيدكم في أموالكم وأهليكم، فأنتم وهم في ذلك سواء ... والمعنى: هل يرضى أحد مـنكم أن يكون عبده شريكه في ماله وأهله، حتى يساويه في التصرف في ذلك، فهو يخاف أن ينفرد في ماله بأمر يتصرف فيه، كما يخاف غيره مـن الشركاء والأحرار؟! فإن كان هـذا الحكـم باطلاً في فطركم وعقولكم -مع أنه جائز عليكم ممن في حقكم. إذ ليس عبيدكم ملكاً لكم حقيقة، وإنما هـم إخـوانكم وخـولكم، جعلهـم اللـه تحـت أيـديكم. وأنـتم وهـم عبـيدي- فكيف تستجيزون مثل هذا الحكم في حقي مع أن من جعلتموهم لي شركاء: هم عبيدي وملكي وخلقي؟ فهكذا يكون تفصيل الآيات لأولي العقول)[1].

وفي الختام سأسرد بعض الآيات التي دل بها الباري عز وجل على نفسه. قال تعالى:

- قال تعالى:

---

(1) أمثال القرآن وأمثال الحديث: ص65-66.

﴿ خَلَقَ السَّمَوَاتِ وَالْأَرْضَ بِالْحَقِّ يُكَوِّرُ الَّيْلَ عَلَى النَّهَارِ وَيُكَوِّرُ النَّهَارَ عَلَى الَّيْلِ وَسَخَّرَ الشَّمْسَ وَالْقَمَرَ كُلٌّ يَجْرِي لِأَجَلٍ مُّسَمًّى أَلَا هُوَ الْعَزِيزُ الْغَفَّارُ ۝ خَلَقَكُم مِّن نَّفْسٍ وَاحِدَةٍ ثُمَّ جَعَلَ مِنْهَا زَوْجَهَا وَأَنزَلَ لَكُم مِّنَ الْأَنْعَامِ ثَمَانِيَةَ أَزْوَاجٍ يَخْلُقُكُمْ فِي بُطُونِ أُمَّهَاتِكُمْ خَلْقًا مِّنْ بَعْدِ خَلْقٍ فِي ظُلُمَاتٍ ثَلَاثٍ ذَلِكُمُ اللَّهُ رَبُّكُمْ لَهُ الْمُلْكُ لَا إِلَهَ إِلَّا هُوَ فَأَنَّى تُصْرَفُونَ ۝ ﴾ الزمر : ٥ – ٦.

- قَالَ تَعَالَى: ﴿ وَجَعَلُوا لِلَّهِ شُرَكَاءَ الْجِنَّ وَخَلَقَهُمْ وَخَرَقُوا لَهُ بَنِينَ وَبَنَاتٍ بِغَيْرِ عِلْمٍ سُبْحَانَهُ وَتَعَالَى عَمَّا يَصِفُونَ ۝ بَدِيعُ السَّمَوَاتِ وَالْأَرْضِ أَنَّى يَكُونُ لَهُ وَلَدٌ وَلَمْ تَكُن لَّهُ صَاحِبَةٌ وَخَلَقَ كُلَّ شَيْءٍ وَهُوَ بِكُلِّ شَيْءٍ عَلِيمٌ ۝ ذَلِكُمُ اللَّهُ رَبُّكُمْ لَا إِلَهَ إِلَّا هُوَ خَالِقُ كُلِّ شَيْءٍ فَاعْبُدُوهُ وَهُوَ عَلَى كُلِّ شَيْءٍ وَكِيلٌ ۝ لَا تُدْرِكُهُ الْأَبْصَارُ وَهُوَ يُدْرِكُ الْأَبْصَارَ وَهُوَ اللَّطِيفُ الْخَبِيرُ ۝ ﴾ الأنعام: ١٠٠ – ١٠٣.

- قَالَ تَعَالَى: ﴿ قُلْ مَن يَرْزُقُكُم مِّنَ السَّمَاءِ وَالْأَرْضِ أَمَّن يَمْلِكُ السَّمْعَ وَالْأَبْصَارَ وَمَن يُخْرِجُ الْحَيَّ مِنَ الْمَيِّتِ وَيُخْرِجُ الْمَيِّتَ مِنَ الْحَيِّ وَمَن يُدَبِّرُ الْأَمْرَ فَسَيَقُولُونَ اللَّهُ فَقُلْ أَفَلَا تَتَّقُونَ ۝ فَذَلِكُمُ اللَّهُ رَبُّكُمُ الْحَقُّ فَمَاذَا بَعْدَ الْحَقِّ إِلَّا الضَّلَالُ فَأَنَّى تُصْرَفُونَ ۝ ﴾ يونس: ٣١ – ٣٢.

ذلك هو التعبير القرآني عن المعاني الغيبية الإلهية التي شطح فيها الكثير من الناس. وهكذا عرّف الله تعالى بنفسه.

قال العقاد بعد ذكر جملة من الآيات المذكورة في هذا المبحث: (في هذه الآيات القرآنية مجمل العقيدة الإلهية في الإسلام، وهي أكمل عقيدة في العقل وهي

١٤٠

أكمل عقيدة في الدين.. خالق واحد، لا أول له ولا آخر، قدير على كل شيء، عليـم بكل شيء، محيط بكل شيء، وليس كمثله شيء ...)[1].

---

(1) الفلسفة القرآنية: ص99، 100.

المبحث الثاني

المعلولات الأولى

(الكون عامة والإنسان خاصة)

ويتضمن الكلام عن بداية هـذا الكون أولا، والبدايـة الأولى لهـذا الإنسـان ثانيا في المطلبين الآتيين:

المطلب الأول: الكون.

إذا كان لكل ديانة أو نحلة أو فلسفة تصور خاص عن ماهية الكون، وقصة بداية وجوده، فلأن ذلك من انشغالات الإنسان الخالدة. لقد أدهـش الكـون بجماله ونظامه وتناسقه وتناسبه ودقة حركته روع الإنسان، وأثار بأسراره فضوله، وأرعبه ما يكمـن فيـه من جبروت، وشدة فتك. فزادت الحاجة إلى معرفة أسراره. ثم رأى الإنسان أن الكائنـات تتكون ثم تنحل بعد أن تعمر مددا متفاوتة الآماد، فمنهـا ما يتيـح لـه عمـره القصـير أن يقف على بداياتها، ومنها ما لا سبيل لمعرفة بدايته لطول دورة حياته أو وجوده كالأرض والجبال و السماء وما فيهما.

لقد اضطر الفكر الإنساني أن يتعامل مع هذه المسألة في كل أدواره وأطواره. فلكل الديانات والفلسفات تصوراتها الخاصة عن بداية وجود الكون. فمنهم مـن قـال بقدمـه قدم علة وجوده، وأن لا أول له البتة. ومنهم مـن قـال بقـدم مادتـه وتأخـر تكوينـه[1]. واختلفوا في كيفية ذلك التكوين، فمنهم من ردها إلى عمل الصدفة، ومنهم مـن يقـول بأنه لم يكن ثم كان، واختلفوا في تصوير آليات ذلك التكوين.

---

(1) هذا قول علماء الغرب إلى فترة ما قبل إثبات الفيزيائي "آنشتاين" بأن المـادة والطاقة وجهـان لعملـة واحـدة وأن المـادة التي خلق منها الكون أول مرة لم تكن وإنما نشأت عن طاقة مضغوطة حيث لا زمان ولا مكان ولا مادة.!! وهـذا أقرب مذاهب الماديين الغربيين إلى مذهب الخلق من العدم.

وإن آخر ما وصل إليه العلم في يومنا هذا وأقوى ما عند علماء فيزياء الفلك اليوم من النظريات التي تفسر ـ بداية الكون هي نظرية الانفجار الكبير "Big Bang" و(الصيغة الحالية لهذه النظرية تقول بأن الكون قد ولد وتوسع نتيجة لانفجار كبير تم في "الذرة البدائية" أو "الحساء الكوني" الذي كان يحتوي على مجموع المادة والطاقة. وفي اللحظات الأولى من هذا الانفجار المروع عندما ارتفعت درجة الحرارة إلى عدة تريليونات خلقت أجزاء الذرات التي يتألف منها عالمنا الحالي ومن هذه الأجزاء تألفت الذرات، ومن هذه الذرات تألفت سحب الغازات، سحب الغبار، ومن السحب تألفت المجرات)[1].

ويقول أصحابها أن هذا الانفجار حدث منذ ما يقارب 15 مليار سنة[2]. وأن مادته الأولى قد خلقت في جزء من مائة ألف جزء من الثانية (100000/1 ثا). وقد قدّر علماء الفلك عدد ما في الكون من النجوم بما يقرب من 10^{22} نجمة. وهو عدد لو قسم على عدد سكان الأرض البالغ عددهم 4 مليارات، وبدأ كل فرد منهم بعد وحساب حصته من النجوم لاحتاج كل منهم إلى أن يعمر مائة ألف سنة كاملة في عد مستمر ودون راحة وبمعدل نجمة واحدة كل ثانية لكي يكمل عد حصته من النجوم[3].

---

(1) الانفجار الكبير: ص39.

(2) تقدير عمر الكون بـ 15 مليار سنه هو التقدير الشائع بين عامة العلماء وإن كان قد ظهر تقدير جديد يقدر عمر الكون بـ 9 بلايين سنة وذلك استنادا إلى تقنية رصد جديدة وقد بدأ هذا التقدير يكتسب قوة وتعاطفا في الأوساط الفلكية. أنظر الانفجار الكبير: ص40.

(3) 2210 أي العدد (1) وبيمينه 22 صفرا. انظر الانفجار الكبير ص21.

التصوير القرآني للكون وبداية وجوده:

تلك هي تصورات البشر لأصل هـذا الكـون وكيفيـة وجـوده، وذلك مبلغهم مـن العلم. أما القرآن فإنه أجاب عـن تلك المسـألة جوابـا يفي بسـد ذاك الفراغ المعرفي الحاصل في خارطة التصورات الإنسانية؛ مع المحافظة على قـدر كبيـر مـن أسـرار الكون مخفية بقدر كاف ليحافظ للإنسان على استمرار نشاطه الـذهني مـن جهة، وليستيقن قصور عقله عن نيل العلم المطلق فلا يستعلي على من خلقه.

القرآن الكريم -إذن- لا يفصل، (وإنما يشير، وكثيرا ما يشير إشارات خفيفة عـابرة، وإذا أورد آية تتعلق بعلم الفلك من بعيد أو قريب أو غيره من العلوم، فهي منسـجمة مع الحقيقة والواقع ولا يمكن أن تخالفها بأي شكل مـن الأشـكال، يوردهـا إيـراد الخبير العارف بأسرار الكون. معرفة لا يأتيها الباطل من بين أيديها ولا من خلفها)[1].

يتكلم القرآن عن خلق السموات والأرض في العديد من آي سـوره. فيقـرر أولا بـأن الله تعالى خلق الكون من العدم المطلق، فأوجـده بعـد أن لم يكـن[2]، مع الإشـارة إلى مادة الخلق. وأشار إلى أن ذلك الخلق مرَّ بمراحل متتالية. وذكر بعـض خصائص هـذه المخلوقات، وذكر أن للكون جانبا غير مرئي منه ما يمكن إدراكه بتطور وسـائل الإنسان المعرفية. ومنه ما لا سبيل للمعرفة به إلا من طريق الوحي[3]. وسـأتناول في هـذا المقـام ما أمكن ذكره منها بشيء من التفصيل.

---

(1) منار الإسلام ص60 إلى 62.

(2) قال النبي صلى الله عليه وسلم لوفد بني تميم: "كان الله ولم يكن شيء غيره. و الله خلق كـل شيء ... الحديث" (فتح الباري 352/6)، ورقمه: (3191).

(3) الملائكة والجن والشياطين والأرواح والجنة والنار وغير ذلك من الغيبيات.

وقد أكثرت الآيات من ذكر خلق السموات والأرض. فتكلمت عن مادة خلقها، وعن مراحل خلقها، ومدة ذلك التخليق. وسأسرد هنا المخلوقات التي تكلم القرآن عنها مرتبة حسب الراجح من أقوال العلماء في ترتيب إيجادها.

أولا- السموات:

أ- مادة خلق السماء:

يقول تعالى في ذلك: قَالَ تَعَالَى: ﴿ أَوَلَمْ يَرَ الَّذِينَ كَفَرُوا أَنَّ السَّمَوَاتِ وَالْأَرْضَ كَانَتَا رَتْقًا فَفَتَقْنَاهُمَا وَجَعَلْنَا مِنَ الْمَاءِ كُلَّ شَيْءٍ حَيٍّ أَفَلَا يُؤْمِنُونَ ۝ ﴾ الأنبياء: ٣٠ يشير القرآن في هذه الآية إلى أن السموات والأرض كانتا في بداية أمرهما (رتقا) أي (شيئا واحدا منضما بعضها إلى بعض)[1]، ثم أحدث الله سبحانه في ذلك الرتق (فتقا) أي فصل بينهما. (فالكلمتان (الرتق والفتق) الواردتان يمكن أن تشير إلى الاتصال والانتشار الأولين. فقد ورد في اللغة: أن الرتق يعني الضم والالتحام و(كانتا رتقا ففتقناهما) أي منضمتين. وأن الفتق يعني الفصل بين المتصلين وهو ضد الرتق)[2]. ويؤكد هذا المعنى ما أفاده قوله تعالى: قَالَ تَعَالَى: ﴿ يَوْمَ نَطْوِي السَّمَاءَ كَطَيِّ السِّجِلِّ لِلْكُتُبِ كَمَا بَدَأْنَا أَوَّلَ خَلْقٍ نُعِيدُهُ وَعْدًا عَلَيْنَا إِنَّا كُنَّا فَاعِلِينَ ۝ ﴾ الأنبياء: ١٠٤. من أن السماء كانت كالسجل المطوي ثم فتح بعد ذلك الطي. وحصل فيه الفصل بين طياته، وهو معنى تفيده الآية الأخرى قَالَ تَعَالَى: ﴿ وَالسَّمَاءَ بَنَيْنَاهَا بِأَيْدٍ وَإِنَّا لَمُوسِعُونَ ۝ ﴾ الذاريات: ٤٧. ثم يذكر للسماء حالة أخرى صارت إليها بعد ذلك فيقول: قَالَ تَعَالَى: ﴿ ثُمَّ اسْتَوَى إِلَى

---

(1) التفسير القرآني للقرآن: (867/5).

(2) منار الإسلام ص60 إلى 62.

﴿ اَلسَّمَآءِ وَهِيَ دُخَانٌ فَقَالَ لَهَا وَلِلْأَرْضِ ٱئْتِيَا طَوْعًا أَوْ كَرْهًا قَالَتَآ أَتَيْنَا طَآئِعِينَ ۝١١ ﴾

فصلت: ١١ (أي بخارا غير متماسك)[1].

ب- عدد السموات ومدة خلقهن:

ثم يذكر الله تعالى أنه عمَد إلى تلك المادة الدخانية التي شكلت السماء البدائية فسوى منها سبع[2] سموات فيقول: قَالَ تَعَالَى: ﴿ ثُمَّ ٱسْتَوَىٰٓ إِلَى ٱلسَّمَآءِ فَسَوَّىٰهُنَّ سَبْعَ سَمَٰوَٰتٍ وَهُوَ بِكُلِّ شَىْءٍ عَلِيمٌ ۝٢٩ ﴾ البقرة: ٢٩. واستغرق ذلك التخليق تمام يومين من أيام الله تعالى قَالَ تَعَالَى: ﴿ فَقَضَىٰهُنَّ سَبْعَ سَمَٰوَٰتٍ فِى يَوْمَيْنِ وَأَوْحَىٰ فِى كُلِّ سَمَآءٍ أَمْرَهَا ۝١٢ ﴾ فصلت: ١٢. أي خلقها الله تعالى من تلك المادة فجعلها سبع سموات وخص كل سماء بنظامها الذي تجري عليه[3]، ووظيفتها التي أوكلت بها[4].

القرآن يصف السموات:

حمَّل القرآن الكريم بعض آيه شيئا من أوصاف السموات وخصائصها. من ذلك وصفه إياها بالشدة في قوله تعالى: قَالَ تَعَالَى: ﴿ وَبَنَيْنَا فَوْقَكُمْ سَبْعًا شِدَادًا ۝١٢ ﴾ النبأ: ١٢. وقوله تعالى: قَالَ تَعَالَى: ﴿ ءَأَنتُمْ أَشَدُّ خَلْقًا أَمِ ٱلسَّمَآءُ بَنَىٰهَا ۝٢٧ ﴾ النازعات: ٢٧. ويصفها القرآن بالطرائق فيقول: قَالَ تَعَالَى: ﴿ وَلَقَدْ خَلَقْنَا فَوْقَكُمْ سَبْعَ طَرَآئِقَ وَمَا كُنَّا عَنِ ٱلْخَلْقِ غَٰفِلِينَ ۝١٧ ﴾ المؤمنون: ١٧.

ويصفها في آية أخرى بأنها محكمة الصنع،

---

(1) التفسير القرآني للقرآن:(1289/6 -1295).

(2) ورد ذكر عدد السموات في القرآن الكريم ثمان مرات في سبع سور وهي: البقرة 29، الإسراء 44، المؤمنون 17و86، فصلت 12، الطلاق 12، الملك 3، نوح 15. انظر موسوعة القرآن الكريم (قرص ليزر).

(3) أنظر: التفسير القرآني للقرآن(1295/6).

(4) ستفصل هذه الوظيفة في الفصل الرابع.

فيقول: قَالَ تَعَالَى: ﴿ وَٱلسَّمَآءِ ذَاتِ ٱلْحُبُكِ ۝ ﴾ الذاريات: ٧. ثم هو يشير إلى أنه: قَالَ تَعَالَى:

﴿ خَلَقَ ٱلسَّمَٰوَٰتِ بِغَيْرِ عَمَدٍ تَرَوْنَهَا ۝ ﴾ لقمان: ١٠، ولربما في ذلك إشارة إلى ظاهرة الجاذبية التي جُعلت رابطة غير مرئية، تشد الأجرام السماوية بعضها إلى بعض؛ على اختلاف أحجامها، وبتناسب فائق الدقة!. ثم هو يشير في آية أخرى بأنه موسع هذه السماء بعد خلقها

بقوله: قَالَ تَعَالَى: أَعُوذُ بِٱللَّهِ مِنَ ٱلشَّيْطَانِ ٱلرَّجِيمِ ﴿ وَٱلسَّمَآءَ بَنَيْنَٰهَا بِأَيْيْدٍ وَإِنَّا لَمُوسِعُونَ ۝ ﴾ الذاريات: ٤٧.

وحكى أيضا أنه جعل السماء بناءً قَالَ تَعَالَى: ﴿ وَٱلسَّمَآءَ بِنَآءً ۝ ﴾ البقرة: ٢٢، ووصفها في آية أخرى بأنها سقف محفوظ فقال: قَالَ تَعَالَى: ﴿ وَجَعَلْنَا ٱلسَّمَآءَ سَقْفًا مَّحْفُوظًا وَهُمْ عَنْ ءَايَٰتِهَا مُعْرِضُونَ ۝ ﴾ الأنبياء: ٣٢، وقد أثبت علماء الطبيعة في قرننا هذا؛ أن طبقات الغلاف الجوي هي بمثابة سقف بيت الإنسان، فهو يدفع عنا الإشعاعات والنيازك المهلكة الآتية من الفضاء الخارجي. وهي مع كونها حفظا لما تحتها من الدواب، محفوظة من تطفل من تحتها، حافظة لما يرد إليها من أخبار الملأ الأعلى.

3- مخلوقات السماء:

يخبرنا الله تعالى في بعض آي القرآن بما يشعر السامع أن السماء مليئة بحركة مخلوقات لا طاقة لنا بإدراك حقائقها.

من ذلك إخباره عن وجود مخلوقات جوالة في السماء وأخرى مرابطة هنالك على ما وكلت به من مهام. فمنهم الحرس الشداد[1] يحرسون أخبار السماء من تطفل شياطين الأرض، ومنهم الراكع والساجد لربه يسبح بحمده ليل نهار ومنهم

_____

(1) قال تعالى على لسان الجن: قَالَ تَعَالَى: ﴿ وَأَنَّا لَمَسْنَا ٱلسَّمَآءَ فَوَجَدْنَٰهَا مُلِئَتْ حَرَسًا شَدِيدًا وَشُهُبًا ۝ ﴾ الجن: ٨.

148

المستغفرون لمن في الأرض يدعون الله لهم، ومنهم النازل بأمر السماء إلى الأرض لينفذه. ومنهم الصاعد بأعمال العباد. إلى غير ذلك من الوظائف الكثيرة المذكورة في القرآن والسنة. كل ذلك لا نبصر منه شيئا ولا ندركه. وهؤلاء هم ملائكة الرحمان.

ويخبرنا أيضا عن بعض أحوال وحقائق خلق آخرين ينطلقون من أرضنا إلى السماء يتخذون منها مقاعد يسترقون فيها السمع يلتمسون أخبار السماء. قال تعالى على لسان نفر منهم: قَالَ تَعَالَى: ﴿ وَأَنَّا لَمَسْنَا ٱلسَّمَآءَ فَوَجَدْنَٰهَا مُلِئَتْ حَرَسًا شَدِيدًا وَشُهُبًا ۝ وَأَنَّا كُنَّا نَقْعُدُ مِنْهَا مَقَٰعِدَ لِلسَّمْعِ فَمَن يَسْتَمِعِ ٱلْـَٔانَ يَجِدْ لَهُۥ شِهَابًا رَّصَدًا ۝ ﴾ الجن: ٨ - ٩. ويقول تعالى في السماء: قَالَ تَعَالَى: ﴿ وَحَفِظْنَٰهَا مِن كُلِّ شَيْطَٰنٍ رَّجِيمٍ ۝ ﴾ الحجر: ١٧. وهؤلاء هم شياطين الجن ومردتهم. تحاول استراق السمع من السماء، فيترصدها الحرس الشديد يقذفونهم بالشهب من كل جانب.

ثانيا- الأرض وما فيها:

أ -عدد الأرضين:

ذكر الله تعالى أنه خلق من الأرضين مثل عدد السموات وذلك بقوله: قَالَ تَعَالَى: ﴿ ٱللَّهُ ٱلَّذِى خَلَقَ سَبْعَ سَمَٰوَٰتٍ وَمِنَ ٱلْأَرْضِ مِثْلَهُنَّ يَتَنَزَّلُ ٱلْأَمْرُ بَيْنَهُنَّ ۝ ﴾ الطلاق: ١٢. واختلف المفسرون في مفهوم هذه الأرضين. فذهب فريق منهم إلى أنها سبع منفصل بعضها عن بعض[1]. وقال آخرون بأنها سبع مجموعات بعضها فوق بعض، في أرض واحدة[2]، يُرجح هذا المذهب كثرة التعبير القرآني عن خلق الكون المادي بخلق

_____

(1) أنظر: الكون في القرآن الكريم (رسالة ماجستير) ص56.
(2) قال شيخ الإسلام ابن تيمية: (وقد خلق الله سبع أرضين، بعضهن فوق بعض، كما ثبت في الصحاح عن النبي صلى الله عليه وسلم أنه قال: من ظلم شبرا من الأرض طوقه من سبع أرضين يوم القيامة"

السموات والأرض[1] كقوله تعالى: قَالَ تَعَالَى: ﴿ لَهُۥ مَا فِي ٱلسَّمَوَٰتِ وَمَا فِي ٱلۡأَرۡضِ وَمَا بَيۡنَهُمَا وَمَا تَحۡتَ ٱلثَّرَىٰ ٦ ﴾ طه: ٦؛ أي أن اللـه تعالى ذكر الأرض بالإفراد في أغلب مواضع ذكرها، بينما ذكرت السموات بصيغة الجمع في أكثر المواضع[2]. والذي يرجح هذا المذهب الخبر الصحيح عن النبي صلى اللـه عليه وسلم أنه قال: "من أخذ شبرا من الأرض ظلما طوقه اللـه إلى سبع أرضين"[3].

ب- مدَّة خلقهن:

يذكر اللـه تعالى أنه خلق الأرض في يومين[4]، وفرشها وعمرها بمن عليها في يومين آخرين. فتم خلق الأرض وما عليها في أربعة أيام من أيام اللـه تعالى يقول عز وجل:

قَالَ تَعَالَى: ﴿ ۞ قُلۡ أَئِنَّكُمۡ لَتَكۡفُرُونَ بِٱلَّذِي خَلَقَ ٱلۡأَرۡضَ فِي يَوۡمَيۡنِ وَتَجۡعَلُونَ لَهُۥٓ أَندَادٗاۚ ذَٰلِكَ رَبُّ ٱلۡعَٰلَمِينَ ٩ وَجَعَلَ فِيهَا رَوَٰسِيَ مِن فَوۡقِهَا وَبَٰرَكَ فِيهَا وَقَدَّرَ فِيهَآ أَقۡوَٰتَهَا فِيٓ أَرۡبَعَةِ أَيَّامٖ سَوَآءٗ لِّلسَّآئِلِينَ ١٠ ﴾ فصلت: ٩ - ١٠[5].

وقد ذكر أبو بكر الأنباري الإجماع على ذلك وأراد به إجماع أهل الحديث والسنة). كتاب الأسماء والصفات: ابن تيمية ج1 / ص 586.

(1) النمل 60، يونس 101، إبراهيم 32، الإسراء 44، كهف 51، طه 6، مؤمنون 71 وغيرها. انظر المعجم المفهرس لآيات القرآن الكريم: محمد منير الدمشقي. ص96.

(2) أنظر: الكون في القرآن الكريم (رسالة ماجستير) ص57،58.

(3) أخرجه البخاري في كتاب بدء الخلق: فتح الباري (395-360/6)، ورقمه: (3195 و3198).

(4) قال ابن كثير: (وقوله: "خلق الأرض في يومين" يعني يوم الأحد ويوم الاثنين). تفسير القرآن العظيم (ج5: عند تفسيره آية فصلت: 9).

(5) هذا ما عليه جمهور المفسرين في توفيقهم بين هذه الآية التي يوحي ظاهرها أن تمام خلق الأرض تم في ستة أيام فإذا أضيف إليها اليومان اللذان خلقت فيهما السماء صارت مدة الخلق ثمانية أيام وبين الآيات العديدة التي صرحت بأن تمام خلق السموات والأرض وما بينهما تم

ج- مراحل تخليق الأرض:

أما عن مراحل خلق الأرض؛ فإن القرآن الكريم يجمل ذكر ذلك في مواطن كثيرة دون أن يبين مراحل ذلك التخليق. فيقول تعالى: قَالَ تَعَالَى: ﴿ وَٱلْأَرْضَ مَدَدْنَٰهَا وَأَلْقَيْنَا فِيهَا رَوَٰسِيَ وَأَنۢبَتْنَا فِيهَا مِن كُلِّ شَيْءٍ مَّوْزُونٍ ۝١٩ ﴾ الحجر: ١٩،

ويقول أيضا: قَالَ تَعَالَى: ﴿ وَهُوَ ٱلَّذِي مَدَّ ٱلْأَرْضَ وَجَعَلَ فِيهَا رَوَٰسِيَ وَأَنْهَٰرًا وَمِن كُلِّ ٱلثَّمَرَٰتِ جَعَلَ فِيهَا زَوْجَيْنِ ٱثْنَيْنِ يُغْشِى ٱلَّيْلَ ٱلنَّهَارَ إِنَّ فِي ذَٰلِكَ لَأَيَٰتٍ لِّقَوْمٍ يَتَفَكَّرُونَ ۝٣ ﴾ الرعد: ٣، و غيرها من الآيات كثير.

وغاية ما حكاه القرآن من تفاصيل خلقها ما جاء في آيتي سورة فصِّلت، قال تعالى:

قَالَ تَعَالَى: ﴿ ۞ قُلْ أَئِنَّكُمْ لَتَكْفُرُونَ بِٱلَّذِي خَلَقَ ٱلْأَرْضَ فِي يَوْمَيْنِ وَتَجْعَلُونَ لَهُۥٓ أَندَادًا ذَٰلِكَ رَبُّ ٱلْعَٰلَمِينَ ۝٩ وَجَعَلَ فِيهَا رَوَٰسِيَ مِن فَوْقِهَا وَبَٰرَكَ فِيهَا وَقَدَّرَ فِيهَآ أَقْوَٰتَهَا فِيٓ أَرْبَعَةِ أَيَّامٍ سَوَآءً لِّلسَّآئِلِينَ ۝١٠ ﴾ فصلت: ٩ - ١٠ وفي هاتين الآيتين إشارة إلى أن خلق الأرض قد تم في مرحلتين رئيستين هما:

_____

في ستة أيام: فالذي ينظر إلى هاتين الآيتين، يرى أن مدة خلق الأرض هي أربعة أيام، وهي التي ذكرت في الآية الثانية، ويدخل فيها الآية الأولى ... ولهذا عطف قوله تعالى: "وجعل فيها رواسي.. الآية؛ أي خلقها وجعل فيها رواسي..وبارك فيها وقدر فيها أقواتها في أربعة أيام ... منها يومان كان فيهما خلق جرم الأرض، كان له زمن تم فيه هذا الخلق.. ثم كان لتلك الإضافات التي دخلت على الأرض بعد خلقها، زمن آخر، ومجموع هذا وذاك هو أربعة أيام من أيام الله.. وهذا مثل قوله تعالى: قَالَ تَعَالَى: ﴿ وَحَمْلُهُۥ وَفِصَٰلُهُۥ ثَلَٰثُونَ شَهْرًا ۝١٥ ﴾ الأحقاف: ١٥ وقوله في آية أخرى: قَالَ تَعَالَى: ﴿ وَفِصَٰلُهُۥ فِي عَامَيْنِ ۝١٤ ﴾ لقمان: ١٤. التفسير القرآني للقرآن: (١٢٨٩/٦-١٢٩٥).

- مرحلة خلق الله فيها جرمها دون ما عليها، واستغرقت مدة يومين من أيام الخلق.

- ومرحلة أخرى تم فيها تثبيت الأرض بالجبال، وفرشها بالنبات وإعمارها بالدواب والأنعام؛ لتنتهيأ في آخر هذه المرحلة لاستقبال الخليفة المرتقب.

ففي قوله تعالى: قَالَ تَعَالَى: ﴿ ۞ قُلْ أَئِنَّكُمْ لَتَكْفُرُونَ بِٱلَّذِى خَلَقَ ٱلْأَرْضَ فِى يَوْمَيْنِ وَتَجْعَلُونَ لَهُۥ أَندَادًۭا ذَٰلِكَ رَبُّ ٱلْعَٰلَمِينَ ﴿٩﴾ ﴾ فصلت: ٩ تعبير عن المرحلة التي خلق الله تعالى فيها جرم الأرض؛ مجردة من كل مظاهر الحياة التي نراها اليوم. وكان ذلك قبل أن يجعل الله تعالى من السماء الدُّخانية سبعا شدادا. فكانت جرداء لا حياة بها، ومضطربة السطح لا قرار لها. وممدودة لا جبال بها ولا فجاج.

وأما المرحلة الثانية فتُفَصِّل ما وقع فيها الآية الأخرى من هذه السورة، وآيات كثيرة أخرى.

يقول تعالى: قَالَ تَعَالَى: ﴿ وَجَعَلَ فِيهَا رَوَٰسِىَ مِن فَوْقِهَا وَبَٰرَكَ فِيهَا وَقَدَّرَ فِيهَآ أَقْوَٰتَهَا فِىٓ أَرْبَعَةِ أَيَّامٍ سَوَآءًۭ لِّلسَّآئِلِينَ ﴿١٠﴾ ﴾ فصلت: ١٠ ، فجعل في هذه الآية إرساء الجبال بداية للمرحلة الثانية. ويقول: قَالَ تَعَالَى: ﴿ وَٱلْأَرْضَ بَعْدَ ذَٰلِكَ دَحَىٰهَآ ﴿٣٠﴾ أَخْرَجَ مِنْهَا مَآءَهَا وَمَرْعَىٰهَا ﴿٣١﴾ ﴾ النازعات: ٣٠ - ٣١ ، قال ابن عباس (دحيها أن أخرج منها الماء والمرعى وشقق فيها الأنهار وجعل فيها الجبال والرمال والسبل والآكام)[1].

وقد ورد في خلق السموات والأرض آيات عدة منها ما يوهم ظاهره أن الله تعالى خلق لنا كل ما في الأرض قبل تسوية السماء سبعا، و أن خلق السموات السبع حصل بعد خلق الأرض ومدها وفرشها بما عليها. كقوله تعالى: قَالَ تَعَالَى: ﴿ هُوَ ٱلَّذِى خَلَقَ لَكُم مَّا فِى ٱلْأَرْضِ جَمِيعًۭا ثُمَّ ٱسْتَوَىٰٓ إِلَى ٱلسَّمَآءِ فَسَوَّىٰهُنَّ سَبْعَ سَمَٰوَٰتٍۢ وَهُوَ بِكُلِّ شَىْءٍ عَلِيمٌ ﴿٢٩﴾ ﴾ البقرة: ٢٩. وقوله أيضا: قَالَ تَعَالَى: ﴿ ۞ لَتَكْفُرُونَ بِٱلَّذِى خَلَقَ ٱلْأَرْضَ

---

(1) تفسير القرآن العظيم (468/4)، طبعة دار المعرفة.

في يَوْمَيْنِ وَتَجْعَلُونَ لَهُ أَندَاداً ذَلِكَ رَبُّ الْعَالَمِينَ ۝ وَجَعَلَ فِيهَا رَوَاسِيَ مِن فَوْقِهَا وَبَارَكَ فِيهَا وَقَدَّرَ فِيهَا أَقْوَاتَهَا فِي أَرْبَعَةِ أَيَّامٍ سَوَاءً لِّلسَّائِلِينَ ۝ ثُمَّ اسْتَوَىٰ إِلَى السَّمَاءِ وَهِيَ دُخَانٌ فَقَالَ لَهَا وَلِلْأَرْضِ ائْتِيَا طَوْعًا أَوْ كَرْهًا قَالَتَا أَتَيْنَا طَائِعِينَ ۝ فَقَضَاهُنَّ سَبْعَ سَمَوَاتٍ فِي يَوْمَيْنِ ۝ ﴾ فصلت: ٩ –
١٢.

ومنها ما يظهر منه أن دحي الأرض وفرشها بما عليها إنما حصل بعد خلق السماء وتسويتها، كالذي في قوله تعالى: قَالَ تَعَالَى: ﴿ رَفَعَ سَمْكَهَا فَسَوَّاهَا ۝ وَأَغْطَشَ لَيْلَهَا وَأَخْرَجَ ضُحَاهَا ۝ وَالْأَرْضَ بَعْدَ ذَلِكَ دَحَاهَا ۝ أَخْرَجَ مِنْهَا مَاءَهَا وَمَرْعَاهَا ۝ ﴾ النازعات: ٢٨ – ٣١. وهذا ما قد يوهم بتناقض الآيات السالفة الذكر في ترتيب تلك المراحل. وليس الأمر كذلك، لعدة أسباب، أهمها ما يلي:

- إن قوله تعالى في أصل السموات والأرض: "**كانتا رتقا ففتقناهما**" دليل على أن مادتهما الأولى متجانسة، وصادرة إلى الوجود في آن واحد.

- إن لفظ تسوية السماء سبعا لا يفيد إيجادها من العدم في ذلك الوقت. وإنما يفيد أنها كانت موجودة من قبل، بغير تلك التسوية. وإنما كانت في حالة يصفها الله تعالى بـ "**الدخان**". وهذه الحالة تالية لعملية الفتق المذكورة في الآية السالفة الذكر.

- أن الأرض أيضا كانت موجودة قبل رفع السموات بغير عمد مرئية. بدليل قوله تعالى: قَالَ تَعَالَى: ﴿ ثُمَّ اسْتَوَىٰ إِلَى السَّمَاءِ وَهِيَ دُخَانٌ فَقَالَ لَهَا وَلِلْأَرْضِ ائْتِيَا طَوْعًا أَوْ كَرْهًا قَالَتَا أَتَيْنَا طَائِعِينَ ۝ ﴾ فصلت: ١١ وإنما "دحاها" بعد تسوية السموات.

يقول عبد الكريم الخطيب في هذه المسالة:

(وقد يفهم من قوله تعالى: قَالَ تَعَالَى: ﴿ ثُمَّ اسْتَوَىٰ إِلَى السَّمَاءِ فَسَوَّاهُنَّ سَبْعَ سَمَوَاتٍ ۝ ﴾ البقرة: ٢٩ بعد قوله سبحانه: قَالَ تَعَالَى: أَعُوذُ بِاللَّهِ مِنَ الشَّيْطَانِ الرَّجِيمِ ﴿ هُوَ الَّذِي خَلَقَ لَكُم مَّا

البقرة: ٢٩ .- قد يفهم من هذا أن خلق السموات ﴾ ٢٩ ﴿ فِي ٱلْأَرْضِ جَمِيعًا

جاء تاليا لخلق الأرض.

ولكن مع قليل من النظر، يتضح أن ذلك كان بعد خلق السموات والأرض.. فالأرض كانت مخلوقة، ثم خلق الله بعد ذلك ما فيها من مخلوقات.. وكذلك السماء، كانت قائمة، فجعلها سبحانه الله سبع سموات. وهذا ما تشير إليه الآية الكريمة، في قوله تعالى: قَالَ تَعَالَى: ﴿ ثُمَّ ٱسْتَوَىٰٓ إِلَى ٱلسَّمَآءِ وَهِىَ دُخَانٌ فَقَالَ لَهَا وَلِلْأَرْضِ ٱئْتِيَا طَوْعًا أَوْ كَرْهًا قَالَتَآ أَتَيْنَا طَآئِعِينَ ﴿ ١١ ﴾ فصلت: ١١ (١).

هذا هو الجواب الراجح عن مسألة: مَن مِن الأرض والسموات خلق أولا؟

هذا والملاحظ في الكثير من آيات خلق الأرض من ذكر إلقاء(٢) الجبال الرواسي على الأرض وتنصيبها أوتادا لها لئلا تميد بمن سيسكنها، وتجعل ذلك الإلقاء مقدما على غيره مما جرى من تعمير الأرض. وهذا قد يرجِّح أنها أول مخلوقات المرحلة الثانية من تخليق الأرض. يؤيد ذلك قوله تعالى: قَالَ تَعَالَى: ﴿ وَٱلْأَرْضَ مَدَدْنَٰهَا وَأَلْقَيْنَا فِيهَا رَوَٰسِىَ وَأَنۢبَتْنَا فِيهَا مِن كُلِّ زَوْجٍ بَهِيجٍ ﴿ ٧ ﴾ ق: ٧ . وفي قوله أيضا: قَالَ تَعَالَى: ﴿ وَهُوَ ٱلَّذِى مَدَّ ٱلْأَرْضَ وَجَعَلَ فِيهَا رَوَٰسِىَ وَأَنْهَٰرًا ﴿ ٣ ﴾ الرعد: ٣ . وقوله: قَالَ تَعَالَى: ﴿ وَجَعَلَ فِيهَا رَوَٰسِىَ مِن فَوْقِهَا وَبَٰرَكَ فِيهَا وَقَدَّرَ فِيهَآ أَقْوَٰتَهَا فِىٓ أَرْبَعَةِ أَيَّامٍ ﴿ ١٠ ﴾ فصلت: ١٠ .

---

(١) التفسير القرآني للقرآن: (٤٨/١-٤٩).

(٢) إن لفظة الإلقاء تفيد في اللغة طرح الشيء من أعلى إلى أسفل، وهو بمعنى "الرمي" فهل يفيد ذلك أن الجبال ملقاة من السماء، وأنها كانت من قبل كتلا صخرية ضخمة تحوم حول الأرض ثم استقرت بالأرض قبل تكون الغلاف الجوي بشكله الحالي، أو هل قد يفيد ذلك أنها كانت غبارا في الأرض أو في الهواء فألقاها الله تعالى في الأرض بعد أن تراكمت وأرساها بالأرض؟!. إن ظواهر آي القرآن ترجح الخيار الأول أي الإلقاء أو على الأقل بعضها ملقى من السماء.

ثم إنّ آيات القرآن تفيد أنه قد تلا ذلك إنزال الماء من السماء،(1) فتكونت بذلك الأنهار والبحار. ثم نشأت الحياة النباتية، ثم الحيوانية. هذا ما يمكن استخلاصه من عدد من الآيات التي تناولت ذكر تلك الأحداث. وسأذكر هنا بعضها فأحصر تلك الأحداث واحدة، واحدة. ثم أحاول ترتيبها وفقا لما يفيده مجموع ما فيها من الترتيب القرآني المنطقي.

يقول تعالى: قَالَ تَعَالَى: ﴿ وَٱلۡأَرۡضَ مَدَدۡنَٰهَا وَأَلۡقَيۡنَا فِيهَا رَوَٰسِيَ وَأَنۢبَتۡنَا فِيهَا مِن كُلِّ

شَيۡءٖ مَّوۡزُونٖ ﴿١٩﴾ ﴾ الحجر: ١٩ ؛ وهذه الآية ومثيلاتها(2) تفيد أن مد الأرض، قد تلاه إلقاء الجبال عليها؛ فماذا تلا إلقاء الجبال؟

يقول تعالى: قَالَ تَعَالَى: ﴿ وَجَعَلۡنَا فِيهَا رَوَٰسِيَ شَٰمِخَٰتٖ وَأَسۡقَيۡنَٰكُم مَّآءٗ فُرَاتٗا ﴿٢٧﴾ ﴾

المرسلات: ٢٧ ؛ وهذا ما يفيد أن نزول الماء من السماء وقع بعد إرساء الجبال. يقول تعالى:

قَالَ تَعَالَى: ﴿ وَأَلۡقَىٰ فِي ٱلۡأَرۡضِ رَوَٰسِيَ أَن تَمِيدَ بِكُمۡ وَأَنۡهَٰرٗا وَسُبُلٗا لَّعَلَّكُمۡ تَهۡتَدُونَ

﴿١٥﴾ ﴾ النحل: ١٥ . وظاهر هذه الآية والكثير من مثيلاتها(3) يفيد أن تَكوُّن الأنهار تم بعد نصب الجبال. وفي آخر هذه السلسلة الميتة من المخلوقات تظهر الحياة بظهور النبات وذلك بعد خلق الأرض والسموات، وإرساء الجبال، وإنزال الماء من السماء وتكون الأنهار والبحار. يقول تعالى:

قَالَ تَعَالَى: ﴿ وَٱلۡأَرۡضَ مَدَدۡنَٰهَا وَأَلۡقَيۡنَا فِيهَا رَوَٰسِيَ وَأَنۢبَتۡنَا فِيهَا مِن كُلِّ شَيۡءٖ مَّوۡزُونٖ ﴿١٩﴾ ﴾

الحجر: ١٩ . ويقول تعالى: قَالَ تَعَالَى: ﴿ وَهُوَ ٱلَّذِيٓ أَنزَلَ مِنَ ٱلسَّمَآءِ مَآءٗ فَأَخۡرَجۡنَا بِهِۦ

نَبَاتَ كُلِّ شَيۡءٖ فَأَخۡرَجۡنَا مِنۡهُ خَضِرٗا

---

(1) قد يفيد هذا أن المياه الأرضية قد كانت متبخرة كلها في السماء. ولا غرابة في ذلك إذا علمنا أن الأرض كانت كما يقول العلم الحديث كتلة ملتهبة، وان الماء لم ينزل إليها إلا في عهود متأخرة.

(2) [ق 7] مثلا.

(3) الرعد 3 مثلا.

نُّخْرِجُ مِنْهُ حَبًّا مُّتَرَاكِبًا ﴿٩٩﴾ ﴾ الأنعام: ٩٩. فكان إنزال الماء من السماء بمثابة نفخ الروح في آدم، فصارت حية عند ذلك يقول تعالى: **قَالَ تَعَالَى:** ﴿ وَٱللَّهُ أَنزَلَ مِنَ ٱلسَّمَاءِ مَاءً فَأَحْيَا بِهِ ٱلْأَرْضَ بَعْدَ مَوْتِهَا إِنَّ فِي ذَٰلِكَ لَآيَةً لِّقَوْمٍ يَسْمَعُونَ ﴿٦٥﴾ ﴾ النحل: ٦٥.

ثم يقول تعالى مخبرا عما خلق بعد ذلك: **قَالَ تَعَالَى:** ﴿ إِنَّ فِي خَلْقِ ٱلسَّمَٰوَٰتِ وَٱلْأَرْضِ وَٱخْتِلَٰفِ ٱلَّيْلِ وَٱلنَّهَارِ وَٱلْفُلْكِ ٱلَّتِي تَجْرِي فِي ٱلْبَحْرِ بِمَا يَنفَعُ ٱلنَّاسَ وَمَا أَنزَلَ ٱللَّهُ مِنَ ٱلسَّمَاءِ مِن مَّاءٍ فَأَحْيَا بِهِ ٱلْأَرْضَ بَعْدَ مَوْتِهَا وَبَثَّ فِيهَا مِن كُلِّ دَآبَّةٍ وَتَصْرِيفِ ٱلرِّيَٰحِ وَٱلسَّحَابِ ٱلْمُسَخَّرِ بَيْنَ ٱلسَّمَاءِ وَٱلْأَرْضِ لَآيَٰتٍ لِّقَوْمٍ يَعْقِلُونَ ﴿١٦٤﴾ ﴾ البقرة: ١٦٤، ويقول تعالى: **قَالَ تَعَالَى:** ﴿ أَوَلَمْ يَرَوْا أَنَّا خَلَقْنَا لَهُم مِّمَّا عَمِلَتْ أَيْدِينَا أَنْعَامًا فَهُمْ لَهَا مَٰلِكُونَ ﴿٧١﴾ ﴾ يس: ٧١ ويقول أيضا: قَالَ تَعَالَى: ﴿ خَلَقَكُم مِّن نَّفْسٍ وَٰحِدَةٍ ثُمَّ جَعَلَ مِنْهَا زَوْجَهَا وَأَنزَلَ لَكُم مِّنَ ٱلْأَنْعَٰمِ ثَمَٰنِيَةَ أَزْوَٰجٍ يَخْلُقُكُمْ فِي بُطُونِ أُمَّهَٰتِكُمْ ﴿٦﴾ ﴾ الزمر: ٦. فكان خلق الدواب آخر حلقات سلسلة الخلق قبل خلق الإنسان. ثم كان أن خلق الله تعالى الإنسان في آخر الخلق، وجعله خليفة له في هذه الأرض وسخر كل ذلك له.

ولعظيم قدره، وخطورة دوره، تركت الكلام عن أصل نشأته، لمبحث مستقل عن هذا المبحث ليحظى بشيء من التفصيل على الرغم من أنه أحد مخلوقات هذا الكون.

وخلاصة الكلام أن مجموع هذه الآيات وما في موضوعها يبين أن الله تعالى قد مد الأرض، ثم ألقى فيها الرواسي الشامخات، ثم أنزل من السماء ماء فتكونت به الأنهار والبحار، وظهرت النباتات ونَمَت الأشجار. ثم خلقت دواب الأرض بعدها لتستقبل بعد ذلك كله خلق الإنسان الذي هو آخرها وأرقاها خلقا.

المطلب الثاني: الإنسان.

ما أكثر وَلَهَ الإنسان وتطلعه للوقوف على جذوره، وتاريخ أسلافه. وأكثر من ذلك تطلعه للوقوف على الحلقة التي لا حلقة قبلها في سلسلة نسبه خاصة وبقية السلاسل عامة. وقد كان من إفرازات تلك الرغبة الجامحة أن نشأ علم الأنساب قديما، وعلم السلالات البشرية في العصر الحديث.

وقد حاول الفكر الإنساني الإجابة عن هذا التساؤل متأرجحا بين التقديس والاحتقار لهذا الكائن. ففي الوقت الذي كان الكثير من ملوك الأرض وبعض الطبقات الراقية في المجتمعات القديمة تدَّعي اتصال نسبها ببعض الآلهة؛ كانت بعض القبائل البدائية تعتقد بأن لها نسبا صريحا تتصل نهايته بحيوان أو نبات أو حجر. وهذا ما يدعوه علماء مقارنة الأديان في العصر الحديث بالطوطمية[1].

ومن المفارقات العجيبة لهذا العصر ـ هو عودة تلك الطوطمية في حلّة علمية مواكبة لروح العصر فمارست الإغراء والغواية في الأوساط الفكرية وسيطرت على جموع من المفكرين بشكل مذهل ولعقود طويلة من الزمن!. وكان اسم هذه الطوطمية الجديدة هو "مذهب النشوء والارتقاء"[2].

يقوم أساس هذا المذهب على بحوث ثلاثة من علماء الغرب وهم: الفرنسي ـ "لامارك" (1744-1829م)، ثم الإنكليزيين "تشارلز دارون" (1809-1882م) وزميله "ألفريد رسل والاس" (1823-1913م).[3] وقد كان إصدار تشارلز دارون لكتابه المشهور "أصل الأنواع" إيذانا ببدايته. ثم توسع فيه بعد ذلك الإنكليزي

---

(1) انظر "الله" لعباس محمود العقاد ص13-14، وكتاب "نشأة الدين" ص58-73 وكلامه عن نظرية التوتمية.

(2) صدر هذا الكتاب عام 1871م. انظر كبرى اليقينيات الكونية. ص ص210.

(3) انظر الإنسان في القرآن الكريم: عباس محمود العقاد. ص 72-73.

158

"هربرت سبنسر"[1]، وجعل منه فلسفة لها امتداداتها وتطبيقاها في كل العلوم، وعلى شتى أشكال الحياة وضروب النشاطات الإنسانية.

وخلاصة هذا المذهب أن الحياة عموما نشأت من الخلية الأولى التي ظهرت بفعل تناسب معين في المقادير والتركيب وقع بالصدفة في أحد الأوساط المائية. ومن تلك الخلية تعقدت أشكال الحياة وتطورت إلى ما نشاهده في كل ما ينبض بالحياة. وذلك بفعل عوامل ونواميس التطور والارتقاء وهي: ناموس تنازع البقاء، وناموس التباينات بين الأفراد، وناموس التباينات بالإرث، وناموس الانتخاب الطبيعي[2].

وكان أرقى وأبدع ما نتج عن فعل تلك النواميس في تلك الخلية وما تفرع منها هو الكائن البشري والذي يتصل نسبه في نظر هؤلاء بأحد القردة.

وعلى الرغم من تعرُّض هذا المذهب إلى الكثير من النقد الذي نقض أسسه إلا أن روحه وآثاره لا تزال سارية في العالم بأسره حتى في الدول التي تعتقد نقيضه.

وقد كان لرواج هذا المذهب وشيوعه وهيمنته على الفكر البشري آثاره الوخيمة على إنسانية الإنسان وموقعه في هذا الكون. فهذا المذهب وإن كان قد توّج الإنسان ووضعه في أعلى درجة من سلم التطور والارتقاء فإنه يكون قد نزل بالإنسانية إلى حضيض الحيوانية وجعل منه مجرّد حيوان ممتاز. لا هم له سوى تحقيق رغباته؛ من أكل وشرب وسكن وجنس. وتلك مطالب الحيوان[3].

هذا ولا يزال الإنسان مذ وجد على وجه الكرة الأرضية -مأخوذا بسوء الفهم عن نفسه. يقدسها حينا ويرقيها أسمى المراتب حتى ليبلغ بها المدى فيعتبر نفسه كل

(1) انظر قصة الإيمان ص 174.
(2) انظر نفس المرجع السابق ص186-187.
(3) انظر كتاب: آدم عليه السلام، نمير عدنان عبد القادر. ص18-19.

شيء في هذا الوجود ولا ينظر إلا تحته إذ لا شيء فوقه. ويحتقرها أحيانا فيرديها أسفل السافلين ليرى كل شيء فوقه ولا شيء دونه[1].

وإذا كان هذا هو دأب الإنسان وديدنه عبر كل حقب التاريخ، فما هي نظرة القرآن إلى هذا الكائن؟

التَّصوير القرآني لماهية الإنسان وبداية وجوده:

إذا كانت كل نحلة أو فلسفة تبتدئ مباحثها بتقرير ساذج أو معقَّد لنظرية خاصة بها في المعرفة ومصادرها، ثم تتبعه غالبا ببحث مطوَّل عن فلسفة الوجود الذي من مباحثه مسألة طبيعة الإنسان وبداية وجوده. فإن القرآن الكريم يبين في بدايته بأن ما سيحكيه إنما هو لأمة أسلمت وجهها لربِّها، وفوضت أمر معرفة الغيوب لأهله، وهي تستقي حقائقه من هذا الطريق فقط، يقول تعالى: ﴿قَالَ تَعَالَى: الٓمٓ ۝ ذَٰلِكَ ٱلۡكِتَٰبُ لَا رَيۡبَ فِيهِ هُدٗى لِّلۡمُتَّقِينَ ۝﴾ البقرة: ١ ـ ٢. فأكد حصول الهداية بهذا الكتاب لمن يؤمن بالغيب. ثم هو يذكر بأنه خالقهم وخالق من قبلهم قَالَ تَعَالَى: ﴿يَٰٓأَيُّهَا ٱلنَّاسُ ٱعۡبُدُواْ رَبَّكُمُ ٱلَّذِي خَلَقَكُمۡ وَٱلَّذِينَ مِن قَبۡلِكُمۡ لَعَلَّكُمۡ تَتَّقُونَ ۝﴾ البقرة: ٢١. وبأنه خلق لهم الأرض والسموات قَالَ تَعَالَى: ﴿هُوَ ٱلَّذِي خَلَقَ لَكُم مَّا فِي ٱلۡأَرۡضِ جَمِيعٗا ثُمَّ ٱسۡتَوَىٰٓ إِلَى ٱلسَّمَآءِ فَسَوَّىٰهُنَّ سَبۡعَ سَمَٰوَٰتٖۚ وَهُوَ بِكُلِّ شَيۡءٍ عَلِيمٌ ۝﴾ البقرة: ٢٩. ثم هو يتبع ذلك كله بالكلام عن آدم عليه السلام في قصة يتناول فيها وقائع بداية التاريخ الإنساني.

فلا عجب إذن في أن يكون نصيب قصة بداية الخليقة البشرية أن توضع في أوائل سور القرآن فتكون أول قصة تعترض القارئ.

---

[1] انظر الكون والإنسان في التصور الإسلامي ص99.

لقد لخص القرآن الكريم هذا التصور في قصة ذكر مشاهدها موزعة على بعض سوره. على عادة القرآن في اقتصاره على إيراد ما يقتضيه المقام من مشاهد قصصه. فيختصر في موضع ويطنب في آخر ويفصل هنا ما أجمله هناك. فإذا ضم هذا إلى ذاك. وفسر هذا بذاك حصل في الذهن تصور قرآني كاف ويقيني عن أحداث تلك البداية.

فمضمون هذه القصة، بمختلف صيغها، وتنوع أساليبها، هو خلاصة التصور القرآني لمسألة طبيعة الإنسان ووجود الإنسانية. فكيف كانت البداية يا ترى؟.

يقصُّ اللـه تعالى علينا ملابسات تلك البداية على شكل مشاهد علوية وتقريرات إلهية. فيخبرنا أنه بعد أن خلق السموات فسواهن سبعا شدادا، وخلق الأرض وأرسى فيها الجبال وأنبت فيها من كل زوج كريم، وبث فيها من كل دابة، كل ذلك في ستة أيام أخبرنا القرآن بأن اللـه تعالى أعلن للملائكة عزمه على خلق كائن جديد بقوله: قَالَ تَعَالَى: ﴿ إِذْ قَالَ رَبُّكَ لِلْمَلَائِكَةِ إِنِّي خَالِقٌ بَشَرًا مِّن طِينٍ ۝ ﴾ ص: ٧١. وطلب من الملائكة ومن كان معهم أن يسجدوا لهذا المخلوق عندما يسويه وينفخ فيه من روحه بقوله: قَالَ تَعَالَى: ﴿ فَإِذَا سَوَّيْتُهُۥ وَنَفَخْتُ فِيهِ مِن رُّوحِى فَقَعُوا۟ لَهُۥ سَٰجِدِينَ ۝ ﴾ ص: ٧٢. وأخبرهم بأنه سيجعله خليفة[1] في الأرض، فقال: قَالَ تَعَالَى: ﴿ وَإِذْ قَالَ رَبُّكَ لِلْمَلَائِكَةِ إِنِّي جَاعِلٌ فِي ٱلْأَرْضِ خَلِيفَةً ۝ ﴾ البقرة: ٣٠.

أولاً: مشهد عن أول رد فعل تجاه هذا الإعلان:

يخبرنا القرآن الكريم أن هذا الاستخلاف قد قوبل بتعجب من قبل الملائكة شبيه بأسلوب الاعتراض وإن لم يكن بقصد الاعتراض. ذلك أنهم قالوا: قَالَ تَعَالَى: ﴿ أَتَجْعَلُ فِيهَا مَن يُفْسِدُ فِيهَا وَيَسْفِكُ ٱلدِّمَاءَ وَنَحْنُ نُسَبِّحُ بِحَمْدِكَ وَنُقَدِّسُ لَكَ ۝ ﴾

---

(1) سيأتي بيان معناها في الفصل الأخير.

. فأخبرهم الله تعالى بأنه يعلم من أسرار هذا المخلوق ما يجعله أهلا لهذه الوظيفة دونهم هذا الذي أخبر به القرآن الكريم عما وقع قُبيل خلق الله تعالى لآدم عليه السلام. فماذا قال عن مباشرة ذلك الخلق يا ترى؟.

تكلم القرآن عن بدء خلق الإنسان الأول بإجمال، إذ أورد عددا من الآيات، تناول فيها الحديث عن خلق آدم عليه السلام، مركِّزًا كلامه على بيان مادة خلقه، وأطوار تخليق تلك المادة.

فيذكر تعالى بأنه أنشأنا من هذه الأرض التي نعيش فيها بقوله: قَالَ تَعَالَى: ﴿ وَإِلَىٰ ثَمُودَ أَخَاهُمْ صَٰلِحًا قَالَ يَٰقَوْمِ ٱعْبُدُوا۟ ٱللَّهَ مَا لَكُم مِّنْ إِلَٰهٍ غَيْرُهُ هُوَ أَنشَأَكُم مِّنَ ٱلْأَرْضِ وَٱسْتَعْمَرَكُمْ فِيهَا ﴿٦١﴾ ﴾ هود: ٦١. وقوله: قَالَ تَعَالَى: ﴿ مِنْهَا خَلَقْنَٰكُمْ وَفِيهَا نُعِيدُكُمْ ﴿٥٥﴾ ﴾ طه: ٥٥، وهو يبينها في موقف آخر بقوله: قَالَ تَعَالَى: ﴿ إِنَّ مَثَلَ عِيسَىٰ عِندَ ٱللَّهِ كَمَثَلِ ءَادَمَ خَلَقَهُۥ مِن تُرَابٍ ﴿٥٩﴾ ﴾ آل عمران: ٥٩. وقوله: قَالَ تَعَالَى: ﴿ يَٰأَيُّهَا ٱلنَّاسُ إِن كُنتُمْ فِى رَيْبٍ مِّنَ ٱلْبَعْثِ فَإِنَّا خَلَقْنَٰكُم مِّن تُرَابٍ ﴿٥﴾ ﴾ الحج: ٥. ولما سبق أن جعل الله تعالى من الماء كل شيء حي بقوله: قَالَ تَعَالَى: ﴿ وَجَعَلْنَا مِنَ ٱلْمَاءِ كُلَّ شَىْءٍ حَىٍّ ﴿٣٠﴾ ﴾ الأنبياء: ٣٠. يشير الله تعالى إلى أنه زاوج بين تراب الأرض ومائها، فصار التراب طينا خلق منها آدم بقوله: قَالَ تَعَالَى: ﴿ وَبَدَأَ خَلْقَ ٱلْإِنسَٰنِ مِن طِينٍ ﴿٧﴾ ﴾ السجدة: ٧. وفي آية أخرى خصص فقال: قَالَ تَعَالَى: أَعُوذُ بِٱللَّهِ مِنَ ٱلشَّيْطَٰنِ ٱلرَّجِيمِ ﴿ وَلَقَدْ خَلَقْنَا ٱلْإِنسَٰنَ مِن سُلَٰلَةٍ مِّن طِينٍ ﴿١٢﴾ ﴾ المؤمنون: ١٢ ووصفه بأنه (يعلق بالأيدي في مواضع أخر كقوله: ﴿قَالَ تَعَالَى: ﴿ إِنَّا خَلَقْنَٰهُم مِّن طِينٍ لَّازِبٍ ﴿١١﴾ ﴾ الصافات: ١١ ... وبين أن ذلك الطين أسود وأنه متغير بقوله قَالَ تَعَالَى: ﴿ مِنْ حَمَإٍ مَّسْنُونٍ ﴿٢٨﴾ ﴾ الحجر: ٢٨. وبين أيضا أنه يبس حتى صار صلصالا أي يسمع له صلصلة من يبسه بقوله: قَالَ تَعَالَى: ﴿ وَلَقَدْ خَلَقْنَا ٱلْإِنسَٰنَ مِن صَلْصَٰلٍ ﴿٢٦﴾ ﴾ الحجر: ٢٦.

وشبهه بالفخار في قوله: قَالَ تَعَالَى: ﴿ خَلَقَ

ٱلْإِنسَـٰنَ مِن صَلْصَـٰلٍ كَٱلْفَخَّارِ ﴿١٤﴾ ﴾ الرحمن: ١٤)[1] بعد ذلك قَالَ تَعَالَى: ﴿ سَوَّىٰهُ وَنَفَخَ فِيهِ مِن رُّوحِهِۦ ﴿٩﴾ ﴾ السجدة: ٩ . وقال له كن[2]، فكان ميلاد أبي البشرية وسلفها الأول الذي تسأل عنه.

هذا ما ورد بخصوص مادة خلق الإنسان الأول.

أما عن كيفية خلقه له فلم يبين القرآن منها إلا القليل. من ذلك أن الله تعالى تولى خلق آدم عليه السلام بيديه في قوله: قَالَ تَعَالَى: ﴿ قَالَ يَـٰٓإِبْلِيسُ مَا مَنَعَكَ أَن تَسْجُدَ لِمَا خَلَقْتُ بِيَدَىَّ ﴿٧٥﴾ ﴾ ص: ٧٥ . ومن ذلك أيضا قوله تعالى: قَالَ تَعَالَى: ﴿ وَٱللَّهُ أَنۢبَتَكُم مِّنَ ٱلْأَرْضِ نَبَاتًا ﴿١٧﴾ ﴾ نوح: ١٧ .

فحاصل كلام القرآن في المسألة أن الله تعالى خلق الإنسان الأول عبر أطوار سبعة وهي:

1- طور التراب.

2- طور الطين (تراب وماء).

3- طور الطين اللازب.

4- طور الحمأ المسنون.

5- طور الصلصال.

6- طور التصوير والتسوية.

---

(1) أضواء البيان (128،129/3).

(2) قال تعالى: قَالَ تَعَالَى: ﴿ إِنَّ مَثَلَ عِيسَىٰ عِندَ ٱللَّهِ كَمَثَلِ ءَادَمَ خَلَقَهُۥ مِن تُرَابٍ ثُمَّ قَالَ لَهُۥ كُن فَيَكُونُ ﴿٥٩﴾ ﴾ آل عمران: ٥٩ .

7- طور نفخ الروح فيه[1].

وأنه خلقه بيديه، وقد فصل النبي صلى الله عليه وسلم في سنته ما أجمله القرآن الكريم، وأنبأ ببعض ما لم يذكره القرآن من القصة. فمن ذلك كلامه في كيفية جمع التراب الذي خلق منه آدم عليه السلام فذكر أن الله تعالى خلق آدم من قبضة قبضها من جميع الأرض[2]، وكلامه في وقت خلق آدم[3] وتخبرنا السنة عن شيء من أوصاف آدم[4].

ثانياً: مشهد عما جرى عند (نفخ الروح) تمام خلق آدم:

1 - سجود الملائكة وعصيان إبليس: كان قد سبق الأمر من الله تعالى للملائكة وإبليس بالسجود للمخلوق الجديد عند تسويته ونفخ الروح فيه.

فلما سواه وصوره ونفخ فيه من روحه. يخبر القرآن بأن الملائكة سجدوا امتثالا لأمر الله وطاعة له، أما إبليس فإنه آثر المعصية على الطاعة وأبى أن يسجد. يقول الله تعالى واصفا ذلك المشهد: قَالَ تَعَالَى: ﴿ وَلَقَدْ خَلَقْنَٰكُمْ ثُمَّ صَوَّرْنَٰكُمْ ثُمَّ قُلْنَا لِلْمَلَٰٓئِكَةِ ٱسْجُدُوا۟ لِءَادَمَ فَسَجَدُوٓا۟ ۝ ﴾ الأعراف: ١١ وقال أيضا: قَالَ تَعَالَى: ﴿ فَسَجَدَ ٱلْمَلَٰٓئِكَةُ كُلُّهُمْ أَجْمَعُونَ ۝ ﴾ الحجر: ٣٠ قَالَ تَعَالَى: ﴿ إِبْلِيسَ لَمْ يَكُن مِّنَ ٱلسَّٰجِدِينَ ۝ ﴾ الأعراف: ١١، ويصف الله تعالى هذا العصيان بأنه فسوق بقوله:

_____

(1) نعم الله في خلق الإنسان كما يصوره القرآن، د. عزت محمد حسنين ص 41.
(2) أخرجه الترمذي في كتاب تفسير القرآن (188/5)، ورقمه: (2955). وقال حديث حسن صحيح. وأخرجه أبو داود في كتاب السنة (222/4)، ورقمه: (4693).
(3) "خير يوم طلعت عليه الشمس يوم الجمعة، فيه خلق آدم، وفيه أدخل الجنة، وفيه أخرج منها" أخرجه مسلم (585/2).
(4) قال صلى الله عليه وسلم: "خلق الله آدم وطوله ستون ذراعا." أخرجه البخاري في كتاب أحاديث الأنبياء: فتح الباري (446/6)، ورقمه:(3326).

165

قَالَ تَعَالَى: ﴿ ...إِلَّآ إِبْلِيسَ كَانَ مِنَ ٱلْجِنِّ فَفَسَقَ عَنْ أَمْرِ ﴾ الكهف: ٥٠ ثم يبين الله تعالى سبب امتناع إبليس عن طاعته فيقول: قَالَ تَعَالَى: ﴿ إِلَّآ إِبْلِيسَ ٱسْتَكْبَرَ وَكَانَ مِنَ ٱلْكَٰفِرِينَ ﴾ ص: ٧٤.

2- مشهد عن محاورة إبليس:

ثم ينتقل بنا القصص القرآني بعدها إلى سرد محاورة جرت هنالك بين الله تعالى وإبليس اللعين. ليبين لنا ما كان يضمر هذا المخلوق من مشاعر الحسد والحقد والاحتقار تجاه آدم عليه السلام. وما أبان من الكفر والازدراء للأمر الإلهي الذي رآه ظالما، وغير حكيم في تقديره لمخلوقاته. وأن الله تعالى قد أعطى لهذا المخلوق المهين الأصل والطباع أكثر مما هو أهل له.

يسأله الله تعالى -وهو أعلم به- عما منعه من السجود لما خلق بيديه حين أمره بقوله: قَالَ تَعَالَى: ﴿ يَٰٓإِبْلِيسُ مَا لَكَ أَلَّا تَكُونَ مَعَ ٱلسَّٰجِدِينَ ﴾ الحجر: ٣٢ وبقوله: قَالَ تَعَالَى: ﴿ قَالَ يَٰٓإِبْلِيسُ مَا مَنَعَكَ أَن تَسْجُدَ لِمَا خَلَقْتُ بِيَدَيَّ أَسْتَكْبَرْتَ أَمْ كُنتَ مِنَ ٱلْعَالِينَ ﴾ ص: ٧٥. ويذكره بأن في فعله هذا مجابهة لأمر إلهي بالعصيان فيقول: قَالَ تَعَالَى: ﴿ قَالَ مَا مَنَعَكَ أَلَّا تَسْجُدَ إِذْ أَمَرْتُكَ ﴾ الأعراف: ١٢.

فيفصح إبليس عما يرى بقوله قَالَ تَعَالَى: ﴿ أَأَسْجُدُ لِمَنْ خَلَقْتَ طِينًا ﴾ الإسراء: ٦١ أي أن طلبك بالسجود لهذا الطين أمر يدعو للعجب والاستنكار لذلك قال لربه قَالَ تَعَالَى: ﴿ قَالَ لَمْ أَكُن لِّأَسْجُدَ لِبَشَرٍ خَلَقْتَهُۥ مِن صَلْصَٰلٍ مِّنْ حَمَإٍ مَّسْنُونٍ ﴾ الحجر: ٣٣ وعلل كل ذلك بقوله: قَالَ تَعَالَى: ﴿ أَنَا۠ خَيْرٌ مِّنْهُ خَلَقْتَنِى مِن نَّارٍ وَخَلَقْتَهُۥ مِن طِينٍ ﴾ الأعراف: ١٢. وعندها حلت عليه لعنة الغضب الإلهي لمجاهرته بالعصيان فيقول له الله تعالى: قَالَ تَعَالَى: ﴿ فَٱهْبِطْ مِنْهَا فَمَا يَكُونُ لَكَ أَن تَتَكَبَّرَ فِيهَا فَٱخْرُجْ إِنَّكَ مِنَ ٱلصَّٰغِرِينَ ﴾ الأعراف: ١٣. وقال

له في آية أخرى: قَالَ تَعَالَى: ﴿ قَالَ فَٱخْرُجْ مِنْهَا فَإِنَّكَ رَجِيمٌ ۝ وَإِنَّ عَلَيْكَ ٱللَّعْنَةَ إِلَىٰ يَوْمِ ٱلدِّينِ ۝ ﴾ الحجر: ٣٤ - ٣٥.

هذه هي جناية إبليس على نفسه. وعلى الرغم من كل ما حصل له فإن طبع الاستكبار فيه زاد حدة. فتحدى الله تعالى بأن هذا المخلوق الذي خصه بكل هذه العناية، ومنحه كل هذا التكريم؛ إن هو أعطاه فرصة وفسحة من العمر؛ أثبت له بأنه ليس أهلا لكل ذلك الاهتمام، وتلك العناية التي أولاه بها.

وكأنه يصر بذلك على القدح في حكمة الفعل الإلهي، ويستهجنه. فقال: قَالَ تَعَالَى: ﴿ أَرَءَيْتَكَ هَٰذَا ٱلَّذِي كَرَّمْتَ عَلَيَّ لَئِنْ أَخَّرْتَنِ إِلَىٰ يَوْمِ ٱلْقِيَٰمَةِ لَأَحْتَنِكَنَّ ذُرِّيَّتَهُۥ إِلَّا قَلِيلًا ۝ ﴾ الإسراء: ٦٢.

ثم صرفه خلق الكبرياء فيه عن التراجع عما صنع، ودفعه إلى تحدي أمر الله تعالى والانتقام من هذا لذي تسبب له في الحرمان مما كان فيه من مكانة بين الملائكة مع أنه جنِّيٌّ[1]. فأزمع العمل على حرمان آدم وبنيه من الجنة التي حرمها الله عليه بسببهم. ويطلب من الله الإنظار ليأمن نفسه، ولحكمة ما يعطيه الله تعالى سؤله ويمهله إلى يوم الوقت المعلوم، وعندها يعلن اللعين رسميا بداية الحرب على آدم وبنيه. يصف لنا القرآن الكريم هذا المشهد فيقول: قَالَ تَعَالَى: ﴿ قَالَ رَبِّ فَأَنظِرْنِي إِلَىٰ يَوْمِ يُبْعَثُونَ ۝ ﴾ الحجر: ٣٦ يجيبه الله تعالى بقوله: قَالَ تَعَالَى: ﴿ قَالَ فَإِنَّكَ مِنَ ٱلْمُنظَرِينَ ۝ إِلَىٰ يَوْمِ ٱلْوَقْتِ ٱلْمَعْلُومِ ۝ ﴾ الحجر: ٣٧ - ٣٨، وعندها أعلن إبليس الحرب بقوله: قَالَ تَعَالَى: ﴿ قَالَ رَبِّ بِمَا أَغْوَيْتَنِي لَأُزَيِّنَنَّ لَهُمْ فِي ٱلْأَرْضِ وَلَأُغْوِيَنَّهُمْ أَجْمَعِينَ ۝ ﴾

---

[1] يُروي كتب التفسير أن إبليس كان من خزان الجنة، وأنه كان يسوس ما بين السماء والأرض. انظر تفسير القرآن العظيم (١١٢/١ و ١٢٤).

167

إِلَّا عِبَادَكَ مِنْهُمُ ٱلْمُخْلَصِينَ ﴿٤٠﴾ ﴾ الحجر: ٣٩ - ٤٠. وبقوله: قَالَ تَعَالَى: ﴿ قَالَ فَبِمَآ أَغْوَيْتَنِي لَأَقْعُدَنَّ لَهُمْ صِرَاطَكَ ٱلْمُسْتَقِيمَ ﴿١٦﴾ ثُمَّ لَآتِيَنَّهُم مِّنۢ بَيْنِ أَيْدِيهِمْ وَمِنْ خَلْفِهِمْ وَعَنْ أَيْمَٰنِهِمْ وَعَن شَمَآئِلِهِمْ وَلَا تَجِدُ أَكْثَرَهُمْ شَٰكِرِينَ ﴿١٧﴾ ﴾ الأعراف: ١٦ - ١٧. وبقوله: قَالَ تَعَالَى: ﴿ قَالَ فَبِعِزَّتِكَ لَأُغْوِيَنَّهُمْ أَجْمَعِينَ ﴿٨٢﴾ إِلَّا عِبَادَكَ مِنْهُمُ ٱلْمُخْلَصِينَ ﴿٨٣﴾ ﴾ ص: ٨٢ - ٨٣.

فيرد الله تعالى على تلك الأقوال بمزيد من السخط والوعيد والتحدي بقوله: قَالَ تَعَالَى: ﴿ ٱخْرُجْ مِنْهَا مَذْءُومًا مَّدْحُورًا لَّمَن تَبِعَكَ مِنْهُمْ لَأَمْلَأَنَّ جَهَنَّمَ مِنكُمْ أَجْمَعِينَ ﴿١٨﴾ ﴾ الأعراف: ١٨. وبقوله: قَالَ تَعَالَى: ﴿ ٱذْهَبْ فَمَن تَبِعَكَ مِنْهُمْ فَإِنَّ جَهَنَّمَ جَزَآؤُكُمْ جَزَآءً مَّوْفُورًا ﴿٦٣﴾ وَٱسْتَفْزِزْ مَنِ ٱسْتَطَعْتَ مِنْهُم بِصَوْتِكَ وَأَجْلِبْ عَلَيْهِم بِخَيْلِكَ وَرَجِلِكَ وَشَارِكْهُمْ فِي ٱلْأَمْوَٰلِ وَٱلْأَوْلَٰدِ وَعِدْهُمْ وَمَا يَعِدُهُمُ ٱلشَّيْطَٰنُ إِلَّا غُرُورًا ﴿٦٤﴾ إِنَّ عِبَادِى لَيْسَ لَكَ عَلَيْهِمْ سُلْطَٰنٌ وَكَفَىٰ بِرَبِّكَ وَكِيلًا ﴿٦٥﴾ ﴾ الإسراء: ٦٣ - ٦٥. و قَالَ تَعَالَى: ﴿ قَالَ فَٱلْحَقُّ وَٱلْحَقَّ أَقُولُ ﴿٨٤﴾ لَأَمْلَأَنَّ جَهَنَّمَ مِنكَ وَمِمَّن تَبِعَكَ مِنْهُمْ أَجْمَعِينَ ﴿٨٥﴾ ﴾ ص: ٨٤ - ٨٥. و قَالَ تَعَالَى: ﴿ قَالَ هَٰذَا صِرَٰطٌ عَلَىَّ مُسْتَقِيمٌ ﴿٤١﴾ إِنَّ عِبَادِى لَيْسَ لَكَ عَلَيْهِمْ سُلْطَٰنٌ إِلَّا مَنِ ٱتَّبَعَكَ مِنَ ٱلْغَاوِينَ ﴿٤٢﴾ وَإِنَّ جَهَنَّمَ لَمَوْعِدُهُمْ أَجْمَعِينَ ﴿٤٣﴾ لَهَا سَبْعَةُ أَبْوَٰبٍ لِّكُلِّ بَابٍ مِّنْهُمْ جُزْءٌ مَّقْسُومٌ ﴿٤٤﴾ ﴾ الحجر: ٤١ - ٤٤.

فينصرف بعدها إبليس ليدبر أمر غواية هذا المخلوق ويتحين لذلك الفرص، مستغلا ضعف الإنسان، وسذاجته.

هذه إحدى البدايات التي طالما بحث الإنسان عنها، ألا وهي أصل الشر في هذا العالم. وبداية الصراع بين الخير والشر.

ثالثاً: الاستخلاف وسر الخلافة

أ- خلافـــة آدم وبنيه:

مر معنا من قبل أن اللـه تعالى أخبر الملائكة في إعلانه الأول. بأنه سيجعل هذا المخلوق خليفة في الأرض. وأنهم سألوه مستفهمين متعجبين عن سبب اختصاصه بهذا الأمر دونهم. فأجمل لهم الجواب عندها. وبينه بيانا عمليا بعد خلق آدم عليه السلام ليعاينوا بالتجربة والمشاهدة ما لم يكونوا يوقنونه.

فذكر القرآن أنه تعالى قال لهم: **قال تعالى:** ﴿ قَالَ إِنِّي أَعْلَمُ مَا لَا تَعْلَمُونَ ۝ ﴾ وبعدها ﴿ وَعَلَّمَ ءَادَمَ ٱلْأَسْمَاءَ كُلَّهَا ثُمَّ عَرَضَهُمْ عَلَى ٱلْمَلَٰٓئِكَةِ فَقَالَ أَنۢبِئُونِي بِأَسْمَاءِ هَٰٓؤُلَاءِ إِن كُنتُمْ صَٰدِقِينَ ۝ قَالُوا سُبْحَٰنَكَ لَا عِلْمَ لَنَا إِلَّا مَا عَلَّمْتَنَا إِنَّكَ أَنتَ ٱلْعَلِيمُ ٱلْحَكِيمُ ۝ قَالَ يَٰٓـَٔادَمُ أَنۢبِئْهُم بِأَسْمَاۤئِهِمْ فَلَمَّا أَنۢبَأَهُم بِأَسْمَاۤئِهِمْ قَالَ أَلَمْ أَقُل لَّكُمْ إِنِّي أَعْلَمُ غَيْبَ ٱلسَّمَٰوَٰتِ وَٱلْأَرْضِ وَأَعْلَمُ مَا تُبْدُونَ وَمَا كُنتُمْ تَكْتُمُونَ ۝ ﴾ البقرة: ٣٠ – ٣٣.

وسياق الآية يوحي أن لعلم آدم عليه السلام بتلك الأسماء علاقة وطيدة بوظيفة الخلافة التي اختص بها دون غيره من الخلائق الأخرى.

ب- مشاهد عن دخول آدم الجنة وخروجه منها:

بعد أن أتم اللـه تعالى خلق آدم بالنفخ فيه من روحه. وأسجد له ملائكته. وأقصى إبليس من حضرة قدسه وأخرجه من الجنة بلعنة خالدة.

بعد كل ذلك يذكر لنا القرآن مرحلة ثانية من تاريخ الوجود الإنساني فيذكر لنا مشاهد من نوع آخر يتقاسم الأدوار فيها كل من الخطابات الربانية، والإيحاءات الشيطانية، والغفلة الإنسانية. وتدور أحداثها في رحاب الجنة.

169

مشهد عن إسكان آدم وزوجه الجنة ووصية الله لهما وأول اختبار في أول نهي:

يذكر الله تعالى أنه أسكن آدم وزوجه جنته بعد أن أخرج إبليس منها. ويزودهما بأربعة أمور: إحداها؛ تحذير. والثاني؛ ضمان. والثالث؛ إباحة. والرابع؛ نهي.

فيجمع مرة بين الإباحة والنهي والتحذير، فيقول: قَالَ تَعَالَى: ﴿ وَقُلْنَا يَٰٓـَٔادَمُ ٱسْكُنْ أَنتَ وَزَوْجُكَ ٱلْجَنَّةَ وَكُلَا مِنْهَا رَغَدًا حَيْثُ شِئْتُمَا وَلَا تَقْرَبَا هَٰذِهِ ٱلشَّجَرَةَ[1] فَتَكُونَا مِنَ ٱلظَّٰلِمِينَ ٣٥ ﴾ البقرة: ٣٥[2] إذ يسكنهما هنا جنته ويبيح لهما التمتع بما فيها من مآكل. وينهاهما عن الأكل من شجرة معينة. ويحذرهما أن يكونا من الظالمين.

ويجمع في أخرى بين التحذير والضمان في قوله تعالى: قَالَ تَعَالَى: ﴿ فَقُلْنَا يَٰٓـَٔادَمُ إِنَّ هَٰذَا عَدُوٌّ لَّكَ وَلِزَوْجِكَ فَلَا يُخْرِجَنَّكُمَا مِنَ ٱلْجَنَّةِ فَتَشْقَىٰٓ ١١٧ إِنَّ لَكَ أَلَّا تَجُوعَ فِيهَا وَلَا تَعْرَىٰ ١١٨ وَأَنَّكَ لَا تَظْمَؤُا۟ فِيهَا وَلَا تَضْحَىٰ ١١٩ ﴾ طه: ١١٧ - ١١٩.

فيحذرهما فيها من عداوة إبليس ومحاولته إخراجهما من الجنة. وما ينتظرهما من الشقاء إن هو أفلح في ذلك. وضمن لهما في المقابل عدم تعرضهما للجوع والعري والضمأ إن هما بقيا فيها. وكان هذا الخطاب الرباني أول اختبار لقدرات هذا المخلوق.

ثم يمر بنا القصص القرآني إلى ذكر مشهد آخر.

---

(1) عدَّ السيوطي أقوال المفسرين في بيان تلك الشجرة فجعلها ستة (انظر ص40). وقال الطبري في تفسيره "ولا علم عندنا بأي شجرة كانت على اليقين، لأن الله لم يضع لعباده دليلا على ذلك في القرآن ولا في السنة الصحيحة". جامع البيان في تفسير القرآن (185/1).

(2) ومثلها في الأعراف 19.

مشهد فيه وسوسة إبليس وغواية آدم وإخراجه من الجنة:

ينصرف آدم عليه السلام وزوجه ينعمان في رياض الجنة. وكان إبليس قد أقسم بعزة الله قبل ذلك على السعي الحثيث في غواية آدم. وبقي يتربص، ويتحين الفرص. فلما بلغه من نهي الله تعالى ما بلغه؛ أضمر المكيدة لآدم وزوجه، وغرر بهما وأعمل فيهما مكره وفنون غوايته. **قَالَ تَعَالَى:**

﴿ فَوَسْوَسَ لَهُمَا ٱلشَّيْطَٰنُ لِيُبْدِيَ لَهُمَا مَا وُۥرِيَ عَنْهُمَا مِن سَوْءَٰتِهِمَا ۝ ﴾ الأعراف: ٢٠.

هذا ما أزمعه في نفسه فقال: **قَالَ تَعَالَى:** ﴿ يَٰٓـَٔادَمُ هَلْ أَدُلُّكَ عَلَىٰ شَجَرَةِ ٱلْخُلْدِ وَمُلْكٍ لَّا يَبْلَىٰ ۝ ﴾ طه: ١٢٠، هكذا قال ابتداء. ثم أظهر لهما العطف والنصيحة فقال **قَالَ تَعَالَى:** ﴿ وَقَالَ مَا نَهَىٰكُمَا رَبُّكُمَا عَنْ هَٰذِهِ ٱلشَّجَرَةِ إِلَّآ أَن تَكُونَا مَلَكَيْنِ أَوْ تَكُونَا مِنَ ٱلْخَٰلِدِينَ ۝ ﴾ الأعراف: ٢٠. وأكّد لهما إخلاصه في النصح لهما بالقسم على ذلك **قَالَ تَعَالَى:** ﴿ وَقَاسَمَهُمَآ إِنِّي لَكُمَا لَمِنَ ٱلنَّٰصِحِينَ ۝ ﴾ الأعراف: ٢١. والظاهر من الفجوة التي بين تدليله على شجرة الخلد وبيَن إقسامه على صدق نصحه، أن آدم استنكر منه أن ينصحه بالأكل مما نهى الله عنه. فراح إبليس يبرر ذلك بكونه ناصحا، وأن الله تعالى لم ينه عن ذلك إلا لما فيه من مصلحة عظيمة لهما. وأقسم لهما على ذلك. وأحكم بذلك حبك شباك المصيدة **قَالَ تَعَالَى:** ﴿ فَدَلَّىٰهُمَا بِغُرُورٍ ۝ ﴾ الأعراف: ٢٢.

أغرى آدم وزوجه بما ذكره إبليس وأقسم على صحته من الفائدة العظيمة التي توجد في الأكل من الشجرة المنهي عنها. عندها نسيا تحذير الله لهما من عداوة إبليس، وأحسنا الظن به على الرغم مما أبداه من العصيان الصريح لأمر الله وامتهانه لأصل آدم من أولى ساعات وجوده. نسيا كل ذلك في لحظات ضعف **قَالَ تَعَالَى:** ﴿ فَأَكَلَا مِنْهَا ۝ ﴾ طه: ١٢١. **قَالَ تَعَالَى:**

﴿ فَلَمَّا ذَاقَا ٱلشَّجَرَةَ بَدَتْ لَهُمَا سَوْءَٰتُهُمَا وَطَفِقَا يَخْصِفَانِ عَلَيْهِمَا مِن وَرَقِ ٱلْجَنَّةِ وَنَادَىٰهُمَا رَبُّهُمَآ أَلَمْ أَنْهَكُمَا عَن تِلْكُمَا ٱلشَّجَرَةِ وَأَقُل لَّكُمَآ إِنَّ

171

ٱلشَّيْطَنَ لَكُمَا عَدُوٌّ مُّبِينٌ ﴿٢٢﴾ ﴾ الأعراف: ٢٢. ونال إبليس اللعين ما رام من انتقام لتفضيلهما عليه، وإسكانهما الجنة بعد إخراجه منها قَالَ تَعَالَى: ﴿ فَأَزَلَّهُمَا ٱلشَّيْطَنُ عَنْهَا فَأَخْرَجَهُمَا مِمَّا كَانَا فِيهِ ﴿٣٦﴾ ﴾ البقرة: ٣٦. كل ذلك بسبب نسيان آدم عليه السلام لعهد الله تعالى إليه، وقلة خبرته. يقول تعالى: قَالَ تَعَالَى: ﴿ وَلَقَدْ عَهِدْنَآ إِلَىٰ ءَادَمَ مِن قَبْلُ فَنَسِيَ وَلَمْ نَجِدْ لَهُۥ عَزْمًا ﴿١١٥﴾ ﴾ طه: ١١٥.

وبعد هذا ينتقل بنا حديث القرآن الكريم إلى سرد الموقف الأخير في هذه المشاهد؛ حيث يتعرض آدم وزوجه إلى عتاب الله وتأديبه ثم يفوز بعفوه وهدايته. فيذكر أنه لما أنفذ الشيطان فيهما مَكرَه، وطفقا يخصفان عليهما من ورق الجنة؛ ناداهما ربهما معاتبا إياهما بقوله: قَالَ تَعَالَى: ﴿ أَلَمْ أَنْهَكُمَا عَن تِلْكُمَا ٱلشَّجَرَةِ وَأَقُل لَّكُمَآ إِنَّ ٱلشَّيْطَنَ لَكُمَا عَدُوٌّ مُّبِينٌ ﴿٢٢﴾ ﴾ الأعراف: ٢٢. ثم ينفذ فيهما ما كان ذكره لهما إن هما عصياه، وأطاعا إبليس قائلا: قَالَ تَعَالَى: ﴿ وَقُلْنَا ٱهْبِطُوا بَعْضُكُمْ لِبَعْضٍ عَدُوٌّ وَلَكُمْ فِي ٱلْأَرْضِ مُسْتَقَرٌّ وَمَتَعٌ إِلَىٰ حِينٍ ﴿٣٦﴾ ﴾ البقرة: ٣٦. ثم يروي القرآن أن رحمة الله تداركت هذا المخلوق المغرر به نتيجة تجربته المحدودة. فألقى الله إليه كلمات دعا بها هو وزوجه قَالَ تَعَالَى: ﴿ قَالَا رَبَّنَا ظَلَمْنَآ أَنفُسَنَا وَإِن لَّمْ تَغْفِرْ لَنَا وَتَرْحَمْنَا لَنَكُونَنَّ مِنَ ٱلْخَسِرِينَ ﴿٢٣﴾ ﴾ الأعراف: ٢٣. فتاب الله عليه. يقول تعالى في ذلك: قَالَ تَعَالَى: ﴿ فَتَلَقَّىٰ ءَادَمُ مِن رَّبِّهِۦ كَلِمَتٍ فَتَابَ عَلَيْهِ إِنَّهُۥ هُوَ ٱلتَّوَّابُ ٱلرَّحِيمُ ﴿٣٧﴾ ﴾ البقرة: ٣٧. ويقول: قَالَ تَعَالَى: ﴿ ثُمَّ ٱجْتَبَهُ رَبُّهُ فَتَابَ عَلَيْهِ وَهَدَىٰ ﴿١٢٢﴾ ﴾ طه: ١٢٢.

ولكن هذه التوبة لم تعف آدم من تحمل تبعة معصيته، والمصير إلى ما كان قد خلق لأجله مسبقا. فكان أن صدر الأمر الإلهي بإنفاذ هبوط آدم وزوجه وإبليس إلى الأرض فقال: قَالَ تَعَالَى: ﴿ ٱهْبِطُوا مِنْهَا ﴿٣٨﴾ ﴾ البقرة 38] وقد صحب هذا الأمر ما يلي:

- كون بعضهم لبعض عدو وذلك في قوله: قَالَ تَعَالَى: ﴿ وَقُلْنَا اهْبِطُوا بَعْضُكُمْ لِبَعْضٍ عَدُوٌّ وَلَكُمْ فِي الْأَرْضِ مُسْتَقَرٌّ وَمَتَاعٌ إِلَى حِينٍ ۝ ﴾ [البقرة: ٣٦] [البقرة 36] وفي [طه 123] [البقرة 36] [الأعراف 24]

- ليستقروا فيها ويتمتعوا بما فيها إلى حين. وذلك في قوله تعالى: قَالَ تَعَالَى: ﴿ فَأَزَلَّهُمَا الشَّيْطَانُ عَنْهَا فَأَخْرَجَهُمَا مِمَّا كَانَا فِيهِ وَقُلْنَا اهْبِطُوا بَعْضُكُمْ لِبَعْضٍ عَدُوٌّ وَلَكُمْ فِي الْأَرْضِ مُسْتَقَرٌّ وَمَتَاعٌ إِلَى حِينٍ ۝ ﴾ [البقرة 36] و الأعراف 24].

- أن فيها حياتهم وفيها مماتهم ومنها يخرجون. قال تعالى: قَالَ تَعَالَى: ﴿ قَالَ فِيهَا تَحْيَوْنَ وَفِيهَا تَمُوتُونَ وَمِنْهَا تُخْرَجُونَ ۝ ﴾ [الأعراف 25]

- أنه سيبعث إليهم بالهدى، ويرى ما هم فاعلون إذ يقول: قَالَ تَعَالَى: ﴿ فَإِمَّا يَأْتِيَنَّكُمْ مِنِّي هُدًى فَمَنْ تَبِعَ هُدَايَ فَلَا خَوْفٌ عَلَيْهِمْ وَلَا هُمْ يَحْزَنُونَ ۝ وَالَّذِينَ كَفَرُوا وَكَذَّبُوا بِآيَاتِنَا أُولَئِكَ أَصْحَابُ النَّارِ هُمْ فِيهَا خَالِدُونَ ۝ ﴾ [البقرة: ٣٨ - ٣٩] وقال في موضع آخر: قَالَ تَعَالَى: ﴿ فَإِمَّا يَأْتِيَنَّكُمْ مِنِّي هُدًى فَمَنِ اتَّبَعَ هُدَايَ فَلَا يَضِلُّ وَلَا يَشْقَى ۝ وَمَنْ أَعْرَضَ عَنْ ذِكْرِي فَإِنَّ لَهُ مَعِيشَةً ضَنْكًا وَنَحْشُرُهُ يَوْمَ الْقِيَامَةِ أَعْمَى ۝ ﴾ [طه: ١٢٣ - ١٢٤].

وفي ختام القصة يختمها الله تعالى بوصية لبني آدم كلهم فيقول: قَالَ تَعَالَى: ﴿ يَا بَنِي آدَمَ قَدْ أَنْزَلْنَا عَلَيْكُمْ لِبَاسًا يُوَارِي سَوْآتِكُمْ وَرِيشًا وَلِبَاسُ التَّقْوَى ذَلِكَ خَيْرٌ ذَلِكَ مِنْ آيَاتِ اللَّهِ لَعَلَّهُمْ يَذَّكَّرُونَ ۝ يَا بَنِي آدَمَ لَا يَفْتِنَنَّكُمُ الشَّيْطَانُ كَمَا أَخْرَجَ أَبَوَيْكُمْ مِنَ الْجَنَّةِ يَنْزِعُ عَنْهُمَا لِبَاسَهُمَا لِيُرِيَهُمَا سَوْآتِهِمَا إِنَّهُ يَرَاكُمْ هُوَ وَقَبِيلُهُ مِنْ حَيْثُ لَا تَرَوْنَهُمْ إِنَّا جَعَلْنَا الشَّيَاطِينَ أَوْلِيَاءَ لِلَّذِينَ لَا يُؤْمِنُونَ ۝ ﴾ الأعراف: ٢٦ - ٢٧ ثم يعيد عليهم الوصية التي قالها:

173

قَالَ تَعَالَى: ﴿يَٰبَنِىٓ ءَادَمَ إِمَّا يَأْتِيَنَّكُمْ رُسُلٌ مِّنكُمْ يَقُصُّونَ عَلَيْكُمْ ءَايَٰتِى فَمَنِ ٱتَّقَىٰ وَأَصْلَحَ فَلَا خَوْفٌ عَلَيْهِمْ وَلَا هُمْ يَحْزَنُونَ ۝ وَٱلَّذِينَ كَذَّبُوا۟ بِـَٔايَٰتِنَا وَٱسْتَكْبَرُوا۟ عَنْهَآ أُو۟لَٰٓئِكَ أَصْحَٰبُ ٱلنَّارِ هُمْ فِيهَا خَٰلِدُونَ ۝﴾ الأعراف: ٣٥ – ٣٦.

وهكذا ينزل آدم وزوجه إلى الأرض، يكتبان بذلك أولى صفحات تاريخ الوجود البشري على وجه الأرض.

خلاصة الفصل:

أولا:

- أن للألوهية في القرآن مفهـوم خـاص، فـالله في العقيـدة الإسلامية وجـود كامـل مطلق يتصف بالحياة والعلم والقـدرة والإرادة وأن لـه في هـذه الصفات المثل الأعلى، وليس يماثله من مخلوقاته فيها شيء [1].

- أن العقل إن سُمح له بأن يحكم لله بالكمال المطلق، فمن الأسلـم لـه أن يـدع لله تعالى أمر تعريف الخلق ذاته بذاته.

ثانيا:

- أن الطبيعة(الكون) مطبوعة وليست بطابعـة، وأنهـا مخلوقـة لله تعـالى وليسـت بخالقة، فهي مسخرة لله تعالى قائمة بأمره.

ثالثا:

- أهمُّ ما يستفاد من قصة آدم عليه السلام معرفة الإنسان نفسه وهويته، ومعرفة أنه جسد وروح. ومعرفته لقدر نفسه وقيمته في هذا الكون. وتفرده فيه. قال صاحب الظلال: (والذي يتَّضح من القصة ومن مجموعة النصوص القرآنية أنه كذلك خلق متفرِّدا لا في الأرض وحدها، ولكن في الكون كله. فالعوالم الأخرى من ملائكة وجن وما لا يعلمه إلا اللـه من الخلق؛ لها وظائف أخرى، كما أنها خلقت من طبائع أخرى تناسب هذه الوظائف. وتفرد الإنسان وحده بخصائصه هذه ووظائفه. يدلُّ على ذلك قوله تعالى: ﴿ إِنَّا عَرَضْنَا ٱلْأَمَانَةَ عَلَى ٱلسَّمَٰوَٰتِ وَٱلْأَرْضِ وَٱلْجِبَالِ فَأَبَيْنَ أَن يَحْمِلْنَهَا وَأَشْفَقْنَ مِنْهَا وَحَمَلَهَا

---

(1) نظام الإسلام، محمد المبارك ص 53.

ٱلْإِنسَـٰنُ إِنَّهُۥ كَانَ ظَلُومًا جَهُولًا ۝ ﴾ وإذن فهو متفرد في الكون كله بخصائص.. ومنها الظلم والجهل! إلى جانب الاختيار النسبي والاستعداد للمعرفة المترقية، والإرادة الذاتية. والمقدرة على العدل والعلم، بقدر المقدرة على الظلم والجهل!.. فهذا الازدواج ذاته هو ميزته التي تفرده)[1] فهذه الآيات التي تناولت قصة آدم عليه السلام ليست مجرّد قصة، (إنما هو عرض لحقيقة الإنسان لتعريفه بحقيقة طبيعته ونشأته، والعوالم المحيطة به، والقدر الذي يصرف حياته، والمنهج الذي يرضاه الله له، والابتلاء الذي يصادفه، والمصير الذي ينتظره.. وكلها حقائق تشارك في تقرير مقومات التصور الإسلامي)[2].

- ويستشفُّ من القصة أيضا نقاط الضعف والخطر في تركيبة الإنسان النفسية:

الأولى حبُّه لملك النّعيم الخالد، وحيازة الخلود في ما يملك. هذا ما علمه إبليس اللعين عن طبعه فمنّاه قائلا: قَالَ تَعَالَىٰ: ﴿ يَـٰٓـَٔادَمُ هَلْ أَدُلُّكَ عَلَىٰ شَجَرَةِ ٱلْخُلْدِ وَمُلْكٍ لَّا يَبْلَىٰ ۝ ﴾ طه: ١٢٠. والثانية فضل الآدمي الآيب على إبليس المتمرد؟؟.

- ومن حقائق هذه الآيات أيضا أن (مجموع النُّصوص القرآنية في خلق آدم عليه السلام، وفي نشأة الجنس البشري، ترجِّح أن إعطاء هذا الكائن خصائصه الإنسانية ووظائفه المستقلة، كان مصاحبا لخلقه. وأن الترقي في تاريخ الإنسان كان ترقيا في بروز هذه الخصائص ونموها وتدريبها واكتسابها

_____

(1) الظلال (3/).

(2) الظلال (1270/3).

الخبرة العالية. ولم يكن ترقيا في "وجود" الإنسان. من تطور الأنواع حتى انتهـت إلى الإنسان، كما تقول الداروينية)[1].

(1) الظلال (3/ 1264).

الفصل الثالث

مصير الإنسانية ومآل العالم

(جواب "إلى أين؟")

ويشتمل بعد التمهيد على المبحثين الآتيين:

المبحث الأول: النهاية (نهاية الحياة الدنيا)

وهو مخصص للكلام عن نهاية الجنس البشري بالموت، وقيام الساعة، ونهاية سريان نظام هذا الكون.

المبحث الثاني: الآخرة (بداية حياة ثانية لا نهاية لها)

وخصصته لبيان أهم أخبار الدار الآخرة بداية من البرزخ إلى مستقر الإنسانية الأخير في الجنة أو في النار.

تمهيد:

كبير هو شغف الناس بمعرفة الغيوب، وأكبر من ذلك شغفهم بالوقوف على أخبار مستقبلهم، ومستقبل الحياة التي يعيشونها، ومستقبل هذه الأرض التي يفترشونها وتلك السموات التي اتخذوها لحافا. ثم إن الإنسان إن تيسر ـ لديه شيء من أخبار ماضيه، والشيء الكثير من أخبار حاضره؛ فإنه لا يملك من أخبار مستقبله إلا النزر اليسير، والذي أغلبه تخمينات أو ظنون راجحة يتوقع بها حصول بعض المستقبليات كانتظاره برودة الطقس في فصل الشتاء ونزول المطر فيه، واخضرار الأرض في فصل الربيع، وغير ذلك مما جرت به العادة لدى عامة الناس، ولا يملك اليقين إلا في بعض الحقائق العامة التي منها موته عند كبره وشيخوخته. ولكن أغلب ملابسات هذه الحوادث يتجاوز مداركه. فهل رضي الإنسان بما لديه من أخبار مستقبله وأعرض عما سواها؟؟ كلا! فإنّ طموح الإنسان أكبر من أن يرضى بالوقوف على اليسير الذي لديه.

يقول ابن خلدون في مقدمته: (اعلم أن من خواص النفس البشرية التشوف إلى عواقب أمورهم، وعلم ما يحدث لهم من حياة وموت وخير وشر سيما الحوادث العامة لمعرفة ما بقي من الدنيا ومعرفة مدد الدول أو تفاوتها والتطلع إلى هذا طبيعة مجبولون عليها ...)[1].

وأهمُّ تلك الانشغالات كلها قلق الناس على مصائرهم ومصير هذا العالم من حولهم. فقد جرت العادة أن يشب الوليد ويكبر حتى إذا بلغ أشده واستوى رماه الكبر بالشيب، ودب فيه الضعف والوهن شيئا فشيئا حتى يموت!. وقد

---

(1) ابن خلدون في المقدمة ص 330 طبعة دار الفكر.

دلّت الآثار على أن القرون الكثيرة من الحضارات الإنسانية التي عمّرت قبلنا وأحكمت قبضتها على من حولها وما حولها وعمّرت ما لم يعمره غيرها تداعت أركانها، وتزلزل بنيانها، فما بقى منها إلا ما يدل على عظيم نكبتها، وجليل مصابها. وللعاقل أن يتساءل في موقف كهذا فيقول: هل لسلسلة هذه النهايات حلقة أخيرة تكتمل بها أم أنها سلسلة لا نهاية لها؟. وإذا كانت السلسلة منتهية فما الذي تخفيه عنا تلك النهاية؟.

لقد تباين مفهوم النهاية لدى بني الإنسان، فمنهم من يرى في الموت عدما محضا ولا شيء بعده البتة. ومنهم من رأى فيه نقلة نوعية إلى حياة أخرى، واختلف هؤلاء في تلك الحياة. فذهب البعض إلى أنها انتقال روح الميت إلى جسم آخر تعيش فيه - إنسان أو حيوان أو جماد - كما يعتقد أكثر براهمة الهند ومن سلك مذهبهم في الاعتقاد بالتناسخ. وإما أن تهيم الروح على وجهها، وتبقى طليقة في عالم الأرواح. وكل ذلك يقع في هذه الدنيا. لا في عالم آخر. وذهب البعض الآخر إلى الاعتقاد بعودة الأرواح إلى أجسادها، في هذا العالم أو في عالم آخر.

هذا بالنسبة للأفراد أما نهاية البشرية جمعاء فإنه إن كان قد تعسّر ـ على إنسان العصور الغابرة تصور فناء الأحياء وهلاك هذا العالم بأسره؛ فقد تيسر ذلك لإنسان هذا العصر. وسبب ذلك هو كثرة ما وقف عليه من أسباب فناء الحياة وخراب العالم مما لم يتيسر لمن سبقه، والتي يكفي حدوث أحدها لهلاك البشرية وكل ما معها من مقوّمات الحياة على هذا الكوكب. بل وتحقّق لديه أن لا مناص من خراب هذا الكون بأسره طال موعد ذلك أو قصر. ولكن العلم وإن حاز على هذه الحقيقة وجزم بها فإنه لا يجزم بوجود حياة ثانية بعد هذه الحياة، لأنه لا يملك على ذلك أي دليل. وغاية ما يمكنه أن يقول إنما هو جواز ذلك لا غير.

فإذا رجعنا إلى القرآن فإننا نجده يعطي مفهوما آخر لما دعاه الناس "نهاية" وأكثروا فيها الجدل واختلفوا في تصورها. فأنبأهم بماهيتها وحكى عن غريب أحوالها وطريف مشاهدها وعظيم أهوالها بما يقي السائل من تتبع السراب في طلب حقائقها من غير هذا الباب.

إنّ للنهاية في القرآن مفهوما غير الذي يفهمه الناس وينتظرونه؛ ومصطلحا غير الذي يلفظونه. إنها نهاية الحياة الدنيا وبداية حياة أخرى لا نهاية لها.

ذلك أن القرآن الكريم تحدَّث عن ثلاثة أزمنة تحوي أحداث تاريخ الكون كله وهي:

- زمن أتم الله تعالى فيه خلق الكون ويبتدئ بخلق السماوات والأرض لينتهي بخلق آدم عليه السلام. وقدره ستة أيام من أيام الله تعالى.

- وزمن عبر عنه القرآن بالحياة الدنيا وهو زمن نسبي يختلف باعتبار الشيء المتزمن إذ أن لكل إنسان فترة خاصة يعمر فيها هي حياته الدنيا تبتدئ بلحظة وجوده الفعلي. وتنتهي بلحظة وفاته. وأما بالنسبة للجنس البشري فيتمثَّل هذا الزمن في الفترة التي تجري فيها أحداث قصة خلافة بني الإنسان في الأرض وعمارتهم لها فيبتدئ باستخلاف آدم في الأرض لينتهي بقيام الساعة على ما بقي من بنيه.

- وزمن آخر عبر عنه القرآن بالآخرة؛ يعيد فيه الله إحياء من مات من خلقه ليحاسبهم ويجازيهم فيه. وهو زمن نسبي أيضا إذ تختلف بدايته من إنسان إلى آخر؛ فهو يبدأ عند كل إنسان من لحظة موته، وأما بالنسبة للبشرية فيبتدئ بقيام الساعة. وهو زمن لا آخر له في القرآن

على الإطلاق. وإن المتمعن لهذه الأزمنة يتضح له بسهولة أن المجال الذي يشغل بال الإنسان عن مآله ومآل من حوله وما حوله، هو نهاية الزمن الأول، وكل ما يجري في الـزمن الأخـير. وعليه فإني سأبسط الكلام عن جواب القرآن المتعلق بالمآل في مبحثين؛ أورد في أولهما أخبار القرآن عن نهاية الحياة الدنيا. وأخصص ثانيهما لذكر أخبار اليوم الآخر وما يؤول إليـه أمـر الخلائق فيه.

المبحث الأول

النهـــــــــاية

(نهاية الحياة الدنيا)

لقد انقرضت الكثير من أشكال الحياة التي عمّرت على الأرض طويلا، وهذه آثارها تشهد على قوتها وجبروتها. فهذه وديان طال جريانها، وكثر عطاؤها، فإذا ماؤها يغور في الأعماق فما بقي منها غير أسمائها وآثار عطائها. وهذه مروج خضراء واسعة، أو بحار لجية غدت صحار قاحلة. وهـذه حضارات مزدهرة ملكت مشارق الأرض ومغاربها ثم أفل نجمهـا وغـدت قصصا وأسـاطير تتـداولها الأجيال. أفلا يحقُّ للإنسان بعد كلِّ هذا أن يتساءل عن مآله ومآل مـا حولـه.. مـا هـي نهايـة هـذا الكون؟؟!. إن هذا لهو أقل الواجب.

ولقد علم اللـه تعالى من الإنسان تلك الطباع وتلك الهواجس فبعث إليه بالنور الذي أنار لـه دروبه بالقدر الذي يحتاجه في عمارته لهذه الأرض. فتكلم لـه عن ظاهرة المـوت التـي تنهـي وجـود أفراد الناس، وأنبأه عن أحداث نهاية العمران البشري لهذه الأرض وخلافتهم فيها، وتكلم عن خراب هذا العمران وانخرام نواميس الكون. ولأجل ذلك خصَّصت هذا المبحث للكلام عن نهايـة هـذا العالم عامة، ونهاية عمران الجنس البشري لهذه الأرض على الخصوص، في المطلبين الآتيين:

المطلب الأول: نهاية الجنس البشري (الموت).

لم يكن ليخطر ببال أي إنسان في العصور المتقدمة أن الموت سيُفلته يوما مهما طال به العمـر ومهما تحايل عليه بوسائل العلاج وأصناف الحيطة

والحذر. وإنَّ تظاهر بعض شواذ الناس بخلاف ذلك أمام الناس لا يعكس حقيقة ما في نفوسهم. فحتى الفراعنة الذين ادعوا ربوبية الخلق أمام أقوامهم كانوا يهيئون مقابرهم قبل وفاتهم بزمن بعيد. فالموت سنة مطردة في بني البشر لم يشهد لها استثناء في تاريخ وجودهم. ولكن الكثير من الناس ممن افتقد أخبار السماء من هؤلاء، أو وجدها ولم يؤمن بها، كان لا يستبعد إمكانية استمرار وجود الجنس البشري على وجه هذه الأرض دونما نهاية. فالتناسل والتكاثر كفيل بضمان استمرار ذلك.

أما في العصر الحديث؛ فإنه على الرغم من كل الإنجازات العلمية التي حققها الإنسان في مجال الطب والعلاج، وعلى الرغم من كل ما حققه من انتصارات على أسباب الهلاك سعيا وراء تحقيق شيء من رغبته الدفينة في الخلود[1]؛ فإن تقدم العلوم الأخرى كالفيزياء الحديثة والفلك قد أثبت بما يصل

---

(1) (... إن قضية إطالة العمر تشغل أذهان الأطباء إلى درجة أصبح الطب يتهم أحيانا ب" الإنسانية المفرطة " بسبب محاولات إطالة حياة أشخاص في أرذل العمر ... لكن مشكلة إطالة الحياة لا تشغل علماء الطب والبيولوجيا فقط، بل وعلماء الاقتصاد والاجتماع والسياسة، ذلك أن إبعاد شبح الشيخوخة يعني الحفاظ على الكوادر المؤهلة والمجربة للمجتمع.

في الاتحاد السوفيتي يوجد معهد خاص تابع لأكاديمية العلوم لدراسة هذه المشكلة. وفي الولايات المتحدة الأمريكية تم تأسيس جمعية "Age" العلمية القومية لهذا الغرض. ويقول بيان التأسيس بأن من أسباب استحداث الجمعية هو أننا قد استنفدنا الحد الأعلى تقريبا من إمكانيات إطالة الحياة بالوسائل الطبية البيولوجية التقليدية القائمة على أساس معالجة المرض. ومنذ منتصف الخمسينات من القرن الحالي (تجمد) معدل عمر الإنسان عند سن السبعين). كتاب: الإنسان آخر المعلومات العلمية عنه/ ترجمة وإعداد كامران قره داغي.

درجة اليقين أو يدانيها بأن شمسنا آيلة إلى الخمود، وأن كوننا سائر لا محالة في طريق الدمار أو الموت[1].

إذن فقد أسفر تراكم معارف الأولين عند الآخرين على فشل ذريع في الوقوف على أي بارقة أمل في الخلود. وهذه النتيجة كافية لإثارة الذعر في قلوب الناس جميعهم مهما نسوها أو تناسوها ومهما خدّروا أنفسهم بالتمرغ في لذائذ هذه الدنيا وأدمنوها. وإن أكثر ما يثير هذا الذعر ظاهرة الموت التي هي آلة ذاك الفناء إنه يرعب أكثر الناس بلادة فكيف بمن هم خير منهم؟!. ثم إنّ اصطدام رغبة الإنسان الفطرية في الخلود مع تحقق حصول الفناء وتوقعه في أي لحظة من لحظات حياته يجعل التطلع إلى معرفة حقائق نهايته، ونهاية بني جنسه، وما بعد ذلك كله، من أخطر مسائل الغيبيات التي تثير انتباه الإنسان وانشغاله باله.

وقد أوجز القرآن ذِكر كبرى حقائق تلك النهاية فتكلم عن ظاهرة الموت التي سُلِّطت على الآدميين وأهلكت أسلافهم ولا تزال تلاحقهم وتبغتهم ليل نهار. وتكلم عن الحادثة الكبرى التي سينقرض بها الجنس البشري بأكمله. وسأتناول هنا شيئا من أخبار القرآن عن

---

[1] على كلا الاحتمالين أو النموذجين (لأن النجوم -في نموذج الكون المفتوح- عندما تستنفد وقودها فإنها تموت الواحدة بعد الأخرى وفي النهاية يكون الكون عبارة عن مقبرة هائلة تتسع على الدوام. أما في حالة نموذج الكون المغلق فإنه لا حاجة إلى انتظار موت نجمة إثر أخرى. لأن قيامة مشتركة سوف تنهي كل شيء. وبعد ذلك سترتفع درجة الحرارة إلى ملايين الدرجات، وتبدأ النجوم بإطلاق صرخات الموت وهي تذوب في حساء كوني يغلي غليانا هائلا، ويستمر حجمه بالنقصان حتى يصل حجمه إلى الصفر ثم يختفي.. انظر الانفجار الكبير ص87. سأتوسع في شرح هذه الفكرة في المبحث الثاني.

ملابسات تلك الظاهرة. وأبسط الكلام عن هذا الموضوع في نقطتين رئيستين؛ أذكر في أولاهما كلام القرآن عن ظاهرة الموت، وأذكر في الأخرى كلامه عن كيفيات نهاية الجنس البشري وانقراضه من على وجه الأرض.

أولا- ظاهرة الموت.

وإذا كان تفصيل التصور القرآني للحياة قد سبق ذكره في الفصل السابق؛ فهاهنا موطن بسط الكلام عما ذكره القرآن عن حادثة الموت، وحقائقه المغيبة عن الناس.

أ- حقيقة الموت:

تعريفه:

"الموت"، "الوفاة"، "المنية والمنون". هذه أشهر الألفاظ التي عبر بها اللسان العربي عن هذه الظاهرة. وهي كلها بمعنى واحد. وأكثر هذه الألفاظ استعمالا وشيوعا في القرآن وفي غيره هما لفظتا؛ الموت والوفاة.

- فأما الموت والموتان (فهو) ضد الحياة، وأصله في لغة العرب السكون. وكل ما سكن فقد مات. فنقول ماتت النار موتا إذا برد رمادها فلم يبق من الجمر شيء[1].

- وأما لفظ الوفاة فيقول فيه صاحب التذكرة: (اعلم أن التوفي مأخوذ من توفيت الدين واستوفيته إذا قبضته ولم يدع منه شيئا[2].

---

(1) لسان العرب مادة (موت).
(2) التذكرة ص 81.

وأما في القرآن الكريم فقد ورد هذا المعنى في أغلب المواضع بلفظة **الموت** نفسها كما في قوله

تعالى: قَالَ تَعَالَى: ﴿ كُلُّ نَفْسٍ ذَآئِقَةُ ٱلْمَوْتِ ۝ ﴾ الأنبياء: ٣٥. وورد في بعض المواضع

بلفظ **التوفي** كالذي في قوله تعالى: قَالَ تَعَالَى: ﴿ ۞ قُلْ يَتَوَفَّىٰكُم مَّلَكُ ٱلْمَوْتِ ٱلَّذِى وُكِّلَ بِكُمْ ثُمَّ

إِلَىٰ رَبِّكُمْ تُرْجَعُونَ ۝ ﴾ السجدة: ١١. وورد أيضا بلفظ المنون[1] في قوله تعالى: قَالَ تَعَالَى:

﴿ أَمْ يَقُولُونَ شَاعِرٌ نَّتَرَبَّصُ بِهِۦ رَيْبَ ٱلْمَنُونِ ۝ ﴾ الطور: ٣٠. وورد أيضا بلفظ اليقين كما في

قوله تعالى: قَالَ تَعَالَى: ﴿ وَٱعْبُدْ رَبَّكَ حَتَّىٰ يَأْتِيَكَ ٱلْيَقِينُ ۝ ﴾ الحجر: ٩٩ [2] وتجتمع

كل هذه الألفاظ على معنى واحد هو (مفارقة الروح للبدن)[3]

فالموت في القرآن ليس بعدم محض، ولا فناء صرف (وإنما هو: انقطاع تعلق الروح بالبدن،

ومفارقة وحيلولة بينهما، وتبدل حال..وانتقال من دار إلى دار -أي من دار التكليف والعمل إلى دار

البرزخ والسؤال)-[4].

فإذا كان تاريخ الإنسانية مكوَّنا من فترة دنيوية تبتدئ بوجود من عدم محض؛ زمنها محدود.

وفترة أخروية تنتهي بالإنسان إلى الخلود. فإن الموت هو الحدث الفاصل بين الفترتين.

---

(1) "أي قوارع الدهر والمنون الموت يقولون ننتظره ونصبر عليه حتى يأتيه الموت فنستريح منه ومـن شـأنه" تفسـير القرآن العظيم (243/4) طبعة دار المعرفة.

(2) قال ابن كثير: (قال البخاري: قال سالم الموت. وسالم هذا هو سالم بن عبد الله بن عمر ... والدليل على ذلك قوله تعالى إخبارا عن أهل النار أنهم قالوا: "لم نك من المصلين ولم نك نطعم المسكين وكنا نخوض مع الخائضين حتى أتانا اليقين" وفي الصحيح.. أن رسول الله صلى الله عليه وسلم.. فقال: "أما هو فقد جاءه اليقين وإني لأرجو له الخير"). تفسير القرآن العظيم (413/3).

(3) اليوم الآخر في الأديان السماوية: ص99.

(4) الحياة البرزخية -من الموت إلى البعث-: ص37.

هذا وقد ذكر القرآن للموت الذي ينقل الإنسان من الدنيا إلى الآخرة نظيرا في هذه الدنيا وهو النوم. فللإنسان موتتان في هذه الدنيا: ينتقل بإحداهما -وهي الموتة صغرى- من يوم دنيوي إلى آخر؛ وهي وفاة تتكرر على مر الأيام. وينتقل بالموتة الثانية -وهي الموتة الكبرى- من الحياة الدنيا إلى عالم الآخرة، تنتهي بها حياته الدنيوية، ويتذوقها الإنسان مرة واحدة. قال تعالى: ﴿قَالَ تَعَالَى: اللَّهُ يَتَوَفَّى الْأَنفُسَ حِينَ مَوْتِهَا وَالَّتِي لَمْ تَمُتْ فِي مَنَامِهَا فَيُمْسِكُ الَّتِي قَضَى عَلَيْهَا الْمَوْتَ وَيُرْسِلُ الْأُخْرَى إِلَى أَجَلٍ مُّسَمًّى إِنَّ فِي ذَلِكَ لَآيَاتٍ لِقَوْمٍ يَتَفَكَّرُونَ ﴿٤٢﴾﴾ الزمر: ٤٢. وقال أيضا: ﴿قَالَ تَعَالَى: وَهُوَ الَّذِي يَتَوَفَّاكُم بِالَّيْلِ وَيَعْلَمُ مَا جَرَحْتُم بِالنَّهَارِ ثُمَّ يَبْعَثُكُمْ فِيهِ لِيُقْضَى أَجَلٌ مُّسَمًّى ثُمَّ إِلَيْهِ مَرْجِعُكُمْ ثُمَّ يُنَبِّئُكُم بِمَا كُنتُمْ تَعْمَلُونَ ﴿٦٠﴾﴾ الأنعام: ٦٠. وقد ورد في الصحيح أن حذيفة بن اليمان قال "كان النبي صلى الله عليه وسلم إذا آوى إلى فراشه قال باسمك أموت وأحيا وإذا قام قال الحمد لله الذي أحيانا بعد ما أماتنا وإليه النشور"[1] وفي لفظ آخر "باسمك ربي وضعت جنبي وبك أرفعه إن أمسكت نفسي فارحمها وإن أرسلتها فاحفظها بما تحفظ به عبادك الصالحين"[2] والموتة الثانية هي مقصد هذا المبحث وموضوعه.

---

(1) أخرجه البخاري في كتاب الدعوات: فتح الباري (١٣٨/١١)، ورقمه: (٦٣١٤)، وفي كتاب التوحيد،: فتح الباري: (٤٦٨/١٣)، ورقمه: (٧٣٩٥). ومسلم في كتاب الذكر والدعاء والتوبة والاستغفار (٢٠٨٣/٤)، ورقمه (٢٧١١).

(2) البخاري في كتاب التوحيد: فتح الباري (٤٦٨/١٣) ورقمه:(٧٣٩٤)، ومسلم في كتاب الذكر والدعاء والتوبة والاستغفار (٢٠٨٤-٢٠٨٥/٤) ورقمه(٢٧١٤).

ب- حتمية حصوله:

إنّ حتمية موت كل إنسان حقيقة أثبتت أيام الماضي صدقها، ولم تجيء أيام الحاضر بما ينقضها. فلما نزل القرآن أكد ذلك، وأنبأ باطراد عمل هذه السنة في بني الإنسان إلى أن تأتي على آخرهم قال تعالى: قَالَ تَعَالَى: ﴿ وَمَا جَعَلْنَا لِبَشَرٍ مِّن قَبْلِكَ ٱلْخُلْدَ أَفَإِيْن مِّتَّ فَهُمُ ٱلْخَٰلِدُونَ ﴿٣٤﴾ ﴾ الأنبياء: ٣٤ وقال لنبيه صلى الله عليه وسلم: قَالَ تَعَالَى: ﴿ إِنَّكَ مَيِّتٌ وَإِنَّهُم مَّيِّتُونَ ﴿٣٠﴾ ﴾ الزمر: ٣٠. فكبح بذلك جموح خيال الإنسان المؤمن به، معتبرا ذلك طمع في المستحيل. فيقرر القرآن أن لكل إنسان أجلا لا يتقدمه ساعة ولا يتعداه؛ قال تعالى: قَالَ تَعَالَى: ﴿ وَلِكُلِّ أُمَّةٍ أَجَلٌ فَإِذَا جَآءَ أَجَلُهُمْ لَا يَسْتَأْخِرُونَ سَاعَةً وَلَا يَسْتَقْدِمُونَ ﴿٣٤﴾ ﴾ الأعراف: ٣٤. وقال أيضا: قَالَ تَعَالَى: ﴿ ٱللَّهُ يَتَوَفَّى ٱلْأَنفُسَ حِينَ مَوْتِهَا وَٱلَّتِى لَمْ تَمُتْ فِى مَنَامِهَا فَيُمْسِكُ ٱلَّتِى قَضَىٰ عَلَيْهَا ٱلْمَوْتَ وَيُرْسِلُ ٱلْأُخْرَىٰ إِلَىٰ أَجَلٍ مُّسَمًّى إِنَّ فِى ذَٰلِكَ لَآيَٰتٍ لِّقَوْمٍ يَتَفَكَّرُونَ ﴿٤٢﴾ ﴾ الزمر: ٤٢.

فلا جدوى -إذن- من التَّحايل على الموت البتة. ولا أمل في تجنب أسبابه، والفرار منه إن حانت ساعته مهما بالغ الإنسان في الاحتياط منه. قال تعالى: قَالَ تَعَالَى: ﴿ أَيْنَمَا تَكُونُوا۟ يُدْرِككُّمُ ٱلْمَوْتُ وَلَوْ كُنتُمْ فِى بُرُوجٍ مُّشَيَّدَةٍ ﴿٧٨﴾ ﴾ النساء: ٧٨. وقال أيضا: قَالَ تَعَالَى: ﴿ قُل لَّن يَنفَعَكُمُ ٱلْفِرَارُ إِن فَرَرْتُم مِّنَ ٱلْمَوْتِ أَوِ ٱلْقَتْلِ ﴿١٦﴾ ﴾ الأحزاب: ١٦. (فأخبرهم أن فرارهم ذلك لا يؤخر آجالهم ولا يطول أعمارهم بل ربما كان ذلك سببا في تعجيل أخذهم غرة)(1).

_____

(1) تفسير القرآن العظيم لسورة الأحزاب آية 16.

وزيادة على ذلك فقد تحدى القرآن كل من يزعم القدرة على الإفلات منه أو تخليص الناس من أسبابه بقوله تعالى: قَالَ تَعَالَى: ﴿ ٱلَّذِينَ قَالُوا۟ لِإِخْوَٰنِهِمْ وَقَعَدُوا۟ لَوْ أَطَاعُونَا مَا قُتِلُوا۟ قُلْ فَٱدْرَءُوا۟ عَنْ أَنفُسِكُمُ ٱلْمَوْتَ إِن كُنتُمْ صَٰدِقِينَ ۝ ﴾ آل عمران: ١٦٨. وفي تلك الآيات قطع للطريق أمام كل من تسوِّل له نفسه أن يطمع في الخلود الأبدي.

أجل إنّ القرآن لا ينهى في الجد عن المحافظة على النفس وتحاشي أسباب الهلاك، بل يأمر به، ويحث عليه ويباركه، فذلك من مقاصد الشريعة الإسلامية[1]. وإنما ينهى عن الآمال غير المشروعة[2] التي لا سبيل إلى تحقُّقها، والتي فيها تحد لحكمٍ قدره الله تعالى على عبيده منذ القدم.

ج- وقته ومكانه:

ويقرر القرآن أيضا أن الموت مجهول الموعد والمكان قال تعالى: قَالَ تَعَالَى: ﴿ وَمَا تَدْرِى نَفْسٌ مَّاذَا تَكْسِبُ غَدًا وَمَا تَدْرِى نَفْسٌ بِأَيِّ أَرْضٍ تَمُوتُ إِنَّ ٱللَّهَ عَلِيمٌ خَبِيرٌ ۝ ﴾ لقمان: ٣٤.

ومن أسرار طمس أوان موت الإنسان ما يلي:

1- أن يكون دائم الاستعداد له ولما بعده.

2 - أن دوام الاستعداد يجعل الإنسان مداوما على ممارسة وظيفته في هذه الأرض من عبودية الله وخلافته في أرضه حتى نَفَسه الأخير.

---

(1) (مقاصد الشريعة الإسلامية خمسة ومنهم من جعلها ستة)

(2) (إن لملاحدة القرن العشرين من علماء المادة وفلاسفتها أمل كبير في اقتدار العلم مستقبلا من إطالة عمر الإنسان إلى ما لا يتصور ولربما تخليصه من كل ما قد يكون سببا لهلاكه)

ولو عرف موعد موته لتوقف عن العمل لما يدرك من أنه لن يمتد به عمره ليقف على ثمرة ذلك العمل.

3 - أن تعجيل العمل للآخرة يقي الإنسان مخاطر التسويف والتمني فلربما لم يسعفه ما بقي له من العمر لاستدراك ما فاته، أو إصلاح ما أفسده. فمن حكمة السلف في ذلك ما روي عن ابن عمر رضي الله عنه قال أخذ رسول الله صلى الله عليه وسلم بمنكبي فقال: "كن في الدنيا كأنك غريب أو عابر سبيل" وكان ابن عمر رضي الله عنه يقول: "إذا أمسيت فلا تنتظر الصباح، وإذا أصبحت فلا تنتظر المساء وخذ من صحتك لمرضك ومن حياتك لموتك"[1].

د- وصف المشهد في القرآن:

1- من يتولى عملية الموت؟

ويذكر القرآن أن للموت ملكا موكلا به، وأن له ملائكة يساعدونه، وذكر في موضع آخر أن ملك الموت هو الذي يتولى قبض أرواح الناس فقال: قَالَ تَعَالَى: ﴿ ۞ قُلْ يَتَوَفَّىٰكُم مَّلَكُ ٱلْمَوْتِ ٱلَّذِى وُكِّلَ بِكُمْ ثُمَّ إِلَىٰ رَبِّكُمْ تُرْجَعُونَ ۝ ﴾ السجدة: ١١، وأسند الفعل في مواضع أخرى إلى نفر من الملائكة بقوله: قَالَ تَعَالَى: ﴿ وَهُوَ ٱلْقَاهِرُ فَوْقَ عِبَادِهِۦ وَيُرْسِلُ عَلَيْكُمْ حَفَظَةً حَتَّىٰ إِذَا جَآءَ أَحَدَكُمُ ٱلْمَوْتُ تَوَفَّتْهُ رُسُلُنَا وَهُمْ لَا يُفَرِّطُونَ ۝ ﴾ الأنعام: ٦١، وأسند الأمر في غير هذه المواضع إلى الله تعالى فقال: قَالَ تَعَالَى: ﴿ ٱللَّهُ يَتَوَفَّى ٱلْأَنفُسَ حِينَ مَوْتِهَا ۝ ﴾

---

(1) رواه البخاري في كتاب الرقاق،فتح الباري (280/11)،ورقمه (6416)،والترمذي في كتاب الزهد (491-490/4)، ورقمه: (2333).

الزمر: ٤٢. فهو الفاعل لكل شيء في الحقيقة، وملك الموت هو المباشر لفعل الموت وكالة، وباعتباره رئيس فريق نزع الروح، ونسب إلى ملائكة النزع باعتبارهم ممن يساهم في مراسيم النزع. قال صاحب التذكرة: (فتارة يضاف إلى ملك الموت لمباشرته ذلك، وتارة إلى أعوانه من الملائكة، لأنهم قد يتولون ذلك أيضا وتارة إلى الله تعالى وهو المتوفي على الحقيقة كما قال تعالى: قَالَ تَعَالَى: ﴿ اللَّهُ يَتَوَفَّى الْأَنفُسَ حِينَ مَوْتِهَا ۞ ﴾ وقال تعالى عن نفسه: قَالَ تَعَالَى: ﴿ الَّذِي خَلَقَ الْمَوْتَ وَالْحَيَوٰةَ لِيَبْلُوَكُمْ ۞ ﴾ الملك: ٢ فكل مأمور من الملائكة فإنما يفعل بأمره)[1].

2- كيف تجري العملية؟

أما عن كيفية ذلك فليس في القرآن كثير إشارة إليه، وإنما يذكر تعالى بعض تفاصيل أحواله مما لا قبل لحواس الناس بإدراكه إلا من كشف الله له ذلك.

فيذكر أن حياة الإنسان منوطة بحَفَظَة يقُونه أسباب الهلاك، حتى إذا استوفى أجله الذي قُدِّر له، تولاه نفر من الملائكة؛ ينزعون روحه من بدنه. قال تعالى: قَالَ تَعَالَى: ﴿ وَهُوَ الْقَاهِرُ فَوْقَ عِبَادِهِۦ وَيُرْسِلُ عَلَيْكُمْ حَفَظَةً حَتَّىٰ إِذَا جَاءَ أَحَدَكُمُ الْمَوْتُ تَوَفَّتْهُ رُسُلُنَا وَهُمْ لَا يُفَرِّطُونَ ۞ ﴾ الأنعام: ٦١. ويصف لنا بعض المشاهد الخفية التي توحي بوجود نشاط غير عادي ذي حركة كثيفة وسريعة حول المحتضر فيقول: قَالَ تَعَالَى: ﴿ وَالنَّازِعَاتِ غَرْقًا ۞ وَالنَّاشِطَاتِ نَشْطًا ۞ ﴾ النازعات: ١ - ٢. وقال أيضا: قَالَ تَعَالَى: ﴿ وَنَحْنُ أَقْرَبُ إِلَيْهِ مِنكُمْ وَلَٰكِن لَّا تُبْصِرُونَ

(1) التذكرة ص81.

﴿٨٥﴾ الواقعة: ٨٥. وتتولى ملائكة قبض الأنفس تأمين من آمن من الناس وتبشيره بالجنة، وتخويف الكافرين من عذاب الله، والتنكيل بهم هنالك قبل العذاب الأكبر في نار جهنم. فلا تقبض روح عبد مؤمن حتى تؤمنه الملائكة من الخوف، وتبشره بالجنة. قال تعالى في وصف ذلك المشهد: **قَالَ تَعَالَى:** ﴿ ٱلَّذِينَ تَتَوَفَّىٰهُمُ ٱلْمَلَٰٓئِكَةُ طَيِّبِينَ يَقُولُونَ سَلَٰمٌ عَلَيْكُمُ ٱدْخُلُوا۟ ٱلْجَنَّةَ بِمَا كُنتُمْ تَعْمَلُونَ ٣٢ ﴾ النحل: ٣٢.

ولا تقبض أرواح الكفرة حتى يُنكَّل بهم بالضرب والوعيد بجهنم. قال تعالى في وصف ذلك المشهد: **قَالَ تَعَالَى:** ﴿ وَلَوْ تَرَىٰٓ إِذْ يَتَوَفَّى ٱلَّذِينَ كَفَرُوا۟ ٱلْمَلَٰٓئِكَةُ يَضْرِبُونَ وُجُوهَهُمْ وَأَدْبَٰرَهُمْ ٥٠ ﴾ الأنفال: ٥٠، وقال أيضا: **قَالَ تَعَالَى:** ﴿ وَلَوْ تَرَىٰٓ إِذِ ٱلظَّٰلِمُونَ فِى غَمَرَٰتِ ٱلْمَوْتِ وَٱلْمَلَٰٓئِكَةُ بَاسِطُوٓا۟ أَيْدِيهِمْ أَخْرِجُوٓا۟ أَنفُسَكُمُ ٱلْيَوْمَ تُجْزَوْنَ عَذَابَ ٱلْهُونِ بِمَا كُنتُمْ تَقُولُونَ عَلَى ٱللَّهِ غَيْرَ ٱلْحَقِّ وَكُنتُمْ عَنْ ءَايَٰتِهِۦ تَسْتَكْبِرُونَ ٩٣ ﴾ الأنعام: ٩٣. قال ابن كثير: باسطو أيديهم (أي بالضرب)[1] وقال عز وجل عن الكفار: **قَالَ تَعَالَى:** ﴿ يَوْمَ يَرَوْنَ ٱلْمَلَٰٓئِكَةَ لَا بُشْرَىٰ يَوْمَئِذٍ لِّلْمُجْرِمِينَ وَيَقُولُونَ حِجْرًا مَّحْجُورًا ٢٢ ﴾ الفرقان: ٢٢. وذكر القرآن الكريم أن للملائكة مع هؤلاء كلاما يزيدهم حسرة إلى حسرتهم وندمهم حينئذ تنكيلا بهم؛ قال تعالى: **قَالَ تَعَالَى:** ﴿ ...حَتَّىٰٓ إِذَا جَآءَتْهُمْ رُسُلُنَا يَتَوَفَّوْنَهُمْ قَالُوٓا۟ أَيْنَ مَا كُنتُمْ تَدْعُونَ مِن دُونِ ٱللَّهِ قَالُوا۟ ضَلُّوا۟ عَنَّا وَشَهِدُوا۟ عَلَىٰٓ أَنفُسِهِمْ أَنَّهُمْ كَانُوا۟ كَٰفِرِينَ ٣٧ ﴾ الأعراف: ٣٧. فتُقبل الملائكة حينها على من بلغ أجله فتبشره أو تعده سوء المنقلب، وتشرع في نزع روحه. حتى تبلغ روحه الحلقوم، وهو حينئذ يرى المشهد من دون سائر من حوله من الناس. قال تعالى: **قَالَ تَعَالَى:**

﴿ فَلَوْلَآ إِذَا بَلَغَتِ ٱلْحُلْقُومَ ٨٣ وَأَنتُمْ حِينَئِذٍ ﴾

---

(1) تفسير القرآن العظيم (٢/٤٤٧).

نَظُرُونَ ۞ وَنَحْنُ أَقْرَبُ إِلَيْهِ مِنكُمْ وَلَٰكِن لَّا تُبْصِرُونَ ۞ ﴾ الواقعة: ٨٣ - ٨٥،

ويقال أمامه حينئذ في تحد: هل من طبيب يرجع الروح إلى جسدها قال تعالى: **قَالَ تَعَالَى:** ﴿كَلَّا

إِذَا بَلَغَتِ ٱلتَّرَاقِيَ ۞ وَقِيلَ مَنْ ۜ رَاقٍ ۞ وَظَنَّ أَنَّهُ ٱلْفِرَاقُ ۞ وَٱلْتَفَّتِ ٱلسَّاقُ بِٱلسَّاقِ ۞ إِلَىٰ رَبِّكَ يَوْمَئِذٍ

ٱلْمَسَاقُ ۞ ﴾ القيامة: ٢٦ - ٣٠ وقال أيضا: **قَالَ تَعَالَى:** ﴿ فَلَوْلَآ إِن كُنتُمْ غَيْرَ مَدِينِينَ ۞

تَرْجِعُونَهَآ إِن كُنتُمْ صَٰدِقِينَ ۞ ﴾ الواقعة: ٨٦ - ٨٧.

وذكر القرآن أن الميت يعالج أهوالا جسيمة عند نزع روحه، عبّر عنها مرة **بالسكرات**. ومرة **بالغمرات**. قال تعالى: **قَالَ تَعَالَى:** ﴿ وَجَآءَتْ سَكْرَةُ ٱلْمَوْتِ بِٱلْحَقِّ ذَٰلِكَ مَا كُنتَ مِنْهُ تَحِيدُ ۞ ﴾

ق: ١٩، وقال أيضا: **قَالَ تَعَالَى:** ﴿ وَلَوْ تَرَىٰٓ إِذِ ٱلظَّٰلِمُونَ فِي غَمَرَٰتِ ٱلْمَوْتِ وَٱلْمَلَٰٓئِكَةُ

بَاسِطُوٓا۟ أَيْدِيهِمْ أَخْرِجُوٓا۟ أَنفُسَكُمُ ٱلْيَوْمَ تُجْزَوْنَ عَذَابَ ٱلْهُونِ بِمَا كُنتُمْ تَقُولُونَ عَلَى ٱللَّهِ

غَيْرَ ٱلْحَقِّ وَكُنتُمْ عَنْ ءَايَٰتِهِۦ تَسْتَكْبِرُونَ ۞ ﴾ الأنعام: ٩٣. وقد وردت الأخبار الصحيحة أنه لا ينجو من شدة هذه السكرات حتى خيرة الأنبياء والرسل، فقد روى البخاري عن عائشة رضي الله عنه أن رسول الله صلى الله عليه وسلم كانت بين يديه ركوة أو علبة فيها ماء. فجعل يدخل يديه في الماء فيمسح بهما وجهه ويقول "لا إله إلا الله إنّ للموت لسكرات" ثم نصب يديه فجعل يقول: "في الرفيق الأعلى" حتى قبض ومالت يده[1].

هـ- فلسفة الموت والحياة في القرآن.

لا يختلف اثنان من العقلاء في أن أقوى ما يفجع الإنسان ويرعبه في هذه الحياة شعوره بخطر الموت والهلاك عندما يعرض له، أو عند شعوره بدنو وقت رحيله وانصرام أجله. أو بمعاينة قريب أو حبيب يرتشف كأس

المنية، ويعالج سكراتها. وما ذلك إلا مظهر لطبع غُرس في الإنسان وفطر عليه[1]. ولقد كان جموح النفس البشرية وإفراطها في هذا الطبع وهذه الرغبة سببا لأول خطيئة وقع فيها أبو البشر، قال تعالى: قَالَ تَعَالَى: أَعُوذُ بِاللَّهِ مِنَ الشَّيْطَانِ الرَّجِيمِ ﴿ فَوَسْوَسَ إِلَيْهِ الشَّيْطَنُ قَالَ يَنَادَمُ هَلْ أَدُلُّكَ عَلَى شَجَرَةِ الْخُلْدِ وَمُلْكٍ لَا يَبْلَى ۝ ﴾ طه: ١٢٠، فكان ذلك أول منفذ استغله اللعين إبليس لغواية أبوينا آدم وحواء قال تعالى: قَالَ تَعَالَى: ﴿ فَوَسْوَسَ لَهُمَا الشَّيْطَنُ لِيُبْدِيَ لَهُمَا مَا وُرِيَ عَنْهُمَا مِن سَوْءَٰتِهِمَا وَقَالَ مَا نَهَىٰكُمَا رَبُّكُمَا عَنْ هَٰذِهِ الشَّجَرَةِ إِلَّا أَن تَكُونَا مَلَكَيْنِ أَوْ تَكُونَا مِنَ الْخَٰلِدِينَ ۝ وَقَاسَمَهُمَا إِنِّي لَكُمَا لَمِنَ النَّٰصِحِينَ ۝ ﴾ الأعراف: ٢٠ - ٢١. وكان تعليل إبليس لسبب النهي الإلهي أن الشجرة تؤمن لهما دوام ما هما فيه من النعيم وأبديته، وتلك صفة كمال هي غاية ما تطمح إليه النفس البشرية. ويبلغ جموح هذا الطبع مداه عند من لا يرجو بعد الهلاك رجوعا، أو يترقب سوء منقلبه. فتراه شديد الحرص على الحياة، يطمع في تحصيل أطول مدة بقاء حتى إنه ليطلب المزيد منها حين الاحتضار فيقول: قَالَ تَعَالَى: ﴿ رَبِّ لَوْلَا أَخَّرْتَنِي إِلَى أَجَلٍ قَرِيبٍ فَأَصَّدَّقَ وَأَكُن مِّنَ الصَّٰلِحِينَ ۝ ﴾ المنافقون: ١٠. وقال تعالى يصف هذا الطبع في اليهود والمشركين: قَالَ تَعَالَى: ﴿ وَلَتَجِدَنَّهُمْ أَحْرَصَ النَّاسِ عَلَىٰ حَيَوٰةٍ وَمِنَ الَّذِينَ أَشْرَكُوا يَوَدُّ أَحَدُهُمْ لَوْ يُعَمَّرُ أَلْفَ سَنَةٍ ۝ ﴾ البقرة: ٩٦. ويبين القرآن ما يدفعهم إلى ذلك بقوله تعالى: قَالَ تَعَالَى: ﴿ وَلَن يَتَمَنَّوْهُ أَبَدًا بِمَا قَدَّمَتْ أَيْدِيهِمْ وَاللَّهُ عَلِيمٌ بِالظَّٰلِمِينَ ۝ ﴾ البقرة: ٩٥. فيتهرّبون بذلك مما ينتظرهم من مسئولية. فأكثر الناس رهبة للموت أشدهم خوفا -إذن- من عاقبة سوء فعاله عندما

---

(1) انظر: نداء الروح ص135-136، للأستاذ فاضل صالح السامرائي، تحت عنوان (نزعة البقاء).

يقابل ربه. قال تعالى يتحدى اليهود بتمني الموت إن كانوا يثقون حقا في أنهم أهل الجنة دون غيرهم قَالَ تَعَالَى: ﴿قُلْ إِن كَانَتْ لَكُمُ ٱلدَّارُ ٱلْأَخِرَةُ عِندَ ٱللَّهِ خَالِصَةً مِّن دُونِ ٱلنَّاسِ فَتَمَنَّوُاْ ٱلْمَوْتَ إِن كُنتُمْ صَـٰدِقِينَ ٩٤﴾ البقرة: ٩٤ (١).

ولكن على الرغم من الذم المتكرر في القرآن لعُبَّاد الحياة الدنيا فإنه لا يعد حبُّ البقاء وكراهية الموت عيبا ولا نقصا في خلقة الإنسان؛ فإنما فطره الله عليهما كي يحافظ بهما على نفسه ويؤمِّن بقاءه. ويتجنب بهما أسباب هلاكه. ليتيسر له بذلك تحقيق ما خُلق لأجله؛ من عبودية الله تعالى وخلافته في الأرض، وعمارتها. فالعيب كل العيب إذن في السعي الحثيث في طلب الخلود في دار الفناء إيثارا للدنيا على الآخرة، وهروبا من مسؤوليته عن الأمانة التي حُمِّلها، والوظيفة التي تبوأها، وما يورثه في القلب من التنكُّر للخالق والتحدي لإرادته وقضائه بالموت على بني الإنسان منذ الأزل.

وقد نزل القرآن الكريم وليس من مقاصده تخليص الإنسان من هذا الطبع، وإنما رمى إلى تهذيب تلك الرغبة في الإنسان والحد من الإفراط فيها. إنه يبارك الحياة الطيبة ذات العمر الطويل المليئة بالإيمان والإصلاح في الأرض، فالإسلام يحث الناس على أن يطلبوا طول العمر بنيَّة إنفاقه في عبودية الله تعالى وعمارة أرضه بما يحب الله ويرضى. بل إنه يعتبر الموت مصيبة يبتلى بها الإنسان. قال تعالى: قَالَ تَعَالَى: ﴿فَأَصَـٰبَتْكُم مُّصِيبَةُ ٱلْمَوْتِ ١٠٦﴾ المائدة: ١٠٦. وفي السنة ترهيب ووعيد شديدان لمن قتل نفسه. قال صلى الله عليه وسلم: "لا

---

(١) نصيحة التابعي أبو حازم للخليفة سليمان بن عبد الملك الذي سأله عن سبب كراهيته للموت فقال له: (لأنكم خربتم الآخرة وعمرتم الدنيا فكرهتم أن تنتقلوا من العمران إلى الخراب). كتاب روائع الإيمان من تفسير روح البيان، جمع وترتيب: محمد إبراهيم الهسنياني. ص 37.

يتمنين أحدكم الموت لضر أصابه فإن كان لابد فاعلا فليقل اللهم أحيني ما كانت الحياة خيرا لي وتوفني إذا كانت الوفاة خيرا لي"[1].

وفي لفظ آخر: " ... إنه إذا مات أحدكم انقطع عمله، وإنه لا يزيد المؤمن عمره إلا خيرا"[2]. هذا فيمن تمنى الموت أما من سئم الحياة فقتل نفسه متعمِّدا، فقد صحَّ في الأثر أنه يخلد في النار أبد الأبد، قال صلى اللـه عليه وسلم: "من قتل نفسه بشيء عذب به في نار جهنم"[3] وفي بعض ألفاظ الحديث ما يفيد أبدية عذابه في النار "من قتل نفسه بحديدة، فحديدته في يده يجأ بها بطنه في نار جهنم خالدا مخلّدا فيها أبدا..". هذا هو التوجيه النبوي للمفهوم القرآني للموت. وهذه هي قداسة الحياة في الإسلام.

فإذا فقدت الحياة غايتها وهدفها السامي الذي خلقت له، وخلت من معنى العبودية الذي يعطيها قيمتها، وأصبح الموت أو القتل مظنة تحصيل هذا الغاية؛ فإن القرآن يجعل من الموت أسمى أمنية يتمناها المؤمن عندما يحقق به مقصد وجوده. لقد أراد القرآن أن يربي الناس على فهم هذا المبدأ وتقبله والعمل به فقال لصحابة رسول اللـه صلى اللـه عليه وسلم -يعلمهم ذلك-: قَالَ تَعَالَى: ﴿ كُتِبَ عَلَيْكُمُ ٱلْقِتَالُ وَهُوَ كُرْهٌ لَّكُمْ ۖ وَعَسَىٰ أَن تَكْرَهُوا۟ شَيْئًا وَهُوَ خَيْرٌ لَّكُمْ ۖ وَعَسَىٰ أَن تُحِبُّوا۟ شَيْئًا وَهُوَ شَرٌّ لَّكُمْ ۗ وَٱللَّهُ يَعْلَمُ وَأَنتُمْ لَا تَعْلَمُونَ ﴿٢١٦﴾ ﴾ البقرة: ٢١٦. فبين لهم

---

(1) أخرجـه البخـاري في كتـاب الـدعوات فـتح البـاري (180/11)، ورقمـه: (6351)، وكتـاب التمنـي، فـتح البـاري (273/13)، ورقمـه: (7233). ومسلم في كتاب الذكر والدعاء والتوبة والاستغفار (2064/4)، ورقمه(2680).

(2) أنظر الحياة البرزخية ص 53.

(3) أخرجه مسلم في كتاب الإيمان 104/1، ورقمه:(110).

الطبع الذي فطروا عليه، وأعلمهم بما يريده ويحبه منهم، وإن كانوا يرون فيه التهلكة فهو أعلم بحقائق الأمور منهم[1].

إنّ القرآن يرى أن طلب الحياة الدنيا والهروب من الموت -حينما يكون الموت ثمنا يشترى به صلاح الأرض- هو عين التهلكة؛ فهذا الصحابي الجليل أبو أيوب الأنصاري رضي الله عنه يهبّ ليصحح سوء فهم وقع في تأويل معنى التهلكة الوارد في القرآن ويبين حقيقتها للناس فيقول: "إنما نزلت هذه الآية فينا معشر الأنصار لما نصر الله نبيه وأظهر الإسلام قلنا هلم نقيم في أموالنا ونصلحها فأنزل الله تعالى قوله قَالَ تَعَالَى: ﴿ وَأَنفِقُوا۟ فِى سَبِيلِ ٱللَّهِ وَلَا تُلْقُوا۟ بِأَيْدِيكُمْ إِلَى ٱلتَّهْلُكَةِ

۱۹٥ البقرة: ١٩٥. فالإلقاء بالأيدي إلى التهلكة أن نقيم في أموالنا ونصلحها وندع الجهاد ...[2]" إذن متى صار الهدف من الحياة غاية لا تنال إلا

---

(1) وقد بيّن النبي صلى الله عليه وسلم أن هذا الذي يكرهـه النـاس ويـرون فيـه التهلكـة يكـون خـير أمنيـة لهـم إن هـم استشهدوا في سبيل الله فقال عن الشهداء: " أرواحهم في جوف طير خضر لها قناديل معلقة بالعرش تسرح من الجنـة حيث شاءت ثم تأوي إلى تلك القناديل فاطلع إليهم ربهم اطلاعة فقال هل تشتهون شيئا قالوا أي شيء نشتهي ونحن نسرح من الجنة حيث شئنا ففعل ذلك بهم ثلاث مرات فلما رأوا أنهم لن يتركوا من أن يسألوا قالوا يا رب نريد أن تـرد أرواحنا في أجسادها حتى نقتل في سبيلك مرة أخرى فلما رأى أن ليس لهم حاجة تركوا "أخرجه مسلم في كتاب الإمـارة (1502/3)، ورقمه: (1887). والترمذي في كتاب تفسير القرآن (216-217/5)، ورقمه: (3011)، وابن ماجـة في كتاب الجهاد (936-937/2)، ورقمه: (2801).

(2) أخرجه الترمذي في كتاب تفسير القرآن (196/5)، ورقمه: (2972). وقال حديث حسن صحيح غريب. وأبـو داود في كتاب الجهاد (12-13/3)، ورقمه:(2512). وأخرج البخاري عن حذيفة بن اليمان قوله بـأن هـذه الآيـة نزلت في النفقة (انظر الحديث في فتح الباري في كتاب تفسير القرآن (234/8)،ورقمه: (4516)) وليس هـذا يعـارض تفسير أبي أيوب الأنصاري رضي الله عنه فالجهاد يستلزم النفقة أيضا.

ببذلها أو المخاطرة بها؛ أصبح موت الإنسان خيرا من حياته، بل هنالك يستحيل الموت حياة حقيقية. قال تعالى: قَالَ تَعَالَى: ﴿ وَلَا تَحْسَبَنَّ ٱلَّذِينَ قُتِلُوا۟ فِى سَبِيلِ ٱللَّهِ أَمْوَٰتًۢا بَلْ أَحْيَآءٌ عِندَ رَبِّهِمْ يُرْزَقُونَ ۝ ﴾ آل عمران: ١٦٩. وهذا ما عبّر عنه الشاعر بقوله:

ليس من مات فاستراح بميت   وإنما الميت ميت الأحياء!

ثم إنّه إن كان الأصل في قتل الإنسان أخاه الإنسان أنه أمر قبيح؛ فإنه متى كان في ذلك سداً لباب فساد قد يشيع في المجتمع، ورفع ظلم أمة طاغية بغت في الأرض؛ غدا ذلك القتل حياةً للمجتمع، وصلاحا للأرض بعد فسادها. قال تعالى معلقا على حد القصاص قَالَ تَعَالَى: ﴿ وَلَكُمْ فِى ٱلْقِصَاصِ حَيَوٰةٌ يَٰٓأُو۟لِى ٱلْأَلْبَٰبِ لَعَلَّكُمْ تَتَّقُونَ ۝ ﴾ البقرة: ١٧٩.

وخلاصة ما سبق ذكره موجز في القرآن في قوله تعالى: قَالَ تَعَالَى: ﴿ قُلْ إِنَّ صَلَاتِى وَنُسُكِى وَمَحْيَاىَ وَمَمَاتِى لِلَّهِ رَبِّ ٱلْعَٰلَمِينَ ۝ ﴾ الأنعام: ١٦٢. وأنه إن كان في حياة الإنسان الخير الكثير فإن مجرد خلوِّ الحياة من هذا الخير يبيح للإنسان المؤمن أن يتمنى الموت ويدعو به[1]. هذه هي نظرة القرآن في قيمة الحياة والموت وفلسفته فيهما.

فالإنسان مطالب إذن بأن يسخِّر كل حركاته وسكناته، وحياته ومماته في سبيل الله تعالى وحده. وفي ذلك تمام قيامه بوظيفة العبودية التي أوجده الله لأجلها.

---

(1) أنظر الحياة البرزخية ص53.

ثانيا: وصف نهاية هذا العالم ونهاية هذه الحياة: (قيام الساعة).

تحدثت فيما سبق عن أداة هلاك وفناء كل إنسان، وجمعت له ملامح صورته التي أخبر بها القرآن وبعضٌ من تفاصيله. وعرضت نظرة القرآن إليه وفلسفته فيه.

ولكن التاريخ أثبت بيقين أن الذين يولدون هم أضعاف من يموتون، وأن عدد البشر الذي كان قبل بضع قرون قد نما فغدا أضعافا مضاعفة، فهل يمكننا اعتبار الموت على هذه الصورة وعلى هذا النسق ظاهرة كافية لإفناء البشرية بأجمعها؟

للناس في تقدير إمكانية تلك النهاية مواقف ومذاهب أوردها القرآن الكريم. فذكر أن منهم فريقا مكذبا بها جازما بعدم إتيانها أبد الأبد. قال تعالى: قَالَ تَعَالَى: ﴿ بَلۡ كَذَّبُواْ بِٱلسَّاعَةِ ﴿١١﴾ ﴾ الفرقان: ١١. وقال أيضا: قَالَ تَعَالَى: ﴿ وَقَالَ ٱلَّذِينَ كَفَرُواْ لَا تَأۡتِينَا ٱلسَّاعَةُ ﴿٣﴾ ﴾ سبأ: ٣.

وذكر منهم فريقا ثانيا لم يستيقنها، بل غلب على ظنه عدم وقوعها، واستيقن عدم خطورة موقفه فيها إن وقعت فعلا. قال تعالى: قَالَ تَعَالَى: ﴿ وَإِذَا قِيلَ إِنَّ وَعۡدَ ٱللَّهِ حَقٌّ وَٱلسَّاعَةُ لَا رَيۡبَ فِيهَا قُلۡتُم مَّا نَدۡرِي مَا ٱلسَّاعَةُ إِن نَّظُنُّ إِلَّا ظَنًّا وَمَا نَحۡنُ بِمُسۡتَيۡقِنِينَ ﴿٣٢﴾ ﴾ الجاثية: ٣٢. وقال أيضا يحكي قول أحدهم: قَالَ تَعَالَى: ﴿ وَمَآ أَظُنُّ ٱلسَّاعَةَ قَآئِمَةً وَلَئِن رُّدِدتُّ إِلَىٰ رَبِّي لَأَجِدَنَّ خَيۡرًا مِّنۡهَا مُنقَلَبًا ﴿٣٦﴾ ﴾ الكهف: ٣٦.

وأما الفريق الثالث من الناس فإما موقن بمجيئها قال فيهم تعالى: قَالَ تَعَالَى: ﴿ وَبِٱلۡأٓخِرَةِ هُمۡ يُوقِنُونَ ﴿٤﴾ ﴾ البقرة: ٤ أو ساه لاه، متناس لها، غافل عنها، قال فيهم تعالى: قَالَ تَعَالَى: ﴿ يَعۡلَمُونَ ظَٰهِرًا مِّنَ ٱلۡحَيَوٰةِ ٱلدُّنۡيَا وَهُمۡ عَنِ ٱلۡأٓخِرَةِ هُمۡ غَٰفِلُونَ ﴿٧﴾ ﴾

- إمكانية حدوثها. وتأكيد إتيانها مع التحذير منها. وذلك جوابا على من تساءل أو تشكك في وجودها. وتفنيدا لقول من أنكر ذلك، وتثبيتا لمن آمن بها.

- إخفاء موعد قيامها، مع الإعلان عن قرب ذلك الموعد، ومباغتتها لمن تقوم عليهم. وذلك جوابا لمن تساءل أو سأل عن موعد قيامها.

- ذكر أحوالها وعظمة أهوالها، وشدة فتكها بالخلائق حينئذ. وذلك تحذيرا لمن يتهاون عن الاستعداد لها.

أ- بيان إمكانية قيام الساعة وتأكيد إتيانها:

ولهذا أولى القرآن كبير الاهتمام بتقرير الاعتقاد بنهاية هذه الحياة يوما مَّا، فبيَّن أن وقوع كارثةٍ تُفني البشر ليس بمستحيل ولا هو بالأمر المستبعد حدوثه، فقد كثر وقوع أمثاله فيما سبق وإن كانت تلك الكوارث متباينة في قدرها وسعة أثرها.

تكلم القرآن الكريم عن إمكانيتها، فأتى من أخبار هلاك الأمم الغابرة بما هو من نوع تلك النهاية المرتقبة أو يدانيه في شدة الفتك. وهذا نبي الله شعيب يعظ قومه محذرا إياهم مما يستصغرون أو يستبعدون من قدرة الله تعالى على إهلاكهم، مذكرا إياهم بما أصاب أسلافهم فيقول: قَالَ تَعَالَى: ﴿ وَيَٰقَوۡمِ لَا يَجۡرِمَنَّكُمۡ شِقَاقِيٓ أَن يُصِيبَكُم مِّثۡلُ مَآ أَصَابَ قَوۡمَ نُوحٍ أَوۡ قَوۡمَ هُودٍ أَوۡ قَوۡمَ صَٰلِحٖۚ وَمَا قَوۡمُ لُوطٖ مِّنكُم بِبَعِيدٖ ﴾ هود: ٨٩.

وعلى هذا النَّسق مثَّل اللـه تعالى لهؤلاء الذين استبعدوا هلاك البشرية هكذا، ودفعة واحدة. أو احتاروا في كيفية ذلك بذكر ما حل بأسلافهم. فإن ذلك الإهلاك المرتقب من جنس ذاك الذي وقع، وإن خالفه في بعض أوصافه. وإن

202

الذي أهلك الأولين -وبتلك الكيفيات- لقادر على تكرار ذلك بما يرى من كيفيات،وأنى شاء ذلك.

لقد ذكر تعالى أنه أهلك كثيرا من الأمم العظيمة دفعة واحدة فما أبقى منهم إلا القليل الذين أراد أن يبقيهم وهذه مساكنهم وآثارهم ماثلة أمام الناس تدل على ذلك قال تعالى: ﴿ قَالَ تَعَالَى: ﴿ أَفَلَمْ يَهْدِ لَهُمْ كَمْ أَهْلَكْنَا قَبْلَهُم مِّنَ ٱلْقُرُونِ يَمْشُونَ فِى مَسَٰكِنِهِمْ إِنَّ فِى ذَٰلِكَ لَأَيَٰتٍ لِّأُوْلِى ٱلنُّهَىٰ ۝ ﴾ طه: ١٢٨.

وذكر القرآن أنه أهلك كثيرا من الأمم الغابرة دفعة واحدة عبر التاريخ واقتصر على تفصيل بعض ما حل ببعضها متخذا إياها أمثلة بارزة للاعتبار قال تعالى: ﴿ قَالَ تَعَالَى: ﴿ وَعَادًا وَثَمُودَا۟ وَأَصْحَٰبَ ٱلرَّسِّ وَقُرُونًۢا بَيْنَ ذَٰلِكَ كَثِيرًا ۝ ﴾ الفرقان: ٣٨. وقال أيضا: ﴿ قَالَ تَعَالَى: ﴿ وَكَمْ أَهْلَكْنَا مِنَ ٱلْقُرُونِ مِنۢ بَعْدِ نُوحٍ وَكَفَىٰ بِرَبِّكَ بِذُنُوبِ عِبَادِهِۦ خَبِيرًۢا بَصِيرًا ۝ ﴾ الإسراء: ١٧.

وقد اختار القرآن الاقتصار على وصف ما وقع لبعض تلك الأمم التي امتازت بالقوة والجبروت وشدة البطش، وسعة السلطان، وطول مدة العمران، وعظيم أثرها في الأرض. وذلك اكتفاء منه بما يقع به بيان الفكرة وإحداث العبرة قال تعالى: ﴿ قَالَ تَعَالَى: ﴿ أَوَلَمْ يَسِيرُوا۟ فِى ٱلْأَرْضِ فَيَنظُرُوا۟ كَيْفَ كَانَ عَٰقِبَةُ ٱلَّذِينَ مِن قَبْلِهِمْ كَانُوٓا۟ أَشَدَّ مِنْهُمْ قُوَّةً وَأَثَارُوا۟ ٱلْأَرْضَ وَعَمَرُوهَآ أَكْثَرَ مِمَّا عَمَرُوهَا وَجَآءَتْهُمْ رُسُلُهُم بِٱلْبَيِّنَٰتِ فَمَا كَانَ ٱللَّهُ لِيَظْلِمَهُمْ وَلَٰكِن كَانُوٓا۟ أَنفُسَهُمْ يَظْلِمُونَ ۝ ﴾ الروم: ٩.

فإذا كان الله تعالى قد مكّن لأولئك أكثر مما مكن لهؤلاء، ومع ذلك أهلكهم وقطع دابرهم واستخلف غيرهم. فكيف بمن هم دونهم!!. قال تعالى: ﴿ قَالَ تَعَالَى: ﴿ أَلَمْ يَرَوْا۟ كَمْ أَهْلَكْنَا مِن قَبْلِهِم مِّن قَرْنٍ مَّكَّنَّٰهُمْ فِى ٱلْأَرْضِ مَا لَمْ نُمَكِّن لَّكُمْ وَأَرْسَلْنَا

الروم: ٧. وإما جاهل بها يسأل عنها أو عن بعض أمورها. وقد أورد القرآن سؤاله ثم أجابه. قال تعالى: قَالَ تَعَالَى: ﴿ يَسْـَٔلُكَ ٱلنَّاسُ عَنِ ٱلسَّاعَةِ قُلۡ إِنَّمَا عِلۡمُهَا عِندَ ٱللَّهِ وَمَا يُدۡرِيكَ لَعَلَّ ٱلسَّاعَةَ تَكُونُ قَرِيبٗا ٦٣ ﴾ الأحزاب: ٦٣، وقال: قَالَ تَعَالَى: ﴿ يَسۡـَٔلُونَكَ عَنِ ٱلسَّاعَةِ أَيَّانَ مُرۡسَىٰهَا ٤٢ ﴾ النازعات: ٤٢. ثم فصل القرآن في المسألة بأن أورد نصوصا يؤكد فيها القاعدة العامة الجارية على الناس جميعا، وهي أن الموت سنّة اللـه في بني آدم، أفنت من سبق منهم، وأكد أنها ستستمر في إهلاك من بقي من البشر حتى تأتي على آخرهم بالفناء. قال تعالى لنبيه صلى اللـه عليه وسلم يخبره عن الماضين: قَالَ تَعَالَى: ﴿ وَمَا جَعَلۡنَا لِبَشَرٖ مِّن قَبۡلِكَ ٱلۡخُلۡدَۖ أَفَإِيْن مِّتَّ فَهُمُ ٱلۡخَٰلِدُونَ ٣٤ ﴾ الأنبياء: ٣٤. وقال له يخبره عن مصيره ومصير من يعاصره من الناس: قَالَ تَعَالَى: ﴿ إِنَّكَ مَيِّتٞ وَإِنَّهُم مَّيِّتُونَ ٣٠ ﴾ الزمر: ٣٠. وأخبره بفناء من سيأتي بعدهم بقوله تعالى: قَالَ تَعَالَى: ﴿ وَمَا جَعَلۡنَا لِبَشَرٖ مِّن قَبۡلِكَ ٱلۡخُلۡدَۖ أَفَإِيْن مِّتَّ فَهُمُ ٱلۡخَٰلِدُونَ ٣٤ ﴾ الأنبياء: ٣٤ وأن لا أمل في تحاشي هذا القدر البتة بقوله أيضا: قَالَ تَعَالَى: ﴿ أَيۡنَمَا تَكُونُواْ يُدۡرِككُّمُ ٱلۡمَوۡتُ وَلَوۡ كُنتُمۡ فِي بُرُوجٖ مُّشَيَّدَةٖۗ وَإِن تُصِبۡهُمۡ حَسَنَةٞ يَقُولُواْ هَٰذِهِۦ مِنۡ عِندِ ٱللَّهِۖ وَإِن تُصِبۡهُمۡ سَيِّئَةٞ يَقُولُواْ هَٰذِهِۦ مِنۡ عِندِكَۚ قُلۡ كُلّٞ مِّنۡ عِندِ ٱللَّهِۖ فَمَالِ هَٰٓؤُلَآءِ ٱلۡقَوۡمِ لَا يَكَادُونَ يَفۡقَهُونَ حَدِيثٗا ٧٨ ﴾ النساء: ٧٨ .

هذا على العموم؛ أما عن كيفية إفناء الموت لهذا الكم المتزايد من البشر تزايدا هندسيا[1]. فيخبر القرآن الكريم بأن ذلك يكون بحدوث كارثة كونية عظيمة عبر عنها بقيام الساعة. وقد أورد أجوبته عما يشغل الناس من أمورها مركزا على المحاور الآتية:

_____

(1) (التزايد الهندسي هو تضاعف العدد الموجود في كل مرة: يعبر عنه علماء الرياضيات بهذه الصيغة).

ٱلسَّمَآءَ عَلَيْهِم مِّدْرَارًا وَجَعَلْنَا ٱلْأَنْهَٰرَ تَجْرِى مِن تَحْتِهِمْ فَأَهْلَكْنَٰهُم بِذُنُوبِهِمْ وَأَنشَأْنَا مِنۢ بَعْدِهِمْ قَرْنًا ءَاخَرِينَ ٦ ﴾ الأنعام: ٦. وقال أيضا: قَالَ تَعَالَى: ﴿ وَكَمْ أَهْلَكْنَا قَبْلَهُم مِّن قَرْنٍ هُمْ أَشَدُّ مِنْهُم بَطْشًا فَنَقَّبُوا۟ فِى ٱلْبِلَٰدِ هَلْ مِن مَّحِيصٍ ٣٦ ﴾ ق: ٣٦. وقال في آية أخرى: قَالَ تَعَالَى: ﴿ وَكَمْ أَهْلَكْنَا قَبْلَهُم مِّن قَرْنٍ هُمْ أَحْسَنُ أَثَٰثًا وَرِءْيًا ٧٤ ﴾ مريم: ٧٤. فوصف أكثر أولئك الهالكين من الأمم بالتفوق على هؤلاء في شدة البطش والجبروت.

ثم ذكر القرآن أصنافا من كيفيات إهلاكه للقرى الظالمة؛ فمنها ما أمطره حجارة من طين، ومنها ما أهلكه الله بالريح. ومنها من أُهلك بالطوفان أو بالإغراق في البحر، ومنها من خسف بهم الأرض أو أخذتهم الرجفة، ومنهم من أهلك بالصاعقة أو بالصيحة. ومن هؤلاء من نكل الله به فتنوع في عذابه وجمع عليه أكثر من صنف واحد مما سبق ذكره من المهلكات. يقول تعالى: قَالَ تَعَالَى: ﴿ فَكُلًّا أَخَذْنَا بِذَنۢبِهِۦ فَمِنْهُم مَّنْ أَرْسَلْنَا عَلَيْهِ حَاصِبًا وَمِنْهُم مَّنْ أَخَذَتْهُ ٱلصَّيْحَةُ وَمِنْهُم مَّنْ خَسَفْنَا بِهِ ٱلْأَرْضَ وَمِنْهُم مَّنْ أَغْرَقْنَا وَمَا كَانَ ٱللَّهُ لِيَظْلِمَهُمْ وَلَٰكِن كَانُوٓا۟ أَنفُسَهُمْ يَظْلِمُونَ ٤٠ ﴾ العنكبوت: ٤٠. وسأقتصر هنا على إيراد قصص بعض تلك الأمم دون الأخرى مكتفيا بما يحصل به المقصود، وهي أمم أكثر القرآن من ذكر شأنها مما يوحي أنه اتخذها نماذج لما ميزها الله تعالى به من صفات القوة، وما أغدقه عليها من آلائه، ثم لما سلطه عليها من أصناف العذاب حينما كفرت بأنعمه واستحقت الهلاك والبوار. وأبرز هذه الأمم أقوام نوح وعاد وثمود ولوط عليه السلام.

1- قوم نوح:

فأما قوم نوح فتوحي قصتهم في القرآن بأن اللـه حباهم بطول العمر، وأن نبيهم مكث فيهم يدعوهم آمادا طويلة فما استجاب له إلا القليلون. قال تعالى: قَالَ تَعَالَى: ﴿ وَلَقَدْ أَرْسَلْنَا نُوحًا إِلَىٰ قَوْمِهِ فَلَبِثَ فِيهِمْ أَلْفَ سَنَةٍ إِلَّا خَمْسِينَ عَامًا فَأَخَذَهُمُ ٱلطُّوفَانُ وَهُمْ ظَٰلِمُونَ ﴿١٤﴾ ﴾ العنكبوت: ١٤. فلما يئس منهم، نادى ربه داعيا عليهم بالهلاك. قال تعالى: قَالَ تَعَالَى: ﴿ فَدَعَا رَبَّهُ أَنِّي مَغْلُوبٌ فَٱنتَصِرْ ﴿١٠﴾ فَفَتَحْنَا أَبْوَٰبَ ٱلسَّمَآءِ بِمَآءٍ مُّنْهَمِرٍ ﴿١١﴾ وَفَجَّرْنَا ٱلْأَرْضَ عُيُونًا فَٱلْتَقَى ٱلْمَآءُ عَلَىٰ أَمْرٍ قَدْ قُدِرَ ﴿١٢﴾ ﴾ القمر: ١٠ ـ ١٢.

فعمَّ الأرض طوفان عظيم أهلك الناس والدواب أجمعين إلا من ركب الفلك مع نوح قال تعالى: قَالَ تَعَالَى: ﴿ فَكَذَّبُوهُ فَنَجَّيْنَٰهُ وَمَن مَّعَهُ فِي ٱلْفُلْكِ وَجَعَلْنَٰهُمْ خَلَٰٓئِفَ وَأَغْرَقْنَا ٱلَّذِينَ كَذَّبُوا۟ بِـَٔايَٰتِنَا فَٱنظُرْ كَيْفَ كَانَ عَٰقِبَةُ ٱلْمُنذَرِينَ ﴿٧٣﴾ ﴾ يونس: ٧٣.

فالمتأمل لهذه القصة يحس كأن القوم نسوا من طول عمرهم الموت فأهلكهم اللـه جميعا إلا نفرا يسيرا حفظ بهم نسل بني آدم فما كان يمنعه من إهلاك البشر أجمعين لو أراد ذلك؟!!.

2- قوم عاد:

وأما قوم عاد فذكر اللـه تعالى أنه استخلفهم بعد قوم نوح وخصهم ببسطة في الخلق دون غيرهم قال تعالى على لسان نبيهم هود: قَالَ تَعَالَى: ﴿ أَوَعَجِبْتُمْ أَن جَآءَكُمْ ذِكْرٌ مِّن رَّبِّكُمْ عَلَىٰ رَجُلٍ مِّنكُمْ لِيُنذِرَكُمْ وَٱذْكُرُوٓا۟ إِذْ جَعَلَكُمْ خُلَفَآءَ مِنۢ بَعْدِ قَوْمِ نُوحٍ وَزَادَكُمْ فِي ٱلْخَلْقِ بَصۜۜطَةً فَٱذْكُرُوٓا۟ ءَالَآءَ ٱللَّهِ لَعَلَّكُمْ تُفْلِحُونَ ﴿٦٩﴾ ﴾ الأعراف: ٦٩. ووصف خلقتهم بقوله: قَالَ تَعَالَى: أَعُوذُ بِٱللَّهِ مِنَ ٱلشَّيْطَٰنِ ٱلرَّجِيمِ ﴿ إِرَمَ ذَاتِ

ٱلْعِمَادِ ۝ ٱلَّتِي لَمْ يُخْلَقْ مِثْلُهَا فِي ٱلْبِلَٰدِ ۝ ﴾ الفجر: ٧ - ٨ [1]. قال ابن كثير:
(.. وذلك أنهم كانوا في غاية من قوة التركيب والقوة والبطش والطول المديد والأرزاق الدارة
والأموال والجنات والأنهار والأبناء والزروع والثمار وكانوا مع ذلك يعبدون غير الله معه).

ثم هم يقابلون ذلك كله بالتطاول والتكبر. قال تعالى: ﴿ قَالَ تَعَالَى: فَأَمَّا عَادٌ فَٱسْتَكْبَرُوا
فِي ٱلْأَرْضِ بِغَيْرِ ٱلْحَقِّ وَقَالُوا مَنْ أَشَدُّ مِنَّا قُوَّةً أَوَلَمْ يَرَوْا أَنَّ ٱللَّهَ ٱلَّذِي خَلَقَهُمْ هُوَ أَشَدُّ مِنْهُمْ قُوَّةً
وَكَانُوا بِـَٔايَٰتِنَا يَجْحَدُونَ ۝ ﴾ فصلت: ١٥. فلما دعاهم نبيهم هود إلى الإذعان لسلطان
السماء أبوا عليه، فأهلكهم الله بالريح وأنجى من آمن منهم. قال تعالى: ﴿ قَالَ تَعَالَى: إِنَّا أَرْسَلْنَا
عَلَيْهِمْ رِيحًا صَرْصَرًا فِي يَوْمِ نَحْسٍ مُسْتَمِرٍّ ۝ تَنزِعُ ٱلنَّاسَ كَأَنَّهُمْ أَعْجَازُ نَخْلٍ مُنْقَعِرٍ ۝ ﴾ القمر:
١٩ - ٢٠. فأهلكهم الله بما ألفوا فيه حياتهم وحياة دوابهم. قال تعالى: ﴿ قَالَ تَعَالَى: فَلَمَّا
رَأَوْهُ عَارِضًا مُّسْتَقْبِلَ أَوْدِيَتِهِمْ قَالُوا هَٰذَا عَارِضٌ مُّمْطِرُنَا بَلْ هُوَ مَا ٱسْتَعْجَلْتُم بِهِ رِيحٌ فِيهَا عَذَابٌ
أَلِيمٌ ۝ ﴾ الأحقاف: ٢٤. قال تعالى: ﴿ قَالَ تَعَالَى: وَقَطَعْنَا دَابِرَ ٱلَّذِينَ كَذَّبُوا بِـَٔايَٰتِنَا
وَمَا كَانُوا مُؤْمِنِينَ ۝ ﴾ الأعراف: ٧٢.

3- ثمود:

وأما ثمود فقصتهم أن الله قد مكن لهم من أسباب القوة ما جعلهم ينحتون من الجبال بيوتا هي آية في
الضخامة والجمال. قال تعالى: ﴿ قَالَ تَعَالَى: وَتَنْحِتُونَ ٱلْجِبَالَ بُيُوتًا

---

(1) أورد بن كثير رأي من رد الضمير في قوله تعالى "التي لم يخلق مثلها " إلى العماد التي كانت يقيمونها، ورأي من رده على
القبيلة وحكى قول بن جرير بالقول الثاني واستصوبه. انظر تفسير القرآن العظيم (٥٠٧-٥٠٨/٤). طبعة دار المعرفة.

فَٱذْكُرُوٓا۟ ءَالَآءَ ٱللَّهِ وَلَا تَعْثَوْا۟ فِى ٱلْأَرْضِ مُفْسِدِينَ ۝ ﴾ الأعراف: ٧٤.

(فإنهم كانوا يتخذون تلك البيوت المنحوتة في الجبال أشرا وبطرا من غير حاجة إلى سكناها وكانوا حاذقين متقنين بنحتها ونقشها كما هو المشاهد من حالهم لمن رأى منازلهم)[1]. ثم حكى الله تعالى ما كان من شأنهم معه وعاقبة أمرهم فقال: قَالَ تَعَالَى: ﴿ وَأَمَّا ثَمُودُ فَهَدَيْنَٰهُمْ فَٱسْتَحَبُّوا۟ ٱلْعَمَىٰ عَلَى ٱلْهُدَىٰ فَأَخَذَتْهُمْ صَٰعِقَةُ ٱلْعَذَابِ ٱلْهُونِ بِمَا كَانُوا۟ يَكْسِبُونَ ۝ ﴾ فصلت: ١٧. ثم يسوق العبرة مما حل بهم فيقول: قَالَ تَعَالَى: ﴿ فَتِلْكَ بُيُوتُهُمْ خَاوِيَةً بِمَا ظَلَمُوٓا۟ ۝ ﴾ النمل: ٥٢.

فعلى الرغم مما حباهم الله به من قوة وآثار في الأرض وكان أمر إهلاكهم هينا.

4- قوم لوط:

ومن أفضع صُوَر هلاك الأمم التي حكاها تعالى للناس ما قصه علينا من نبأ سدوم التي كانت تجاهر بالفاحشة التي ما سبقهم إليها أحد. أتاهم عذاب الله تعالى بأن رفع بلادهم إلى عنان السماء ثم نكسها بهم، وأمطرهم حجارة من طين معدة خصيصا لعذابهم. قال ملائكة الله لما سألهم نبيه إبراهيم عليه السلام: قَالَ تَعَالَى: ﴿ قَالُوٓا۟ إِنَّآ أُرْسِلْنَآ إِلَىٰ قَوْمٍ مُّجْرِمِينَ ۝ لِنُرْسِلَ عَلَيْهِمْ حِجَارَةً مِّن طِينٍ ۝ مُّسَوَّمَةً عِندَ رَبِّكَ لِلْمُسْرِفِينَ ۝ ﴾ الذاريات: ٣٢ - ٣٤. قال تعالى: قَالَ تَعَالَى: ﴿ فَلَمَّا جَآءَ أَمْرُنَا جَعَلْنَا عَٰلِيَهَا سَافِلَهَا وَأَمْطَرْنَا عَلَيْهَا حِجَارَةً مِّن سِجِّيلٍ مَّنضُودٍ ۝ ﴾ هود: ٨٢[2].

---

(1) تفسير القرآن العظيم: (322/4). تفسير [الشعراء: 149].

(2) منطود: متتابع.

فذلك نبأ من كذب رسل الله واستبعد قدرة الله على إهلاكه ومن معه من الناس. قال

تعالى: قَالَ تَعَالَى: ﴿ وَكَذَٰلِكَ أَخْذُ رَبِّكَ إِذَآ أَخَذَ ٱلْقُرَىٰ وَهِيَ ظَٰلِمَةٌ ۞ ﴾ هود: ١٠٢.

وفيه كفاية من التدليل على أن ما يستبعد الناس وقوعه في العصر الحاضر قد سبق وقوع مثاله سلفا. بل وأخبر القرآن الكريم بأن إعادة الكرة على من ظلم مرة أخرى ليس بالأمر المستبعد. قال

تعالى معلقا على الحجارة التي أرسلها على قوم لوط: قَالَ تَعَالَى: ﴿ مُّسَوَّمَةً عِندَ رَبِّكَ وَمَا هِيَ

مِنَ ٱلظَّٰلِمِينَ بِبَعِيدٍ ۞ ﴾ هود: ٨٣.

ويظهر مما سبق أن ما بتلك الأمم كان أمرا معلوما لدى الناس، وأن آثارهم كانت معروفة

لديهم: قَالَ تَعَالَى: ﴿ وَعَادًا وَثَمُودَا۟ وَقَد تَّبَيَّنَ لَكُم مِّن مَّسَٰكِنِهِمْ وَزَيَّنَ

لَهُمُ ٱلشَّيْطَٰنُ أَعْمَٰلَهُمْ فَصَدَّهُمْ عَنِ ٱلسَّبِيلِ وَكَانُوا۟ مُسْتَبْصِرِينَ ۞ ﴾ العنكبوت: ٣٨.

قال ابن كثير: (فعاد قوم هود عليه السلام كانوا يسكنون الأحقاف وهي قريبة من حضرموت بلاد اليمن وثمود قوم صالح كانوا يسكنون الحجر قريبا من وادي القرى. وكانت العرب تعرف مساكنها جيدا وتمر عليها كثيرا)[1].

والمتأمل لقصص هؤلاء الأقوام يلمح أن القرآن قد مثل للناس بنماذج من الأمم التي اجتمع فيها سمات القوة الجسمية التي لم يخلق مثلها في البلاد، زيادة على ما أفاض الله عليهم من النعم الأخرى وسعة السلطان في الأرض فلما استحقوا الهلاك أخذهم الله بغتة وهم لا يشعرون.

_____

(1) تفسير القرآن العظيم (417/4).

وقد ذكر القرآن أن الله تعالى كان يمثل لكل أمة فاسقة بما حل بسلفها من الدمار. قال تعالى: قَالَ تَعَالَى: ﴿ وَقَوْمَ نُوحٍ لَّمَّا كَذَّبُوا۟ ٱلرُّسُلَ أَغْرَقْنَٰهُمْ وَجَعَلْنَٰهُمْ لِلنَّاسِ ءَايَةً وَأَعْتَدْنَا لِلظَّٰلِمِينَ عَذَابًا أَلِيمًا ۝ وَعَادًا وَثَمُودَا۟ وَأَصْحَٰبَ ٱلرَّسِّ وَقُرُونًۢا بَيْنَ ذَٰلِكَ كَثِيرًا ۝ وَكُلًّا ضَرَبْنَا لَهُ ٱلْأَمْثَٰلَ وَكُلًّا تَبَّرْنَا تَتْبِيرًا ۝ وَلَقَدْ أَتَوْا۟ عَلَى ٱلْقَرْيَةِ ٱلَّتِىٓ أُمْطِرَتْ مَطَرَ ٱلسَّوْءِ أَفَلَمْ يَكُونُوا۟ يَرَوْنَهَا ۚ بَلْ كَانُوا۟ لَا يَرْجُونَ نُشُورًا ۝ ﴾ الفرقان: ٣٧ - ٤٠. وقال: قَالَ تَعَالَى: ﴿ أَفَلَمْ يَهْدِ لَهُمْ كَمْ أَهْلَكْنَا قَبْلَهُم مِّنَ ٱلْقُرُونِ يَمْشُونَ فِى مَسَٰكِنِهِمْ ۗ إِنَّ فِى ذَٰلِكَ لَءَايَٰتٍ لِّأُو۟لِى ٱلنُّهَىٰ ۝ ﴾ طه: ١٢٨.

ثم إنه إن كان إنسان القرون السالفة قد تعسر على خياله تصور فناء ما يرى جملة، فإنه قد تيسر لإنسان القرن العشرين تصور ذلك من مجرد مشاهدته لما تحدثه أسلحة الدمار الشامل التي جربت في حروب الإبادة وتخيله لما يمكن أن تحدثه من الأثر العظيم لو زيد في كميتها وفعاليتها!

هذا أبسط ما قد يُتصوَّر وإلا فإن أسباب إهلاك البشر جميعهم من الوفرة -عند علماء البيئة والكونيات وغيرهم؛ بحيث يتعذر إحصاؤها مطلقا. فإن مجرد سقوط أحد نيازك السماء على أرضنا هذه قد يحرقها ويعدم كل أثر للحياة على وجهها.

ب- الكلام عن موعدها (متى الساعة؟)
1- خفاء موعد إتيانها.
على الرغم من كثرة ما ذكره القرآن الكريم عن الساعة [1] وأهوالها. وإطنابه في وصف أحوالها فإن الله تعالى أخفى موعدها. وبقدر ما كان

---

(1) الساعة في لغة العرب "جزء قليل من أجزاء الليل والنهار "(لسان العرب- مادة (سوع)) أو هي جـزء مـن أجـزاء الزمـان. قال صاحب التذكرة: (والساعة كلمة يعبر بها في العربية عن

حرص النفسية البشرية شديدا على الوقوف على أمرها والتنبؤ بوقتها؛ كانت النصوص القرآنية تؤكد عدم جدوى أي مجهود يبذل لنيل ذلك. لأنه إن كان اللـه تعالى قد أخفى ذلك عن أقرب خلقه إليه وأكرمهم عليه[1]. فخفاؤها على غيرهم من باب أولى.

لقد أكثر الناس من هذا السؤال قديما وفي عهد رسول اللـه صلى اللـه عليه وسلم، فحكى القرآن الكريم سؤالهم وعقب بالجواب. قال تعالى: ﴿ قَالَ تَعَالَى: ﴿ يَسْـَٔلُكَ ٱلنَّاسُ عَنِ ٱلسَّاعَةِ قُلْ إِنَّمَا عِلْمُهَا عِندَ ٱللَّهِ وَمَا يُدْرِيكَ لَعَلَّ ٱلسَّاعَةَ تَكُونُ قَرِيبًا ۖ ٦٣ ﴾ الأحزاب: ٦٣.

_____

جزء من الزمان غير محدود وفي العرف على جزء من أربعة وعشرين جزءا من يوم وليلة والذين هما أصل الأزمنة وتقـول العرب: أفعل كذا الساعة وأنا الساعة في أمر. تريد الوقت الذي أنت فيه والذي يليه تقريبا له، وحقيقة الإطلاق فيها أن الساعة بالألف واللام عبارة في الحقيقة عن الوقت الذي أنت فيه وهو المسمى بالآن وسميت به القيامة إما لقربها فإن كل آت قريب وإما أن تكون سميت بها تنبيها على ما فيها من الكائنات العظام التي تصهر الجلـود وتكسـر العظام، وقيل إنما سميت بالساعة لأنها تأتي بغتة في ساعة، وقيل إنما سميت بالساعة لسعي الأرواح إلى الأجساد في تلك السرعة {ولسرعة ما يحدث فيه }القرطبي في التذكرة ص249). أما في القرآن الكريم فقد وردت كلمة الساعة 48 مرة. عرفت بـ"ال" التعريف في 39 موضع وهي بمعنى وقت نهاية الحياة الدنيا كما في قوله تعالى: "بل الساعة موعدهم". قال بن منظور "الساعة في كل القرآن الوقت الذي تقوم فيه الساعة" لسان العرب مادة (سوع) وقال الآلوسي بأنها "آخر سـاعة من ساعات الدنيا" (الآلوسي في روح المعاني ج59/21). وباقي الألفاظ نكرة 8 منها تحمل معنى البرهـة القليلـة مـن الزمن، كقوله تعالى: "ما لبثوا غير ساعة"، ولفظ واحد ظرف زمان يحدد وقت وقوع أمر معيّن وهو قوله تعالى "سـاعة العسرة".

(1) وهذا ما ثبت فعلا في صحيح الآثار فقد صحّ عن نبينا صلى اللـه عليه وسلم أن جبريل عليه السلام سأله -وهو من خير ملائكة السماء عن موعدها بقوله: "متى الساعة؟" فأجابه النبي صلى اللـه عليه وسلم قائلا: "ما المسـؤل عنهـا بـأعلم من السائل." أخرجه البخاري في كتاب الإيمان (18/1)، ومسلم في كتاب الإيمان (40-39/1)، ورقمه (9 و10).

وقال أيضا: قَالَ تَعَالَى: ﴿ يَسْتَلُونَكَ عَنِ ٱلسَّاعَةِ أَيَّانَ مُرْسَىٰهَا قُلْ إِنَّمَا عِلْمُهَا عِندَ رَبِّى لَا يُجَلِّيهَا لِوَقْتِهَا إِلَّا هُوَ ثَقُلَتْ فِى ٱلسَّمَٰوَٰتِ وَٱلْأَرْضِ لَا تَأْتِيكُمْ إِلَّا بَغْتَةً يَسْتَلُونَكَ كَأَنَّكَ حَفِىٌّ عَنْهَا قُلْ إِنَّمَا عِلْمُهَا عِندَ ٱللَّهِ وَلَٰكِنَّ أَكْثَرَ ٱلنَّاسِ لَا يَعْلَمُونَ ۝ ﴾ الأعراف: ١٨٧.

فكان غاية كلامه تعالى عن موعدها؛ أن حصر تلك المعرفة في نطاق الغيب الذي تفرد الله بمعرفته وأخفاه عن خلقه أجمعين. ورد العلم بوقت وقوعها إليه فقال: قَالَ تَعَالَى: ﴿ ۞ إِلَيْهِ يُرَدُّ عِلْمُ ٱلسَّاعَةِ ۝ ﴾ فصلت: ٤٧ وقد صح عن النبي صلى الله عليه وسلم أنه جعل العلم بالساعة من مفاتح الغيب الخمسة التي قال فيها عز وجل: قَالَ تَعَالَى: ﴿ ۞ وَعِندَهُ مَفَاتِحُ ٱلْغَيْبِ لَا يَعْلَمُهَا إِلَّا هُوَ وَيَعْلَمُ مَا فِى ٱلْبَرِّ وَٱلْبَحْرِ وَمَا تَسْقُطُ مِن وَرَقَةٍ إِلَّا يَعْلَمُهَا وَلَا حَبَّةٍ فِى ظُلُمَٰتِ ٱلْأَرْضِ وَلَا رَطْبٍ وَلَا يَابِسٍ إِلَّا فِى كِتَٰبٍ مُّبِينٍ ۝ ﴾ الأنعام: ٥٩. فقال: "(مفاتح الغيب) خمس (إن الله عنده علم الساعة وينزل الغيث ويعلم ما في الأرحام ...الآية)"[1] فأوصد بذلك الأبواب أمام طلابها.

هذا غاية ما ذكره القرآن الكريم في الكلام عن وقت الساعة، وقد ورد في السنة الصحيحة زيادة بيان. فقد حدد النبي صلى الله عليه وسلم في أي أيام الأسبوع تقوم الساعة بقوله: "خير يوم طلعت عليه الشمس يوم الجمعة، فيه خلق آدم، وفيه أدخل الجنة، وفيه أخرج منها، ولا تقوم الساعة إلا يوم الجمعة"[2]، وزاد موعدها بيانا في موطن آخر بقوله: ".. وما من دابة إلا وهي مسيخة يوم

---

(1) أخرجه البخاري في كتاب تفسير القرآن: فتح الباري (128/3)، ورقمه: (4627)، وفي كتاب التوحيد: فتح الباري (447/13)، ورقمه: (7379).

(2) أخرجه مسلم في كتاب الجمعة (584/2)، ورقمه (854). والترمذي في أبواب الصلاة (362و359/2)، وترقيمه: (488 و491).

الجمعة من حين تصبح حتى تطلع الشمس، شفقا من الساعة إلا الجن والإنس"[1] أي تنتظر قيام الساعة.

ثم إنه - وإن كانت النصوص متظاهرة على إخفاء موعد الساعة- فقد أشار القرآن في عدد من آيه إلى قرب وقوعها، ومباغتتها لمن تقوم عليهم، وسرعة فتكها بهم، وشدة ذلك الفتك. فتحدث عن قربها لنبيه صلى الله عليه وسلم قائلا: قَالَ تَعَالَى: ﴿ وَمَا يُدْرِيكَ لَعَلَّ ٱلسَّاعَةَ قَرِيبٌ ۝١٧ ﴾ الشورى: ١٧. وقال أيضا: قَالَ تَعَالَى: ﴿ إِنَّهُمْ يَرَوْنَهُۥ بَعِيدًا ۝٦ وَنَرَىٰهُ قَرِيبًا ۝٧ ﴾ المعارج: ٦ - ٧.

وقال في موضع آخر مؤكدا اقترابها: قَالَ تَعَالَى: أَعُوذُ بِٱللَّهِ مِنَ ٱلشَّيْطَٰنِ ٱلرَّجِيمِ ﴿ ٱقْتَرَبَتِ ٱلسَّاعَةُ وَٱنشَقَّ ٱلْقَمَرُ ۝١ ﴾ القمر: ١. وذكر أنها إنما تأتي بغتة في حين غفلة من الناس فقال تَعَالَى: ﴿ لَا تَأْتِيكُمْ إِلَّا بَغْتَةً ۝١٨٧ ﴾ الأعراف: ١٨٧. وهدد المكذبين من مباغتتها لهم، لأنه قد ظهرت مقدماتها وأسباب وقوعها فقال: قَالَ تَعَالَى: ﴿ فَهَلْ يَنظُرُونَ إِلَّا ٱلسَّاعَةَ أَن تَأْتِيَهُم بَغْتَةً فَقَدْ جَآءَ أَشْرَاطُهَا فَأَنَّىٰ لَهُمْ إِذَا جَآءَتْهُمْ ذِكْرَىٰهُمْ ۝١٨ ﴾ محمد: ١٨. وحذرهم عواقب غفلتهم عنها بقوله: قَالَ تَعَالَى: ﴿ هَلْ يَنظُرُونَ إِلَّا ٱلسَّاعَةَ أَن تَأْتِيَهُم بَغْتَةً وَهُمْ لَا يَشْعُرُونَ ۝٦٦ ﴾ الزخرف: ٦٦، وقوله: قَالَ تَعَالَى: ﴿ حَتَّىٰٓ إِذَا جَآءَتْهُمُ ٱلسَّاعَةُ بَغْتَةً قَالُوا۟ يَٰحَسْرَتَنَا عَلَىٰ مَا فَرَّطْنَا فِيهَا وَهُمْ يَحْمِلُونَ أَوْزَارَهُمْ عَلَىٰ ظُهُورِهِمْ أَلَا سَآءَ مَا يَزِرُونَ ۝٣١ ﴾ الأنعام: ٣١. وذكر تعالى سرعة إتيانها وفتكها بأهلها وعدم إمهالها لهم فقال: قَالَ تَعَالَى: أَعُوذُ بِٱللَّهِ مِنَ ٱلشَّيْطَٰنِ ٱلرَّجِيمِ ﴿ وَلِلَّهِ غَيْبُ ٱلسَّمَٰوَٰتِ وَٱلْأَرْضِ وَمَآ أَمْرُ ٱلسَّاعَةِ إِلَّا كَلَمْحِ ٱلْبَصَرِ أَوْ هُوَ أَقْرَبُ إِنَّ ٱللَّهَ عَلَىٰ كُلِّ شَىْءٍ قَدِيرٌ ۝٧٧ ﴾ النحل: ٧٧. وقال: قَالَ تَعَالَى: ﴿ مَا يَنظُرُونَ إِلَّا صَيْحَةً وَٰحِدَةً تَأْخُذُهُمْ وَهُمْ يَخِصِّمُونَ ۝٤٩ فَلَا يَسْتَطِيعُونَ تَوْصِيَةً وَلَآ إِلَىٰٓ

---

(1) أخرجه أبو داود في كتاب الصلاة، عون المعبود شرح سنن أبي داود (367/3-368).

أَهْلِهِمْ يَرْجِعُونَ ۝ ﴾ يس: ٤٩ - ٥٠. وفي السنة زيادة بيان لما في القرآن عن مباغتتها للناس وسرعة فتكها بهم، قال صلى الله عليه وسلم: "ولتقومن الساعة وقد نشر الرجلان ثوبهما بينهما فلا يتبايعانه ولا يطويانه، ولتقومن الساعة وقد انصرف الرجل بلبن لقحته فلا يطعمه، ولتقومن الساعة وهو يليط حوضه فلا يسقي فيه، ولتقومن الساعة وقد رفع أكلته إلى فيه فلا يطعمها"[1].

وقد يتبادر إلى الذهن تساؤل عن الحكمة من إخفاء القرآن موعد الساعة وتوجُّهه في الإجابة عن أمورها إلى تأكيد إتيانها، والتخويف من قرب قيامها وشدة هولها، وفجائيتها. وإنما يرجع ذلك لطبيعة الوحي إذ أن حكمة الله تعالى وعزته تأبى أن تخضع لكل ما يطلبه الإنسان لتجيب عنه، وإنما يجيب الله تعالى عما أراد، وعما يرى فيه عظيم الفائدة لهذا الإنسان. قال الزمخشري في تفسير قوله تعالى: قَالَ تَعَالَى: ﴿ أَكَادُ أُخْفِيهَا ۝ ﴾ طه: ١٥ : (أي أكاد أخفيها فلا أقول هي آتية لفرط إرادتي إخفائها، ولولا ما في الأخبار بإتيانها مع تعمية وقتها من اللطف لما أخبرت به)[2]. وقد أورد ابن كثير جواب النبي صلى الله عليه وسلم الأعرابي الذي سأله عن موعد الساعة بقوله:" ويحك إنّ الساعة آتية فما أعددت لها "[3] وعلق على ذلك بقوله: (ففيه أنه عليه السلام كان إذا سئل عن

_____

(1) أخرجه البخاري في كتاب الفتن: فتح الباري (13/102).

(2) الكشاف (4/28).

(3) أخرجه البخاري في كتاب المناقب: فتح الباري (7 /51-52)، ورقمه: (3688). ومسلم في كتاب البر والصلة (4/2032)، ورقمه: (2639). والترمذي في كتاب الزهد (4/513-514)، ورقمه: (2385).

هذا الذي لا يحتاجون إلى علمه، أرشدهم إلى ما هو الأهم في حقهم، وهو الاستعداد لوقوع ذلك، والتهيؤ له، قبل نزوله، وإن لم يعرفوا تعيين وقته)[1].

2- المؤشرات الدالة على قرب إتيانها، (أشراطها)

من عدل اللـه تعالى أن كتب على نفسه أنه لا يعذب أحدا ممن كلَّفه إلا بعد تعريفه بوظيفته. قال تعالى: ﴿قَالَ تَعَالَى: ﴿ وَمَا كُنَّا مُعَذِّبِينَ حَتَّىٰ نَبْعَثَ رَسُولًا ۝ ﴾ الإسراء: ١٥.

وقد استوفى ذلك التعريف غايته بإرسال اللـه تعالى آخر رسول من رسله، واختار له أفصح لغة بيانا لهذه الرسالة. فأقام بذلك حجة اللـه على مخلوقاته. قال تعالى: ﴿قَالَ تَعَالَى: ﴿ ٱلْيَوْمَ أَكْمَلْتُ لَكُمْ دِينَكُمْ وَأَتْمَمْتُ عَلَيْكُمْ نِعْمَتِي وَرَضِيتُ لَكُمُ ٱلْإِسْلَٰمَ دِينًا ۝ ﴾ المائدة: ٣. وهذا إعلان بقرب يوم الحساب، لأن الإبلاغ تعقبه فترة امتحان لمواقف المكلفين منه. ثم يعقب ذلك موقف محاسبة ومجازاة[2].

إذن بقدر ما كان حرص النفسية البشرية شديدا على التنبؤ بوقت الساعة، كانت النصوص القرآنية تؤكد عدم جدوى أي مجهود يبذل لنيل ذلك العلم. ثم إنَّ تلك النصوص وإن كانت قد أوصدت الأبواب في وجه من رام التطلع إلى معرفة وقت قيام الساعة -والحكمة كل الحكمة في ذلك- فإنها ذكرت بعض ما يسبق ذلك من المؤشرات والعلامات الدالة على وشوك إتيانها. عبَّرت عنها بكلمة الأشراط في قوله تعالى: ﴿قَالَ تَعَالَى: ﴿ فَهَلْ يَنظُرُونَ إِلَّا ٱلسَّاعَةَ أَن تَأْتِيَهُم بَغْتَةً فَقَدْ جَآءَ أَشْرَاطُهَا فَأَنَّىٰ لَهُمْ إِذَا جَآءَتْهُمْ ذِكْرَىٰهُمْ ۝ ﴾ محمد: ١٨، وبكلمة الآيات في

---

(1) تفسير القرآن العظيم: (614/2) في تفسيره لقوله تعالى: ﴿قَالَ تَعَالَى: ﴿ يَسْـَٔلُونَكَ عَنِ ٱلسَّاعَةِ أَيَّانَ مُرْسَىٰهَا ۝ ﴾ الأعراف: ١٨٧.

(2) انظر اليوم الآخر في الأديان السماوية والديانات القديمة ص82.

موضع آخر: قَالَ تَعَالَى: ﴿ يَوْمَ يَأْتِي بَعْضُ ءَايَتِ رَبِّكَ لَا يَنفَعُ نَفْسًا إِيمَنُهَا لَمْ تَكُنْ ءَامَنَتْ مِن قَبْلُ أَوْ كَسَبَتْ فِي إِيمَنِهَا خَيْرًا ۝ ﴾ الأنعام: ١٥٨، وتركت بيان البعض الآخر للنبي صلى الله عليه وسلم[1].

ومما ذكره القرآن من تلك الآيات أن الله تعالى قد شق القمر للنبي صلى الله عليه وسلم[2] آية على صدقه وجعل ذلك علامة على قرب الساعة فقال: قَالَ تَعَالَى: ﴿ اقْتَرَبَتِ ٱلسَّاعَةُ وَٱنشَقَّ ٱلْقَمَرُ ۝ ﴾ القمر: ١.

ومما ذكر في القرآن أيضا ولم يقع بعد أن من أول ما يظهر من تلك الآيات أنه (في آخر الزمان عند فساد الناس وتركهم أوامر الله وتبديلهم الدين الحق يخرج الله لهم دابة من الأرض)[3] تكلمهم وتوبخهم على تشكيكهم في أمر الآخرة. قال تعالى: قَالَ تَعَالَى: ﴿ ۞ وَإِذَا وَقَعَ ٱلْقَوْلُ عَلَيْهِمْ أَخْرَجْنَا لَهُمْ دَابَّةً مِّنَ ٱلْأَرْضِ تُكَلِّمُهُمْ أَنَّ ٱلنَّاسَ كَانُوا۟ بِـَٔايَٰتِنَا لَا يُوقِنُونَ ۝ ﴾ النمل: ٨٢. وقد بيّن النبي صلى الله عليه وسلم بعض أمور هذه الدابة في قوله:" إن أول الآيات خروجا طلوع الشمس من

---

(1) وهذا ما عبرت عنه السنة المطهرة بالأمارات والعلامات ومما ذكر في السنة ولم يرد ذكره في القرآن الكريم الإخبار بما يعتبره العلماء من العلامات الصغرى كموته صلى الله عليه وسلم، وفتح بيت المقدس، وكثرة المال وخروج نار عظيمة من أرض الحجاز، وتطاول الناس في البنيان، والتباهي بتزيين المساجد والتفريط بالأمانة وكثرة الفتن ويكثر الفساد والجهل، ويقاتل المسلمون اليهود في معركة نهائية بينهما إلى غير ذلك مما هو مبثوث في كتب الحديث والتفاسير.

(2) وقد ثبت ذلك في السنة الصحيحة من ذلك ما أخرجه البخاري عن عبد الله بن عمر أنه قال:" انشق القمر ونحن مع النبي صلى الله عليه وسلم فصار فرقين فقال لنا اشهدوا اشهدوا." أخرجه البخاري في كتاب التفسير (195/3).

(3) أنظر تفسير القرآن العظيم (364/4).

مغربها وخروج الدابة على الناس ضحى وأيتهما كانت قبل صاحبتها فالأخرى على إثرها قريبا..."[1] ومجمل ما يستخلص من الأحاديث التي تصف هذه الدابة من معان؛ أنها دابة تخرج إلى الناس فتكلمهم وتؤنبهم وتميز مؤمنَهم من كافرهم [2].

وذكر القرآن آية أخرى تؤشر لقرب النهاية وهي انهيار السد الذي بناه ذو القرنين قديما وحجز به قوما عظُم فسادهم حينها[3]. فذكر اللـه تعالى عنه أنه قال حين فرغ من بنائه: ﴿ قَالَ تَعَالَى: ﴿ قَالَ هَٰذَا رَحْمَةٌ مِّن رَّبِّي فَإِذَا جَاءَ وَعْدُ رَبِّي جَعَلَهُ دَكَّاءَ وَكَانَ وَعْدُ رَبِّي حَقًّا ۝ ﴾ الكهف: ٩٨، فجعل اللـه عز وجل انهيار هذا السد، وانتشار هؤلاء القوم مفسدين في الأرض علامة على قرب الوعد بقيام الساعة. قال تعالى: ﴿ قَالَ تَعَالَى: ﴿ حَتَّىٰ إِذَا فُتِحَتْ يَأْجُوجُ وَمَأْجُوجُ وَهُم مِّن كُلِّ حَدَبٍ يَنسِلُونَ ۝ وَاقْتَرَبَ الْوَعْدُ الْحَقُّ فَإِذَا هِيَ شَاخِصَةٌ أَبْصَارُ الَّذِينَ كَفَرُوا يَٰوَيْلَنَا قَدْ كُنَّا فِي غَفْلَةٍ مِّنْ هَٰذَا بَلْ كُنَّا ظَٰلِمِينَ ۝ ﴾ الأنبياء: ٩٦ - ٩٧. ومما يسبق الساعة وذكره القرآن أيضا؛ إتيان

السماء بدخان مبين[4]؛ قال تعالى: ﴿ قَالَ تَعَالَى: ﴿ فَارْتَقِبْ يَوْمَ تَأْتِي السَّمَاءُ بِدُخَانٍ مُّبِينٍ ۝ يَغْشَى النَّاسَ هَٰذَا عَذَابٌ أَلِيمٌ ۝ ﴾ الدخان: ١٠ - ١١، وقد أخبر

_____

(1) أخرجه مسلم في كتاب الفتن وأشراط الساعة (2260/4) ورقمه: (2941).

(2) أنظر تفسير القرآن العظيم (364-366/4).

(3) موجز قصة ذي القرنين أن أحد الأجناس البشرية دعاهم القرآن يأجوج ومأجوج أكثروا من الإفساد في الأرض؛ فيسر اللـه تعالى لذي القرنين-وهو أحد الملوك المؤمنين-أن يحصرهم وراء جبلين بسد مبني من الحديد النحاس. انظر تفسير بنم كثير: (600-603/3).

(4) صح عن بن مسعود في الصحيحين أنه قال بأن الدخان الذي ورد في الآية قد مضى-حدوثه وهو مذهب جماعة من السلف واختاره بن جرير الطبري في تفسيره، ورجح ابن كثير ما

216

النبي صلى الله عليه وسلم عن ذلك فقال: "إنّ ربكم أنذركم ثلاثا: الدخان يأخذ المؤمن كالزكمة ويأخذ الكافر فينتفخ حتى يخرج من كل مسمع منه والثانية الدابة والثالثة الدجال"[1]

هذا ما أورده القرآن من العلامات الظاهرة الدالة على دنو تلك النهاية ووشك وقوعها.

ج- كيفية تلك النهاية:

بعد أن ذكر القرآن الكريم أخبارا مما يتقدم تلك النهاية الفعلية للحياة البشرية من أمارات وأشراط، صوَر للناس مشاهد مروعة من أحداث آخر لحظات تاريخ البشرية في هذه الحياة.

ذهب إليه ابن عباس ومن وافقه من الصحابة والتابعين من القول بـأن الـدخان مـن الآيـات المنتظـرة لمـا صح في ذلك مـن الأحاديث ولما هو ظاهر من الآية من أنه دخان مبين أي واضح يراه كل أحد وهو ما أميل إليه و الله أعلم. أنظـر ابن كثير في تفسيره لآيتي الدخان [10-11] انظر صحيح البخاري: كتاب تفسير القرآن (186/3).

(1) رواه ابن جرير بسنده إلى أبي مالك الأشعري قال الحافظ ابـن كثير: رواه الطبراني عـن هاشـم بـن يزيد عـن محمـد بـن إسماعيل بن عياش به وهذا إسناد جيد) انظر تفسير القرآن العظيم لآيتي الدخان [10-11].

فمن أخباره عن تلك النهاية أن أحد ملائكة الله تعالى[1] ينفخ في الصور[2] نفخة عظيمة إيذانا بوقوعها. فيرافق تلك النفخة صيحة عظيمة، يفزع عند سماعها من في السموات ومن في الأرض، إلا من عصمه الله عز وجل، قال تعالى: قَالَ تَعَالَى: ﴿ وَيَوْمَ يُنفَخُ فِي ٱلصُّورِ فَفَزِعَ مَن فِي ٱلسَّمَٰوَٰتِ وَمَن فِي ٱلْأَرْضِ إِلَّا مَن شَآءَ ٱللَّهُ ۚ وَكُلٌّ أَتَوْهُ دَٰخِرِينَ ۝ ﴾ النمل: ٨٧. ويصور القرآن مدى الرعب والفزع الذي يصيب الناس من وقع ما يصاحب تلك الحادثة من الهول الشديد، والخراب الشامل في كل أركان الكون، مما لا عهد للإنسانية بمثله فيقول: قَالَ تَعَالَى: ﴿ يَٰٓأَيُّهَا ٱلنَّاسُ ٱتَّقُوا۟ رَبَّكُمْ ۚ إِنَّ زَلْزَلَةَ ٱلسَّاعَةِ شَىْءٌ عَظِيمٌ ۝ يَوْمَ تَرَوْنَهَا تَذْهَلُ كُلُّ مُرْضِعَةٍ عَمَّآ أَرْضَعَتْ وَتَضَعُ كُلُّ ذَاتِ حَمْلٍ حَمْلَهَا وَتَرَى ٱلنَّاسَ سُكَٰرَىٰ وَمَا هُم بِسُكَٰرَىٰ وَلَٰكِنَّ عَذَابَ ٱللَّهِ شَدِيدٌ ۝ ﴾ الحج: ١ - ٢. ومن بلاغة البيان القرآني هنا وصفه لهذا المشهد بما تكاد العين تبصره. بل ويقيس ضخامة ذلك الهول ومبلغه في النفوس بمدى آثاره فيها: حوامل تسقط أحمالها! ومرضعات تذهل عما يرضعن!! وأي علاقة إنسانية تفوق علاقة الأمومة وخاصة إذا كان الولد رضيعا؟! إنه هول تتفكك من أثره عقد أقوى الروابط الإنسانية على الإطلاق!!. ثم تزداد أحداث المشهد تسارعا وتفاقما ورهبة إلى

---

(1) قال بن حجر: (اشتهر أن صاحب الصور إسرافيل عليه السلام ونقل فيه الحليمي الإجماع، ووقع التصريح في حديث وهب بن منبه، وفي حديث أبي هريرة عند بن مردويه، وكذا في حديث الصور الطويل) فتح الباري: (11/368).

(2) الصور في لغة العرب "القرن" وقد فسره النبي صلى الله عليه وسلم بما تعرفه العرب من كلامه فقال لمن سأله عنه: "الصور قرن ينفخ فيه" أخرجه الترمذي وأبو داود وابن حبان في سننهم وأحمد في مسنده، والحاكم في المستدرك وقال: صحيح الإسناد ووافقه الذهبي وقال فيه الترمذي حديث حسن صحيح. (انظر اليوم الآخر للأشقر ص33). وروى البخاري في صحيحه عن مجاهد قوله: "الصور كهيئة البوق" البخاري في الرقاق باب النفخ في البوق.

أن يبلغ ذلك الفزع أشده في مشهد يستغرق فترة قصيرة جدا يقول فيها تعالى: **قَالَ تَعَالَى:** ﴿وَمَآ أَمْرُ ٱلسَّاعَةِ إِلَّا كَلَمْحِ ٱلْبَصَرِ أَوْ هُوَ أَقْرَبُ إِنَّ ٱللَّهَ عَلَىٰ كُلِّ شَىْءٍ قَدِيرٌ ۝﴾

النحل: ٧٧ ليتم بصعقة تأتي على البقية الباقية من الجنس البشري -حينئذ-. وتصعق معهم بقية الخلائق في السموات والأرض إلا من استثناه الله من ذلك[1]. يقول تعالى: **قَالَ تَعَالَى:** ﴿وَنُفِخَ فِي ٱلصُّورِ فَصَعِقَ مَن فِي ٱلسَّمَٰوَٰتِ وَمَن فِي ٱلْأَرْضِ إِلَّا مَن شَآءَ ٱللَّهُ ۝﴾ الزمر: ٦٨.

فتخمد هذه الصعقة نبض الحياة على الأرض وفي السموات، لتطوى بذلك آخر صفحة من صفحات تاريخ عمارة الجنس البشري لهذه الأرض وخلافتهم فيها. إلى هنا يمكننا استعمال مصطلح النهاية باعتبار دلالته على انتهاء حقبة معينة.

المطلب الثاني: نهاية سريان هذا النظام الكوني (تبدل الكون).

لطالما انشغل الإنسان بروعة هذا الكون الذي وُجد فيه. وإنه إن كان القدماء يشككون في إمكانية نهايته وخرابه يوما ما فإن العلم الحديث قال في ذلك قولا جزيلا وذكر الأدلة التي تقطع بمجيء يوم خراب عمرانه -مهما بعد

---

(1) لم يرد في القرآن ولا صح في السنة ذكر لمن استثناه الله تعالى من ذلك الصعق وغاية ما ورد في ذلك أنه صلى الله عليه وسلم توقف في استثناء موسى عليه السلام. قال صاحب التذكرة: (قال شيخنا أبو العباس: والصحيح أنه لم يرد في تعيينهم خبر صحيح، والكل محتمل). تذكرة القرطبي ص197. وانظر اليوم الآخر للأشقر ص167.
وعلى كل حال فإن الآيات أثبت الصعق على من في السموات ومن في الأرض ووقع استثناء بعضهم دونما بيان لأعيانهم. وليس في الآيات خبر عمن ليس من سكانهما. قال ابن تيمية: "فإذا كان النبي صلى الله عليه وسلم لم يخبر بكل من استثنى الله لم يمكننا نحن أن نجزم بذلك ... وهذا العلم لا ينال إلا بالخبر و الله أعلم." (مجموع الفتاوى 261/4) للوقوف على مذاهب العلماء فيمن استثناه الله تعالى أنظر (فتح الباري: 370/6 و371 وتذكرة القرطبي ص 196-201. واليوم الآخر للأشقر 43-49.

219

ذلك اليوم-. فيختل نسق هذا النظام المعهود وتتبدل معالم الأرض والسموات وهذا ما أكّده القرآن

وجزم به منذ أكثر من ألف سنة. قال تعالى: قَالَ تَعَالَى: ﴿ يَوْمَ تُبَدَّلُ ٱلْأَرْضُ غَيْرَ ٱلْأَرْضِ وَٱلسَّمَوَٰتُ

وَبَرَزُوا۟ لِلَّهِ ٱلْوَٰحِدِ ٱلْقَهَّارِ ﴿٤٨﴾ ﴾ إبراهيم: ٤٨ (1).

أولا- تبدل السموات:

فأما السموات فذكر تعالى أنه يصاحب قيام الساعة تبدلات كونية عظيمة فتكور شمسها بعد أن

تبدلت جهة طلوعها (2) وذلك بأن يضم بعضها على بعض فيذهب بعض ضوؤها قال تعالى: قَالَ تَعَالَى: ﴿ إِذَا

ٱلشَّمْسُ كُوِّرَتْ ﴿١﴾ ﴾ التكوير: ١ (3) ويخسف

---

(1) وقد ورد في السنة قوله صلى الله عليه وسلم "من سره أن ينظر إلى يوم القيامة كأنه رأي عين فليقرأ إذا الشمس كورت وإذا السماء انفطرت وإذا السماء انشقت "أخرجه الترمذي في كتاب تفسير القرآن (403-404/5)، ورقمه: (3333). وقال حديث حسن غريب.

(2) قال رسول الله صلى الله عليه وسلم لأبي ذر الغفاري -يخبره عن الشمس-: "فإنها تذهب حتى تسجد تحت العرش فتستأذن فيؤذن لها ويوشك أن تسجد فلا يقبل منها وتستأذن فلا يؤذن لها يقال لها ارجعي من حيث جئت فتطلع من مغربها فذلك قوله تعالى "والشمس تجري لمستقر لها ذلك تقدير العزيز العليم "أخرجه مسلم في كتاب الإيمان (138/1)، ورقمه: (159). وقال رسول الله صلى الله عليه وسلم: "لا تقوم الساعة حتى تطلع الشمس من مغربها" أخرجه البخاري في كتاب الفتن: فتح الباري (102/13)(7121). ومسلم في كتاب الإيمان (137/1)، ورقمه: (157).

(3) قال البخاري في باب صفة الشمس والقمر: وقال الحسن "**كورت**" تكور حتى يذهب ضوؤها. وذكر ابن كثير أقوال السلف في كلمة التكوير ثم أورد مذهب ابن جرير الطبري الذي قال: والصواب عندنا أن التكوير جمع الشيء بعضه إلى بعض ومنه تكوير العمامة وجمع الثياب بعضها إلى بعض ثم لفت فرمي بها وإذا فعل بها ذلك ذهب ضوؤها. (475/4، طبعة دار المعرفة). (إن أي جسم يريد الخروج من مجال جاذبية معين يحتاج إلى سرعة هروب كافية (escape velocity) وقد قرر العلماء أن أكبر سرعة معروفة في الكون هي سرعة الضوء وباعتماد الحسابات الفيزيائية قدر العلماء أنه لو تقلصت الشمس إلى كرة نصف قطرها ثلاث آلاف (كم) -تقريبا- فسيتعذر على أي شعاع أن ينطلق منها وتتحول بذلك إلى ثقب أسود (Black Hole) يبتلع كل ما يحاذيه من الأجرام بمسافة كافية فلربما ابتلعت القمر فيجتمع

قمرها ليذهب ضوؤه أيضا[1] يجتمع بالشمس: قَالَ تَعَالَى: ﴿فَإِذَا بَرِقَ ٱلْبَصَرُ ٧ وَخَسَفَ ٱلْقَمَرُ ٨ وَجُمِعَ

الشَّمْسُ وَٱلْقَمَرُ ٩﴾ القيامة: ٧ - ٩. وتقترب الشمس من الأرض[2] وهذه نجومها يطمس نورها

فتنكدر قال تعالى: قَالَ تَعَالَى: ﴿فَإِذَا ٱلنُّجُومُ طُمِسَتْ ٨﴾ المرسلات: ٨. وتنتثر كواكبها في السماء

وتشقق السماء بالغمام كما قال تعالى: قَالَ تَعَالَى: ﴿وَإِذَا ٱلْكَوَاكِبُ ٱنتَثَرَتْ ٢﴾ الانفطار: ٢

قَالَ تَعَالَى: ﴿إِذَا ٱلسَّمَآءُ ٱنشَقَّتْ ١ وَأَذِنَتْ لِرَبِّهَا وَحُقَّتْ ٢﴾ الانشقاق: ١ - ٢. وقوله: قَالَ تَعَالَى:

﴿وَيَوْمَ تَشَقَّقُ ٱلسَّمَآءُ بِٱلْغَمَٰمِ وَنُزِّلَ ٱلْمَلَٰٓئِكَةُ تَنزِيلًا ٢٥﴾ الفرقان: ٢٥. وتتحرك أرجاؤها في

وتضعف خلقتها: قَالَ تَعَالَى: استدارة: قَالَ تَعَالَى: ﴿يَوْمَ تَمُورُ ٱلسَّمَآءُ مَوْرًا ١﴾ الطور: ٩

وَٱنشَقَّتِ ٱلسَّمَآءُ فَهِىَ يَوْمَئِذٍ وَاهِيَةٌ ١٦﴾ الحاقة: ١٦. لتكون كالمعدن المذاب (وتتلون كما تتلون

الأصباغ التي يدهن بها فتارة حمراء وصفراء وزرقاء وخضراء وذلك من شدة الأمر وهول يوم القيامة

العظيم..)[3] قال تعالى: قَالَ تَعَالَى: ﴿فَإِذَا ٱنشَقَّتِ ٱلسَّمَآءُ فَكَانَتْ وَرْدَةً كَٱلدِّهَانِ ٣٧﴾ الرحمن: ٣٧.

وقال أيضا: قَالَ تَعَالَى: ﴿يَوْمَ تَكُونُ ٱلسَّمَآءُ كَٱلْمُهْلِ ٨﴾ المعارج: ٨. وتغدوا عندها طرقا ومسالك

لنزول الملائكة قال تعالى: قَالَ تَعَالَى:

بها. أنظر الموسوعة الصغيرة ١٨٨: حول الثقوب السوداء تر: حكمت غني الحميري ص٥٤. والانفجار الكبير ص٨٩-٩٠.

(1) وقد صح أيضا أن التكوير يقع للشمس والقمر معا قال صلى الله عليه وسلم (الشمس والقمر يكوران يوم القيامة) وقد انفرد به البخاري في كتاب بدء الخلق، فتح الباري (٦/٣٦٥)، ورقمه (٣٢٠٠).

(2) قال صلى الله عليه وسلم: "إذا كان يوم القيامة أدنيت الشمس من العباد حتى تكون قيد ميل أو ميلين قال فتصهرهم الشمس فيكونون في العرق قدر أعمالهم.. الحديث "رواه الإمام أحمد في مسنده (٦/٥٠)، ورواته ثقاة وفي لفظ له " تدنوا الشمس من الأرض فيعرق الناس.. الحديث وهو في صحيح مسلم في كتاب الإيمان (١/١٨٤) ورقمه: (١٩٤).

(3) تفسير القرآن العظيم (٤/٢٧٥). طبعة دار المعرفة.

﴿ وَفُتِحَتِ ٱلسَّمَآءُ فَكَانَتْ أَبْوَٰبًا ۝ ﴾ النبأ: ١٩. ثم يطويها الرحمن كطي السجل للكتب قال

تعالى: قَالَ تَعَالَى: ﴿ يَوْمَ نَطْوِى ٱلسَّمَآءَ كَطَيِّ ٱلسِّجِلِّ لِلْكُتُبِ كَمَا بَدَأْنَا أَوَّلَ خَلْقٍ

نُّعِيدُهُ وَعْدًا عَلَيْنَآ إِنَّا كُنَّا فَٰعِلِينَ ۝ ﴾ الأنبياء: ١٠٤. ويضعها بيمينه كما قال: قَالَ

تَعَالَى: ﴿ وَٱلسَّمَٰوَٰتُ مَطْوِيَّٰتُۢ بِيَمِينِهِۦ ۝ ﴾ الزمر: ٦٧.

ثانيا- تبدُّل الأرض:

تلك حال السموات وأما الأرض فإنها تتكاثر فيها الزلازل في آخر الزمان[1] ثم يكون خاتمة ذلك كله

زلزلة عظيمة ترج الأرض رجا شديدا[2]. قال تعالى: قَالَ تَعَالَى: ﴿ إِذَا زُلْزِلَتِ ٱلْأَرْضُ زِلْزَالَهَا ۝ ﴾ الزلزلة:

١ وقال أيضا: قَالَ تَعَالَى: ﴿ يَٰٓأَيُّهَا ٱلنَّاسُ ٱتَّقُوا۟ رَبَّكُمْ إِنَّ زَلْزَلَةَ ٱلسَّاعَةِ شَىْءٌ عَظِيمٌ ۝ ﴾

الحج: ١. ترجف على إثرها بما فيها وما عليها[3] وتشقق: قَالَ تَعَالَى: ﴿ يَوْمَ تَشَقَّقُ ٱلْأَرْضُ

عَنْهُمْ سِرَاعًا ذَٰلِكَ حَشْرٌ عَلَيْنَا يَسِيرٌ ۝ ﴾ ق: ٤٤. لتلقي ما في بطنها قال تعالى: قَالَ تَعَالَى:

﴿ وَأَخْرَجَتِ ٱلْأَرْضُ أَثْقَالَهَا ۝ ﴾ الزلزلة: ٢[4]. وتُحمل الأرض بجبالها لتدك فتدك دكا:

قَالَ تَعَالَى: ﴿ كَلَّآ إِذَا دُكَّتِ ٱلْأَرْضُ دَكًّا دَكًّا ۝ ﴾ الفجر: ٢١.

---

(1) الحديث: لا تقوم الساعة حتى يقبض العلم وتكثر الزلازل ويتقارب الزمان..الحديث" أخرجه البخاري في كتاب الجمعة
ورقمه (1036)، وكتاب الفتن، فتح الباري (102/13)، ورقمه (7121).

(2) ورد هذا المعنى بلفظ: رُجَّت الأرض رجًّا. ويوم ترجف الراجفة.

(3) قال تعالى: "ترجف الأرض والجبال وكانت الجبال كثيبا مهيلا" [المزمل 14].

(4) وقال وإذا الأرض مدت وألقت ما فيها وتخلت [الإنشقاق: 3-4].

وأما بحارُها فيتفجر بعضها على بعض، وتتأجج نيرانا متقدة[1] قال تعالى: قَالَ تَعَالَى: ﴿ وَإِذَا ٱلۡبِحَارُ فُجِّرَتۡ ٣ ﴾ الانفطار: ٣. وقال: قَالَ تَعَالَى: ﴿ وَإِذَا ٱلۡبِحَارُ سُجِّرَتۡ ٦ ﴾ التكوير: ٦. "أي توقدت نيرانا"[2] قال ابن عباس وغير واحد يرسل اللـه عليها الرياح الدبور فتسعرها وتصير نارا تتأجج[3] قَالَ تَعَالَى: ﴿ وَٱلۡبَحۡرِ ٱلۡمَسۡجُورِ ٦ ﴾ الطور: ٦.

وأما الجبال فيذكر تعالى أنه يدكها مع الأرض دكة واحدة قَالَ تَعَالَى: ﴿ فَإِذَا نُفِخَ فِي ٱلصُّورِ نَفۡخَةٌ وَٰحِدَةٌ ١٣ وَحُمِلَتِ ٱلۡأَرۡضُ وَٱلۡجِبَالُ فَدُكَّتَا دَكَّةً وَٰحِدَةً ١٤ فَيَوۡمَئِذٍ وَقَعَتِ ٱلۡوَاقِعَةُ ١٥ ﴾ الحاقة: ١٣ - ١٥. فتتفتت بقدرته عز وجل كرمل تناثر في الهواء بعد أن كان مجموعا، قال تعالى: قَالَ تَعَالَى: ﴿ يَوۡمَ تَرۡجُفُ ٱلۡأَرۡضُ وَٱلۡجِبَالُ وَكَانَتِ ٱلۡجِبَالُ كَثِيبًا مَّهِيلًا ١٤ ﴾ المزمل: ١٤. وفي الآية الأخرى يشبهها عز وجل بالصوف المنفوش الذي شرع في الذهاب والتمزق قال تعالى: قَالَ تَعَالَى: ﴿ يَوۡمَ يَكُونُ ٱلنَّاسُ كَٱلۡفَرَاشِ ٱلۡمَبۡثُوثِ ٤ وَتَكُونُ ٱلۡجِبَالُ كَٱلۡعِهۡنِ ٱلۡمَنفُوشِ ٥ ﴾ القارعة: ٤ - ٥. وقد حكى القرآن الكريم سؤال الناس عن مصير هذه الجبال الصماء العظيمة فأجابهم بما يهون أمام عظمة ما سيقع من أمر الساعة وقيامها فذكر بأن اللـه سينسفها نسفا فتكون هباء منبثًا فلا يبقى لها عين ولا

---

(1) قال البخاري في كتاب التفسير: "قال مجاهد: (المسجور) الموقد. وقال الحسن تسجر حتى يذهب ماؤها فلا يبقى فيها قطرة أخرجه البخاري في كتاب تفسير القرآن. (192-193/3). وقيل سجِّرت: أفضى بعضها إلى بعض فصارت بحرا واحدا..أخرجه البخاري في كتاب التفسير (213/3).

(2) الظلال (3393/6).

(3) تفسير القرآن العظيم (476/4). طبعة دار المعرفة.

أثر. قال تعالى: قَالَ تَعَالَى: ﴿ إِذَا رُجَّتِ ٱلْأَرْضُ رَجًّا ۝ وَبُسَّتِ ٱلْجِبَالُ بَسًّا ۝ فَكَانَتْ هَبَاءً مُّنبَثًّا ۝ ﴾ الواقعة: ٤ - ٦. فيمتد -بذلك- ظهر الأرض ليصير سطحا مستويا ليس فيه معلما لأحد. قال رسول الله صلى الله عليه وسلم: "يحشر الناس يوم القيامة على أرض بيضاء عفراء كقرصة النقي لا معلم فيها لأحد"[1] ولا يرى بها واد ولا رابية ولا مكانا منخفضا ولا مرتفعا[2]

قال تعالى: قَالَ تَعَالَى: ﴿ وَيَسْـَٔلُونَكَ عَنِ ٱلْجِبَالِ فَقُلْ يَنسِفُهَا رَبِّى نَسْفًا ۝ فَيَذَرُهَا قَاعًا صَفْصَفًا ۝ لَّا تَرَىٰ فِيهَا عِوَجًا وَلَآ أَمْتًا ۝ ﴾ طه: ١٠٥ - ١٠٧. فتمد على مد البصر وتُرى بارزة ليحشر على ظهرها الأولون والآخرون من الخلائق أجمعين. قال تعالى: قَالَ تَعَالَى: ﴿ وَيَوْمَ نُسَيِّرُ ٱلْجِبَالَ وَتَرَى ٱلْأَرْضَ بَارِزَةً وَحَشَرْنَٰهُمْ فَلَمْ نُغَادِرْ مِنْهُمْ أَحَدًا ۝ ﴾ الكهف: ٤٧.

وقد ورد في السنة أن عائشة رضي الله عنه تساءلت بين يدي النبي صلى الله عليه وسلم عن مكان تواجد الناس في الوقت الذي تكون فيه السموات والأرض تتبدلان فقالت: "سألت رسول الله صلى الله عليه وسلم عن قوله تعالى: قَالَ تَعَالَى: ﴿ يَوْمَ تُبَدَّلُ ٱلْأَرْضُ غَيْرَ ٱلْأَرْضِ وَٱلسَّمَٰوَٰتُ ۝ ﴾ إبراهيم: ٤٨ فأين يكون الناس يومئذ يا رسول الله فقال: على الصراط"[3].

وهكذا تستقر السموات بيمين الله جل جلاله والأرض في قبضته قال تعالى: قَالَ تَعَالَى: ﴿ وَمَا قَدَرُوا۟ ٱللَّهَ حَقَّ قَدْرِهِۦ وَٱلْأَرْضُ جَمِيعًا قَبْضَتُهُۥ يَوْمَ ٱلْقِيَٰمَةِ وَٱلسَّمَٰوَٰتُ مَطْوِيَّٰتٌۢ بِيَمِينِهِۦ ۝ ﴾ الزمر: ٦٧. وفي الصحيحين أن النبي صلى الله عليه وسلم

---

(1) أخرجه مسلم في كتاب صفة القيامة والجنة والنار (2150/4)ورقمه: (2790).

(2) قاله ابن كثير ونسبه إلى ابن عباس وغير واحد من السلف التفسير [طه/106-107]. انظر ابن تفسير القرآن العظيم (80-79/4)

(3) أخرجه مسلم في كتاب صفة القيامة والجنة والنار (2150/4)، ورقمه: (2791).

قال: "إنّ الله يقبض يوم القيامة الأرض وتكون السموات بيمينه ثم يقول أنا الملك.. الحديث"[1]. (وقد وردت أحاديث كثيرة متعلقة بهذه الآية الكريمة والطريق فيها وفي أمثالها مذهب السلف وهو إمرارها كما جاءت من غير تكييف ولا تحريف)[2].

---

(1) أخرجه البخاري في كتاب التوحيد: فتح الباري (484/13)، ورقمه: (7412)، ومسلم في كتاب صفة القيامة والجنة والنار (2148/4)، ورقمه: (2787).

(2) تفسير القرآن العظيم (63-62/4). طبعة دار المعرفة.

المبحث الثاني

الآخـــرة

(بداية الحياة الأبدية)

إن الموت هو الحدث الفاصل بين زمني الوجود البشري (الحياة الدنيا والحياة الآخرة) ويعقب كل موت فترة برزخ تكون بداية لحياة ثانية. ثم يبعث الله الناس بعدها ويحضرهم لساحة العرض ويحاسبهم على ما فعلوا ليجزي الذين أساءوا بما عملوا فيخلّد من حقَّ عليه الخلود منهم في نار جهنم. ويجزي الذين أحسنوا بخلود أبدي في نعيم الجنة. وسأتطرق في هذا المبحث إلى ذكر ما فصّله القرآن من تلك الحقائق وفق الترتيب الزمني لكل مرحلة من مراحلها في المطالب الآتية:

المطلب الأول: البرزخ.

الغالب في كلام القرآن عن تاريخ الجنس البشري محصور في قسمين: دنيا وآخرة. جعل أحدهما للعمل، والآخر للجزاء. ولكنه ذكر في بعض المواضع زمنا آخر يفصل بينهما وهو زمن فترة البرزخ. الذي يكون الناس فيه أرواحا مباينة لأبدانها. فهو بهذا الاعتبار زمن ثالث مباين للزمنين الآخرين ولكنّي لما وجدت النبي صلى الله عليه وسلم يقول: "إن القبر أول منزل من منازل الآخرة"[1] وألفيت أكثر أحواله من أحوال الآخرة مما صح في الأخبار أن فيه تعجيل شيء من الجزاء لأهله رأيت أن أدرجه في هذه الدراسة مع زمن الآخرة.

---

(1)أخرجه الترمذي في كتاب الزهد (479/4)، وقال حديث حسن غريب.

مفهومه:

البرزخ في كلام العرب الحاجز بين الشيئين. ومنه قوله تعالى: قَالَ تَعَالَى: ﴿ ۞ وَجَعَلَ بَيْنَهُمَا بَرْزَخًا ۵۳ ﴾ أي: حاجزا وكذلك هو في الآية من وقت الموت إلى البعث فمن مات فقد دخل البرزخ. قال تعالى: قَالَ تَعَالَى: ﴿ حَتَّىٰ إِذَا جَآءَ أَحَدَهُمُ ٱلْمَوْتُ قَالَ رَبِّ ٱرْجِعُونِ ۹۹ لَعَلِّيٓ أَعْمَلُ صَٰلِحًا فِيمَا تَرَكْتُ كَلَّآ إِنَّهَا كَلِمَةٌ هُوَ قَآئِلُهَا وَمِن وَرَآئِهِم بَرْزَخٌ إِلَىٰ يَوْمِ يُبْعَثُونَ ۱۰۰ ﴾ المؤمنون: ۹۹ - ۱۰۰. قيل للشعبي: مات فلان. قال: ليس هو في الدنيا ولا في الآخرة هو في برزخ"[1]. وقال مجاهد: البرزخ الحاجز ما بين الدنيا والآخرة. وقال محمد بن كعب: البرزخ ما بين الدنيا والآخرة ليسوا مع أهل الدنيا يأكلون ويشربون ولا مع أهل الآخرة يجازون بأعمالهم. وقال أبو صخر: البرزخ القبر..[2]

قد وردت الأخبار الصحيحة بشيء مما يقع في تلك الفترة التي تبتدئ بالموت لتنتهي بالنفخة الثانية التي يقوم بها الناس لرب العالمين.

فأول ما يعانيه الإنسان في هذه الفترة ضمة القبر التي أخبر بها النبي صلى الله عليه وسلم[3] وهي حاصلة للمؤمنين والكافرين على السواء وفي القرآن بعض الإشارات اليسيرة من أخبار ذلك العالم:

فقد ذكر تعالى عن آل فرعون أنَّهم يُعرضون على النار غدوًا وعشيًا قال تعالى: قَالَ تَعَالَى:

﴿ ٱلنَّارُ يُعْرَضُونَ عَلَيْهَا غُدُوًّا وَعَشِيًّا وَيَوْمَ تَقُومُ ٱلسَّاعَةُ أَدْخِلُوٓا۟ ءَالَ

---

[1] انظر التذكرة 207.

[2] تفسير القرآن العظيم (201/4).

[3] وقد صح عن النبي صلى الله عليه وسلم قوله عند دفن سعد بن معاذ " لقد ضم القبر سعدا ضمة لو نجا منها أحد لنجا منها سعد "

228

فِرْعَوْنَ أَشَدَّ ٱلْعَذَابِ ﴿٤٦﴾ ﴾ غافر: ٤٦. فإن أرواحهم تعرض على النار صباحا ومساءً إلى قيام الساعة فإذا كان يوم القيامة اجتمعت أرواحهم وأجسادهم في النار ولهذا قال **قَالَ** **تَعَالَى:** ﴿ وَيَوْمَ تَقُومُ ٱلسَّاعَةُ أَدْخِلُوٓا۟ ءَالَ فِرْعَوْنَ أَشَدَّ ٱلْعَذَابِ ﴿٤٦﴾ ﴾ غافر: ٤٦ أي أشده ألما وأعظمه نكالاً[1].

ثم إنّ في قوله تعالى: **قَالَ تَعَالَى:** ﴿ وَمِن وَرَآئِهِم بَرْزَخٌ ﴿١٠٠﴾ ﴾ المؤمنون: ١٠٠. تهديد لهؤلاء المحتضرين من الظلمة بعذاب البرزخ كما قال تعالى: **قَالَ تَعَالَى:** ﴿ مِّن وَرَآئِهِمْ جَهَنَّمُ ﴿١٠﴾ ﴾ الجاثية: ١٠، وقال تعالى: **قَالَ تَعَالَى:** ﴿ وَمِن وَرَآئِهِۦ عَذَابٌ غَلِيظٌ ﴿١٧﴾ ﴾ إبراهيم: ١٧. وقوله تعالى: **قَالَ تَعَالَى:** ﴿ إِلَىٰ يَوْمِ يُبْعَثُونَ ﴿١٠٠﴾ ﴾ المؤمنون: ١٠٠، أي يستمر به العذاب إلى يوم البعث كما جاء في الحديث "فلا يزال معذبا فيها" أي في الأرض[2].

وذكر في موضع آخر حال الذين استُشهدوا في سبيله فقال: **قَالَ تَعَالَى:** ﴿ وَلَا تَحْسَبَنَّ ٱلَّذِينَ قُتِلُوا۟ فِي سَبِيلِ ٱللَّهِ أَمْوَٰتًا بَلْ أَحْيَآءٌ عِندَ رَبِّهِمْ يُرْزَقُونَ ﴿١٦٩﴾ ﴾ آل عمران: ١٦٩.

وقال النبي صلى الله عليه وسلم يبين تلك الحياة وذاك الرزق المذكور في الآية:" أرواحهم في جوف طير خضر لها قناديل معلقة بالعرش من الجنة تسرح حيث شاءت ثم تأوي إلى تلك القناديل فاطلع إليهم ربهم اطلاعة فقال هل تشتهون شيئا؟ قالوا أي شيء نشتهي ونحن نسرح من الجنة حيث شئنا ففعل ذلك بهم ثلاث مرات فلما رأوا أنهم لن يتركوا من أن يسألوا قالوا يا رب نريد أن ترد

---

(1) وقال ابن كثير في تفسير هذه الآية: وهذه الآية أصل كبير في استدلال أهل السنة على عذاب البرزخ في القبور.

(2) تفسير القرآن العظيم (201-202/4).

أرواحنا في أجسادها حتى نقتل في سبيلك مرة أخرى فلما رأى أن ليس لهم حاجة تركوا"[1].

ثم إنّ هذه الآيات وإن لم تكن فيها الدلالة الواضحة على أن نوعا من الجزاء يعجل للناس في قبورهم وأنه يقع عليهم فيتعدى الروح ليشمل الجسد معها، فإن حصول ذلك للجسد ثابت بالسنة الصحيحة. ومن ذلك ما ورد من أن ملكي السؤال يقعدان الموتى في قبورهم وأنهما يسألانهم فيجيبون وأن الكافر أو المنافق يسألانه فلا يحسن الإجابة فيقولان له: "لا دريت ولا تليت ثم يضرب بمطرقة من حديد ضربة بين أذنيه يسمعها من يليه غير الثقلين"[2].

هذا وقد ورد في السنة الصحيحة الكثير من الأخبار الدالة على أحوال الموتى، وأن لهم حياة أخرى هي غير هذه الحياة وغير الحياة الآخرة وإن كانت إلى الحياة الآخرة أقرب.

أما عن مدة هذه الفترة فزمنها نسبي يختلف من واحد لآخر فهو زمن خفيف قليل على المؤمن (كأنه صلاة ظهر أو صلاة عصر) ثقيل على الكافر وغاية ما ورد في ذلك ما صح عن النبي صلى الله عليه وسلم أنّه سُئِل عن مدّة ما بين النفختين فقال: ما بين النفختين أربعون. قال أربعون يوما قال أبيت. قال أربعون شهرا قال أبيت قال أربعون سنة قال أبيت ... الحديث"[3].

ـــ

(1) أخرجه مسلم في كتاب الإمارة (1502/3)، ورقمه: (1887). والترمذي في كتاب تفسير القرآن(216-217/5)، ورقمه: (3011)، وابن ماجة في كتاب الجهاد (936-937/2)، ورقمه: (2801).

(2) أخرجه مسلم في كتاب الجنة وصفة نعيمها (2200-2201/4)، ورقمه: (2870).

(3) أخرجه مسلم في كتاب الفتن وأشراط الساعة (2270/4)، ورقمه: (2955).

هذا ولم يذكر القرآن الكثير عن ذلك النمط من الوجود البشري، وقد ثبت في السنة شيء من تفاصيل تلك الحياة من ذكر عذاب القبر، وتزاور الموتى في قبورهم وسماعهم صوت من يسلم عليهم إلى غير ذلك من الأخبار.

المطلب الثاني: اليوم الآخر

أولا- المعاد (البعث والحشر)

إنّ من طبع الإنسان أن لا يعمل إلا بمقابل. وهذا المقابل قد يكون في جلب منفعة كما يمكن أن يتمثل في دفع مفسدة[1]. لذا فقد ركز القرآن الكريم كلامه على ترسيخ عقيدة اليوم الآخر، وهذا التركيز واضح بيّن في كل جنباته. وكثيرا ما يقرن ذكرها بذكر الإيمان بالله لدرجة أهميتها[2].

وقد أورد القرآن الكريم الكثير من أسئلة الناس حول هذا الموضوع على تباينهم في الدافع إلى ذلك. فسأل بعضهم عن إمكانيتها وعن حقيقتها كما في قوله تعالى: قَالَ تَعَالَى: ﴿ وَيَسۡتَنۢبِـُٔونَكَ أَحَقٌّ هُوَ ۝ ﴾ يونس: ٥٣. وفي قوله أيضا: قَالَ تَعَالَى: ﴿ وَيَقُولُ ٱلۡإِنسَٰنُ أَءِذَا مَا مِتُّ لَسَوۡفَ أُخۡرَجُ حَيًّا ۝ ﴾ مريم: ٦٦.

ومنهم من سأل مستنكرا ومستبعدا حصول ذلك. كما في قوله تعالى: قَالَ تَعَالَى: ﴿ وَكَانُواْ يَقُولُونَ أَئِذَا مِتۡنَا وَكُنَّا تُرَابًا وَعِظَٰمًا أَءِنَّا لَمَبۡعُوثُونَ ۝ أَوَءَابَآؤُنَا ٱلۡأَوَّلُونَ ۝ ﴾ الواقعة: ٤٧ - ٤٨. وقوله: قَالَ تَعَالَى: ﴿ يَقُولُونَ أَءِنَّا لَمَرۡدُودُونَ فِي ٱلۡحَافِرَةِ ۝ أَءِذَا كُنَّا عِظَٰمًا نَّخِرَةً ۝ قَالُواْ تِلۡكَ إِذًا كَرَّةٌ خَاسِرَةٌ ۝ ﴾ النازعات: ١٠ - ١٢. ومنهم من سأل على سبيل التهكم والسخرية فقال عنه القرآن: قَالَ تَعَالَى: ﴿ وَضَرَبَ لَنَا

---

(1) انظر العقيدة الإسلامية في القرآن الكريم ومناهج المتكلمين ص275.

(2) راجع برنامج القرآن الكريم (قرص الليزر).

مَثَلًا وَنَسِيَ خَلْقَهُۥ قَالَ مَن يُحْىِ ٱلْعِظَٰمَ وَهِىَ رَمِيمٌ ۝ يس: ٧٨ [1]. وسأل آخرون عن كيفية ذلك النشر من باب التعجب والتطلع إلى معاينة الكيفية لا من باب التكذيب. كالذي ذكره تعالى من شأن صاحب القرية بقوله: قَالَ تَعَالَى: ﴿أَوْ كَٱلَّذِى مَرَّ عَلَىٰ قَرْيَةٍ وَهِىَ خَاوِيَةٌ عَلَىٰ عُرُوشِهَا قَالَ أَنَّىٰ يُحْىِۦ هَٰذِهِ ٱللَّهُ بَعْدَ مَوْتِهَا ۝﴾ البقرة: ٢٥٩. وما حكاه عن خليله إبراهيم عليه السلام أنه سأله أن يريه كيفية إحيائه للموتى فقال: قَالَ تَعَالَى: ﴿رَبِّ أَرِنِى كَيْفَ تُحْىِ ٱلْمَوْتَىٰ قَالَ أَوَلَمْ تُؤْمِن قَالَ بَلَىٰ وَلَٰكِن لِّيَطْمَئِنَّ قَلْبِى ۝﴾ البقرة: ٢٦٠.

فأما من أنكره وسخر ممن قال به فلعدم قدرة عقله على تصور إمكانية جمع ذلك الرميم بعد ذلك التفرق أو لعدم رغبته في حدوثه أصلا؛ لكون ذلك ينغص عليه متعته وعبثه في هذه الدنيا التي يطمع أن ينصرف منها دون أن يتحمل أي مسؤولية عما فعل. قال تعالى يحكي مقالتهم: قَالَ تَعَالَى: ﴿وَكَانُوا۟ يَقُولُونَ أَئِذَا مِتْنَا وَكُنَّا تُرَابًا وَعِظَٰمًا أَءِنَّا لَمَبْعُوثُونَ ۝﴾ الواقعة: ٤٧. وقالوا أيضا: قَالَ تَعَالَى: ﴿أَءِذَا كُنَّا عِظَٰمًا وَرُفَٰتًا أَءِنَّا لَمَبْعُوثُونَ خَلْقًا جَدِيدًا ۝﴾ الإسراء: ٤٩.

وقد تراوحت مواقفهم بين ظن راجح أو يقين بعدم حصوله فأما من جزم باستحالة المعاد فكما في قوله تعالى: قَالَ تَعَالَى: ﴿زَعَمَ ٱلَّذِينَ كَفَرُوٓا۟ أَن لَّن يُبْعَثُوٓا۟ ۝﴾ التغابن: ٧، قَالَ تَعَالَى: ﴿وَقَالُوا۟ مَا هِىَ إِلَّا حَيَاتُنَا ٱلدُّنْيَا نَمُوتُ وَنَحْيَا وَمَا يُهْلِكُنَآ إِلَّا ٱلدَّهْرُ ۝﴾ الجاثية: ٢٤. قَالَ تَعَالَى: ﴿وَأَقْسَمُوا۟ بِٱللَّهِ جَهْدَ أَيْمَٰنِهِمْ لَا يَبْعَثُ ٱللَّهُ مَن يَمُوتُ ۝﴾

---

(1) (ومن السنة ما روي أن أبي بن خلف الجمحي خاصم النبي صلى الله عليه وسلم في أمر البعث والمعاد، وأتاه بعظم قد رم وبلى فقبضه وفته بيده، وقال يا محمد أترى أن الله يحي هذا بعد ما رم وبلى؟ فقال صلى الله عليه وسلم: "نعم ويبعثك ويدخلك النار" الحياة البرزخية من الموت إلى البعث ص 250: محمد عبد الظاهر خليفة دار الإعتصام)

النحل: ٣٨. وأما الفريق الآخر الذي قاده نظره إلى ظن غالب يستبعد فيه حصول ذلك

العود، فحكى تعالى قول قائلهم: قَالَ تَعَالَى: ﴿ وَلَئِنْ أَذَقْنَٰهُ رَحْمَةً مِّنَّا مِنْ بَعْدِ ضَرَّآءَ مَسَّتْهُ

لَيَقُولَنَّ هَٰذَا لِي وَمَآ أَظُنُّ ٱلسَّاعَةَ قَآئِمَةً وَلَئِن رُّجِعْتُ إِلَىٰ رَبِّىٓ إِنَّ لِى عِندَهُ لَلْحُسْنَىٰ ﴿٥٠﴾ ﴾

فصلت: ٥٠. فهو ظافر ناج على كل الاحتمالات!. والذي دفعهم إلى هذه المقالة كلال عقولهم

عن استيعاب إمكانية جمع تلك الأشلاء المتفرقة في بقاع الأرض، فقالوا كما أخبر عنهم تعالى: قَالَ

تَعَالَى: ﴿ أَءِذَا ضَلَلْنَا فِى ٱلْأَرْضِ أَءِنَّا لَفِى خَلْقٍ جَدِيدٍ ﴿١٠﴾ ﴾ السجدة: ١٠. بل وتهكموا بمن

اعتقد إمكان حصول ذلك فقالوا: قَالَ تَعَالَى: ﴿ وَقَالَ ٱلَّذِينَ كَفَرُوا۟ هَلْ نَدُلُّكُمْ عَلَىٰ رَجُلٍ يُنَبِّئُكُمْ

إِذَا مُزِّقْتُمْ كُلَّ مُمَزَّقٍ إِنَّكُمْ لَفِى خَلْقٍ جَدِيدٍ ﴿٧﴾ ﴾ سبأ: ٧. وزيادة على ذلك فقد جرت

العادة عند الناس أن الذي يذهب لا يرجع وقالوا بأنهم -على قولهم- قد وعدوا بهذا المعاد كما

وعد آباؤهم من قبل، لكنهم لم يروا لذلك أثرا على آبائهم فلا يزالون يرون الناس تموت ولا يرجع

منهم أحد، فلا مانع -في نظرهم- من تصور استمرار تلك العملية هكذا دواليك إلى أن يثبت عكسها؛ بأن

يقوم أحد الأسلاف للحياة بعد فنائه. قال تعالى: قَالَ تَعَالَى: ﴿ وَإِذَا تُتْلَىٰ عَلَيْهِمْ ءَايَٰتُنَا بَيِّنَٰتٍ مَّا كَانَ حُجَّتَهُمْ إِلَّآ

أَن قَالُوا۟ ٱئْتُوا۟ بِـَٔابَآئِنَآ إِن كُنتُمْ صَٰدِقِينَ ﴿٢٥﴾ ﴾ الجاثية: ٢٥. وحكى القرآن عنهم أنهم قالوا أيضا: قَالَ

تَعَالَى: ﴿ لَقَدْ وُعِدْنَا هَٰذَا نَحْنُ وَءَابَآؤُنَا مِن قَبْلُ إِنْ هَٰذَآ إِلَّآ أَسَٰطِيرُ ٱلْأَوَّلِينَ ﴿٦٨﴾ ﴾ النمل:

٦٨. فحجتهم الوحيدة -إذن- هي أنهم لم يشاهدوا رجوع أحد ممن غبَر.

أجوبة القرآن:

لقد أجاب القرآن أجوبة اختلفت صيغتها باختلاف المواضع التي سيقت فيها، والقصد الذي

قيلت لأجله. فأجيب كل سائل بما يناسب حاله إذ أن منكر

وجود الخالق لا يخاطب كما يخاطب المؤمن به. والكلام مع من يؤمن بقدرة الله على كل شيء ليس كالكلام مع من يشك فيها. وهكذا يوضع لكل سياق ما يناسبه.

يقول د. زاهر عواض الألمعي: (والمظهر العام للجدل القرآني معاملة الخصوم بما يتناسب مع أحوالهم العلمية والاعتقادية؛ فكثيرا ما يكون جدل القرآن مع المشركين جدل هداية ودلالة، وقد يشتمل على تخطئة بعض مزاعمهم، بينما يكون جدل القرآن مع أهل الكتاب جدل تخطئة وإلزام لأنهم على علم. أما جدل القرآن مع المنافقين فتبدوا عليه سمات الشدة والقسوة مصحوبا بالتهديد والوعيد)[1].

أ- جواب المنكرين والشاكين:

فأما من أنكر وأصر على إنكاره لهوى في نفسه وغلبة الشهوات عليه وعدم رغبه في تحمل مسؤوليات تصرفاته فقد عنفه القرآن بأجوبة قارعة تحمل الوعيد بالعذاب الشديد في مثل قوله تعالى: قَالَ تَعَالَى: ﴿ ۞ وَإِن تَعۡجَبۡ فَعَجَبٌ قَوۡلُهُمۡ أَءِذَا كُنَّا تُرَٰبًا أَءِنَّا لَفِى خَلۡقٖ جَدِيدٍ أُوْلَٰٓئِكَ ٱلَّذِينَ كَفَرُواْ بِرَبِّهِمۡۖ وَأُوْلَٰٓئِكَ ٱلۡأَغۡلَٰلُ فِيٓ أَعۡنَاقِهِمۡۖ وَأُوْلَٰٓئِكَ أَصۡحَٰبُ ٱلنَّارِۖ هُمۡ فِيهَا خَٰلِدُونَ ۝ ﴾ الرعد: ٥.

ويذكر الله عز وجل موقفهم يوم يبعثون إذ قَالَ تَعَالَى: ﴿ قَالُواْ يَٰوَيۡلَنَا مَنۢ بَعَثَنَا مِن مَّرۡقَدِنَاۜۗ هَٰذَا مَا وَعَدَ ٱلرَّحۡمَٰنُ وَصَدَقَ ٱلۡمُرۡسَلُونَ ۝ ﴾ يس: ٥٢. ويصور الله تعالى حالهم وهو يوبخهم هنالك فيقول: قَالَ تَعَالَى: ﴿ وَلَوۡ تَرَىٰٓ إِذۡ وُقِفُواْ عَلَىٰ رَبِّهِمۡۚ قَالَ أَلَيۡسَ هَٰذَا بِٱلۡحَقِّۚ قَالُواْ بَلَىٰ وَرَبِّنَاۚ قَالَ فَذُوقُواْ ٱلۡعَذَابَ بِمَا كُنتُمۡ تَكۡفُرُونَ ۝ ﴾ الأنعام: ٣٠.

_____

(1) مناهج الجدل في القرآن الكريم، د. زاهر عواض الألمعي. ص6.

وكان جواب القرآن -في الغالب- إما تأكيدا على وقوعه أو تأكيدا يصاحبه تقريع، أو تقريعا وتهديدا ووعيدا بما سيلقاه من ينكر ذلك. فأمر اللـه تعالى نبيه صلى اللـه عليه وسلم أن يؤكد ذلك بقوله: قَالَ تَعَالَى: ﴿ قُلْ بَلَىٰ وَرَبِّي لَتُبْعَثُنَّ ثُمَّ لَتُنَبَّؤُنَّ بِمَا عَمِلْتُمْ ۚ وَذَٰلِكَ عَلَى ٱللَّهِ يَسِيرٌ ۝ ﴾ التغابن: ٧.

وأجاب أيضا الذي سأل عمّن يقدر على إحياء ذاك الرميم بقوله: قَالَ تَعَالَى: ﴿ قُلْ يُحْيِيهَا ٱلَّذِىٓ أَنشَأَهَآ أَوَّلَ مَرَّةٍ ۖ وَهُوَ بِكُلِّ خَلْقٍ عَلِيمٌ ۝ ﴾ يس: ٧٩.

وذكر لهم أيضا سهولة ذلك على قدرته فذكر لهم بأن إعادة ما فني أهون من الخلق من العدم فقال: قَالَ تَعَالَى: ﴿ وَهُوَ ٱلَّذِى يَبْدَؤُا۟ ٱلْخَلْقَ ثُمَّ يُعِيدُهُۥ وَهُوَ أَهْوَنُ عَلَيْهِ ۚ ۝ ﴾ الروم: ٢٧. وعبر عن بساطة ذلك بقوله تعالى: قَالَ تَعَالَى: ﴿ مَّا خَلْقُكُمْ وَلَا بَعْثُكُمْ إِلَّا كَنَفْسٍ وَٰحِدَةٍ ۗ إِنَّ ٱللَّهَ سَمِيعٌ بَصِيرٌ ۝ ﴾ لقمان: ٢٨. وزيادة في التخويف صور لهم اللـه تعالى حسرتهم حين يبعثون بقوله: قَالَ تَعَالَى: ﴿ قَالُوا۟ يَٰوَيْلَنَا مَنۢ بَعَثَنَا مِن مَّرْقَدِنَا ۜ ۗ هَٰذَا مَا وَعَدَ ٱلرَّحْمَٰنُ وَصَدَقَ ٱلْمُرْسَلُونَ ۝ ﴾ يس: ٥٢.

ب- جواب بعض من طلب معرفة كيفية ذلك وهو مؤمن به:

وأما من آمن به وتعجب في أمره فقد حكى القرآن موقفهم وأجاب إما بأمثلة أو بأن جعلهم يرون ذلك رأي العين. ولقد حكى اللـه تعالى عن نبيه إبراهيم عليه السلام أنه وقع في مثل هذا الموقف بقوله: قَالَ تَعَالَى: ﴿ وَإِذْ قَالَ إِبْرَٰهِۦمُ رَبِّ أَرِنِى كَيْفَ تُحْىِ ٱلْمَوْتَىٰ ۖ قَالَ أَوَلَمْ تُؤْمِن ۖ قَالَ بَلَىٰ وَلَٰكِن لِّيَطْمَئِنَّ قَلْبِى ۖ ۝ ﴾ البقرة: ٢٦٠، فأمره اللـه بأن يجرب ذلك بنفسه قَالَ تَعَالَى: ﴿ قَالَ فَخُذْ أَرْبَعَةً مِّنَ ٱلطَّيْرِ فَصُرْهُنَّ إِلَيْكَ ثُمَّ ٱجْعَلْ عَلَىٰ كُلِّ جَبَلٍ مِّنْهُنَّ جُزْءًا ثُمَّ

235

اَدْعُهُنَّ يَأْتِينَكَ سَعْيًا وَاعْلَمْ أَنَّ اللَّهَ عَزِيزٌ حَكِيمٌ ﴿٢٦٠﴾ ﴾ البقرة: ٢٦٠. وتم لإبراهيم ذلك الاطمئنان الذي أنشده.

وذكر القرآن موقفا آخر يعالج به هذا الموضوع في قصة صاحب القرية الذي قال فيه تعالى: قَالَ تَعَالَى: ﴿ أَوْ كَالَّذِى مَرَّ عَلَى قَرْيَةٍ وَهِىَ خَاوِيَةٌ عَلَى عُرُوشِهَا قَالَ أَنَّىٰ يُحْيِء هَٰذِهِ اللَّهُ بَعْدَ مَوْتِهَا ﴾ ﴿٢٥٩﴾ ﴾ البقرة: ٢٥٩. قال المفسرون بأنه تساءل متعجبا من كيفية حصول ذلك، فجعل الله تعالى منه ومن حماره آية للناس كجواب تطبيقي وهو أقوى في التدليل قَالَ تَعَالَى: ﴿ فَأَمَاتَهُ اللَّهُ مِائَةَ عَامٍ ثُمَّ بَعَثَهُ قَالَ كَمْ لَبِثْتَ قَالَ لَبِثْتُ يَوْمًا أَوْ بَعْضَ يَوْمٍ قَالَ بَل لَّبِثْتَ مِائَةَ عَامٍ فَانْظُرْ إِلَى طَعَامِكَ وَشَرَابِكَ لَمْ يَتَسَنَّهْ وَانْظُرْ إِلَىٰ حِمَارِكَ وَلِنَجْعَلَكَ ءَايَةً لِّلنَّاسِ وَانْظُرْ إِلَى الْعِظَامِ كَيْفَ نُنشِزُهَا(1) ثُمَّ نَكْسُوهَا لَحْمًا فَلَمَّا تَبَيَّنَ لَهُ قَالَ أَعْلَمُ أَنَّ اللَّهَ عَلَىٰ كُلِّ شَىْءٍ قَدِيرٌ ﴿٢٥٩﴾ ﴾ البقرة: ٢٥٩.

ومما ذكره القرآن في هذا الشأن أيضا أنه ظهر لبني إسرائيل قتيل لم يقف أحد على قاتله فكان أن أمرهم نبيهم أن يذبحوا بقرة ويضربوه ببعضها فعاد الميت إلى الحياة وأخبر بقاتله قال تعالى: قَالَ تَعَالَى: ﴿ فَقُلْنَا اضْرِبُوهُ بِبَعْضِهَا كَذَٰلِكَ يُحْىِ اللَّهُ الْمَوْتَىٰ وَيُرِيكُمْ ءَايَٰتِهِ لَعَلَّكُمْ تَعْقِلُونَ ﴿٧٣﴾ ﴾ البقرة: ٧٣.

ويقول د. زاهر عواض الألمعي معلقا على ما أورده القرآن من هذا النوع من الآيات: (وهذه الأدلة المتقدمة أدلة مادية حسية، وقعت كلها لتدل على إحياء الموتى بعد مماتهم وهذا برهان قطعي على القدرة الإلهية وقد أخبر

---

(1) وفي قراءة ورش عن نافع (ننشرها).

236

الله ورسله عن وقوع البعث والحشر فوجب القطع بذلك لأنه أخبر به من ثبت صدقه عمن ثبتت قدرته)[1].

ج- الاستدلال على إمكانه والتمثيل له. وقد انتهج القرآن لبيان ذلك المسالك الآتية:

1- بيان قدرته المطلقة والاستدلال بأن القدرة على خلق الأشد تجعل خلق الأضعف أيسر:

هذا وقد نبّه القرآن الكريم إلى غفلة الناس عن عظيم قدرة الله تعالى فقال: قَالَ تَعَالَى: ﴿مَا قَدَرُوا۟ ٱللَّهَ حَقَّ قَدْرِهِۦٓ إِنَّ ٱللَّهَ لَقَوِىٌّ عَزِيزٌ ٧٤﴾ الحج: ٧٤. وكثيرا ما ختم الله تعالى الآيات التي تكلم فيها عن كيفية النشر بالتنبيه إلى قدرته على كل شيء[2].

بل إنّ قدرته عز وجل إن أراد ذلك لا تحتاج إلى فترة زمنية أصلا. قال تعالى: قَالَ تَعَالَى: ﴿إِنَّمَا قَوْلُنَا لِشَىْءٍ إِذَآ أَرَدْنَٰهُ أَن نَّقُولَ لَهُۥ كُن فَيَكُونُ ٤٠﴾ النحل: ٤٠.

وقد سلك القرآن في إفحام المعاندين طريقا بديعا؛ وذلك بأن جعلهم يُقرُّون بأن خلق ما سوى الإنسان يتطلب قدرة أشد من خلق الإنسان الذي خلق من طين لازب فقال: قَالَ تَعَالَى: ﴿فَٱسْتَفْتِهِمْ أَهُمْ أَشَدُّ خَلْقًا أَم مَّنْ خَلَقْنَآ إِنَّا خَلَقْنَٰهُم مِّن طِينٍ لَّازِبٍ ١١﴾ الصافات: ١١. ثم يقرر في موضع آخر بأن خلق السموات والأرض -وهي إحدى مخلوقات الله تعالى-أكبر من خلق الناس فيقول: قَالَ تَعَالَى: ﴿لَخَلْقُ ٱلسَّمَٰوَٰتِ وَٱلْأَرْضِ أَكْبَرُ مِنْ خَلْقِ ٱلنَّاسِ وَلَٰكِنَّ أَكْثَرَ ٱلنَّاسِ لَا

_____

(1) مناهج الجدل في القرآن الكريم ص307.

(2) كما في آخر آيتي الروم (50) وفصلت (39) والأحقاف (33)، وغيرها من الآيات كثير.

يَعْلَمُونَ ۞ ﴾ غافر: ٥٧. ثم بسط لهم النتيجة الحتمية؛ ألا وهي أن الذي قدر على فعل الأصعب لقادر على فعل ما هو أسهل من باب أولى. فقال: قَالَ تَعَالَى: ﴿ أَوَلَمْ يَرَوْا أَنَّ اللَّهَ الَّذِي خَلَقَ السَّمَوَاتِ وَالْأَرْضَ وَلَمْ يَعْيَ بِخَلْقِهِنَّ بِقَادِرٍ عَلَى أَن يُحْيِيَ الْمَوْتَى بَلَى إِنَّهُ عَلَى كُلِّ شَيْءٍ قَدِيرٌ ۞ ﴾ الأحقاف: ٣٣. وقال أيضا: قَالَ تَعَالَى: ﴿ أَوَلَيْسَ الَّذِي خَلَقَ السَّمَوَاتِ وَالْأَرْضَ بِقَادِرٍ عَلَى أَن يَخْلُقَ مِثْلَهُم بَلَى وَهُوَ الْخَلَّاقُ الْعَلِيمُ ۞ ﴾ يس: ٨١. وهذا تمثيل لما يعقله الناس وأما في القدرة الإلهية فيستوي لديها خلق الواحد وخلق الجملة على السواء قال تعالى: قَالَ تَعَالَى: ﴿ مَّا خَلْقُكُمْ وَلَا بَعْثُكُمْ إِلَّا كَنَفْسٍ وَاحِدَةٍ ۞ ﴾ لقمان: ٢٨. ويصف الله تعالى مدى تمام إتقان تلك الإعادة بأنه قادر على إعادة ترتيب أدق تفاصيل خلقة الناس مما يخالونه مستحيلا كبنان اليد وتجاعيدها. يقول تعالى: قَالَ تَعَالَى: ﴿ أَيَحْسَبُ الْإِنسَانُ أَن نَّجْمَعَ عِظَامَهُ ۞ بَلَى قَادِرِينَ عَلَى أَن نُّسَوِّيَ بَنَانَهُ ۞ ﴾ القيامة: ٣ - ٤.

2- التمثيل له بإحياء الأرض بعد موتها:

يمثل الله تعالى لما يستبعده الناس أو يحتارون في كيفيته من إخراج حي من مادة جامدة ميتة، بما تتكرر مشاهدته عند جملتهم طوال حياتهم؛ ألا وهي ظاهرة إحياء الأرض بعد موتها. فيقول: قَالَ تَعَالَى: ﴿ وَاللَّهُ الَّذِي أَرْسَلَ الرِّيَاحَ فَتُثِيرُ سَحَابًا فَسُقْنَاهُ إِلَى بَلَدٍ مَّيِّتٍ فَأَحْيَيْنَا بِهِ الْأَرْضَ بَعْدَ مَوْتِهَا كَذَلِكَ النُّشُورُ ۞ ﴾ فاطر: ٩. ويحث الناس على النظر في كيفية الخلق، وكيفية إعادته فيقول: قَالَ تَعَالَى: ﴿ أَوَلَمْ يَرَوْا كَيْفَ يُبْدِئُ اللَّهُ الْخَلْقَ ثُمَّ يُعِيدُهُ إِنَّ ذَلِكَ عَلَى اللَّهِ يَسِيرٌ ۞ ﴾ العنكبوت: ١٩. إذ أن إخراج حي من ميت، وإماتة الأحياء ظاهرة كثيرة التكرار في الطبيعة، شديدة الحضور في حياة الناس. فما الذي يستبعد في حدوث تلك الظاهرة نفسها للناس؟!.

٢٣٨

لقد وجههم القرآن إلى تعقُّل ما يحدثه نزول الماء في الأرض الميتة من الحياة بقوله تعالى: قَالَ

تَعَالَى: ﴿إِنَّ فِي خَلْقِ السَّمَوَاتِ وَالْأَرْضِ وَاخْتِلَافِ اللَّيْلِ وَالنَّهَارِ وَالْفُلْكِ الَّتِي تَجْرِي فِي الْبَحْرِ

بِمَا يَنْفَعُ النَّاسَ وَمَا أَنْزَلَ اللَّهُ مِنَ السَّمَاءِ مِنْ مَاءٍ فَأَحْيَا بِهِ الْأَرْضَ بَعْدَ مَوْتِهَا وَبَثَّ فِيهَا مِنْ

كُلِّ دَابَّةٍ وَتَصْرِيفِ الرِّيَاحِ وَالسَّحَابِ الْمُسَخَّرِ بَيْنَ السَّمَاءِ وَالْأَرْضِ لَآيَاتٍ لِقَوْمٍ يَعْقِلُونَ

﴿١٦٤﴾﴾ البقرة: ١٦٤. ويقول تعالى: قَالَ تَعَالَى: ﴿يُخْرِجُ الْحَيَّ مِنَ الْمَيِّتِ وَيُخْرِجُ الْمَيِّتَ مِنَ

الْحَيِّ وَيُحْيِي الْأَرْضَ بَعْدَ مَوْتِهَا وَكَذَلِكَ تُخْرَجُونَ ﴿١٩﴾﴾ الروم: ١٩.

فيذكر الله تعالى أن النشور يقع في البلد الميت بإنزال الماء بالقدر المعلوم، وكذلك يتم إخراج الناس

بما يماثل ذلك قال تعالى: قَالَ تَعَالَى: ﴿وَالَّذِي نَزَّلَ مِنَ السَّمَاءِ مَاءً بِقَدَرٍ فَأَنْشَرْنَا بِهِ بَلْدَةً مَيْتًا

كَذَلِكَ تُخْرَجُونَ ﴿١١﴾﴾ الزخرف: ١١. وذلك أنه يثير الرياح فتحمل السحاب ليسقي من مائه

البلد الميت؛ فتحيا بعد موتها. وتنبت من كل الثمرات وهو إخراجٌ لحيٍ من ميتٍ. قال تعالى: قَالَ

تَعَالَى: ﴿وَهُوَ الَّذِي يُرْسِلُ الرِّيَاحَ بُشْرًا بَيْنَ يَدَيْ رَحْمَتِهِ حَتَّى إِذَا أَقَلَّتْ سَحَابًا ثِقَالًا

سُقْنَاهُ لِبَلَدٍ مَيِّتٍ فَأَنْزَلْنَا بِهِ الْمَاءَ فَأَخْرَجْنَا بِهِ مِنْ كُلِّ الثَّمَرَاتِ كَذَلِكَ نُخْرِجُ الْمَوْتَى لَعَلَّكُمْ

تَذَكَّرُونَ ﴿٥٧﴾﴾ الأعراف: ٥٧.

بل ويصف الله تعالى خلق الإنسان من الأرض أول مرة بما يوصف به النبات نفسه فيقول:

قَالَ تَعَالَى: ﴿وَاللَّهُ أَنْبَتَكُمْ مِنَ الْأَرْضِ نَبَاتًا ﴿١٧﴾ ثُمَّ يُعِيدُكُمْ فِيهَا وَيُخْرِجُكُمْ إِخْرَاجًا ﴿١٨﴾﴾ نوح:

١٧ - ١٨.

ثم يعلن الله تعالى -مجيبا من سأل عمن يقدر على فعل تلك الإعادة- بأن الذي أحيى

الأرض الميتة لهو معيد رميم العظام إلى الحياة. فيصف لهم

المشهد، ويطلب منهم إمعان النظر فيها بقوله: قَالَ تَعَالَى: ﴿ وَمِنْ ءَايَٰتِهِۦٓ أَنَّكَ تَرَى ٱلْأَرْضَ خَٰشِعَةً فَإِذَآ أَنزَلْنَا عَلَيْهَا ٱلْمَآءَ ٱهْتَزَّتْ وَرَبَتْ إِنَّ ٱلَّذِىٓ أَحْيَاهَا لَمُحْىِ ٱلْمَوْتَىٰٓ إِنَّهُۥ عَلَىٰ كُلِّ شَىْءٍ قَدِيرٌ ۝ ﴾ فصلت: ٣٩، وقوله: قَالَ تَعَالَى: ﴿ فَٱنظُرْ إِلَىٰٓ ءَاثَٰرِ رَحْمَتِ ٱللَّهِ كَيْفَ يُحْىِ ٱلْأَرْضَ بَعْدَ مَوْتِهَآ ۝ ﴾ الروم: ٥٠ ثم يعقب على الآيتين -على الترتيب- بقوليه: قَالَ تَعَالَى: ﴿ وَمِنْ ءَايَٰتِهِۦٓ أَنَّكَ تَرَى ٱلْأَرْضَ خَٰشِعَةً فَإِذَآ أَنزَلْنَا عَلَيْهَا ٱلْمَآءَ ٱهْتَزَّتْ وَرَبَتْ إِنَّ ٱلَّذِىٓ أَحْيَاهَا لَمُحْىِ ٱلْمَوْتَىٰٓ إِنَّهُۥ عَلَىٰ كُلِّ شَىْءٍ قَدِيرٌ ۝ ﴾ فصلت: ٣٩. قَالَ تَعَالَى: ﴿ فَٱنظُرْ إِلَىٰٓ ءَاثَٰرِ رَحْمَتِ ٱللَّهِ كَيْفَ يُحْىِ ٱلْأَرْضَ بَعْدَ مَوْتِهَآ إِنَّ ذَٰلِكَ لَمُحْىِ ٱلْمَوْتَىٰ وَهُوَ عَلَىٰ كُلِّ شَىْءٍ قَدِيرٌ ۝ ﴾ الروم: ٥٠. يقول سيد قطب معلقا على قوله تعالى قَالَ تَعَالَى: ﴿ كَذَٰلِكَ ٱلْخُرُوجُ ۝ ﴾ ق: ١١: (وهكذا حين انتهى من ذلك الاستعراض للخلق والإنبات في الأرض وإحياء البلد الميت بالماء... وكلها صور مشهودة يمر بها الناس غافلين عن دلالتها العميقة الناطقة بالقدرة على الإحياء والإخراج)[1].

وحاصل معاني الآيات التي ضرب بها الله تعالى ذاك المثال هو أن تبدل أحوال النبات من حياة إلى موت إلى حياة مماثل لما أنكره الناس أو تعجبوا من حدوثه ولو استحال إعادة الناس لاستحال بنفس المنطق إعادة النبات[2].

---

(1) مشاهد القيامة ص89.

(2) مناهج الجدل في القرآن الكريم. ص317.

3- الاستدلال بالخلق الأول على إمكان حصول مثيله بل هو من باب أولى:

يتعجب الله تعالى من استعظام الإنسان لإمكان إعادة تركيب جثمانه وإعادته إلى الحياة من جديد في قوله: قَالَ تَعَالَى: ﴿ أَءِذَا مَا مِتُّ لَسَوْفَ أُخْرَجُ حَيًّا ﴾ مريم: ٦٦. يقول ذلك ناسيا أو متغافلا عن كون الله تعالى خلقه أول مرة من العدم، ومن دون مثال سابق. قال عز وجل متعجبا من ذلك:

قَالَ تَعَالَى: ﴿ أَوَلَا يَذْكُرُ ٱلْإِنسَٰنُ أَنَّا خَلَقْنَٰهُ مِن قَبْلُ وَلَمْ يَكُ شَيْـًٔا ﴾ مريم: ٦٧.

ويعجب الله تعالى من تعاميهم عن النظر في ما يرونه من حوادث الخلق والإعادة، وتقصيرهم في تعقل ذلك بقوله: قَالَ تَعَالَى: ﴿ أَوَلَمْ يَرَوْا۟ كَيْفَ يُبْدِئُ ٱللَّهُ ٱلْخَلْقَ ثُمَّ يُعِيدُهُۥٓ إِنَّ ذَٰلِكَ عَلَى ٱللَّهِ يَسِيرٌ ﴾ العنكبوت: ١٩. فيحث من لم يتمعن في ذلك بعد على السير في الأرض ليقف على كيفية البدء بقوله: قَالَ تَعَالَى: ﴿ قُلْ سِيرُوا۟ فِى ٱلْأَرْضِ فَٱنظُرُوا۟ كَيْفَ بَدَأَ ٱلْخَلْقَ ثُمَّ ٱللَّهُ يُنشِئُ ٱلنَّشْأَةَ ٱلْأَخِرَةَ إِنَّ ٱللَّهَ عَلَىٰ كُلِّ شَىْءٍ قَدِيرٌ ﴾ العنكبوت: ٢٠.

ويصوِّر الله تعالى مشهدين من مشاهد الخلق، يتكرر حدوثهما كثيرا في دنيا الناس فيقول:

قَالَ تَعَالَى: ﴿ يَٰٓأَيُّهَا ٱلنَّاسُ إِن كُنتُمْ فِى رَيْبٍ مِّنَ ٱلْبَعْثِ فَإِنَّا خَلَقْنَٰكُم مِّن تُرَابٍ ثُمَّ مِن نُّطْفَةٍ ثُمَّ مِنْ عَلَقَةٍ ثُمَّ مِن مُّضْغَةٍ مُّخَلَّقَةٍ وَغَيْرِ مُخَلَّقَةٍ لِّنُبَيِّنَ لَكُمْ وَنُقِرُّ فِى ٱلْأَرْحَامِ مَا نَشَآءُ إِلَىٰٓ أَجَلٍ مُّسَمًّى ثُمَّ نُخْرِجُكُمْ طِفْلًا ثُمَّ لِتَبْلُغُوٓا۟ أَشُدَّكُمْ وَمِنكُم مَّن يُتَوَفَّىٰ وَمِنكُم مَّن يُرَدُّ إِلَىٰٓ أَرْذَلِ ٱلْعُمُرِ لِكَيْلَا يَعْلَمَ مِنۢ بَعْدِ عِلْمٍ شَيْـًٔا وَتَرَى ٱلْأَرْضَ هَامِدَةً فَإِذَآ أَنزَلْنَا عَلَيْهَا ٱلْمَآءَ ٱهْتَزَّتْ وَرَبَتْ وَأَنۢبَتَتْ مِن كُلِّ زَوْجٍۭ بَهِيجٍ ۝ ذَٰلِكَ بِأَنَّ ٱللَّهَ هُوَ ٱلْحَقُّ وَأَنَّهُۥ يُحْىِ ٱلْمَوْتَىٰ وَأَنَّهُۥ عَلَىٰ كُلِّ شَىْءٍ قَدِيرٌ ﴾ الحج: ٥ - ٦. (وفي هذه الآيات

دليلان على إمكان البعث أحدهما دليل في الأنفس، والآخر دليل في الآفاق، فأما الذي في الأنفس فهو ما اشتمل عليه صدر الآية وهو متعلق بالنشأة الأولى، وأما الدليل الآفاقي فهو قوله تعالى: قَالَ تَعَالَى: ﴿ وَتَرَى ٱلۡأَرۡضَ هَامِدَةً ٥ ﴾ (1).

بل ويقرر أن المعاندين يعترفون بأن الله هو مُحيي الأرض بعد موتها بقوله: قَالَ تَعَالَى: ﴿ وَلَقَدۡ عَلِمۡتُمُ ٱلنَّشۡأَةَ ٱلۡأُولَىٰ فَلَوۡلَا تَذَكَّرُونَ ٦٢ ﴾ الواقعة: ٦٢. وقوله: قَالَ تَعَالَى: ﴿ وَلَئِن سَأَلۡتَهُم مَّن نَّزَّلَ مِنَ ٱلسَّمَآءِ مَآءً فَأَحۡيَا بِهِ ٱلۡأَرۡضَ مِنۢ بَعۡدِ مَوۡتِهَا لَيَقُولُنَّ ٱللَّهُ قُلِ ٱلۡحَمۡدُ لِلَّهِ بَلۡ أَكۡثَرُهُمۡ لَا يَعۡقِلُونَ ٦٣ ﴾ العنكبوت: ٦٣. وإنما كان إنكارهم لذلك البعث مع شهادتهم بهذا الإحياء من قلة عقولهم.

فإن سألوا عمن يعيدهم ويحي عظامهم النخرة بعد كل الذي شاهدوه وعلموه فجواب القرآن قوله تعالى: قَالَ تَعَالَى: ﴿ قُلِ ٱلَّذِي فَطَرَكُمۡ ٥١ ﴾ الإسراء: ٥١. وقوله أيضا: قَالَ تَعَالَى: ﴿ قُلۡ يُحۡيِيهَا ٱلَّذِيٓ أَنشَأَهَآ أَوَّلَ مَرَّةٖ وَهُوَ بِكُلِّ خَلۡقٍ عَلِيمٌ ٧٩ ﴾ يس: ٧٩.

وإن سألوا عن كيفية ذلك فجواب القرآن الكريم ما وعد الله تعالى به عباده في قوله: قَالَ تَعَالَى: ﴿ كَمَا بَدَأۡنَآ أَوَّلَ خَلۡقٖ نُّعِيدُهُۥ وَعۡدًا عَلَيۡنَآ إِنَّا كُنَّا فَٰعِلِينَ ١٠٤ ﴾ الأنبياء: ١٠٤.

بل إنّ الذي أنشأها أول مرة من العدم والذي لا يزال مستمرا في تخليق الناس من زمن آدم عليه السلام إلى وقتنا هذا وما أعياه ذلك لأقدر على إعادة ما

(1) مناهج الجدل في القرآن الكريم، د. زاهر عواض الألمعي ص 308.

توفرت مادته، ووجد مثاله السابق. قال تعالى: قَالَ تَعَالَى: ﴿ أَفَعَيِينَا بِٱلْخَلْقِ ٱلْأَوَّلِ بَلْ هُمْ فِي لَبْسٍ مِّنْ خَلْقٍ جَدِيدٍ ۝ ﴾ ق: ١٥.

ثم إنّ الإنسان الذي يرى تخليق الله تعالى للنطفة ليجعل منها علقة؛ ثم يسوي منها رجلا أو امرأة، ويتعقل ذلك لجدير بأن يسلّم بقدرة الله عز وجل على إحياء الموتى. قال تعالى: قَالَ تَعَالَى: ﴿ أَلَمْ يَكُ نُطْفَةً مِّن مَّنِيٍّ يُمْنَىٰ ۝ ثُمَّ كَانَ عَلَقَةً فَخَلَقَ فَسَوَّىٰ ۝ فَجَعَلَ مِنْهُ ٱلزَّوْجَيْنِ ٱلذَّكَرَ وَٱلْأُنثَىٰ ۝ أَلَيْسَ ذَٰلِكَ بِقَادِرٍ عَلَىٰ أَن يُحْيِيَ ٱلْمَوْتَىٰ ۝ ﴾ القيامة: ٣٧ - ٤٠. قَالَ تَعَالَى: ﴿ أَوَلَيْسَ ٱلَّذِي خَلَقَ ٱلسَّمَاوَاتِ وَٱلْأَرْضَ بِقَادِرٍ عَلَىٰ أَن يَخْلُقَ مِثْلَهُم بَلَىٰ وَهُوَ ٱلْخَلَّاقُ ٱلْعَلِيمُ ۝ ﴾ يس: ٨١.

بيان كيفيته في الآخرة: (من ظلمة القبر إلى ساحة الحشر)

يذكر القرآن الكريم ملابسات بعض الأحداث التي تصاحب انقلاب التاريخ من التاريخ الدنيوي إلى التاريخ الأخروي. فيجعل إحدى النفختين إعلانا على نهاية الحقبة الأولى، والثانية إيذانا ببداية الحقبة الثانية؛ قال تعالى: قَالَ تَعَالَى: ﴿ وَنُفِخَ فِي ٱلصُّورِ فَصَعِقَ مَن فِي ٱلسَّمَاوَاتِ وَمَن فِي ٱلْأَرْضِ إِلَّا مَن شَاءَ ٱللَّهُ ثُمَّ نُفِخَ فِيهِ أُخْرَىٰ فَإِذَا هُمْ قِيَامٌ يَنظُرُونَ ۝ ﴾ الزمر: ٦٨. وسرد بعض المشاهد الأولى التي تصف كيفية بداية تلك البداية. وقد قصد القرآن بناء تصور تقريبي لتلك الإعادة بأن مثل لها بما اعتاد الناس مشاهدته على الدوام. قال تعالى: قَالَ تَعَالَى: ﴿ وَٱللَّهُ ٱلَّذِي أَرْسَلَ ٱلرِّيَاحَ فَتُثِيرُ سَحَابًا فَسُقْنَاهُ إِلَىٰ بَلَدٍ مَّيِّتٍ فَأَحْيَيْنَا بِهِ ٱلْأَرْضَ بَعْدَ مَوْتِهَا كَذَٰلِكَ ٱلنُّشُورُ ۝ ﴾ فاطر: ٩. فكما أن الله تعالى يرسل المطر إلى البلد الميت فيحييه؛ فإنه قد ورد في السنة الصحيحة أن الله يرسل على ما بقي من الإنسان مطرا ينبته به كما ينبت البقل، وذلك قبيل النفخة الثانية. ففي صحيح مسلم أن النبي صلى الله عليه وسلم قال في وصف ما سيقع: " ثم

ينفخ في الصور، فلا يسمعه أحد إلا أصغى ليتا ورفع ليتا، وأول من يسمعه رجل يليط حوض إبله قال فيصعق ويصعق الناس ثم يرسل الله أو قال ينزل الله مطرا كأنه الطل أو الظل -شك أحد الرواة- فتنبت منه أجساد الناس ثم ينفخ فيه أخرى فإذا هم قيام ينظرون ...الحديث)[1] وعن أبي هريرة أن رسول الله صلى الله عليه وسلم قال:" ما بين النفختين أربعون.. قال: ثم ينزل من السماء ماء فينبتون (الموتى) كما ينبت البقل.."[2] وبذرة الإنسان يومئذ هي عجب الذنب قال النبي صلى الله عليه وسلم:" كل ابن آدم يأكله التراب إلا عجب الذنب منه خلق وفيه يركب"[3].

وعند تمام نموِّه ينادي المنادي بالصيحة الثانية، فتتشقق القبور، ويخرج الأولون والآخرون حفاة عراة إلى لقاء ربهم، كما بدأهم أول مرة. قال عز وجل. قال تَعَالَى: ﴿ وَٱسْتَمِعْ يَوْمَ يُنَادِ ٱلْمُنَادِ مِن مَّكَانٍ قَرِيبٍ ۝ يَوْمَ يَسْمَعُونَ ٱلصَّيْحَةَ بِٱلْحَقِّ ذَلِكَ يَوْمُ ٱلْخُرُوجِ ۝ ﴾ ق: ٤١ - ٤٢.

قال النبي صلى الله عليه وسلم: "إنكم محشورون حفاة عراة غرلا" ثم قرأ: قَالَ تَعَالَى: ﴿ كَمَا بَدَأْنَآ أَوَّلَ خَلْقٍ نُّعِيدُهُۥ وَعْدًا عَلَيْنَآ إِنَّا كُنَّا فَٰعِلِينَ ۝ ﴾ الأنبياء: ١٠٤[4].

وقد وصف الله تعالى مشهد بعث الناس ومشيهم إلى محشرهم في وجهة واحدة وما يصاحب ذلك فقال: قَالَ تَعَالَى: ﴿ وَنُفِخَ فِي ٱلصُّورِ فَإِذَا هُم مِّنَ ٱلْأَجْدَاثِ إِلَىٰ رَبِّهِمْ يَنسِلُونَ ۝ قَالُوا۟ يَٰوَيْلَنَا مَنۢ بَعَثَنَا مِن مَّرْقَدِنَا هَٰذَا مَا وَعَدَ ٱلرَّحْمَٰنُ وَصَدَقَ

---

(1) أخرجه مسلم في كتاب الفتن وأشراط الساعة (2258/4-2259)، ورقمه:(2940).

(2) أخرجه البخاري في كتاب تفسير القرآن، فتح الباري (892/8)ورقمه (4935). ومسلم في كتاب الفتن وأشراط الساعة (2270/4-2271)، ورقمه (2955).

(3) أخرجه مسلم في كتاب الفتن وأشراط الساعة (2270/4)، ورقمه: (2955).

(4) أخرجه البخاري في كتاب أحاديث الأنبياء فتح الباري (476/6)، ورقمه (3349). و(592/6)، ورقمه (3447).

ٱلْمُرْسَلُونَ ﴿٥٢﴾ ﴾ يس: ٥١ ـ ٥٢. وقال أيضا: قَالَ تَعَالَى: ﴿ يَوْمَ يَخْرُجُونَ مِنَ ٱلْأَجْدَاثِ

سِرَاعًا كَأَنَّهُمْ إِلَىٰ نُصُبٍ يُوفِضُونَ ﴿٤٣﴾ ﴾ المعارج: ٤٣، وفي الآية الأخرى: قَالَ تَعَالَى: ﴿ مُّهْطِعِينَ

إِلَى ٱلدَّاعِ يَقُولُ ٱلْكَٰفِرُونَ هَٰذَا يَوْمٌ عَسِرٌ ﴿٨﴾ ﴾ القمر: ٨. قال ابن كثير وغيره: أي مسرعين إليه[1].

فيتبعه الناس، ولا يميلون عنه. قال تعالى: قَالَ تَعَالَى: ﴿ يَوْمَئِذٍ يَتَّبِعُونَ ٱلدَّاعِيَ لَا عِوَجَ لَهُۥ

وَخَشَعَتِ ٱلْأَصْوَاتُ لِلرَّحْمَٰنِ فَلَا تَسْمَعُ إِلَّا هَمْسًا ﴿١٠٨﴾ ﴾ طه: ١٠٨. بل ويشبه القرآن مشهد

سعيهم ذلك بمنظر أسراب الجراد في وحدة اتجاهه، وتناسق مساراته، وسرعة انتشاره. قال تعالى: ﴿

يَوْمَ يَدْعُ ٱلدَّاعِ إِلَىٰ شَيْءٍ نُّكُرٍ ﴿٦﴾ خُشَّعًا أَبْصَٰرُهُمْ يَخْرُجُونَ مِنَ ٱلْأَجْدَاثِ كَأَنَّهُمْ جَرَادٌ

مُّنتَشِرٌ ﴿٧﴾ مُّهْطِعِينَ إِلَى ٱلدَّاعِ يَقُولُ ٱلْكَٰفِرُونَ هَٰذَا يَوْمٌ عَسِرٌ ﴿٨﴾ ﴾ القمر: ٦ ـ ٨. يقول سيد

قطب معلقا على هذه الآية: (ومشهد الجراد المعهود يساعد على تصور المنظر المعروض)[2] وهم في

كل ذلك: قَالَ تَعَالَى: ﴿ مُّهْطِعِينَ مُقْنِعِي رُءُوسِهِمْ لَا يَرْتَدُّ إِلَيْهِمْ طَرْفُهُمْ وَأَفْئِدَتُهُمْ هَوَاءٌ ﴿٤٣﴾ ﴾

إبراهيم: ٤٣. إنّ غموض الموقف وهوله يبعثان الذهول والذعر في قلوب الناس. فتنطلق الجموع

مسرعة بأفئدة خاوية خائفة، ورؤوس مرفوعة، وأبصار خاشعة ذليلة شاخصة تديم النظر مترقبة في

وجل نهاية السير ومآل الأمر.

ويذكر القرآن الكريم صفة حشر بعض الفئات من الناس فيذكر أن منهم من يحشره الله

تعالى مكفهر الوجه أسوده، ومنهم من تُرى من البشر في إشراقة وجهه وبياضه. قال تعالى: قَالَ تَعَالَى:

﴿ يَوْمَ تَبْيَضُّ وُجُوهٌ وَتَسْوَدُّ وُجُوهٌ ﴿١٠٦﴾ ﴾ آل عمران: ١٠٦. وقال أيضا: قَالَ تَعَالَى: ﴿ وُجُوهٌ

يَوْمَئِذٍ مُّسْفِرَةٌ ﴿٣٨﴾ ضَاحِكَةٌ مُّسْتَبْشِرَةٌ ﴿٣٩﴾ ﴾

---

(1) تفسير القرآن العظيم (٤/٢٦٣). طبعة دار المعرفة.

(2) آيات سورة القمر: مشاهد القيامة ص٩٦.

وَوُجُوهٌ يَوْمَئِذٍ عَلَيْهَا غَبَرَةٌ ۝ تَرْهَقُهَا قَتَرَةٌ ۝ أُوْلَئِكَ هُمُ الْكَفَرَةُ الْفَجَرَةُ ۝ ﴾ عبس: ٣٨ -

٤٢. ومن الناس من يحشره الله تعالى أعمى قال تعالى: ﴿ وَمَنْ أَعْرَضَ عَن

ذِكْرِى فَإِنَّ لَهُ مَعِيشَةً ضَنكًا وَنَحْشُرُهُ يَوْمَ الْقِيَامَةِ أَعْمَى ۝ قَالَ رَبِّ لِمَ حَشَرْتَنِي

أَعْمَى وَقَدْ كُنتُ بَصِيرًا ۝ قَالَ كَذَلِكَ أَتَتْكَ ءَايَتُنَا فَنَسِيتَهَا وَكَذَلِكَ الْيَوْمَ تُنسَى ۝ ﴾

طه: ١٢٤ - ١٢٦ .

ويصاحب كل واحد منهم ملك يسوقه إلى محشره، وملكٌ يشهد له أو عليه للمثول بين يدي

رب العالمين، قال تعالى: ﴿ وَجَاءَتْ كُلُّ نَفْسٍ مَّعَهَا سَائِقٌ وَشَهِيدٌ ۝ ﴾ ق: ٢١ .

فيتَّجهون إلى أرض المحشر أفواجا كما قال تعالى: ﴿ يَوْمَ يُنفَخُ فِي الصُّورِ فَتَأْتُونَ أَفْوَاجًا

۝ ﴾ النبأ: ١٨ .

وهكذا يساق الجميع إلى محشرهم ليعرضوا على ربهم قَالَ تَعَالَى: ﴿ وَخَشَعَتِ الْأَصْوَاتُ

لِلرَّحْمَنِ فَلَا تَسْمَعُ إِلَّا هَمْسًا ۝ ﴾ طه: ١٠٨ .

ثانيا- العرض والحساب[1]:

بعد قيام الخلائق من قبورها، وحضورها إلى ساحة العرض تتهيأ للمثول أمام محكمة العدل
الإلهية ويومئذ يعرض الأولون والآخرون لا تخفى منهم خافية. وهناك يحصل تمام العدالة بمعناه
المطلق، فلا تُظلم نفس شيئا.

---

(1) الحساب لغة هو العدُّ. وشرعا هو مواجهة الناس بأعمالهم لإدانة المخطئ ومعاقبته وتكريم المطيع ومكافأته. اليوم
الآخر في الأديان السماوية ص 112.

أ- العرض:

فإذا بلغ الناس محشرهم، واكتمل اجتماع الأولين والآخرين -دون أن يتخلف منهم أحد-
على تلك الأرض المبدلة، قامت الخلائق كلها مصطفة على صعيد واحد تنتظر في وجل، وينتظرون ما
شاء الله أن ينتظروا. فيأتي رب العزة جل وعلا ومعه ملائكته. قال تعالى: **قَالَ تَعَالَى: ﴿ أَعُوذُ وَجَاءَ
رَبُّكَ وَٱلْمَلَكُ صَفًّا صَفًّا ۝ وَجِاْىٓءَ يَوْمَئِذٍ بِجَهَنَّمَ يَوْمَئِذٍ يَتَذَكَّرُ ٱلْإِنسَٰنُ وَأَنَّىٰ لَهُ
ٱلذِّكْرَىٰ ۝ ﴾** الفجر: ٢٢ - ٢٣(١). وقال أيضا: **قَالَ تَعَالَى: ﴿ وَيَحْمِلُ عَرْشَ رَبِّكَ فَوْقَهُمْ يَوْمَئِذٍ
ثَمَٰنِيَةٌ ۝ ﴾** الحاقة: ١٧. وتصطف معهم ملائكة الرحمن لتزيد في جلال المشهد ورهبته **قَالَ تَعَالَى:
﴿ يَوْمَ يَقُومُ ٱلرُّوحُ وَٱلْمَلَٰٓئِكَةُ صَفًّا لَّا يَتَكَلَّمُونَ إِلَّا مَنْ أَذِنَ لَهُ ٱلرَّحْمَٰنُ وَقَالَ صَوَابًا ۝ ﴾** النبأ: ٣٨.
فيعرض الثقلان على ربهم مصطفين كما قال تعالى: **قَالَ تَعَالَى: ﴿ وَعُرِضُواْ عَلَىٰ رَبِّكَ صَفًّا ۝ ﴾**
الكهف: ٤٨. فلا يخفى على الله منهم أحد. قال تعالى: **قَالَ تَعَالَى: ﴿ يَوْمَ هُم بَٰرِزُونَ لَا يَخْفَىٰ عَلَى
ٱللَّهِ مِنْهُمْ شَىْءٌ ۝ ﴾** غافر: ١٦. ويرى أعمالهم الظاهرة والباطنة، فلا يخفى عليه منها
خافية. قال تعالى: **قَالَ تَعَالَى: ﴿ يَوْمَئِذٍ تُعْرَضُونَ لَا تَخْفَىٰ مِنكُمْ خَافِيَةٌ ۝ ﴾** الحاقة: ١٨.

ومن أخبار القرآن عن ذلك الموقف أن صحف الأعمال تنشر على أصحابها كما قال تعالى: **قَالَ
تَعَالَى: ﴿ وَإِذَا ٱلصُّحُفُ نُشِرَتْ ۝ ﴾** التكوير: ١٠. وفي قوله: **قَالَ تَعَالَى: ﴿ وَكُلَّ إِنسَٰنٍ
أَلْزَمْنَٰهُ طَٰٓئِرَهُۥ فِى عُنُقِهِۦ وَنُخْرِجُ لَهُۥ يَوْمَ ٱلْقِيَٰمَةِ كِتَٰبًا يَلْقَىٰهُ**

---

(١) يعني لفصل القضاء بين خلقه وذلك بعدما تستشفع إليه الخلائق بنينا محمد صلى الله عليه وسلم انظر تفسير القرآن
العظيم (٢٧٥/٤). طبعة دار المعرفة.

247

مَنشُورًا ۝ ٱقْرَأْ كِتَٰبَكَ كَفَىٰ بِنَفْسِكَ ٱلْيَوْمَ عَلَيْكَ حَسِيبًا ۝ ﴾ الإسراء: ١٣ - ١٤.

فيقال لهم: قَالَ تَعَالَىٰ: ﴿ هَٰذَا كِتَٰبُنَا يَنطِقُ عَلَيْكُم بِٱلْحَقِّ ۝ ﴾ الجاثية: ٢٩.

ويصف الله تعالى دهشة الناس من دقة وشمولية ذلك الإحصاء، وجلالة ذلك المشهد كله فيقول: قَالَ تَعَالَىٰ: ﴿ وَيَوْمَ نُسَيِّرُ ٱلْجِبَالَ وَتَرَى ٱلْأَرْضَ بَارِزَةً وَحَشَرْنَٰهُمْ فَلَمْ نُغَادِرْ مِنْهُمْ أَحَدًا ۝ وَعُرِضُواْ عَلَىٰ رَبِّكَ صَفًّا لَّقَدْ جِئْتُمُونَا كَمَا خَلَقْنَٰكُمْ أَوَّلَ مَرَّةٍۭ بَلْ زَعَمْتُمْ أَلَّن نَّجْعَلَ لَكُم مَّوْعِدًا ۝ وَوُضِعَ ٱلْكِتَٰبُ فَتَرَى ٱلْمُجْرِمِينَ مُشْفِقِينَ مِمَّا فِيهِ وَيَقُولُونَ يَٰوَيْلَتَنَا مَالِ هَٰذَا ٱلْكِتَٰبِ لَا يُغَادِرُ صَغِيرَةً وَلَا كَبِيرَةً إِلَّآ أَحْصَىٰهَا وَوَجَدُواْ مَا عَمِلُواْ حَاضِرًا وَلَا يَظْلِمُ رَبُّكَ أَحَدًا ۝ ﴾ الكهف: ٤٧ - ٤٩. قال صاحب الظلال معلقا على هذه الآيات: (إنه مشهد تشترك فيه الطبيعة ويرتسم الهول فيه على صفحاتها وعلى صفحات القلوب. مشهد تتحرك فيه الجبال الراسخة فتسير، فكيف بالقلوب، وتتبدى فيه الأرض عارية، وتبرز فيه صفحتها عارية مكشوفة لا نجاد فيها ولا وهاد، ولا جبال فيها ولا وديان. وكذلك تتكشف خبايا القلوب فلا تخفى منها خافية)[1] فيصطف الأولون والآخرون يستعدون للحساب.

ب- الحساب:

فإذا تم حشر الأولين والآخرين واصطفوا ليعرضوا على الله تعالى صفا، وُزِّعت عليهم كتبهم فآخذ باليمين مبتهج، وآخذ بالشِّمال يدعو بالويل والثبور. قال تعالى: قَالَ تَعَالَىٰ: ﴿ فَأَمَّا مَنْ أُوتِيَ كِتَٰبَهُۥ بِيَمِينِهِۦ ۝ فَسَوْفَ يُحَاسَبُ حِسَابًا يَسِيرًا ۝ وَيَنقَلِبُ إِلَىٰٓ أَهْلِهِۦ مَسْرُورًا ۝ وَأَمَّا مَنْ أُوتِيَ كِتَٰبَهُۥ وَرَآءَ ظَهْرِهِۦ ۝ ﴾ الانشقاق: ٧ - ١٠[2]. وقال تعالى يبين

---

[1] الظلال:(٢٢٧٤/٤).

[2] قال القرطبي في قوله تعالى: ﴿ فأما من أوتي كتابه بيمينه فسوف يحاسب حسابا يسيرا ﴾ فدل على أن المحاسبة تكون عند إتيان الكتب لأن الناس إذا بعثوا لا يكونوا ذاكرين

248

ردود أفعال الفريقين عندها بقوله: ﴿ قَالَ تَعَالَى: فَأَمَّا مَنْ أُوتِيَ كِتَبَهُ بِيَمِينِهِ فَيَقُولُ هَآؤُمُ ٱقْرَءُوا۟ كِتَبِيَهْ ﴿١٩﴾ إِنِّى ظَنَنتُ أَنِّى مُلَٰقٍ حِسَابِيَهْ ﴿٢٠﴾ ﴾ الحاقة: ١٩ - ٢٠. وقال أيضا: قَالَ تَعَالَى: ﴿ يَٰلَيْتَهَا كَانَتِ ٱلْقَاضِيَةَ ﴿٢٧﴾ مَآ أَغْنَىٰ عَنِّى مَالِيَهْ ﴿٢٨﴾ هَلَكَ عَنِّى سُلْطَٰنِيَهْ ﴿٢٩﴾ ﴾ الحاقة: ٢٧ - ٢٩.

عندها يأذن الله ببداية الحساب فينظر في أعمال عباده، ويقيمها، قَالَ تَعَالَى:[1] ﴿ لِيَجْزِيَ ٱلَّذِينَ أَسَٰٓـُٔوا۟ بِمَا عَمِلُوا۟ وَيَجْزِيَ ٱلَّذِينَ أَحْسَنُوا۟ بِٱلْحُسْنَى ﴿٣١﴾ ﴾ النجم: ٣١. فلا يقبل منها إلا ما كان خالصا لوجهه، موافقا لشرعه عز وجل، ويتجاوز عما شاء من الخطايا ما لم يكن شركا.[2] قَالَ تَعَالَى: ﴿ فَمَن يَعْمَلْ مِثْقَالَ ذَرَّةٍ خَيْرًا يَرَهُۥ ﴿٧﴾ وَمَن يَعْمَلْ مِثْقَالَ ذَرَّةٍ شَرًّا يَرَهُۥ ﴿٨﴾ ﴾ الزلزلة: ٧ - ٨. ولا يظلم الله تعالى مثقال حبة من خردل قال تعالى: قَالَ تَعَالَى: ﴿ إِنَّ ٱللَّهَ لَا يَظْلِمُ مِثْقَالَ ذَرَّةٍ ﴿٤٠﴾ ﴾ النساء: ٤٠.

لأعمالهم.قال تعالى: ﴿ يوم يبعثهم الله جميعا فينبؤهم بما عملوا أحصاه الله ونسوه ﴾ التذكرة ٢٩٢.

(1) قال ابن كثير في قوله تعالى: قَالَ تَعَالَى: ﴿ وَقَدِمْنَآ إِلَىٰ مَا عَمِلُوا۟ مِنْ عَمَلٍ فَجَعَلْنَٰهُ هَبَآءً مَّنثُورًا ﴿٢٣﴾ ﴾ الفرقان: ٢٣. فأخبر تعالى (أنه لا يحصل لهؤلاء المشركين من الأعمال التي ظنوا أنها منجاة لهم من شيء. وذلك لأنها فقدت الشرط الشرعي إما الإخلاص فيها وإما المتابعة لشرع الله، فكل عمل لا يكون خالصا وعلى الشريعة المرضية فهو باطل فأعمال الكفار لا تخلوا من هذين وقد تجمعهما معا فتكون أبعد من القبول حينئذ). [تفسير القرآن العظيم (٤/٢٨١). طبعة دار المعرفة]. وانظر تفصيل القواعد التي يحاسب العباد على أساسها في اليوم الآخر للأشقر ص٢٠٣-٢١٥.

(2) المظالم يومئذ ثلاثة: ظلم الله تعالى وهو الظلم العظيم الذي نفى الله تعالى أن يغفره في قوله قَالَ تَعَالَى: ﴿ إِنَّ ٱللَّهَ لَا يَغْفِرُ أَن يُشْرَكَ بِهِ وَيَغْفِرُ مَا دُونَ ذَٰلِكَ لِمَن يَشَآءُ وَمَن يُشْرِكْ بِٱللَّهِ فَقَدِ ٱفْتَرَىٰٓ إِثْمًا عَظِيمًا ﴿٤٨﴾ ﴾ النساء: ٤٨. وظلم العبد لنفسه وذلك بالتقصير في أداء الواجبات مما بينه وبين الله تعالى، فيغفر الله لهم منها ما يشاء لمن أراد. وظلم الناس فيما بينهم إلا تقصي الحق لصاحبه. (انظر تفسير القرآن العظيم للآية السالفة الذكر.

٢٤٩

ويتقدم الناس فردا فردا ويؤتى بالشهداء، فيشهد الكرام الكاتبين، ويشهد الرسل، ويشهد الناس بعضهم على بعض، وتشهد الأرض على ما فعل عليها، وتشهد الجوارح على ما فعل صاحبها بها. حتى يشهد كل إنسان على نفسه. ويشهد الله تعالى عليه. يتضح ذلك جليا في الآيات الآتية:

- قَالَ تَعَالَى: ﴿ وَجَاءَتْ كُلُّ نَفْسٍ مَّعَهَا سَائِقٌ وَشَهِيدٌ ۝ ﴾ ق: ٢١.

- قَالَ تَعَالَى: ﴿ وَيَوْمَ نَبْعَثُ فِي كُلِّ أُمَّةٍ شَهِيدًا عَلَيْهِم مِّنْ أَنفُسِهِمْ وَجِئْنَا بِكَ شَهِيدًا عَلَىٰ هَٰؤُلَاءِ ۝ ﴾ النحل: ٨٩.

- قَالَ تَعَالَى: أَعُوذُ بِاللَّهِ مِنَ الشَّيْطَانِ الرَّجِيمِ ﴿ وَكَذَٰلِكَ جَعَلْنَاكُمْ أُمَّةً وَسَطًا لِّتَكُونُوا شُهَدَاءَ عَلَى النَّاسِ وَيَكُونَ الرَّسُولُ عَلَيْكُمْ شَهِيدًا ۝ ﴾ البقرة: ١٤٣.

- قَالَ تَعَالَى: ﴿ يَوْمَئِذٍ تُحَدِّثُ أَخْبَارَهَا ۝ ﴾ الزلزلة: ٤ [1].

- قَالَ تَعَالَى: ﴿ يَوْمَ تَشْهَدُ عَلَيْهِمْ أَلْسِنَتُهُمْ وَأَيْدِيهِمْ وَأَرْجُلُهُم بِمَا كَانُوا يَعْمَلُونَ ۝ ﴾ النور: ٢٤.

- قَالَ تَعَالَى: ﴿ حَتَّىٰ إِذَا مَا جَاءُوهَا شَهِدَ عَلَيْهِمْ سَمْعُهُمْ وَأَبْصَارُهُمْ وَجُلُودُهُم بِمَا كَانُوا يَعْمَلُونَ ۝ ﴾ فصلت: ٢٠ [1].

---

(1) وقد روى الترمذي عنه صلى الله عليه وسلم أنه قال:" أتدرون ما أخبارها؟ قالوا: الله ورسوله أعلم. قال فإن أخبارها أن تشهد على كل عبد أو أمة بما عمل على ظهرها تقول: عمل يوم كذا، كذا وكذا فهذه أخبارها." أخرجه الترمذي في كتاب الرقائق والورع (535/4)، ورقمه: (2429).وقال هذا حديث حسن صحيح غريب.

250

قَالَ تَعَالَى: ﴿ إِنَّ ٱللَّهَ كَانَ عَلَىٰ كُلِّ شَىْءٍ شَهِيدًا ۝ ﴾ النساء: ٣٣.

- وفي آخر المطاف يعترفون لا محالة بما في الصحف كما حكى عنهم عز وجل في قوله: قَالَ
تَعَالَى: ﴿ قَالُوا۟ شَهِدْنَا عَلَىٰٓ أَنفُسِنَا وَغَرَّتْهُمُ ٱلْحَيَوٰةُ ٱلدُّنْيَا وَشَهِدُوا۟ عَلَىٰٓ أَنفُسِهِمْ أَنَّهُمْ كَانُوا۟
كَٰفِرِينَ ۝ ﴾ الأنعام: ١٣٠.

فمن عدله تعالى -يومئذ- أن لا يحاسب أحدا بما اقترفه غيره من الذنوب فقال: قَالَ تَعَالَى: ﴿
وَلَا تَزِرُ وَازِرَةٌ وِزْرَ أُخْرَىٰ وَمَا كُنَّا مُعَذِّبِينَ حَتَّىٰ نَبْعَثَ رَسُولًا ۝ ﴾ الإسراء: ١٥. وقَالَ
تَعَالَى: ﴿ كُلُّ ٱمْرِئٍ بِمَا كَسَبَ رَهِينٌ ۝ ﴾ الطور: ٢١ [2]. ومن عدله تعالى أيضا أن يتفضل على
المحسن بمضاعفة حسناته أو بالتجاوز عن شيء من سيئاته دون أن يضاعف للمسيء سيئاته
فيتفضل على الأول ويعدل مع الثاني. قال تعالى: قَالَ تَعَالَى: ﴿ مَن جَآءَ بِٱلْحَسَنَةِ فَلَهُۥ عَشْرُ أَمْثَالِهَا
وَمَن جَآءَ بِٱلسَّيِّئَةِ فَلَا يُجْزَىٰٓ إِلَّا مِثْلَهَا وَهُمْ لَا يُظْلَمُونَ ۝ ﴾ الأنعام: ١٦٠.

---

(1) وفي مسلم عن أنس بن مالك قال: " كنا عند رسول الله صلى الله عليه وسلم فضحك فقال: هل تدرون لم أضحك؟
قلنا الله ورسوله أعلم. قال من مخاطبة العبد ربه، يقول يا رب ألم تجرني من الظلم؟ قال: فيقول بلى، قال: فيقول فإني
لا أجيز على نفسي إلا شاهدا مني قال بنفسك اليوم عليك حسيبا وبالكرام الكاتبين شهودا، قال فيختم على فيه
فيقال لأركانه انطقي فتنطق بأعماله، قال: ثم يخلى بينه وبين الكلام قال: فيقول بعدا لكنّ وسحقا فعنكن كنت أناضل
". أخرجه مسلم في كتاب الزهد والرقائق (٢٢٨٠/٤)، ورقمه: (٢٩٦٩).
(2) وقد وردت النصوص القرآنية بأن من الناس من يحمل أوزار غيره مع أوزاره وليس في ذلك تضارب بين آي القرآن وإنما
عدت أوزار غيره أوزارا له لأنه تعمد أن يكون سببا في وجودها ودعا إليها. فكما أن دعاة الهدى ينالون أجر أعمالهم
ومثل أجر من اهتدى بهديهم، واستفاد بعلمهم، فإضلال هؤلاء لغيرهم هو فعل لهم يعاقبون عليه أيضا. انظر القيامة
الكبرى/ الأشقر ص٢٠٦.

- وفي نهاية الحساب توزن أعمال الناس قَالَ تَعَالَى: ﴿ وَٱلۡوَزۡنُ يَوۡمَئِذٍ ٱلۡحَقُّ ٨ ﴾
الأعراف: ٨. ليتبين أهل الجنة من أهل النار وثقل الأشياء يومئذ مرتبط بقيمتها عند الرحمن عز وجل.[1] قال تعالى: قَالَ تَعَالَى: ﴿ وَنَضَعُ ٱلۡمَوَٰزِينَ ٱلۡقِسۡطَ لِيَوۡمِ ٱلۡقِيَٰمَةِ فَلَا تُظۡلَمُ نَفۡسٞ شَيۡـٔٗاۖ وَإِن كَانَ مِثۡقَالَ حَبَّةٖ مِّنۡ خَرۡدَلٍ أَتَيۡنَا بِهَاۗ وَكَفَىٰ بِنَا حَٰسِبِينَ ٤٧ ﴾ الأنبياء: ٤٧. وقال تعالى: قَالَ تَعَالَى: ﴿ فَأَمَّا مَن ثَقُلَتۡ مَوَٰزِينُهُۥ ٦ فَهُوَ فِي عِيشَةٖ رَّاضِيَةٖ ٧ وَأَمَّا مَنۡ خَفَّتۡ مَوَٰزِينُهُۥ ٨ فَأُمُّهُۥ هَاوِيَةٞ ٩ وَمَآ أَدۡرَىٰكَ مَا هِيَهۡ ١٠ نَارٌ حَامِيَةُۢ ١١ ﴾ القارعة: ٦ - ١١.

المطلب الثالث: مستقر الإنسانية الأخير (الجزاء).

إنّ الله خلق الإنسان وكلّفه، فأمره ونهاه. أفيستساغ أن يهمل تعالى مراجعته فيم فعل؟! لقد نبه الله العقول إلى هذا في مواضع كثيرة من كتابه منها قوله: قَالَ تَعَالَى: ﴿ أَيَحۡسَبُ ٱلۡإِنسَٰنُ أَن يُتۡرَكَ سُدًى ٣٦ ﴾ القيامة: ٣٦. إنّ حكمة الله تتعالى عن هذا العبث وتأباه. كما لا يليق بعدله وحكمته أن يسوي بين المؤمن والكافر، والبر والفاجر كما قال تعالى: قَالَ تَعَالَى: ﴿ أَمۡ نَجۡعَلُ ٱلَّذِينَ ءَامَنُواْ وَعَمِلُواْ ٱلصَّٰلِحَٰتِ كَٱلۡمُفۡسِدِينَ فِي ٱلۡأَرۡضِ أَمۡ نَجۡعَلُ ٱلۡمُتَّقِينَ كَٱلۡفُجَّارِ ٢٨ ﴾ ص: ٢٨. فإن العقول الصحيحة تأبى ذلك وتنكره أشد الإنكار.[2] وقد استقبح تعالى تلك

---

[1] قال النبي صلى الله عليه وسلم لأصحابه حينما تعجبوا من دقة ساقي بن مسعود: "أتعجبون من دقة ساقي بن مسعود ... وقد صح عن النبي صلى الله عليه وسلم في حديث البطاقة بأنه يؤتى برجل فيؤتى بتسع وتسعين سجلا كل واحد منها مد البصر من السيئات فيؤتى له ببطاقة فيها لا إله إلا الله فترجح بتلك السجلات.

[2] انظر شرح العقيدة الواسطية لمحمد خليل هراس ص107.

التسوية، ففرق بينهما في الحال والمآل. قال تعالى: ﴿ قَالَ تَعَالَى: ﴿ أَفَمَن كَانَ مُؤْمِنًا كَمَن كَانَ فَاسِقًا لَّا يَسْتَوُونَ ۝ أَمَّا ٱلَّذِينَ ءَامَنُواْ وَعَمِلُواْ ٱلصَّٰلِحَٰتِ فَلَهُمْ جَنَّٰتُ ٱلْمَأْوَىٰ نُزُلًا بِمَا كَانُواْ يَعْمَلُونَ ۝ وَأَمَّا ٱلَّذِينَ فَسَقُواْ فَمَأْوَىٰهُمُ ٱلنَّارُ كُلَّمَآ أَرَادُوٓاْ أَن يَخْرُجُواْ مِنْهَآ أُعِيدُواْ فِيهَا وَقِيلَ لَهُمْ ذُوقُواْ عَذَابَ ٱلنَّارِ ٱلَّذِى كُنتُم بِهِۦ تُكَذِّبُونَ ۝ ﴾ السجدة: ١٨ - ٢٠.

وأخبر بأنه إذا تم للناس حسابهم افترق الجمعان ووفي كل فريق أجر ما كسبت أيديهم. ويصير كل فريق إلى ما قُضي له به من الجزاء.

أولا- الانصراف إلى دار الجزاء:

أخبر تعالى أنه إذا تم للناس حسابهم ووزنت أعمالهم، وقضي بينهم بالحق؛ تفرّق الأوّلون والآخرون، ليوفي اللـه كل نفس ما يناسبها من الجزاء فقال: ﴿ قَالَ تَعَالَى: ﴿ وَيَوْمَ تَقُومُ ٱلسَّاعَةُ يَوْمَئِذٍ يَتَفَرَّقُونَ ۝ ﴾ الروم: ١٤. قال تعالى: ﴿ فَرِيقٌ فِى ٱلْجَنَّةِ وَفَرِيقٌ فِى ٱلسَّعِيرِ ۝ ﴾ الشورى: ٧. وقال أيضا في كيفية حشرهم: قال تعالى: ﴿ يَوْمَ نَحْشُرُ ٱلْمُتَّقِينَ إِلَى ٱلرَّحْمَٰنِ وَفْدًا ۝ وَنَسُوقُ ٱلْمُجْرِمِينَ إِلَىٰ جَهَنَّمَ وِرْدًا ۝ ﴾ مريم: ٨٥ - ٨٦. وقال عز وجل: ﴿ قَالَ تَعَالَى: ﴿ يَوْمَ يُدَعُّونَ إِلَىٰ نَارِ جَهَنَّمَ دَعًّا ۝ ﴾ الطور: ١٣. وهكذا تساق كل أمة وراء ما كانت تعبد يؤمها إلى ما قضي لها به.[1] فإذا أشرفوا عليها ورأوها؛ لفحهم حرُّها، فأعرضوا بوجوههم عمًّا لا مصرف لهم عنه، كما قال تعالى: قَالَ تَعَالَى: ﴿ وَتَرَىٰهُمْ يُعْرَضُونَ

---

[1] وقد صح في البخاري أنه بعد الفراغ من أمر الحساب يذكر النبي صلى اللـه عليه وسلم أنه ينادي في الناس مناد فيقول: "ليلحق كل قوم بما كانوا يعبدون". البخاري في كتاب التوحيد ورقمه في فتح الباري (١٣/٥١٧-٥١٨)، ورقمه (٧٤٣٩). ومسلم في كتاب الإيمان (١/١٦٣-١٦٤)، ورقمه: (١٨٢).

عَلَيْهَا خَٰشِعِينَ مِنَ ٱلذُّلِّ يَنظُرُونَ مِن طَرْفٍ خَفِيٍّ ﴿٤٥﴾ ﴾ الشورى: ٤٥. قَالَ تَعَالَى: ﴿ حَتَّىٰ إِذَا جَآءُوهَا فُتِحَتْ أَبْوَٰبُهَا ﴿٧١﴾ ﴾ الزمر: ٧١. أي تفتح لهم سريعا وكأنها تلتهمهم. وسرعان ما توصَد عليهم أبوابها كما قال تعالى: قَالَ تَعَالَى: ﴿ إِنَّهَا عَلَيْهِم مُّؤْصَدَةٌ ﴿٨﴾ ﴾ الهمزة: ٨. فيتبادل الكفرة فيها اللعنات ويدعو آخرهم على من سبقه وسن له سنن الضلال قال تعالى: قَالَ تَعَالَى: أَعُوذُ بِٱللَّهِ مِنَ ٱلشَّيْطَٰنِ ٱلرَّجِيمِ ﴿ قَالَ ٱدْخُلُوا۟ فِىٓ أُمَمٍ قَدْ خَلَتْ مِن قَبْلِكُم مِّنَ ٱلْجِنِّ وَٱلْإِنسِ فِى ٱلنَّارِ كُلَّمَا دَخَلَتْ أُمَّةٌ لَّعَنَتْ أُخْتَهَا حَتَّىٰٓ إِذَا ٱدَّارَكُوا۟ فِيهَا جَمِيعًا قَالَتْ أُخْرَىٰهُمْ لِأُولَىٰهُمْ رَبَّنَا هَٰٓؤُلَآءِ أَضَلُّونَا فَـَٔاتِهِمْ عَذَابًا ضِعْفًا مِّنَ ٱلنَّارِ قَالَ لِكُلٍّ ضِعْفٌ وَلَٰكِن لَّا تَعْلَمُونَ ﴿٣٨﴾ ﴾ الأعراف: ٣٨. وتستقبلهم الخزنة بالأسئلة المحرجة التي تزيد في حسرتهم كما قال تعالى: قَالَ تَعَالَى: ﴿ كُلَّمَآ أُلْقِىَ فِيهَا فَوْجٌ سَأَلَهُمْ خَزَنَتُهَآ أَلَمْ يَأْتِكُمْ نَذِيرٌ ﴿٨﴾ قَالُوا۟ بَلَىٰ قَدْ جَآءَنَا نَذِيرٌ فَكَذَّبْنَا وَقُلْنَا مَا نَزَّلَ ٱللَّهُ مِن شَىْءٍ إِنْ أَنتُمْ إِلَّا فِى ضَلَٰلٍ كَبِيرٍ ﴿٩﴾ وَقَالُوا۟ لَوْ كُنَّا نَسْمَعُ أَوْ نَعْقِلُ مَا كُنَّا فِىٓ أَصْحَٰبِ ٱلسَّعِيرِ ﴿١٠﴾ ﴾ الملك: ٨ - ١٠.

فإذا أُخذ كل من كان يعبد غير الله يُجاهر بذلك وألقي في جهنم. بقى من كان يعبد الله تعالى أو يظهر ذلك بلسانه من بر وفاجر أو منافق ينتظرون ما يفعل بهم فيضرب الله لهم جسرا على ظهر جهنم ليتم -من على متنه- تنقية أهل المعاصي مما فعلوا، وتخليص معسكر الإيمان من شرذمة المنافقين. ويُستخلص للجنة أهلُها ممن ليسوا لها أهلا. قال تعالى: قَالَ تَعَالَى: ﴿ وَإِن مِّنكُمْ إِلَّا وَارِدُهَا كَانَ عَلَىٰ رَبِّكَ حَتْمًا مَّقْضِيًّا ﴿٧١﴾ ثُمَّ نُنَجِّى ٱلَّذِينَ ٱتَّقَوا۟ وَّنَذَرُ ٱلظَّٰلِمِينَ فِيهَا جِثِيًّا ﴿٧٢﴾ ﴾ مريم: ٧١ - ٧٢.

٢٥٤

ثانيا- المستقر: (الخلود في رضا الـلـه أو في سخطه)

إذا تم للناس حسابهم سيق كل فريق إلى مستقره عند ربه قال تعالى: **قَالَ تَعَالَى:** ﴿ إِلَىٰ رَبِّكَ يَوۡمَئِذٍ ٱلۡمُسۡتَقَرُّ ۝ ﴾ القيامة: ١٢.

- فأما الذين كفروا فيساقون إلى ما أعد الله لهم من العذاب في جهنم. قال تعالى: **قَالَ تَعَالَى:** ﴿ وَسِيقَ ٱلَّذِينَ كَفَرُوٓاْ إِلَىٰ جَهَنَّمَ زُمَرًا ۝ ﴾ الزمر: ٧١ - ٧٢. (جهنم في اللغة من الجهنام وهو القعر البعيد ... وبه سُمِّيت جهنَّم لبعد قعرها)[1] وقد أعدها تعالى ليجازي بها من عصاه وكذب رسله وآذى من آمن به أو طغى في الأرض وسعى فيها فسادا ولم يوف بالعهد الذي قطعه مع الله لما كان في عالم الذر. **قَالَ تَعَالَى:** ﴿ إِنَّآ أَعۡتَدۡنَا لِلظَّٰلِمِينَ نَارًا أَحَاطَ بِهِمۡ سُرَادِقُهَآ ۝ ﴾ الكهف: ٢٩. وقال فيهم: **قَالَ تَعَالَى:** ﴿ أُوْلَٰٓئِكَ مَأۡوَىٰهُمُ ٱلنَّارُ بِمَا كَانُواْ يَكۡسِبُونَ ۝ ﴾ يونس: ٨. وقد جعل الله لها سبعة أبواب لتستقبل منها أهلها قال تعالى: **قَالَ تَعَالَى:** ﴿ لَهَا سَبۡعَةُ أَبۡوَٰبٖ لِّكُلِّ بَابٖ مِّنۡهُمۡ جُزۡءٞ مَّقۡسُومٌ ۝ ﴾ الحجر: ٤٤.

- وأما المؤمنون فيحشرهم الله إلى جنته كما قال: **قَالَ تَعَالَى:** ﴿ وَسِيقَ ٱلَّذِينَ ٱتَّقَوۡاْ رَبَّهُمۡ إِلَى ٱلۡجَنَّةِ زُمَرًا ۝ ﴾ الزمر: ٧٢.

والجنة في لغة العرب البستان. أو الحديقة ذات الشجر والنخل.[2] وقد أعدها الله تعالى لمن آمن وعمل الصالحات وأطاعه واتبع رسله. قال عز وجل: **قَالَ**

_____

(1) لسان العرب مادة (جهنم).

(2) كما في اللسان "والجنة: وهي دار النعيم في الدار الآخرة، من الاجتنان، وهو الستر لتكاثف أشجارها وتظليلها بالتفاف أغصانها." لسان العرب مادة (جنن).

تَعَالَى: ﴿ ۞ وَسَارِعُوٓا۟ إِلَىٰ مَغۡفِرَةٖ مِّن رَّبِّكُمۡ وَجَنَّةٍ عَرۡضُهَا ٱلسَّمَٰوَٰتُ وَٱلۡأَرۡضُ أُعِدَّتۡ لِلۡمُتَّقِينَ ﴾ (١٣٣) ﴿ آل عمران: ١٣٣. وقد جعل الله لها أبوابا ثمانية، قال صلى الله عليه وسلم: "في الجنة ثمانية أبواب فيها باب يسمى الريّان لا يدخله إلا الصائمون"(1).

وهما مخلوقتان لله تعالى، وموجودتان الآن. وقد جعلهما الله خالدتين خلود أهلهما فيهما لا تفنيان ولا تبيدان ولا ينفد ما فيهما أبد الآبدين.(2) قال تعالى في عذاب ناره: قَالَ تَعَالَى: ﴿ خَٰلِدِينَ فِيهَا لَا يُخَفَّفُ عَنۡهُمُ ٱلۡعَذَابُ وَلَا هُمۡ يُنظَرُونَ ﴾ (١٦٢) ﴿ البقرة: ١٦٢. وخلود أهلها فيها أبدا دون تخفيف العذاب عنهم دليل على خلودها واتصال عذابها.

وقال في نعيم جنته قَالَ تَعَالَى: ﴿ لَّهُمۡ فِيهَا نَعِيمٞ مُّقِيمٌ ﴾ (٢١) ﴿ التوبة: ٢١. وقال: قَالَ تَعَالَى: ﴿ ۞ عَطَآءً غَيۡرَ مَجۡذُوذٖ ﴾ (١٠٨) ﴿ هود: ١٠٨(3).

---

(1) أخرجه البخاري في كتاب بدء الخلق، فتح الباري (405/4)، ورقمه (3257).

(2) قال صاحب الطحاوية: (والجنة والنار مخلوقتان، لا تفنيان أبدا ولا تبيدان؛ وإن الله خلق الجنة والنار قبل الخلق وخلق لهما أهلا..). العقيدة الطحاوية: أبو جعفر الطحاوي. تعليق الشيخ عبد العزيز ابن باز ص28.

(3) وقد نقل ابن حزم في مراتب الإجماع ما اتفقت عليه الأمة من أمرهما فقال: (..وأن الجنة حق، وأنها دار نعيم أبدا، لا تفنى ولا يفنى أهلها بلا نهاية، وأنها أعدت للمسلمين والنبيين المتقدمين وأتباعهم، على حقيقة، كما أتوا به قبل أن ينسخ الله تعالى أديانهم بدين الإسلام. وأن النار حق، وأنها دار عذاب أبدا لا تفنى ولا يفنى أهلها أبدا بلا نهاية. وأنها أعدت لكل مخالف لدين الإسلام، ولمن خالف الأنبياء السالفين قبل مبعث الله صلى الله عليه وسلم وعليهم التسليم وبلوغ خبره إليه). ابن حزم في مراتب الإجماع 193-194. وقد بسط د: عمر سليمان الأشقر القول في مسألة خلود النار وأورد أقوال من قال بفنائها من الفرق والعلماء. انظر كتابه الجنة والنار ص41-48.

أ- الخلود في جحيم أبدي لا مثيل لعذابه:

يصف القرآن مشهد دخول الكفار جهنم يتبعون أئمتهم وآلهتهم التي عبدوها في ذلة وهوان.

فيقول: قَالَ تَعَالَى: ﴿ وَسِيقَ ٱلَّذِينَ كَفَرُوٓاْ إِلَىٰ جَهَنَّمَ زُمَرًاۖ حَتَّىٰٓ إِذَا جَآءُوهَا فُتِحَتۡ أَبۡوَٰبُهَا وَقَالَ لَهُمۡ خَزَنَتُهَآ أَلَمۡ يَأۡتِكُمۡ رُسُلٞ مِّنكُمۡ يَتۡلُونَ عَلَيۡكُمۡ ءَايَٰتِ رَبِّكُمۡ وَيُنذِرُونَكُمۡ لِقَآءَ يَوۡمِكُمۡ هَٰذَاۚ قَالُواْ بَلَىٰ وَلَٰكِنۡ حَقَّتۡ كَلِمَةُ ٱلۡعَذَابِ عَلَى ٱلۡكَٰفِرِينَ ۝ ﴾ الزمر: ٧١. إنّ بلاغ الرسل حجة عليهم أوردتهم النار ولا تزال تنغص عليهم الحياة في كل موقف يقفونه. إنّ تذكير المجرم بسوء عمله يكدر صفوه ويعكر عليه مزاجه خاصة إن قصد به بيان حاله والشماتة فيه وهذا حال الكفار إذا صرفوا إلى النار فإن الخزنة يستقبلونهم عند أبوابها المفتوحة يسألونهم عما أتى بهم إلى جهنم وقد حذرتهم رسل الله منها. ويذكر تعالى أن جهنم تشرع في إخافتهم بمجرد رؤيتها لهم من بعيد. قال تعالى: قَالَ تَعَالَى: ﴿ إِذَا رَأَتۡهُم مِّن مَّكَانِۭ بَعِيدٖ سَمِعُواْ لَهَا تَغَيُّظٗا وَزَفِيرٗا ۝ ﴾ الفرقان: ١٢. فإلام يساقون يا ترى؟.

1- عذاب لا مثيل له:

إن قليل الشيء ينبئ بجسامة أو حقارة كثيره. وإن معرفة حال أقل أهل النار عذابا ينبئ لا محالة بشدة ما يكابده أهلها فيها ممن عظم جرمه. وقد أخبر النبي صلى الله عليه وسلم عن أهون أهلها عذابا فقال:" إنّ أهون الناس يوم القيامة عذابا لرجل توضع على أخمص قدميه جمرة يغلي منها دماغه "[1].

_____

(1) أخرجه البخاري في كتاب الرقاق فتح الباري (417/11)، ورقمه:(6561). ومسلم في كتاب الإيمان (196/1)، ورقمه:(213)

إنّ عذابا هذا أقله قد جعل هذا المعذب مستعدا لدفع الأرض بما فيها وما عليها من نفائس وكنوز، فدية مقابل خلاصه منه. قال صلى اللـه عليه وسلم: "يقول اللـه لأهون أهل النار عذابا يوم القيامة: لو أن لك ما في الأرض من شيء أكنت تفتدي به؟ فيقول نعم. فيقول: أردت منك أهون من هذا، وأنت في صلب آدم لا تشرك بي شيئا فأبيت إلا أن تشرك بي "[1].

بل ويتعدى بذل أحدهم في سبيل خلاصه الغاية حتى يود أن يفتدي من عذاب ذلك اليوم بأعز الناس لديه حتى فلذة كبده، بل وبكل من على الأرض من الناس. قال تعالى: ﴾قَالَ تَعَالَى: يَوَدُّ ٱلۡمُجۡرِمُ لَوۡ يَفۡتَدِي مِنۡ عَذَابِ يَوۡمِئِذٍ بِبَنِيهِ ۝ وَصَٰحِبَتِهِۦ وَأَخِيهِ ۝ وَفَصِيلَتِهِ ٱلَّتِي تُٔۡوِيهِ ۝ وَمَن فِي ٱلۡأَرۡضِ جَمِيعٗا ثُمَّ يُنجِيهِ ۝﴿ المعارج: ١١ - ١٤. وذلك لما يكتنفه من العذاب الأليم الذي لا يعلم قدره إلا اللـه تعالى، ومن ذاق ألمه.

مما ينبئ بأليم عذاب اللـه تعالى وصنيعه بالكفار ما أخبر به النبي صلى اللـه عليه وسلم عن مفعول صبغة يصبغها أنعم أهل الدنيا في جهنم قال صلى اللـه عليه وسلم: "يؤتى بأنعم أهل الدنيا من أهل النار يوم القيامة، فيصبغ في النار صبغة، ثم يقال: يا ابن آدم **هل رأيت خيرا قط؟ هل مر بك نعيم قط؟** فيقول: لا و اللـه يا رب"[2] لقد أنسته صبغة صبغها في جهنم نعيم الدنيا بأكملها. ومما ينبئ أيضا بفضيع ما يعانيه أهل النار أن الموت يغدو أمنية عظمى وطموحا مشروعا مقارنة بما يقاسونه من العذاب المهين على الرغم مما تجرعوا من سكراته وعالجوا من هول

_____

(1) أخرجه البخاري في كتاب الرقاق فتح الباري:(416/11). ومسلم في كتاب صفة القيامة والجنة والنار (2150/4-2161)، ورقمه: (2805).

(2) رواه مسلم في كتاب صفة القيامة والجنة والنار(2162/4)، ورقمه: (2807).

مطلعه من قبل. فيدعون على أنفسهم بالويل والهلاك كما في قوله تعالى: ﴿ قَالَ تَعَالَى: وَإِذَآ أُلْقُواْ مِنْهَا مَكَانًا ضَيِّقًا مُّقَرَّنِينَ دَعَوْاْ هُنَالِكَ ثُبُورًا ﴾ ١٣ ﴾ الفرقان: ١٣.

قال صاحب الظلال: (وهذا هو المعنى الذي أراده المتنبي وهو يقول:

كفى بك داء أن ترى الموت شافيا   وحسب المنايا أن يكن أمانيا)[1]

إنهم يصيحون و(إنما يصيحون في طلب الهلاك.. الهلاك السريع الذي يريح. وإننا لنكاد نرى من وراء صرخة الاستغاثة نفوسا أطار صوابها العذاب، وأجساما تجاوز بها الألم حد الطاقة، فانبعثت منها تلك الصيحة المريرة: ﴿ يَمَالِكُ لِيَقْضِ عَلَيْنَا رَبُّكَ ﴾! ولكن الجواب يأتي في تيئيس وتخذيل، وبلا رعاية ولا اهتمام: قَالَ تَعَالَى: ﴿ وَنَادَوْاْ قَالَ إِنَّكُم مَّـٰكِثُونَ ٧٧ ﴾ الزخرف: ٧٧[2].

وكفى بأحدهم نقمة أن يمكث في عذاب النار قَالَ تَعَالَى: ﴿ ثُمَّ لَا يَمُوتُ فِيهَا وَلَا يَحْيَىٰ ١٣ ﴾ الأعلى: ١٣. قال سيد قطب -معلقا على هذه الآية-: (وتستطيع أن تكتب السطور الطوال في وصف ذلك العذاب فلا يبلغ ما بلغته هذه الفقرة وحدها)[3]. وهم باقون على تلك الحال من الهم والغم كما أخبر تعالى: قَالَ تَعَالَى: ﴿ لَا يُقْضَىٰ عَلَيْهِمْ فَيَمُوتُواْ وَلَا يُخَفَّفُ عَنْهُم مِّنْ عَذَابِهَا كَذَٰلِكَ نَجْزِى كُلَّ ﴾

---

(1) الظلال (6/3867).

(2) الظلال (5/3202).

(3) سيد قطب في مشاهد القيامة في القرآن ص70.

كَفُورٍ ﴿٣٦﴾ ﴾ فاطر: ٣٦. فلا هذه ولا تلك. حتى الرحمة بالموت لا تنال!. [1]

صور قرآنية من ذاك العذاب:

لقد سخط الله تعالى على من عاداه في الدنيا فأعد له ناراً مستعرة جعل الله قَالَ تَعَالَى: ﴿ يَـٰٓأَيُّهَا ٱلَّذِينَ ءَامَنُوا۟ قُوٓا۟ أَنفُسَكُمْ وَأَهْلِيكُمْ نَارًا وَقُودُهَا ٱلنَّاسُ وَٱلْحِجَارَةُ ﴿٦﴾ ﴾ التحريم: ٦. وألهمها القوة الغضبية. وتركها تتربص منتظرة مجيء وقودها. فيساق إليها أهلها حتى قَالَ تَعَالَى: ﴿ إِذَا رَأَتْهُم مِّن مَّكَانٍ بَعِيدٍ سَمِعُوا۟ لَهَا تَغَيُّظًا وَزَفِيرًا ﴿١٢﴾ ﴾ الفرقان: ١٢. تتلهف لاحتوائهم والانتقام منهم في هول وجنون.

ثم قَالَ تَعَالَى: ﴿ إِذَآ أُلْقُوا۟ فِيهَا سَمِعُوا۟ لَهَا شَهِيقًا وَهِيَ تَفُورُ ﴿٧﴾ تَكَادُ تَمَيَّزُ مِنَ ٱلْغَيْظِ ﴿٨﴾ ﴾ الملك: ٧ - ٨. فتبتلع الخلائق في شرهٍ ونهمٍ لا يكفيها منهم شيء كما قال تعالى: قَالَ تَعَالَى: ﴿ يَوْمَ نَقُولُ لِجَهَنَّمَ هَلِ ٱمْتَلَأْتِ وَتَقُولُ هَلْ مِن مَّزِيدٍ ﴿٣٠﴾ ﴾ ق: ٣٠. قال النبي صلى الله عليه وسلم: "لا تزال جهنم يلقى فيها وتقول هل من مزيد، حتى يضع رب العزة قدمه، فينزوي بعضها إلى بعض، فتقول: قط، قط، بعزتك وكرمك"[2]. فإذا حلُّوا بها؛ احتوتهم نيرانها، وَقَالَ تَعَالَى: ﴿ أَحَاطَ بِهِمْ سُرَادِقُهَا ﴿٢٩﴾ ﴾ الكهف: ٢٩. (أي: سورها العظيم) من كل جانب. قال تعالى:

قَالَ تَعَالَى: ﴿ وَإِنَّ جَهَنَّمَ لَمُحِيطَةٌ بِٱلْكَـٰفِرِينَ ﴿٤٩﴾ ﴾ التوبة: ٤٩. وقال أيضا: قَالَ ﴿ يَوْمَ يَغْشَىٰهُمُ ٱلْعَذَابُ مِن فَوْقِهِمْ وَمِن تَحْتِ أَرْجُلِهِمْ وَيَقُولُ ذُوقُوا۟ مَا كُنتُمْ تَعْمَلُونَ ﴿٥٥﴾ ﴾ العنكبوت: ٥٥.

---

(1) انظر الظلال (٥/٢٩٤٥).

(2) أخرجه مسلم في كتاب الجنة وصفة نعيمها وأهلها (٤/٢١٨٧-٢١٨٨)، ورقمه: (٢٨٤٨).

وقد قيض الله لهم ملائكة -هم زبانية جهنم وخزنتها- تكتنفهم فيها ساخطة عليهم، تتلقاهم بقيود لأيديهم وأرجلهم. وأغلال لأعناقهم وبسلاسل يوثقون بها. قال تعالى: ﴿قَالَ تَعَالَى: إِنَّآ أَعْتَدْنَا لِلْكَفِرِينَ سَلَسِلَا۟ وَأَغْلَلَا۟ وَسَعِيرًا ٤﴾ الإنسان: ٤، ومطارق من حديد بها يقمعون. قال تعالى: ﴿قَالَ تَعَالَى: وَلَهُم مَّقَمِعُ مِنْ حَدِيدٍ ٢١﴾ الحج: ٢١. فتسحبهم على وجوههم كما قال تعالى: ﴿قَالَ تَعَالَى: يَوْمَ يُسْحَبُونَ فِي ٱلنَّارِ عَلَىٰ وُجُوهِهِمْ ذُوقُوا۟ مَسَّ سَقَرَ ٤٨﴾ القمر: ٤٨. وتتفنن الزبانية في زجرهم وتعذيبهم والتنكيل بهم والانتقام منهم. وقد وصفهم الله بالغلظة في الطباع، والشدة في القوة والزجر، والطاعة العمياء لأوامره. قال تعالى: ﴿قَالَ تَعَالَى: عَلَيْهَا مَلَئِكَةٌ غِلَاظٌ شِدَادٌ لَّا يَعْصُونَ ٱللَّهَ مَآ أَمَرَهُمْ وَيَفْعَلُونَ مَا يُؤْمَرُونَ ٦﴾ التحريم: ٦. وذكرهم في موضع آخر بعددهم فقال: ﴿قَالَ تَعَالَى: وَمَآ أَدْرَىٰكَ مَا سَقَرُ ٢٧ لَا تُبْقِى وَلَا تَذَرُ ٢٨ لَوَّاحَةٌ لِّلْبَشَرِ ٢٩ عَلَيْهَا تِسْعَةَ عَشَرَ ٣٠ وَمَا جَعَلْنَآ أَصْحَبَ ٱلنَّارِ إِلَّا مَلَئِكَةً وَمَا جَعَلْنَا عِدَّتَهُمْ إِلَّا فِتْنَةً لِّلَّذِينَ كَفَرُوا۟ ٣١﴾ المدثر: ٢٧ - ٣١. قال ابن رجب الحنبلي: (والمشهور بين السلف أن الفتنة إنما جاءت من حيث ذكر عدد الملائكة الذين اغتر الكفار بقلّتهم، وظنوا أنهم يمكنهم مدافعتهم وممانعتهم ولم يعلموا أن كل واحد من الملائكة لا يمكن البشر كلهم مقاومته)[1].

ومن عجيب أمر جهنم تلذذها بالانتقام منهم وشغفها بإحراق محاسنهم ومكامن إحساسهم. فهي تلفح الوجوه وتغشاها كما أخبر تعالى في قوله: ﴿قَالَ تَعَالَى: تَلْفَحُ وُجُوهَهُمُ ٱلنَّارُ وَهُمْ فِيهَا كَلِحُونَ ١٠٤﴾ المؤمنون: ١٠٤. وهي تتعقب الجلود تحرقها. حتى إذا نضجت هذه الجلود، وقل تحسسها لذلك الإحراق؛ بدلهم الله غيرها، ليذوقوا العذاب. قال تعالى: ﴿قَالَ تَعَالَى: إِنَّ ٱلَّذِينَ كَفَرُوا۟ بِـَٔايَتِنَا

---

(1) الأشقر في الجنة والنار ص19-20.

﴿ سَوْفَ نُصْلِيهِمْ نَارًا كُلَّمَا نَضِجَتْ جُلُودُهُم بَدَّلْنَـٰهُمْ جُلُودًا غَيْرَهَا لِيَذُوقُوا۟ ٱلْعَذَابَ ۗ ٥٦ ﴾

النساء: ٥٦. بل إنها لتطلع إلى مركز وجدانهم تحرقه؛ قال تعالى: ﴿ نَارُ ٱللَّهِ ٱلْمُوقَدَةُ ٦ ٱلَّتِي تَطَّلِعُ عَلَى ٱلْأَفْـِٔدَةِ ٧ ﴾ الهمزة: ٦ - ٧.

ويا ليتها كانت نارا عادية!. إنّ الشيء اليسير من حرارة هذه الدنيا ينغص على المرء الحياة ويعكر المزاج ويعطل حركة السعي في طلب المعاش ويورث الضجر والقلق فكيف بنار جهنم التي يقارنها صلى الله عليه وسلم بنارنا هذه فيقول: "ناركم هذه التي يوقد بني آدم جزء من سبعين جزءا من نار جهنم"[1]؟!. لقد قال تعالى لمن سعى في تخذيل المجاهدين في سبيله أيام الحر: قَالَ تَعَالَى: ﴿ وَقَالُوا۟ لَا تَنفِرُوا۟ فِى ٱلْحَرِّ ۗ قُلْ نَارُ جَهَنَّمَ أَشَدُّ حَرًّا ۚ لَّوْ كَانُوا۟ يَفْقَهُونَ ٨١ ﴾ التوبة: ٨١. وهي مع شدة حرها في تجدد دائم قال تعالى: قَالَ تَعَالَى: ﴿ كُلَّمَا خَبَتْ زِدْنَـٰهُمْ سَعِيرًا ٩٧ ﴾ الإسراء: ٩٧. ويجمع على أهلها كل أنواع التضييق فعلى الرغم من أنها تتسع لهم ولغيرهم فإنهم يلقون في زواياها الضيقة وهم في تلك القيود والسلاسل التي تجمع أيديهم وأرجلهم إلى نواصيهم حتى إذا أخذهم اليأس من شدة البؤس دعوا على أنفسهم بالويل والهلاك قال تعالى: قَالَ تَعَالَى: ﴿ وَإِذَآ أُلْقُوا۟ مِنْهَا مَكَانًا ضَيِّقًا مُّقَرَّنِينَ دَعَوْا۟ هُنَالِكَ ثُبُورًا ١٣ ﴾ الفرقان: ١٣.

إنّ كل ما في جهنم عذاب. ليس فيها نعيم قط. كل ما فيها يدعوا إلى الأسى ويسبب الألم ويبعث على القنوط والندم. فأكلهم وشرابهم فيها عذاب. ولباسهم فيها عذاب. وحديثهم فيها عذاب. وكلام الله وملائكته إياهم عذاب.

وإن أحدهم إذا اخذ منه الجوع مأخذا عظيما ليبحث عما يسد به الرمق فلا يجد له غير شجرة الزقوم التي وعد بها في قوله عز وجل قَالَ تَعَالَى: ﴿ ثُمَّ إِنَّكُمْ أَيُّهَا ٱلضَّآلُّونَ ٱلْمُكَذِّبُونَ ٥١ ﴾

---

(1) أخرجه مسلم في كتاب الجنة وصفة نعيمها وأهلها (2184/4)، ورقمه: (2843).

لَآكِلُونَ مِن شَجَرٍ مِّن زَقُّومٍ ۝ فَمَالِئُونَ مِنْهَا ٱلْبُطُونَ ۝ ﴾ الواقعة: ٥١ - ٥٣. ويصف تعالى

بشاعتها فيقول: قَالَ تَعَالَى: ﴿ إِنَّهَا شَجَرَةٌ تَخْرُجُ فِي أَصْلِ ٱلْجَحِيمِ ۝ طَلْعُهَا كَأَنَّهُ رُءُوسُ

ٱلشَّيَٰطِينِ ۝ ﴾ الصافات: ٦٤ - ٦٥. ثم هي مع نتن ريحها(1) وبشاعة منظرها تغلي في

البطون قال تعالى: قَالَ تَعَالَى: ﴿ إِنَّ شَجَرَتَ ٱلزَّقُّومِ ۝ طَعَامُ ٱلْأَثِيمِ ۝ كَٱلْمُهْلِ يَغْلِي

فِي ٱلْبُطُونِ ۝ كَغَلْيِ ٱلْحَمِيمِ ۝ ﴾ الدخان: ٤٣ - ٤٦. وحكى أن منهم من لا طعام له

إلا الضريع وهو نبات كثير الشوك. قال تعالى: قَالَ تَعَالَى: ﴿ لَّيْسَ لَهُمْ طَعَامٌ إِلَّا مِن ضَرِيعٍ ۝ لَا

يُسْمِنُ وَلَا يُغْنِي مِن جُوعٍ ۝ ﴾ الغاشية: ٦ - ٧.

وذكر تعالى أن منهم قوم يأكلون النار كالذي حكاه فيمن أكل أموال اليتامى ظلما، ومن كتم

شيئا مما أنزل الله في كتابه يشتري به ثمنا قليلا. قال عز وجل فيهما: قَالَ تَعَالَى: ﴿ أُوْلَٰئِكَ مَا

يَأْكُلُونَ فِي بُطُونِهِمْ إِلَّا ٱلنَّارَ وَلَا يُكَلِّمُهُمُ ٱللَّهُ يَوْمَ ٱلْقِيَٰمَةِ وَلَا يُزَكِّيهِمْ وَلَهُمْ

عَذَابٌ أَلِيمٌ ۝ ﴾ البقرة: ١٧٤، وذكر لبعض أهل النار طعاما آخر وهو الغسلين أو الغساق

فقال: قَالَ تَعَالَى: ﴿ فَلَيْسَ لَهُ ٱلْيَوْمَ هَٰهُنَا حَمِيمٌ ۝ وَلَا طَعَامٌ إِلَّا مِنْ غِسْلِينٍ ۝ ﴾ الحاقة: ٣٥ -

٣٦. وقال في سورة النبأ: قَالَ تَعَالَى: ﴿ لَّا يَذُوقُونَ فِيهَا بَرْدًا وَلَا شَرَابًا ۝ إِلَّا حَمِيمًا وَغَسَّاقًا ۝

﴾ النبأ: ٢٤ - ٢٥. (الغسلين والغساق بمعنى واحد وهو ما سال من جلود أهل النار من القيح

والصديد. قال القرطبي: هو عصارة أهل النار)(2).

(1) ورد في الحديث عن النبي صلى الله عليه وسلم أنه قال " لو أن قطرة من الزقوم قطرت في دار الدنيا لأفسدت على

أهل الدنيا معايشهم فكيف بمن يكون طعامه " أخرجه الترمذي في كتاب صفة جهنم (609/4)، ورقمه: (2585).

وقال حديث حسن صحيح.

(2) انظر الجنة والنار: الأشقر ص89.

فإذا عطشوا واستغاثوا من حر ما في بطونهم ومن حر ما يحيط بهم من اللهب فإن قَالَ

تَعَالَى: ﴿ لَهُمْ شَرَابٌ مِّنْ حَمِيمٍ ٧٠ ﴾ الأنعام: ٧٠. فإذا سقوه تقطعت أمعاءهم قَالَ

تَعَالَى: ﴿ وَسُقُوا مَاءً حَمِيمًا فَقَطَّعَ أَمْعَاءَهُمْ ١٥ ﴾ محمد: ١٥. بل إنه ليشوي وجوههم قبل

تقطيعه أمعاءهم. قال تعالى: قَالَ تَعَالَى: ﴿ وَإِن يَسْتَغِيثُوا يُغَاثُوا بِمَاءٍ كَالْمُهْلِ يَشْوِي الْوُجُوهَ

بِئْسَ الشَّرَابُ وَسَاءَتْ مُرْتَفَقًا ٢٩ ﴾ الكهف: ٢٩. (قال ابن عباس في تفسير المهل: "غليظ

كدردي الزيت")[1]. ومما عد من شراب الكافر يومئذ الصديد الذي قال فيه تعالى: ﴿ قَالَ تَعَالَى:

يَتَجَرَّعُهُ وَلَا يَكَادُ يُسِيغُهُ وَيَأْتِيهِ الْمَوْتُ مِن كُلِّ مَكَانٍ وَمَا هُوَ بِمَيِّتٍ وَمِن

وَرَآئِهِ عَذَابٌ غَلِيظٌ ١٧ ﴾ إبراهيم: ١٧. فلا شراب لهم إلا الحميم والغساق جزاء وفاقا

على ما استهزءوا به من أخبار ذلك اليوم. قال تعالى: قَالَ تَعَالَى: ﴿ لَا يَذُوقُونَ فِيهَا بَرْدًا وَلَا شَرَابًا

٢٤ إِلَّا حَمِيمًا وَغَسَّاقًا ٢٥ جَزَاءً وِفَاقًا ٢٦ ﴾ النبأ: ٢٤ - ٢٦.

ومما يعذبهم به الله يومئذ ما يخلع عليهم من اللباس. فقد ذكر تعالى أنه تقطع لهم ثياب

من نار فيلبسونها، ثم يصب عليهم الحميم من فوق رؤوسهم. قال تعالى: قَالَ تَعَالَى: ﴿ ۞ فَالَّذِينَ

كَفَرُوا قُطِّعَتْ لَهُمْ ثِيَابٌ مِّن نَّارٍ يُصَبُّ مِن فَوْقِ رُؤُوسِهِمُ الْحَمِيمُ ١٩ يُصْهَرُ بِهِ مَا فِي

بُطُونِهِمْ وَالْجُلُودُ ٢٠ وَلَهُم مَّقَامِعُ مِنْ حَدِيدٍ ٢١ كُلَّمَا أَرَادُوا أَن يَخْرُجُوا مِنْهَا مِنْ غَمٍّ

أُعِيدُوا فِيهَا وَذُوقُوا عَذَابَ الْحَرِيقِ ٢٢ ﴾ الحج: ١٩ - ٢٢. وذلك بأن تطلى أجسادهم

بالقطران المعروف بسواد لونه وقذارته وقابليته الشديدة للاحتراق والالتهاب. قال تعالى: قَالَ تَعَالَى:

﴿ وَتَرَى الْمُجْرِمِينَ يَوْمَئِذٍ مُّقَرَّنِينَ فِي الْأَصْفَادِ ٤٩ سَرَابِيلُهُم مِّن قَطِرَانٍ وَتَغْشَى

وُجُوهَهُمُ النَّارُ ٥٠ ﴾

إبراهيم: ٤٩ - ٥٠. وعِوَض الأساور والحلل فإنهم يحلون فيها بالأغلال يصفدون بها

ويربطونهم بسلاسل منها يسحبون. قال تعالى: ﴿قَالَ تَعَالَىٰ: ﴿إِنَّآ أَعۡتَدۡنَا لِلۡكَٰفِرِينَ سَلَٰسِلَاْ

وَأَغۡلَٰلَاْ وَسَعِيرًا ٤﴾ الإنسان: ٤.

ومما يزيد في حالهم سوءا ووبالا تلاعنهم فيما بينهم ودعاء بعضهم على بعض بالسوء وتقريع

الله وملائكته لهم بالكلام إذ أخبر القرآن أنه قَالَ تَعَالَىٰ: ﴿كُلَّمَا دَخَلَتۡ أُمَّةٌ لَّعَنَتۡ أُخۡتَهَاۖ حَتَّىٰٓ إِذَا

ٱدَّارَكُواْ فِيهَا جَمِيعٗا قَالَتۡ أُخۡرَىٰهُمۡ لِأُولَىٰهُمۡ رَبَّنَا هَٰٓؤُلَآءِ أَضَلُّونَا فَ‍َٔاتِهِمۡ عَذَابٗا ضِعۡفٗا مِّنَ ٱلنَّارِۖ قَالَ

لِكُلّٖ ضِعۡفٞ وَلَٰكِن لَّا تَعۡلَمُونَ ٣٨﴾ الأعراف: ٣٨.

وأعظم الخزي أن يجدَّ أحدهم في طلب ما كان أكره في دنياه فلا يُعطاه، ويتذلل بكل

ماء وجهه ليخرج منها فلا يعتق منها ولا يقال. وغاية ما يحصل من مسعاه تأنيب الخزنة على

ما فرط في إتباع الرسل. وجواب بارد غير عابئ من مالك خازن النار قَالَ تَعَالَىٰ: ﴿قَالَ إِنَّكُم

مَّٰكِثُونَ ٧٧﴾ الزخرف: ٧٧. ورد عنيف لاذع من لدن رب العالمين قَالَ تَعَالَىٰ: ﴿قَالَ

ٱخۡسَ‍ُٔواْ فِيهَا وَلَا تُكَلِّمُونِ ١٠٨﴾ المؤمنون: ١٠٨. فذلك مأواهم ومقامهم الذي قال فيه

تعالى: قَالَ تَعَالَىٰ: ﴿إِنَّهَا سَآءَتۡ مُسۡتَقَرّٗا وَمُقَامٗا ٦٦﴾ الفرقان: ٦٦.

تفاوت أهلها في العذاب:

كما أن للجنة درجات فإن للنار دركات ومن تمام عدل الله تعالى أنه لا يسوي من الصالح

بالأصلح والمصلح ولا يسوي الفاسد بالمفسد الصاد عن سبيل الله المضل لعباده. قَالَ تَعَالَىٰ: ﴿

وَلِكُلّٖ دَرَجَٰتٞ مِّمَّا عَمِلُواْۖ وَلِيُوَفِّيَهُمۡ أَعۡمَٰلَهُمۡ وَهُمۡ لَا يُظۡلَمُونَ ١٩﴾ الأحقاف: ١٩. فقد ذكر

تعالى أنه يزود عذاب من كفر وصد به وصد

عن سبيله قال تعالى: قَالَ تَعَالَى: ﴿ ٱلَّذِينَ كَفَرُواْ وَصَدُّواْ عَن سَبِيلِ ٱللَّهِ زِدۡنَٰهُمۡ عَذَابٗا فَوۡقَ ٱلۡعَذَابِ بِمَا كَانُواْ يُفۡسِدُونَ ٨٨ ﴾ النحل: ٨٨.

وأخبر تعالى عن مكان عذاب المنافقين في النار فقال: قَالَ تَعَالَى: ﴿ إِنَّ ٱلۡمُنَٰفِقِينَ فِي ٱلدَّرۡكِ ٱلۡأَسۡفَلِ مِنَ ٱلنَّارِ وَلَن تَجِدَ لَهُمۡ نَصِيرًا ١٤٥ ﴾ النساء: ١٤٥. وذلك لشدة ضررهم على أمة الإسلام وحكى عن درجة عذاب آل فرعون فقال قَالَ تَعَالَى: ﴿ وَيَوۡمَ تَقُومُ ٱلسَّاعَةُ أَدۡخِلُوٓاْ ءَالَ فِرۡعَوۡنَ أَشَدَّ ٱلۡعَذَابِ ٤٦ ﴾ غافر: ٤٦. وقد رُوي عن النبي صلى الله عليه وسلم أنه قال: "إنّ أهون الناس عذابا يوم القيامة لرجل توضع على أخمص قدمية جمرة يغلي منها دماغه"[1]. وصحَّ عنه صلى الله عليه وسلم أنه قال في عمه أبي طالب: "لعله تنفعه شفاعتي يوم القيامة فيجعل في ضحضاح من نار يبلغ كعبيه، يغلي منه أم دماغه"[2].

وإضافة إلى تفاوت أهل النار في دركاتها، فإن الله تعالى خصص لكل ذنب ما يقابله من العذاب. فيعذب كل واحد بما يناسب جريمته التي اقترفها في الدنيا قَالَ تَعَالَى: ﴿ جَزَآءٗ وِفَاقًا ٢٦ ﴾ النبأ: ٢٦. -والجزاء من جنس العمل- من ذلك ما روي في الصحيحين أن النبي صلى الله عليه وسلم قال في النمرقة التي فيها تصاوير: "إنّ أصحاب هذه الصور يعذبون يوم القيامة، ويقال لهم: أحيوا ما خلقتم"[3].

(1) أخرجه البخاري في كتاب الرقاق باب صفة الجنة والنار فتح الباري 417/11. ومسلم في كتاب الإيمان (196/1)، ورقمه: (363) واللفظ للبخاري.

(2) رواه البخاري في كتاب الرقاق باب صفة الجنة والنار فتح الباري 417/11. ومسلم في كتاب الإيمان (195/1)، ورقمه: (360).

(3) أخرجه مسلم في كتاب اللباس والزينة (1666/3-1668)، ورقمه: (2107).

2- خلود أبدي لا آخر له:

ثم ماذا؟ أما لهذا العذاب من نهاية؟ أما من طريقة للخلاص؟ لقد استوعب أهل النار واقعهم فبدءوا بالمحاولة والمناورة عسى ولعل! أو ربما! وقد حكى الله تعالى شيئا من ذلك؛ فذكر أنهم يحاولون الإفلات منها كلما أرهقهم حرها وغمهم نتنها وفي كل مرة تعيدهم الزبانية إليها بمقامع من حديد قال تعالى: قَالَ تَعَالَى: ﴿ كُلَّمَآ أَرَادُوٓاْ أَن يَخۡرُجُواْ مِنۡهَا مِنۡ غَمٍّ أُعِيدُواْ فِيهَا وَذُوقُواْ عَذَابَ ٱلۡحَرِيقِ ۝ ﴾ الحج: ٢٢. وفي آية السجدة قَالَ تَعَالَى: ﴿ وَقِيلَ لَهُمۡ ذُوقُواْ عَذَابَ ٱلنَّارِ ٱلَّذِي كُنتُم بِهِۦ تُكَذِّبُونَ ۝ ﴾ السجدة: ٢٠. قال تبارك تعالى فيهم: قَالَ تَعَالَى: ﴿ يُرِيدُونَ أَن يَخۡرُجُواْ مِنَ ٱلنَّارِ وَمَا هُم بِخَٰرِجِينَ مِنۡهَاۖ وَلَهُمۡ عَذَابٌ مُّقِيمٌ ۝ ﴾ المائدة: ٣٧. فيطلبون من الله الرجعة إلى الدنيا ليعملوا غير الذي عملوا كما في قوله تعالى: قَالَ تَعَالَى: ﴿ وَهُمۡ يَصۡطَرِخُونَ فِيهَا رَبَّنَآ أَخۡرِجۡنَا نَعۡمَلۡ صَٰلِحًا غَيۡرَ ٱلَّذِي كُنَّا نَعۡمَلُۚ ۝ ﴾ فاطر: ٣٧. فيجيبهم تعالى بقوله: قَالَ تَعَالَى: ﴿ أَوَلَمۡ نُعَمِّرۡكُم مَّا يَتَذَكَّرُ فِيهِ مَن تَذَكَّرَ وَجَآءَكُمُ ٱلنَّذِيرُۖ فَذُوقُواْ فَمَا لِلظَّٰلِمِينَ مِن نَّصِيرٍ ۝ ﴾ فاطر: ٣٧.

فإذا بلغ العذاب منهم مبلغا عظيما، ويئسوا من الرجوع إلى الدنيا، والخروج من النار، قصدوا خزنة جهنم يستشفعونهم عند الله أن يخفف عنهم يوما من العذاب فقط، فتذكرهم الخزنة بسوء صنيعهم مع رسل الله تعالى في الدنيا، وتستهزئ بهم. قال عز وجلّ يصف ملابسات المشهد: قَالَ تَعَالَى: ﴿ وَقَالَ ٱلَّذِينَ فِي ٱلنَّارِ لِخَزَنَةِ جَهَنَّمَ ٱدۡعُواْ رَبَّكُمۡ يُخَفِّفۡ عَنَّا يَوۡمٗا مِّنَ ٱلۡعَذَابِ ۝ قَالُوٓاْ أَوَلَمۡ تَكُ تَأۡتِيكُمۡ رُسُلُكُم بِٱلۡبَيِّنَٰتِۖ قَالُواْ بَلَىٰۚ قَالُواْ فَٱدۡعُواْۗ وَمَا دُعَٰٓؤُاْ ٱلۡكَٰفِرِينَ إِلَّا فِي ضَلَٰلٍ ۝ ﴾ غافر: ٤٩ - ٥٠. وماذا تصنع الملائكة وقد حسم الله في الأمر منذ الأزل بقوله فيهم: قَالَ تَعَالَى: ﴿ أُوْلَٰٓئِكَ ٱلَّذِينَ ٱشۡتَرَوُاْ ٱلۡحَيَوٰةَ ٱلدُّنۡيَا بِٱلۡأٓخِرَةِ

﴿ فَلَا يُخَفَّفُ عَنْهُمُ ٱلْعَذَابُ وَلَا هُمْ يُنصَرُونَ ۝ ﴾ البقرة: ٨٦. فإذا يئسوا من كل ما طلبوا قصدوا مالكا -كبير الخزنة -ليطلب لهم ربه الموت والفناء، فيجيبهم الملك في جفاء وغلظة بأن لا مفر لهم منها ولا مهرب. قال تعالى يصف المشهد: قَالَ تَعَالَى: ﴿ وَنَادَوْا۟ يَٰمَٰلِكُ لِيَقْضِ عَلَيْنَا رَبُّكَ قَالَ إِنَّكُم مَّٰكِثُونَ ۝ ﴾ الزخرف: ٧٧. ثم إذا يئسوا مما حاولوه لدى الملائكة توجهوا إلى الله تعالى متضرعين معترفين بما فعلوا يسألون إمكانية الخروج تارة كما في قوله تعالى: قَالَ تَعَالَى: ﴿ قَالُوا۟ رَبَّنَآ أَمَتَّنَا ٱثْنَتَيْنِ وَأَحْيَيْتَنَا ٱثْنَتَيْنِ فَٱعْتَرَفْنَا بِذُنُوبِنَا فَهَلْ إِلَىٰ خُرُوجٍ مِّن سَبِيلٍ ۝ ﴾ غافر: ١١. ويخبرنا الله تعالى عن مشهد آخر يطلبون فيه الرجعة ويعدون بعدم تكرار ما يسبب عودتهم إلى جهنم فقال حكاية عنهم أنهم قَالَ تَعَالَى: ﴿ قَالُوا۟ رَبَّنَا غَلَبَتْ عَلَيْنَا شِقْوَتُنَا وَكُنَّا قَوْمًا ضَآلِّينَ ۝ رَبَّنَآ أَخْرِجْنَا مِنْهَا فَإِنْ عُدْنَا فَإِنَّا ظَٰلِمُونَ ۝ ﴾ المؤمنون: ١٠٦ - ١٠٧. فيعنفهم عز وجل بأن قال: قَالَ تَعَالَى: ﴿ قَالَ ٱخْسَـُٔوا۟ فِيهَا وَلَا تُكَلِّمُونِ ۝ إِنَّهُۥ كَانَ فَرِيقٌ مِّنْ عِبَادِى يَقُولُونَ رَبَّنَآ ءَامَنَّا فَٱغْفِرْ لَنَا وَٱرْحَمْنَا وَأَنتَ خَيْرُ ٱلرَّٰحِمِينَ ۝ فَٱتَّخَذْتُمُوهُمْ سِخْرِيًّا حَتَّىٰٓ أَنسَوْكُمْ ذِكْرِى وَكُنتُم مِّنْهُمْ تَضْحَكُونَ ۝ إِنِّى جَزَيْتُهُمُ ٱلْيَوْمَ بِمَا صَبَرُوٓا۟ أَنَّهُمْ هُمُ ٱلْفَآئِزُونَ ۝ ﴾ المؤمنون: ١٠٨ - ١١١. فهم ماكثون على الحال التي وصفها تعالى بقوله: قَالَ تَعَالَى: ﴿ وَٱلَّذِينَ كَفَرُوا۟ لَهُمْ نَارُ جَهَنَّمَ لَا يُقْضَىٰ عَلَيْهِمْ فَيَمُوتُوا۟ وَلَا يُخَفَّفُ عَنْهُم مِّنْ عَذَابِهَا كَذَٰلِكَ نَجْزِى كُلَّ كَفُورٍ ۝ ﴾ فاطر: ٣٦. وقوله في الآية الأخرى: قَالَ تَعَالَى: ﴿ ثُمَّ لَا يَمُوتُ فِيهَا وَلَا يَحْيَىٰ ۝ ﴾ الأعلى: ١٣.

وزيادة على ذلك فقد قضي عليهم بالخلود الأبدي في تلك الحالة قال تعالى: قَالَ تَعَالَى: ﴿ خَٰلِدِينَ فِيهَا لَا يُخَفَّفُ عَنْهُمُ ٱلْعَذَابُ وَلَا هُمْ يُنظَرُونَ ۝ ﴾ البقرة: ١٦٢. فهم في جهنم خالدين فيها أبد الآبدين على الرغم من كون أي شيء

٢٦٨

فيها سبب كاف للهلاك والفناء فهي كما وصفها تعالى بأنها: ﴿ قَالَ تَعَالَى: ﴿ لَا تُبۡقِى وَلَا تَذَرُ ﴾ المدثر: ٢٨. وأن أحدهم فيها لـ ﴿ قَالَ تَعَالَى: ﴿ يَتَجَرَّعُهُۥ وَلَا يَكَادُ يُسِيغُهُۥ وَيَأۡتِيهِ ٱلۡمَوۡتُ مِن كُلِّ مَكَانٍ وَمَا هُوَ بِمَيِّتٍ وَمِن وَرَآئِهِۦ عَذَابٌ غَلِيظٌ ۝ ﴾ إبراهيم: ١٧. إلا أن القادر عز وجل قضى عليهم بالخلود على ذلك البين بين. قال تعالى يؤكد ذلك: ﴿ قَالَ تَعَالَى: ﴿ وَمَن يَعۡصِ ٱللَّهَ وَرَسُولَهُۥ فَإِنَّ لَهُۥ نَارَ جَهَنَّمَ خَٰلِدِينَ فِيهَآ أَبَدًا ۝ ﴾ الجن: ٢٣. وذلك حكم الله في المجرمين. قال تعالى: ﴿ قَالَ تَعَالَى: ﴿ إِنَّهُۥ مَن يَأۡتِ رَبَّهُۥ مُجۡرِمًا فَإِنَّ لَهُۥ جَهَنَّمَ لَا يَمُوتُ فِيهَا وَلَا يَحۡيَىٰ ۝ ﴾ طه: ٧٤.

يقول تعالى مقرعا من يسخر من رسوله الكريم ويستهون عذاب ناره بعد أن يبلغ الغاية في وصف عذابها وتشخيص أهوالها وأحوال أهلها لهم: ﴿ قَالَ تَعَالَى: ﴿ قُلۡ أَذَٰلِكَ خَيۡرٌ أَمۡ جَنَّةُ ٱلۡخُلۡدِ ٱلَّتِي وُعِدَ ٱلۡمُتَّقُونَ كَانَتۡ لَهُمۡ جَزَآءً وَمَصِيرًا ۝ ﴾ الفرقان: ١٥. فماذا ذكر القرآن من أخبار هؤلاء يا ترى؟ وما حصل لهم بعد أن فتحت لهم أبواب الجنة؟.

ب- الخلود في نعيم أبدي لا مثيل له:

يصف تعالى مَقدم أول كوكبة من أصفيائه إلى جنته -بعد أن استخلصهم من بين جموع الكفرة وشرذمة المنافقين- وترحيب الملائكة بهم فيقول: ﴿ قَالَ تَعَالَى: ﴿ وَسِيقَ ٱلَّذِينَ ٱتَّقَوۡا رَبَّهُمۡ إِلَى ٱلۡجَنَّةِ زُمَرًا حَتَّىٰ إِذَا جَآءُوهَا وَفُتِحَتۡ أَبۡوَٰبُهَا وَقَالَ لَهُمۡ خَزَنَتُهَا سَلَٰمٌ عَلَيۡكُمۡ طِبۡتُمۡ فَٱدۡخُلُوهَا خَٰلِدِينَ ۝ ﴾ الزمر: ٧٣. فإذا فتحت لهم الأبواب، ورأوا ما فيها من النعيم حمدوا الله وأثنوا عليه على ما خصهم به من النعيم قائلين: ﴿ قَالَ تَعَالَى: ﴿ ٱلۡحَمۡدُ لِلَّهِ ٱلَّذِي صَدَقَنَا وَعۡدَهُۥ وَأَوۡرَثَنَا

ٱلۡأَرۡضَ نَتَبَوَّأُ مِنَ ٱلۡجَنَّةِ حَيۡثُ نَشَآءُ ﴿٧٤﴾ ﴾ الزمر: ٧٤. وأي نعمة تربُو على ما رزقوا؟! أنه النعيم الذي لا مثيل له.

1- نعيم لا مثيل له:

وأما نعيمها فهي جنة لا طاقة للخيال بتوهم حقيقتها، قال تعالى في الحديث القدسي يصف مضيفته: "أعددت لعبادي الصالحين ما لا عين رأت ولا أذن سمعت ولا خطر على قلب بشر"[1] إنها الحفاوة كلها، والكرامة كل الكرامة أن يتولى تعالى إعداد مضيفته لهم بنفسه. ويستقبلهم فيها بما تقر به أعينهم. قال تبارك وتعالى: قَالَ تَعَالَى: ﴿ فَلَا تَعۡلَمُ نَفۡسٌ مَّآ أُخۡفِيَ لَهُم مِّن قُرَّةِ أَعۡيُنٍ جَزَآءًۢ بِمَا كَانُواْ يَعۡمَلُونَ ﴿١٧﴾ ﴾ السجدة: ١٧. وتحدث عن تنعم أهلها فيها وتمام لذتهم فيها فقال:

قَالَ تَعَالَى: ﴿ وَفِيهَا مَا تَشۡتَهِيهِ ٱلۡأَنفُسُ وَتَلَذُّ ٱلۡأَعۡيُنُ وَأَنتُمۡ فِيهَا خَٰلِدُونَ ﴿٧١﴾ ﴾ الزخرف: ٧١. وقال: قَالَ تَعَالَى: ﴿ وَلَهُمۡ فِيهَا مِن كُلِّ ٱلثَّمَرَٰتِ ﴿١٥﴾ ﴾ محمد: ١٥. مع ديمومة ذلك كما قال: قَالَ تَعَالَى: ﴿ ۞ أُكُلُهَا دَآئِمٌ وَظِلُّهَا ﴿٣٥﴾ ﴾ الرعد: ٣٥. وقال أيضا: قَالَ تَعَالَى: ﴿ لَّهُم فِيهَا مَا يَشَآءُونَ خَٰلِدِينَ كَانَ عَلَىٰ رَبِّكَ وَعۡدًا مَّسۡـُٔولًا ﴿١٦﴾ ﴾ الفرقان: ١٦. (أي خولهم حق سؤاله عنها، وطلب تحقيق وعده الذي لا يخلف، ومنحهم أن يطلبوا فيها ما يشاءون)[2]. بل ولديهم مزيد مما لا يخطر على بالهم من كرم الله وفضله كما قال: قَالَ تَعَالَى: ﴿ لَهُم مَّا يَشَآءُونَ فِيهَا وَلَدَيۡنَا مَزِيدٌ ﴿٣٥﴾ ﴾ ق: ٣٥. ويخبرنا رسول الله صلى الله عليه وسلم أن الله تعالى يقول لأهل الجنة: "يا أهل الجنة، فيقولون: لبيك ربنا وسعديك، والخير كله في يديك، فيقول هل رضيتم؟ فيقولون: وما لنا لا نرضى يا رب وقد أعطيتنا ما لم تعط أحدا من

---

(1) أخرجه مسلم في كتاب الجنة وصفة نعيمها وأهلها (2174/4-2175)، ورقمه: (2824).

(2) انظر الظلال (2555/5).

خلقك؟ فيقول ألا أعطيكم أفضل من ذلك؟ فيقولون: يا رب، وأي شيء أفضل من ذلك؟ فيقول: أحل عليكم رضواني فلا أسخط عليكم بعده أبدا"[1] فإذا أراد الله تعالى أن يتم لهم ما هم فيه من النعمة والسرور قال لهم: "تريدون شيئا أزيدكم؟ فيقولون: ألم تبيض وجوهنا؟ ألم تدخلنا الجنة، وتنجنا من النار؟" قال صلى الله عليه وسلم: "فيكشف الحجاب، فما أعطوا شيئا أحب إليهم من النظر إلى ربهم تبارك وتعالى"[2].

فمنتهى النعيم وغايته أن يتكرم عليهم الجمال المطلق بالتجلي. فيرونه لا يضامون في رؤيته[3]. قال

تعالى: قَالَ تَعَالَى: ﴿ وُجُوهٌ يَوْمَئِذٍ نَاضِرَةٌ ۝ إِلَى رَبِّهَا نَاظِرَةٌ ۝ ﴾ القيامة: ٢ - ٢٣. قال سيد قطب: (إنّ هذا النص ليشير إشارة سريعة إلى حالة تعجز الكلمات عن تصويرها؛ كما يعجز الإدراك عن تصورها بكل حقيقتها.

---

(1) أخرجه مسلم في كتاب الإيمان (167/4-171)، ورقمه: (183).

(2) أخرجه مسلم في كتاب الإيمان (163/4)، ورقمه: (181). والترمذي في كتاب تفسير القرآن (267/5)، ورقمه: (3105).

(3) وقد ورد في الصحيحين عن النبي صلى الله عليه وسلم أنه نظر إلى القمر ليلة أربع عشرة فقال:" إنكم سترون ربكم عيانا، كما ترون هذا، لا تضامون في رؤيته "أخرجه البخاري في كتاب التوحيد ورقمه في فتح الباري:(7434). ومسلم في كتاب المساجد ومواضع الصلاة (439/1)، ورقمه: (633). قال شارح العقيدة الواسطية (وأحاديث الرؤية متواترة في المعنى عند أهل العلم بالحديث لا ينكرها إلا ملحد زنديق) شرح العقيدة الواسطية لمحمد خليل هراس ص72. وقد حكى شيخ الإسلام بن تيمية الإجماع على ذلك فقال: (أجمع سلف الأمة وأئمتهم على أن المؤمنين يرون الله بأبصارهم في الآخرة، وأجمعوا على انهم لا يرونه في الدنيا بأبصارهم، ولم يتنازعوا إلا في النبي صلى الله عليه وسلم. وثبت عنه في الصحيح أنه قال:" اعملوا إن أحدا منكم لن يرى ربه حتى يموت ") كتاب الأسماء والصفات/ تقي الدين بن تيمية. دراسة وتحقيق مصطفى عبد القادر عطا. (525/2).

ذلك حين يعد الموعودين السعداء بحالة لا تشبهها حالة. حتى لتتضاءل إلى جوارها الجنة بكل ما فيها من ألوان النعيم!....

إنّ روح الإنسان لتستمتع أحيانا بلمحة من جمال الإبداع الإلهي في الكون أو في النفس ...فتغمرها النشوة، وتفيض بالسعادة، وترف بأجنحة من نور في عوالم مجنحة طليقة. وتتوارى عنها أشواك الحياة، وما فيها من ألم وقبح، وثقلة طين وعرامة لحم ودم، وصراع شهوات وأهواء.. فكيف؟ كيف بها وهي تنظر -لا إلى جمال صنع الله- ولكن إلى جمال ذات الله؟)[1] أنه الفوز العظيم الذي وعد به الله أهل طاعته في قوله: قَالَ تَعَالَى: ﴿ وَمَن يُطِعِ ٱللَّهَ وَرَسُولَهُۥ فَقَدْ فَازَ فَوْزًا عَظِيمًا ﴾ ٧١ الأحزاب: ٧١.

صُوَر قرآنية عن ذاك النعيم:

ذكر تعالى ما أكرم به أهل طاعته وخصهم به من النعيم فأخبر بأنه خلق جنة سعتها سعة السموات والأرض أعدها لهم فقال: قَالَ تَعَالَى: ﴿ ۞ وَسَارِعُوٓاْ إِلَىٰ مَغْفِرَةٍ مِّن رَّبِّكُمْ وَجَنَّةٍ عَرْضُهَا ٱلسَّمَٰوَٰتُ وَٱلْأَرْضُ أُعِدَّتْ لِلْمُتَّقِينَ ١٣٣ ﴾ آل عمران: ١٣٣. وأخبر بأنه أعد لهم فيها قَالَ تَعَالَى: ﴿ وَمَسَٰكِنَ طَيِّبَةً فِى جَنَّٰتِ عَدْنٍ وَرِضْوَٰنٌ مِّنَ ٱللَّهِ أَكْبَرُ ذَٰلِكَ هُوَ ٱلْفَوْزُ ٱلْعَظِيمُ ٧٢ ﴾ التوبة: ٧٢. وأنه جعلها غرفا من فوقها غرف، أجرى من تحتها الأنهار. قال تعالى: قَالَ تَعَالَى: ﴿ لَٰكِنِ ٱلَّذِينَ ٱتَّقَوْاْ رَبَّهُمْ لَهُمْ غُرَفٌ مِّن فَوْقِهَا غُرَفٌ مَّبْنِيَّةٌ تَجْرِى مِن تَحْتِهَا ٱلْأَنْهَٰرُ وَعْدَ ٱللَّهِ لَا يُخْلِفُ ٱللَّهُ ٱلْمِيعَادَ ٢٠ ﴾ الزمر: ٢٠. وأن لهم فيها خيام منصوبة كما أخبر تعالى في قوله: قَالَ تَعَالَى: ﴿ حُورٌ مَّقْصُورَٰتٌ فِى ٱلْخِيَامِ ٧٢ ﴾ الرحمن: ٧٢.

---

(1) الظلال (6/3770-3771).

وأنه -تعالى- حفَّها بالجِنان الوارفة الظلال، وفجر لهم فيها من العيون، وأجرى فيها الأنهار.

قال تعالى: ﴿ قَالَ تَعَالَى: ﴿ إِنَّ ٱلْمُتَّقِينَ فِى جَنَّٰتٍ وَعُيُونٍ ۝ ﴾ الحجر: ٤٥. ووفر لهم فيها أصناف المطاعم والشراب مما لذ وطاب. قال تعالى: ﴿ قَالَ تَعَالَى: ﴿ وَفَٰكِهَةٍ مِّمَّا يَتَخَيَّرُونَ ۝ وَلَحْمِ طَيْرٍ مِّمَّا يَشْتَهُونَ ۝ ﴾ الواقعة: ٢٠ - ٢١. فطيورها رهن إشارة من اشتهى أكلها، وأشجارها وافرة الثمار دانية القطوف قد ذللت قطوفها لمن رام نوالها تذليلا قال تعالى: ﴿ قَالَ تَعَالَى: ﴿ وَلَهُم فِيهَا مِن كُلِّ ٱلثَّمَرَٰتِ ۝ ﴾ محمد: ١٥. وقال أيضا: ﴿ قَالَ تَعَالَى: ﴿ قُطُوفُهَا دَانِيَةٌ ۝ ﴾ الحاقة: ٢٣. وقال: ﴿ قَالَ تَعَالَى: ﴿ وَذُلِّلَتْ قُطُوفُهَا تَذْلِيلًا ۝ ﴾ الإنسان: ١٤.

فإذا عطشوا أو اشتهوا شربا؛ فلهم في عيونها وأنهارها الجارية شتى أصناف الشراب مما لذ وطاب. فأما عيونها فمنها ما خصص لعامة أهل الجنة وأبرارها كما في قوله عز وجل ﴿ قَالَ تَعَالَى: ﴿ إِنَّ ٱلْأَبْرَارَ يَشْرَبُونَ مِن كَأْسٍ كَانَ مِزَاجُهَا كَافُورًا ۝ عَيْنًا يَشْرَبُ بِهَا عِبَادُ ٱللَّهِ يُفَجِّرُونَهَا تَفْجِيرًا ۝ ﴾ الإنسان: ٥ - ٦. ومنها ما هو مخصص للمقربين المتنافسين في الدنيا على الدرجات العلى. قال تعالى: ﴿ قَالَ تَعَالَى: أَعُوذُ بِٱللَّهِ مِنَ ٱلشَّيْطَٰنِ ٱلرَّجِيمِ ﴿ يُسْقَوْنَ مِن رَّحِيقٍ مَّخْتُومٍ ۝ خِتَٰمُهُۥ مِسْكٌ وَفِى ذَٰلِكَ فَلْيَتَنَافَسِ ٱلْمُتَنَٰفِسُونَ ۝ وَمِزَاجُهُۥ مِن تَسْنِيمٍ ۝ عَيْنًا يَشْرَبُ بِهَا ٱلْمُقَرَّبُونَ ۝ ﴾ المطففين: ٢٥ - ٢٨. وذكر أن من عيونها أيضا ﴿ قَالَ تَعَالَى: ﴿ عَيْنًا فِيهَا تُسَمَّىٰ سَلْسَبِيلًا ۝ ﴾ الإنسان: ١٨.

وأما أنهارها فقال تعالى: ﴿ قَالَ تَعَالَى: ﴿ مَّثَلُ ٱلْجَنَّةِ ٱلَّتِى وُعِدَ ٱلْمُتَّقُونَ فِيهَا أَنْهَٰرٌ مِّن مَّآءٍ غَيْرِ ءَاسِنٍ وَأَنْهَٰرٌ مِّن لَّبَنٍ لَّمْ يَتَغَيَّرْ طَعْمُهُ وَأَنْهَٰرٌ مِّنْ خَمْرٍ لَّذَّةٍ لِّلشَّٰرِبِينَ وَأَنْهَٰرٌ مِّنْ عَسَلٍ مُّصَفًّى وَلَهُمْ فِيهَا مِن كُلِّ ٱلثَّمَرَٰتِ وَمَغْفِرَةٌ مِّن رَّبِّهِمْ كَمَنْ هُوَ خَٰلِدٌ فِى ٱلنَّارِ وَسُقُوا مَآءً حَمِيمًا فَقَطَّعَ أَمْعَآءَهُمْ ۝ ﴾ محمد: ١٥.

وزيادة على تذليل القطوف وإجراء الأنهار من تحت الغرف وبين الرياض فقد بث الله تعالى في جنته ولدانا مخلدين طوافين يسعون في خدمة أهلها. قال عز وجل قَالَ تَعَالَى: ﴿ يَطُوفُ عَلَيْهِمْ وِلْدَٰنٌ مُّخَلَّدُونَ ۝ بِأَكْوَابٍ وَأَبَارِيقَ وَكَأْسٍ مِّن مَّعِينٍ ۝ ﴾ الواقعة: ١٧ - ١٨. وهم في صباحة وجوههم وحسنهم كاللآلئ المتناثرة قال تعالى: قَالَ تَعَالَى: ﴿ ۞ وَيَطُوفُ عَلَيْهِمْ وِلْدَٰنٌ مُّخَلَّدُونَ إِذَا رَأَيْتَهُمْ حَسِبْتَهُمْ لُؤْلُؤًا مَّنثُورًا ۝ ﴾ الإنسان: ١٩. فيخدمونهم بالأكواب والأباريق والكؤوس وآنية من الذهب والفضة قال تعالى: قَالَ تَعَالَى: ﴿ وَيُطَافُ عَلَيْهِم بِآنِيَةٍ مِّن فِضَّةٍ وَأَكْوَابٍ كَانَتْ قَوَارِيرَا۠ قَوَارِيرَا۟ مِن فِضَّةٍ قَدَّرُوهَا تَقْدِيرًا ۝ ﴾ الإنسان: ١٥ - ١٦. وقال أيضا: قَالَ تَعَالَى: ﴿ يُطَافُ عَلَيْهِم بِصِحَافٍ مِّن ذَهَبٍ وَأَكْوَابٍ وَفِيهَا مَا تَشْتَهِيهِ الْأَنفُسُ وَتَلَذُّ الْأَعْيُنُ وَأَنتُمْ فِيهَا خَالِدُونَ ۝ ﴾ الزخرف: ٧١.

وذكر تعالى أنه ينعم على أهل جنته فيها بنساء حسان. فيخص كل واحد منهم بزوجاته اللآتي كن له في الدنيا؛ إن كنَّ صالحات كما قال: قَالَ تَعَالَى: ﴿ جَنَّاتُ عَدْنٍ يَدْخُلُونَهَا وَمَن صَلَحَ مِنْ آبَائِهِمْ وَأَزْوَاجِهِمْ وَذُرِّيَّاتِهِمْ ۝ ﴾ الرعد: ٢٣. فيقول لهم تعالى: قَالَ تَعَالَى: ﴿ ادْخُلُوا الْجَنَّةَ أَنتُمْ وَأَزْوَاجُكُمْ تُحْبَرُونَ ۝ ﴾ الزخرف: ٧٠. ويزيدهم عليهن ما هيأه لهم من الحور العين. قال يصف جمال أعينهن: قَالَ تَعَالَى: ﴿ كَذَٰلِكَ وَزَوَّجْنَاهُم بِحُورٍ عِينٍ ۝ ﴾ الدخان: ٥٤. فهن ذوات أعين ميزتها السواد القاتم في البياض الناصع. قال تعالى في جمال مظهرهن وبهائهن: قَالَ تَعَالَى: ﴿ كَأَنَّهُنَّ الْيَاقُوتُ وَالْمَرْجَانُ ۝ ﴾ الرحمن: ٥٨.

وهؤلاء النسوة غير نساء الدنيا اللآتي دخلن الجنة. فقد قال تعالى فيهن: قَالَ تَعَالَى: ﴿ إِنَّا أَنشَأْنَاهُنَّ إِنشَاءً ۝ فَجَعَلْنَاهُنَّ أَبْكَارًا ۝ عُرُبًا أَتْرَابًا ۝ لِّأَصْحَابِ الْيَمِينِ ۝ ﴾

الواقعة: ٣٥ - ٣٨. وفي قوله تعالى: "عربا" وفي هذه الآية إشارة إلى بكورتهن وكثرة توددهن لأزواجهن.

وميزتهن أيضا أنهن خلقن خالصات لبعولتهن منذ خلقن وما بقين. فهن وفيات عفيفات الشعور والنظر. قاصرات الطرف لا تمتد أبصارهن ولا تطمح سرائرهن لغير من خلقن له.[1] قال تعالى: قَالَ تَعَالَى: ﴿ وَعِندَهُمْ قَٰصِرَٰتُ ٱلطَّرْفِ عِينٌ ۝ ﴾ الصافات: ٤٨. كيف لا وقد بقين ما شاء الله تعالى أن يبقين منتظرات فكن كالبيض المكنون الذي لم يلمس من قبل: قَالَ تَعَالَى: ﴿ كَأَنَّهُنَّ بَيْضٌ مَّكْنُونٌ ۝ ﴾ الصافات: ٤٩. فلم يشارك أهل الجنة فيهن أحد قبلهم، قال تعالى: قَالَ تَعَالَى: ﴿ فِيهِنَّ قَٰصِرَٰتُ ٱلطَّرْفِ لَمْ يَطْمِثْهُنَّ إِنسٌ قَبْلَهُمْ وَلَا جَانٌّ ۝ ﴾ الرحمن: ٥٦. وذكر تعالى أنه ألبسهم الحرير وحلاهم بأساور الذهب والفضة فقال تعالى: قَالَ تَعَالَى: ﴿ يُحَلَّوْنَ فِيهَا مِنْ أَسَاوِرَ مِن ذَهَبٍ وَيَلْبَسُونَ ثِيَابًا خُضْرًا مِّن سُندُسٍ وَإِسْتَبْرَقٍ مُّتَّكِئِينَ فِيهَا عَلَى ٱلْأَرَائِكِ نِعْمَ ٱلثَّوَابُ وَحَسُنَتْ مُرْتَفَقًا ۝ ﴾ الكهف: ٣١. وقال: قَالَ تَعَالَى: ﴿ يُحَلَّوْنَ فِيهَا مِنْ أَسَاوِرَ مِن ذَهَبٍ وَلُؤْلُؤًا وَلِبَاسُهُمْ فِيهَا حَرِيرٌ ۝ ﴾ الحج: ٢٣. وقال أيضا: قَالَ تَعَالَى: ﴿ عَٰلِيَهُمْ ثِيَابُ سُندُسٍ خُضْرٌ وَإِسْتَبْرَقٌ وَحُلُّوٓا۟ أَسَاوِرَ مِن فِضَّةٍ وَسَقَىٰهُمْ رَبُّهُمْ شَرَابًا طَهُورًا ۝ ﴾ الإنسان: ٢١.

وأخبر القرآن الكريم عن فرشها وأثاثها فقال: قَالَ تَعَالَى: ﴿ فِيهَا سُرُرٌ مَّرْفُوعَةٌ ۝ وَأَكْوَابٌ مَّوْضُوعَةٌ ۝ وَنَمَارِقُ مَصْفُوفَةٌ ۝ وَزَرَابِيُّ مَبْثُوثَةٌ ۝ ﴾ الغاشية: ١٣ - ١٦. ووصف القرآن بعض مجالسهم فذكر أنهم:

---

(1) انظر الظلال (6/ 3458).

قَالَ تَعَالَى: ﴿ مُتَّكِئِينَ عَلَىٰ فُرُشٍ بَطَائِنُهَا مِنْ إِسْتَبْرَقٍ وَجَنَى ٱلْجَنَّتَيْنِ دَانٍ ﴿٥٤﴾ ﴾ الرحمن: ٥٤. وأنهم قَالَ تَعَالَى: ﴿ مُتَّكِئِينَ عَلَىٰ سُرُرٍ مَصْفُوفَةٍ وَزَوَّجْنَاهُم بِحُورٍ عِينٍ ﴿٢٠﴾ ﴾ الطور: ٢٠. وفي آية أخرى: قَالَ تَعَالَى: ﴿ عَلَىٰ سُرُرٍ مَّوْضُونَةٍ ﴿١٥﴾ مُتَّكِئِينَ عَلَيْهَا مُتَقَابِلِينَ ﴿١٦﴾ ﴾ الواقعة: ١٥ ـ ١٦[1].

ومسمّيات هذه الأسماء في الجنة مخالفة لمسمياتها في الدنيا. فهي لذائذ خالصة مجردة من كل المنغصات، منزهة من كل أذى قال تعالى في خمرها: ﴿ قَالَ تَعَالَى: ﴿ يُطَافُ عَلَيْهِم بِكَأْسٍ مِّن مَّعِينٍ ﴿٤٥﴾ بَيْضَاءَ لَذَّةٍ لِّلشَّارِبِينَ ﴿٤٦﴾ لَا فِيهَا غَوْلٌ وَلَا هُمْ عَنْهَا يُنزَفُونَ ﴿٤٧﴾ ﴾ الصافات: ٤٥ ـ ٤٧. فهي غير خمر الدنيا، التي تذهب بالعقول وتصدع الرؤوس وتدعوا إلى القيء وكثرة البول، فهي لذّة خالصة منزّهة عن كل الخصال السيئة. وقس على ذلك لبنها ونساؤها وكل ما في مُسمّاه الدنيوي مسٌّ من أذى.

2 ـ خلود أبدي لا آخر له:

وأما عن أمد إقامتهم فيها فقد أكثر عز وجل من ذكر الخلود الأبدي وما يدل على معنى الإقامة الدائمة التي لا نهاية لها فقال: قَالَ تَعَالَى: ﴿ وَٱلَّذِينَ ءَامَنُوا وَعَمِلُوا ٱلصَّالِحَاتِ سَنُدْخِلُهُمْ جَنَّاتٍ تَجْرِي مِن تَحْتِهَا ٱلْأَنْهَارُ خَالِدِينَ فِيهَا أَبَدًا وَعْدَ ٱللَّهِ حَقًّا وَمَنْ أَصْدَقُ مِنَ ٱللَّهِ قِيلًا ﴿١٢٢﴾ ﴾ النساء: ١٢٢. وقال: قَالَ تَعَالَى: ﴿ لَهُم

---

(1) والمراد بالنمارق: المخاد والوسائد والمساند، و الزرابي: البسط، والعبقري: البسط الجياد. والرفرف: رياض الجنة، وقيل نوع من الثياب، والأرائك: السرر. انظر الأشقر الجنة والنار ص238.

فِيهَا نَعِيمٌ مُّقِيمٌ ﴿٢١﴾ التوبة: ٢١. وقال: قَالَ تَعَالَى: ﴿ لَا يَمَسُّهُمْ فِيهَا نَصَبٌ

وَمَا هُم مِّنْهَا بِمُخْرَجِينَ ﴿٤٨﴾ الحجر: ٤٨. وقال أيضا أنّ قَالَ تَعَالَى: ﴿ لَّهُم فِيهَا مَا

يَشَاءُونَ خَالِدِينَ ۚ كَانَ عَلَىٰ رَبِّكَ وَعْدًا مَّسْئُولًا ﴿١٦﴾ الفرقان: ١٦. وفي صحيح مسلم
عن أبي هريرة رضي الله عنه عن النبي صلى الله عليه وسلم قال:" من يدخل الجنة ينعم لا
يبأس، ولا تبلى ثيابه ولا يفنى شبابه."(1) وفي مسلم أيضا أن النبي صلى الله عليه وسلم قال:
"ينادي مناد: إنّ لكم أن تصحُّوا فلا تسقموا أبدا، وإن لكم أن تحيوا فلا تموتوا أبدا وان لكم أن
تشبّوا فلا تهرموا أبدا وأن لكم أن تنعموا فلا تبأسوا أبدا"(2)

ثالثا -إعلان الخلود:

فإذا استقر أهل الجنة في درجاتها على تلك الحال، وأهل النار في دركاتها على ما وصفته الآية؛
نادى فيهم من الله مناد يعلن لهم عن الخلود وأبدية ما هم فيه. قال رسول الله صلى الله
عليه وسلم: "يؤتى بالموت على هيئة كبش أملح فينادي يا أهل الجنة فيشرئبون وينظرون
فيقول هل تعرفون هذا فيقولون نعم هذا الموت وكلهم قد رآه. ثم يقول يا أهل النار فيشرئبون
وينظرون فيقول هل تعرفون هذا فيقولون نعم هذا الموت وكلهم قد رآه فيذبح ثم يقول يا أهل
الجنة خلود فلا موت. ويا أهل النار خلود فلا موت ثم قرأ: قَالَ تَعَالَى: ﴿ وَأَنذِرْهُمْ يَوْمَ ٱلْحَسْرَةِ إِذْ

قُضِيَ ٱلْأَمْرُ وَهُمْ فِي غَفْلَةٍ ﴿٣٩﴾ مريم: ٣٩ وهؤلاء في غفلة أهل الدنيا ﴿ وَهُمْ لَا يُؤْمِنُونَ ﴾"(3)
أجل إنّ الله أعادنا للخلود وخلق الجنة والنار وجعلهما خالدتين بما فيهما. لا تفنيان ولا
تبيدان ولا ينفد ما فيهما أبد الآبدين. قال تعالى في عذاب ناره: قَالَ تَعَالَى: ﴿ خَالِدِينَ فِيهَا ۖ لَا

يُخَفَّفُ عَنْهُمُ ٱلْعَذَابُ وَلَا هُمْ

---

(1) رواه مسلم في كتاب الجنة وصفة نعيمها وأهلها (2181/4)، ورقمه (2836). وهو في سنن الترمذي كتاب تفسير
    القرآن (349/5)، ورقمه: (3246) بقريب من هذا اللفظ.

(2) أخرجه مسلم في كتاب الجنة وصفة نعيمها وأهلها (2182/4)، ورقمه: (2837).

(3) أخرجه مسلم في كتاب الجنة وصفة نعيمها وأهلها (2188/4)، ورقمه: (2849).

يَنظُرُونَ ﴿١٦٢﴾ البقرة: ١٦٢. وخلود أهلها فيها أبدا دون تخفيف العذاب عنهم دليل على خلودها واتصال عذابها. وقال في نعيم جنته قَالَ تَعَالَى: ﴿ لَهُمْ فِيهَا نَعِيمٌ مُقِيمٌ ﴿٢١﴾ ﴾ التوبة: ٢١. وقال: قَالَ تَعَالَى: ﴿ عَطَاءً غَيْرَ مَجْذُوذٍ ﴿١٠٨﴾ ﴾ هود: ١٠٨. أي غير مقطوع.

قال صاحب الطحاوية: (والجنة والنار مخلوقتان، لا تفنيان أبدا ولا تبيدان؛ وإن الله خلق الجنة والنار قبل الخلق وخلق لهما أهلا..)[1]. وقد نقل ابن حزم في مراتب الإجماع اتفاق الأمة على ذلك فقال: (..وأن الجنة حق، وأنها دار نعيم أبدا، لا تفنى ولا يفنى أهلها بلا نهاية.. وأن النار حق، وأنها دار عذاب أبدا لا تفنى ولا يفنى أهلها أبدا بلا نهاية..)[2].

خلاصة الفصل:

مما سلف ذكره يتضح أن جواب ما يحيّر الإنسان من أمر نهاية الكون ونهايته ليس الصيرورة إلى العدم، وإنما هو الخلود خلود الكون على غير هيئته هذه، وخلود بني آدم في رضى الله أو في سخطه. فتُبدَّل الأرض غير الأرض والسموات. ويُدخِل الله أهل النار فيما أعد لهم من العذاب في حال علّق عليها القرآن بقوله: قَالَ تَعَالَى: ﴿ وَالَّذِينَ كَفَرُوا لَهُمْ نَارُ جَهَنَّمَ لَا يُقْضَى عَلَيْهِمْ فَيَمُوتُوا وَلَا يُخَفَّفُ عَنْهُم مِّنْ عَذَابِهَا كَذَٰلِكَ نَجْزِي كُلَّ كَفُورٍ ﴿٣٦﴾ ﴾ فاطر: ٣٦. ويدخل أهل الجنة إلى ما أعد لهم ربهم مما "لا عين رأت ولا أذن سمعت ولا

(1) مجموعة متون العقائد (العقيدة الطحاوية:ص٢٣).

(2) ابن حزم في مراتب الإجماع ص ١٩٣-١٩٤. وقد بسط د. عمر سليمان القول في مسألة خلود النار وأورد أقوال من قال بفنائها من الفرق والعلماء. انظر كتابه الجنة والنار ص٤١- ٤٨.

خطر على قلب بشر"[1]. ويحل عليهم مرضاته الأبدية. ويزيدهم من فضله فيرونه عيانا. ويستقر على ذلك الحال، ولم يذكر القرآن أنه يعقب ذلك أمر آخر وإنما هو تجدد العذاب على أهله، و تجدد النعيم وزيادته لأهله.

وخير ما يختتم به الكلام في مصير الكون والإنسانية جمعاء ما جمعته آيات سورة الزمر في هذا الموضوع إذ يقول تعالى: قَالَ تَعَالَى: ﴿ وَمَا قَدَرُوا۟ ٱللَّهَ حَقَّ قَدْرِهِۦ وَٱلْأَرْضُ جَمِيعًا قَبْضَتُهُۥ يَوْمَ ٱلْقِيَٰمَةِ وَٱلسَّمَٰوَٰتُ مَطْوِيَّٰتٌۢ بِيَمِينِهِۦ ۚ سُبْحَٰنَهُۥ وَتَعَٰلَىٰ عَمَّا يُشْرِكُونَ ۝ وَنُفِخَ فِى ٱلصُّورِ فَصَعِقَ مَن فِى ٱلسَّمَٰوَٰتِ وَمَن فِى ٱلْأَرْضِ إِلَّا مَن شَآءَ ٱللَّهُ ۖ ثُمَّ نُفِخَ فِيهِ أُخْرَىٰ فَإِذَا هُمْ قِيَامٌ يَنظُرُونَ ۝ وَأَشْرَقَتِ ٱلْأَرْضُ بِنُورِ رَبِّهَا وَوُضِعَ ٱلْكِتَٰبُ وَجِا۟ىٓءَ بِٱلنَّبِيِّۦنَ وَٱلشُّهَدَآءِ وَقُضِىَ بَيْنَهُم بِٱلْحَقِّ وَهُمْ لَا يُظْلَمُونَ ۝ وَوُفِّيَتْ كُلُّ نَفْسٍ مَّا عَمِلَتْ وَهُوَ أَعْلَمُ بِمَا يَفْعَلُونَ ۝ وَسِيقَ ٱلَّذِينَ كَفَرُوٓا۟ إِلَىٰ جَهَنَّمَ زُمَرًا ۖ حَتَّىٰٓ إِذَا جَآءُوهَا فُتِحَتْ أَبْوَٰبُهَا وَقَالَ لَهُمْ خَزَنَتُهَآ أَلَمْ يَأْتِكُمْ رُسُلٌ مِّنكُمْ يَتْلُونَ عَلَيْكُمْ ءَايَٰتِ رَبِّكُمْ وَيُنذِرُونَكُمْ لِقَآءَ يَوْمِكُمْ هَٰذَا ۚ قَالُوا۟ بَلَىٰ وَلَٰكِنْ حَقَّتْ كَلِمَةُ ٱلْعَذَابِ عَلَى ٱلْكَٰفِرِينَ ۝ قِيلَ ٱدْخُلُوٓا۟ أَبْوَٰبَ جَهَنَّمَ خَٰلِدِينَ فِيهَا ۖ فَبِئْسَ مَثْوَى ٱلْمُتَكَبِّرِينَ ۝ وَسِيقَ ٱلَّذِينَ ٱتَّقَوْا۟ رَبَّهُمْ إِلَى ٱلْجَنَّةِ زُمَرًا ۖ حَتَّىٰٓ إِذَا جَآءُوهَا وَفُتِحَتْ أَبْوَٰبُهَا وَقَالَ لَهُمْ خَزَنَتُهَا سَلَٰمٌ عَلَيْكُمْ طِبْتُمْ فَٱدْخُلُوهَا خَٰلِدِينَ ۝ وَقَالُوا۟ ٱلْحَمْدُ لِلَّهِ ٱلَّذِى صَدَقَنَا وَعْدَهُۥ وَأَوْرَثَنَا ٱلْأَرْضَ نَتَبَوَّأُ مِنَ ٱلْجَنَّةِ حَيْثُ نَشَآءُ ۖ فَنِعْمَ أَجْرُ ٱلْعَٰمِلِينَ ۝ ﴾ الزمر: ٦٧ - ٧٤.

---

(1) أخرجه مسلم في كتاب الجنة وصفة نعيمها وأهلها (2175-2174/4)، ورقمه:(2824).

- أنهم يقسمون الخواطر التي ترد على القلب إلى أربعة أقسام[1]: خواطر ربانية، وخواطر ملكية، وخواطر النفس وتدعى هواجسا. وخواطر شيطانية تدعى وساوساً. ولا يؤتمن جانب الشيطان في مثل هذه المعارف.

- وكذا لكونهم يعترفون بأن ما يراه أحدهم لا قبل للبيان البشري ببيان حقيقته ووصفه. فهي أمور يضيق عنها نطاق النطق وغاية ما على من عاينه أن يقول:

وكان ما كان مما لست أذكره   فظن خيرا ولا تسأل عن الخبر[2].

---

(1) التعريفات: 95-96.

(2) ينظر: المنقذ من الضلال أبو حامد الغزالي ص.

الفصل الرابع
الغاية والوظيفة
(جواب "لماذا؟")

ويشتمل بعد التمهيد على المبحثين الآتيين:

المبحث الأول: مبدأ الغائية والكون.

وهو مخصص للكلام عن مبدأ الغائية في الكون، والغاية من خلق الكون ووظيفته.

المبحث الثاني: الغاية من خلق الإنسان ووظيفته.

وخصصته للكلام عن مبدأ الغائية في الإنسان، وموقعه من هذا العالم وسبب وجوده فيه.

التمهيد:

يرجع أساس فكرة الغاية[1] والحكمة في الأشياء عند الإنسان إلى ما يشاهده في الكثير مما يعرض له من ظواهر الحياة. فهو يهتك ستائر الحكمة في المخلوقات سترا سترا كلَّما زادت معارفه وعلومه.

ولكن الإنسان لم ولن ينجح يوما في تقصي جميع ما في هذا الكون من غايات وحكم لأن عقله وعمره لا يسعان ذلك. لذا فإن الإنسان قفز من التفكير والبحث في الغايات الجزئية في مظاهر الكون، إلى البحث في أمهات الغايات وكلياتها. فكان نتاج تطلعاته في هذا المجال المعرفي حصوله على سؤالين كلِّيين مهمَّين: أولهما استفهام عن الغاية من وجود الكون عموما. باعتباره الوسط الحيويُّ الذي يتحرَّك فيه الإنسان. والسؤال الثاني استفهام عن الغاية من وجوده هو ووظيفته المنوطة به؛ باعتباره عنصرا مهمًّا من عناصر هذا الكون، وباعتبار هذا الأمر وثيق الصلة به وبتقرير مصيره.

---

(١) الغاية في اللغة: مدى الشيء، والغاية أقصى الشيء وحده. وغاية كل شيء: منتهاه. قال ابن الأنباري: قول الناس هذا الشيء غاية، معناه هذا الشيء علامة في جنسه لا نظير له أخذا من غاية الحرب، وهي الراية.(انظر لسان العرب مادة (غ ي ا).) وتأتي أيضا بمعنى الغرض والهدف والبغية. ومن مرادفاتها: المرمى، المرام، مراد، المأرب والأرب.

المبحث الأول

مبدأ الغائية والكون

لطالما شد انتباه الإنسان عظمة السماء وسعتها، ولقد لاحظ منذ القديم ظاهرة النظام في كل ما يحيط به تظهر اطِّراداً. ولعلَّ أبرز ما شد انتباهه عدد من نجوم السماء تلوح في الأفق ثم تختفي في فترات منتظمة وترى في أوقات معلومة لا تتخلف عنها بدقة مدهشة. وأوضح مثال على ذلك تداول الشمس والقمر والليل والنهار في الأوقات المعلومة وغيرها من ظواهر الحياة. إنَّ هذا كفيل بأن يوحي للإنسان بفكرة النِّظام. ثم إنَّ الإنسان يرى الغائية ماثلة في الكثير مما يحسه في عالمه هذا. فإلى أي مدى يمكن أن يصل عمل هذا المبدأ في هذا الكون يا ترى؟

وإن أوَّل ما يتوجب عليَّ بيانه في هذا المقام التعريف بمبدأ الغائية. ثم بيان صحَّة عمله في مظاهر الكون، وبعدها أتطرَّق إلى الكلام عن الغاية أو العلة الباعثة على خلق الكون، ببيان ما ذكره العلم والقرآن في هذا الشأن.

المطلب الأول: الغائية مبدأ سارٍ في كل مظاهر هذا الوجود.

أولا- في الآفاق:

إنَّ أقوى ما عند علماء فيزياء الفلك اليوم مما يفسر بداية الكون هي نظرية الانفجار الكبير " Big Bang " و(الصيغة الحالية لهذه النظرية تقول بأن الكون قد ولد وتوسع نتيجة لانفجار كبير جدا تم في "الذرة البدائية" أو "الحساء الكوني المنضغط" الذي كان يحتوي على مجموع المادة والطاقة. وفي اللحظات الأولى من هذا الانفجار المروع عندما ارتفعت درجة الحرارة إلى عدة تريليونات خلقت أجزاء الذرات التي يتألف منها عالمنا الحالي ومن هذه

الأجزاء تألفت الذرات، ومن هذه الذرات تألَّفت سُحُب الغازات، وسحب الغبار، ومن تلك السحب تألَّفت المجرَّات بنجومها وكواكبها[1].

ويقول أصحاب هذه النظرية أن هذا الانفجار حدث منذ ما يقارب ١٥ مليار سنة[2]. وأن مادته الأولى قد خلقت في جزء من مائة ألف جزء من الثانية (١٠٠٠٠٠/١ ثا). وأن مخطط مستقبل الكون كله بما هو عليه الآن، كان قد تقرر في تلك اللحظة القصيرة جدا. وأن خطة وبرمجة الكون كله بنجومه وشموسه، وكرتنا الأرضية بأزهارها وحيواناتها وإنسانها قد تقررت ودُبِّر لها ليكون على ما هو عليه اليوم منذ لحظة ولادته[3]. ولو وقع أي اختلال يسير في أي من مراحل وجوده لما صار إلى ما هو عليه الآن.

وقد نظر العلماء إلى هذا الكون فوجدوه غاية في الدِّقة والتوازن، وتحققوا من أنه لو اختل هذا التوازن ولو بشكل طفيف لاختل النظام المشاهد حاليا في الكون رأسا على عقب. ومثال ذلك أنه لو كان هناك فرق ١/١٠^٣^ (أي جزء من مليون مليون مليون مليون مليون مليون جزء) بين الشحنة الموجودة في كتلة الشمس، والشُّحنة الموجودة في كتلة الأرض لاستطاع هذا الفارق الضئيل في الشحنة التغلُّب على قوة الجاذبية بين الأرض والشمس، ولانفصلت الواحدة عن الأخرى إلى الأبد![4].

(١) انظر الانفجار الكبير، ص٣٩.

(٢) تقدير عمر الكون بـ١٥ مليار سنه هو التقدير الشائع بين جمهور العلماء وإن كان قد ظهر تقدير جديد يقدر عمر الكون بـ ٩ بلايين سنة وذلك استنادا إلى تقنية رصد جديدة وقد بدأ هذا التقدير يكتسب قوة وتعاطفا في الأوساط الفلكية. أنظر الانفجار الكبير، ص٤٠.

(٣) انظر المرجع نفسه ص٦٠.

(٤) الانفجار الكبير ص٩٤. بتصرف.

يقول الأستاذ أوميد شمشك: (نستطيع أن نعدد أمورا لا حصر لها في هذا المجال. فالنظام في هذا العالم المتشابك إلى درجة كبيرة وإلى درجة معقدة جدا بحيث أن كل شيء يرتبط بكل شيء وكل شيء يحتاج كل شيء ... هذا النظام دقيق وحساس ومحير إلى درجة الروعة بحيث لا نستطيع مشاهدة أي عدم توازن في الكون ...)[1].

فإذا ربطنا بين نتيجة قولهم الأول وهو أن كل ما هو موجود كان مقدَّرا وقوعه في اللحظة الأولى من ولادة الكون، ونتيجة قولهم الثاني وهو أن الكون الآن في غاية التناسق والتوازن، فإننا نخلص إلى أنّ كل هذا التوازن والتناسق كان مقدرا قبل مولد الكون، وأن وضعه الحالي إنما هو الغاية التي سُطِّرت له في القدم، وهو نتيجة دقيقة لتدبير سابق لوجوده وهذا ما يطابق تعريف مبدأ الغائية.

يقول د. البوطي: (العلة الغائية والعلة الباعثة بمعنى واحد، وهي عبارة عن القصد الذي يدفعك إلى تحقيق عمل من الأعمال. فلولا قيام هذا القصد بذهنك واتجاهك إلى تحقيقه لما قمت بهذا العمل المعين. فقد كان قصدك هذا علة لوجوده. ومن شأن العلة الغائية هذه أن تسبق المعلول في الوجود الذهني، وتتأخر عنه في الوجود الخارجي. فالحصول على الشهادة علة غائية لدراسة الطالب. وهو أمر مركوز وموجود في الذهن قبل الدراسة، ثم يصبح موجودا في الخارج من بعدها...)[2]

ثم يقول بعد ذلك: (فإذا انتقلت بعد ذلك لتنظر إلى بناء هذا الكون العجيب، ورأيت في تراكب أجزائه بعضها مع بعض، وفي تراكب أجزاء أجزائه، وفي تراكب ذراته الدقيقة التي لا تتجزأ تطابقا على أدق ما يمكن أن يتصور من معاني

---

(١) المرجع نفسه ص ٩٤، ٩٥.
(٢) كبرى اليقينيات الكونية/ على هامش ص٨٩.

الدقة، ورأيت الأجزاء الصغيرة فيه مندفعة إلى تحقيق غايات معينة بالتآلف مع الأجزاء الأخرى. ورأيت بعد ذلك مجموع الأجزاء والجزئيات مندفعة إلى تحقيق غايات نوعية سامية ضمن ظروف وشروط دقيقة لو تخلف بعض منها أقل ما يمكن أن يتصوره الذهن من التخلف، لما تحققت تلك الغايات بل لسرى الفساد إلى جميعها!..ولو رحت تسرد وتصف مظاهر التنظيم والتناسق بين شتى المكونات التي تراها أمامك لضاق العمر كله عن استقصاء ذلك وتجليته ... وقس على هذا.. سائر مظاهر الكون ...مد هذا الوجود بأصدق صور التناسق والتنظيم، ومد الإنسان بالرحمة والقدرة على كل ما هو بسبيله من شؤونه المختلفة...(١) وهذا ما أشار إليه القرآن ووجه إليه بأساليبه الميسرة لكل من أراد أن يتفكر بقوله تعالى: قَالَ تَعَالَى: ﴿ إِنَّ فِى خَلْقِ ٱلسَّمَٰوَٰتِ وَٱلْأَرْضِ وَٱخْتِلَٰفِ ٱلَّيْلِ وَٱلنَّهَارِ لَءَايَٰتٍ لِّأُوْلِى ٱلْأَلْبَٰبِ ۝ ﴾ آل عمران: ١٩٠.

ثانيا- في الأنفس:

فإذا تحولنا إلى الإنسان نفسه وجدنا أن كل ما فيه (بديع في تركيبه، محكم في ترتيبه، رائع في إتقانه دقيق في اتزانه، متناسب في حركاته متوافق في غاياته. سواء في ذلك ما يرى بالعين من أقل الأعضاء شأنا وأثرا كالشعرة والقلامة إلى أعظمها قدرا وخطرا كالعين والأذن والقلب والكبد والمعدة والأمعاء واللسان والشفتين، وما لا يرى بالعين المجردة من ملايين الخلايا والأعصاب التي هي أعجب بأسرارها وأغرب)(٢).

---

(١) كبرى اليقينيات الكونية، ص ٩١-٩٣.
(٢) عن قصة الإيمان ص٤٠١ بتصرف.

يقول الشيخ الزنداني في هذا الموضوع: (لو وقف كل الأطباء في العالم كله في صف واحد، وسألتهم: هل خلقت عيون الإنسان لحكمة؟ لأجابوا جميعا نعم[1]، ومن كذَّب ذلك فليقلع عينه. ولو سألتهم عن الفم والأسنان والأذنين والأنف واليدين والقدمين والقلب والرئتين وعن كل عرق صغير أو خلية في الإنسان هل خلقت هذه الأجزاء لحكمة؟ لأجابوا جميعا نعم. ولو سألتهم عن التفاصيل لقالوا: إن هذا يحتاج منا إلى عشرات السنين لكي نستكمل المعرفة بدقائق الخلق في جسم الإنسان... وإذا سألتهم هل ترتبط حكمة الجزء من كيان الإنسان بأجمعه؟ لأجابوا جميعا نعم إن الحكمة من الفم أن يأكل لجميع أجزاء الإنسان والحكمة من الرئتين أن تتنفسا لجميع أجزاء جسم الإنسان والحكمة من القلب أن يرسل الدماء إلى جميع أجزاء الجسم والحكمة من القدمين أن تنتقلا بكيان الإنسان كله..وهكذا أُحكم خلق الجزء ليؤدي مهمة تتعلق بالإنسان أجمعه..)[2].

إذن فلا مناص من الإقرار بسريان مبدأ الغائية في كل جنبات هذا الكون.

المطلب الثاني: الغاية من خلق الكون ووظيفته.

إذا سلّمنا بأن لكل ما يجري في هذا الكون غاية هدف ينشده، ووظيفة يقوم بها فما الذي خلق الكون لأجله، وما هي وظيفته التي أوكل بها؟

---

(١) إن كل ما في الإنسان يدل على القصد والحكمة البالغة في خلقه، وأن كل ما فيه ميسر لمزاولة أمر خلق له. هـذه هـي قناعة علماء الطب والفسلجة والكيمياء العضوية والتشريح الحديث والذي لم يثبت لديهم ما ينقضه لحدِّ اليـوم. انظـر كتاب "رحلتي من الشك إلى الإيمان"، مصطفى محمود. ص٩٤-٩٦.

(٢) طريق الإيمان، عبد المجيد الزنداني ١٠-١١.

من اليسير على من تتبع الخطوات التي تحرك بها الكون ليصير إلى ما هو عليه الآن أن يعتقد بما يقارب درجة اليقين أن الكون خلق لأجل استقبال الإنسان، وبيان ذلك كما يأتي:

سبق وأن ذكرنا بأن أشهر وأقوى ما يفسر وجود الكون في العصر الحاضر هي نظرية الانفجار الكبير والتي تفيد أن الكون قد ولد في جزء من مائة ألف جزء من الثانية (١٠٠٠٠٠/١ ثا). وأن المادة الأولى للكون كانت عبارة عن جسيمات دقيقة جدا منضغظة في بيضة كونية متناهية الصغر في الحجم وكان تزن وزن الكون كله، وأن الكون ولد بانفجار عظيم في تلك المادة، وأن دقائقها كانت في حالة اصطدام يفني بعضها بعضا، وبقيَ جزء منها بمقدار مناسبٍ جدا لتَكون لبناتُ كون منظم ومتناسق الأرجاء(١).

انطلقت تلك الدقائق في كل الاتجاهات متحوِّلة من حالتها الطَّاقوية إلى الحالة المادية محافظة على ذلك التناسب الدقيق في الكم والحركة والسرعة، فماذا بعد كل تلك الأحداث المتناسقة، والمقادير الدقيقة، والأزمان الغابرة الضاربة في القدم؟

لقد أدَّى ذلك التَّوافق التَّام في الوضع الكلِّي السالف ذكره إلى تكوُّن عددٍ هائل من النجوم والكواكب في مجاميع متفاوته الأبعاد والأحجام، والتي من ضمنها مجموعتنا الشمسية. فتكوَّنت الأرض، وظهرت معجزة الحياة على متنها وكان الإنسان. والأغرب في ذلك كله هو على الرغم من أن مثَّلُ كوكبنا الصغير بالنسبة إلى سعة ما ظهر لنا من سعة الكون كمثل حبة الرمل المغمورة بين رمال هذه الأرض؛ فإنه لم يثبت علميا لحد اليوم وجود أي أثر للحياة في غيرها! على الرغم من كل الجهود العلمية، والأوقات الطويلة، والمبالغ الطائلة التي أُنفقت في

---

(١) انظر الانفجار الكبير ص٩٧.

سبيل الوقوف على ذلك. فما الذي رشَّحه ليستقبل معجزة الحياة على ظهره دون غيره مما يجاوره أو يبعد عنه؟

إن عقد مقارنة بسيطة بين كوكب الأرض وبين ما يجاوره من الكواكب في بعض الخواص كفيلة ببيان الذي كان سيقع لو لم يتميز كوكبنا بما هو عليه الآن. وأن ذلك التناسق والتوافق الباهرين بين ظواهره قد قدِّر بحيث يهيئ للقادم المنتظر كل ما يحتاجه أثناء إقامته فيه.

تقول التقديرات الفلكية بأن كوكب الأرض يبعد عن الشمس مسافة قدرها ١٤٩٫٥ مليون كم. وأن حجمه أصغر من حجم الشمس بمليون و٣٠٠ ألف مرة. وأن كتلته تقارب ٦٠٠٠ تريليون طن. وأما كثافته فتقدر بـ (٥٫٥٢ غم/ سم) وهي أكثر كواكب المجموعة الشمسية كثافة. ثم للأرض دورتان: صغرى تدورها حول نفسها خلال ٢٤ ساعة. بسرعة دوران قدرها (١٦٧٠ كم/ ساعة) عند خط الاستواء. وكبرى تتمها حول الشمس في مدة سنة شمسية أي في ٣٦٥ يوما ونحو ربع يوم. بسرعة تقدر بمعدل ٣٠كم/ثا. وأن وضعها مائل على مدارها بزاوية قدرها ٢٣ درجة[١].

فإذا قارنا حالة الأرض بالكوكب الذي يسبقها والكوكب الذي يليها، فإنه يتبيَّن لنا وبجلاء القدر الكبير الذي خُصَّت به الأرض من العناية والدِّقة في المقادير.

لنلقي نظرة على الكوكب الذي يسبق الأرض في الترتيب من ناحية الشمس وهو كوكب الزهرة الذي يعتبره العلماء أقرب الكواكب من الأرض، وأكثرها شبها به؛ من حيث الكثافة والكتلة والحجم والبعد عن الشمس -حتى قيل بأنه توأم الأرض- فإننا نجد أن يومه يعادل ١٢٠ يوما من أيامنا. وزيادة على ذلك فإن قربه من الشمس بذلك

---

(١) انظر الانفجار الكبير ص٩. و قصة الإيمان ص٣٢٠. وانظر مبادئ علم الفلك، المهندس عبد الكريم علي السامرائي،ص٦٢ - ٧٧.

القدر اليسير، مع الكمية الكبيرة من بخار الماء وغاز ثاني أكسيد الكربون (CO_2) التي تميز غلافه الجوي جعلت درجة حرارته تبلغ ٤٠٠ درجة مئوية. أي أنه أسخن الكواكب كلها[1]. وهذا ما يجعل الحياة فيه مستحيلة.

وهذا كوكب المريخ الذي يدور حول نفسه خلال ٢٤ ساعة مثل كوكب الأرض. وبه ماء مما جعل بعض الباحثين يطمعون أو يتوهمون وجود الحياة فيه، فإن جاذبيته تعادل ثلث جاذبية الأرض مما يجعله غير قادر على الاحتفاظ بالأكسجين في هوائه. زيادة على أن درجة حرارته تتراوح ما بين بضع درجات نهارا إلى ما يقارب ٧٠ درجة مئوية تحت الصفر ليلا. فلا يصلح للحياة هو أيضا[2].

هذا حال أقرب الكواكب إلى الأرض، فأما غيرها فحاله أبعد من أن يتقبّل ظهور معجزة الحياة على ظهره فهذا "عطارد" أقربها إلى الشمس كوكب يحترق، وهذا كوكب "بلوتو" -أبعدها عنه- يقدِّر العلماء درجة حرارته بما يقارب (٢٠٠ درجة مئوية تحت الصفر). ومنها ما يعتبره علماء الرصد كتلة غازية كزحل والمشتري[3]، كلها صور لما قد يحدث لكوكب الأرض لو فقد أحد خصائصه. أو اجتماع كل تلك الميزات فيه. وهذا ما حدا بالعلماء إلى القول بأن حدوث أي خلل أو أي اضطراب في النسب التي تميِّز حالة الأرض قد يوقف سير الحياة على

(١) إذا قارنا كوكب الزهرة بكوكب الأرض فإننا نحصل على ما يلي: -حجمه = ٨٥،٧ % من حجم الأرض. -كثافته = ٩٤،٥ % من كثافة الأرض. -كتلته = ٨١ % من كتلة الأرض. -ويبعد بمسافة ١٠٨،١ مليون كم عن الشمس؛ بينما تبعد الأرض عنها بحوالي: ١٤٩،٥ مليون كم. فلذلك قيل عنها بأنه توأم الأرض. انظر مبادئ علم الفلك، ص٦٧ إلى ٧٠.
(٢) انظر قصة الإيمان ص٣١٦، ٣١٧. ومبادئ علم الفلك، ص٧٠،٧١.
(٣) انظر مبادئ علم الفلك، ص ٧١.

الأرض أو يشوهها.[1] وأن ثمرة ذلك التناسق كله إنما هو ظهور الإنسان على هذا المسرح ليلعب دور الريادة فيه. بل ويعتبره المحققون منهم الهدف من كل ذلك التخطيط المنظم والمتناسق في حركة الكون منذ ولد حتى اليوم.

يقول أوميد شمشك: (إنّ العلاقة بين الانفجار الكبير وبين الوضع الحالي للكون متداخلة وحساسة إلى درجة باهرة. بحيث أن كل شيء يبرهن ويظهر أن الكون لم يخلق إلا تمهيدا لظهور الحياة، ولم تكن الحياة إلا تمهيدا لظهور الإنسان، ولا يمكن إنكار هذا الأمر إلا إن قمنا بإنكار كل ما اكتسبناه من علم ومعرفة والعلاقات الواضحة بين تاريخ الكون وبين الإنسان كانت هي الدافع وراء ظهور فكرة أو مبدأ الأنتروبيا الكونية Cosmology Entropy... وهذا المبدأ يوضح كيف أن الحوادث المتتابعة منذ الانفجار الكبير قد رتبت ونظمت حسب تخطيط معلوم للوصول إلى نتيجة محددة وهي ظهور الإنسان، لذا نرى أن "جون.أ.ويلر" يقول: "ما قيمة الكون إن لم يكن فيه الإنسان؟").

ثم يقول بعد ذلك: (إنّ أطوار التكامل التي مر فيها الكون، متوجهة دائما نحو هدف الوصول إلى الحياة التي بلغت في الإنسان أقصى مستوياتها. ففي سمائه وضع موقده.. وفيها علقت قناديله.. وفي جوف الأرض خزن كل ما يحتاجه اعتبارا من الملح إلى اليورانيوم.. وزرعت البهجة في كل أنحاء أرضه بملايين الأنواع من النباتات والحيوانات. إذن فالإنسان الذي فتح عينيه على هذه الدنيا ليس إلا الضيف الذي انتظره الكون طيلة ١٥ مليار سنة)[2].

فالغاية التي سعى إليها الكون بأسره منذ ولد وحتى الآن هي تهيئة الظروف المناسبة لظهور الحياة على هذه الأرض، واستقبال هذا الكائن المسمى الإنسان بكل

---

(١) انظر قصة الإيمان ص٣٢٠.
(٢) الانفجار الكبير ص٩٨.

ما يحتاج في مدة إقامته فيها. هذه هي النظرية العلمية التي يعتنقها أكثر أهل هذا العلم والتي لا تزال تلقى رواجا كبيرا بينهم إلى أن يأتيهم الجديد[1]. ووظيفة الكون التي يمارسها الآن هي المحافظة على هذا القدر من التوازن إلى أجل غير معلوم.

وإذا كان العلم قد أبدى رأيه بكثير من التردد والحذر في كون الإنسان هو ثمرة كل ذلك الترتيب والعناية الكبيرة والدقة والقدرة المذهلتين في خلقه وخلق ما حوله طول الحقب الماضية من حياة هذا الكون وهو المقصود من وجوده، فإن القرآن الكريم قد حسم في أمر غائية الكون فقال: قَالَ تَعَالَى: ﴿ وَمَا خَلَقْنَا ٱلسَّمَآءَ وَٱلْأَرْضَ وَمَا بَيْنَهُمَا لَعِبِينَ ﴾ ﴿١٦﴾ الأنبياء: ١٦. وذكر أن من يتفكّر في خلقهما سيجزم بذلك لا محالة. فقال في طائفة من الناس: قَالَ تَعَالَى: ﴿ وَيَتَفَكَّرُونَ فِي خَلْقِ ٱلسَّمَٰوَٰتِ وَٱلْأَرْضِ رَبَّنَا مَا خَلَقْتَ هَٰذَا بَٰطِلًا سُبْحَٰنَكَ فَقِنَا عَذَابَ ٱلنَّارِ ﴾ ﴿١٩١﴾ آل عمران: ١٩١. لقد جعل القرآن من الغائية قضية مركزية في كل كلامه عن الكون وما فيه.

وإن أول ما يلفت النظر في الآيات القرآنية التي تتكلم عن الغاية من خلق الكون أو خلق أي شيء مما فيه، أنها تجعل من الإنسان غاية مركزية تسعى إلى خدمتها كل تلك العوالم المشاهدة بل وحتى غير المشاهدة. وكل ذلك من الإكرام الإلهي لهذا المخلوق.

أخبر القرآن الكريم أن الله تعالى خلق السموات وزينها بزينة الكواكب. وخلق الأرض وألقى فيها الجبال الرواسي. وأنزل من عليها الماء وأنبت فيها من كل زوج بهيج. وأخرج منها من كل الثمرات. وبث فيها من كل دابة. ثم جعل كل ذلك مسخر لخدمة ذلك الجرم الذي يعتبر هباءة في أرض فلاة قياسا بأبعاد تلك الأجرام

_____

(١) الجديد هو أن تأتيهم معلومات أكيدة من وجود أشكال حياتية أخرى في غير كوكبنا هذا. وفي انتظار ذلك يبقى هذا الرأي على حاله.

العظيمة والأجواء. الواسعة ولكنها إرادة الله حينما تتعلق بحقير الأشياء وضعيف المخلوقات، فإنها تجعل منه قطب الرحى الذي تدور حوله الكائنات. وتسجد له ملائكة الرحمن وتسعى في حاجته.

وقد أورد القرآن الكثير من الآيات الدالات على ذلك التكريم، وعظيم العناية التي خص بها الإنسان دون غيره. أعظمها قوله تعالى: قَالَ تَعَالَى: ﴿ وَسَخَّرَ لَكُم مَّا فِي ٱلسَّمَٰوَٰتِ وَمَا فِي ٱلْأَرْضِ جَمِيعًا مِّنْهُ إِنَّ فِي ذَٰلِكَ لَآيَٰتٍ لِّقَوْمٍ يَتَفَكَّرُونَ ﴿١٣﴾ ﴾ الجاثية: ١٣. وقال أيضا: قَالَ تَعَالَى: ﴿ ٱللَّهُ ٱلَّذِي خَلَقَ ٱلسَّمَٰوَٰتِ وَٱلْأَرْضَ وَأَنزَلَ مِنَ ٱلسَّمَآءِ مَآءً فَأَخْرَجَ بِهِۦ مِنَ ٱلثَّمَرَٰتِ رِزْقًا لَّكُمْ وَسَخَّرَ لَكُمُ ٱلْفُلْكَ لِتَجْرِيَ فِي ٱلْبَحْرِ بِأَمْرِهِۦ وَسَخَّرَ لَكُمُ ٱلْأَنْهَٰرَ ﴿٣٢﴾ ﴾ إبراهيم: ٣٢. وقال: قَالَ تَعَالَى: ﴿ أَلَمْ تَرَوْا۟ أَنَّ ٱللَّهَ سَخَّرَ لَكُم مَّا فِي ٱلسَّمَٰوَٰتِ وَمَا فِي ٱلْأَرْضِ وَأَسْبَغَ عَلَيْكُمْ نِعَمَهُۥ ظَٰهِرَةً وَبَاطِنَةً ﴿٢٠﴾ ﴾ لقمان: ٢٠. وهذه آيات صريحة في أن الكون كله -بسمواته وأرضه وما فيهما- مسخر ليهنأ الإنسان بالعيش فيه.

فأما السموات فيقول عز وجل في مواقع نجومها: قَالَ تَعَالَى: ﴿ ۞ فَلَآ أُقْسِمُ بِمَوَٰقِعِ ٱلنُّجُومِ ﴿٧٥﴾ وَإِنَّهُۥ لَقَسَمٌ لَّوْ تَعْلَمُونَ عَظِيمٌ ﴿٧٦﴾ ﴾ الواقعة: ٧٥ - ٧٦. وفي قسمه تعالى بمواقع النجوم وتعظيمه لهذا القسم إشارة واضحة إلى عظيم قدرته تعالى وحكمته البالغة وإلى الدقة المتناهية في هندسة مواقعها، وإلى أهمية تلك المواقع. أليس يذكرنا هذا بمقولة العلماء السابقة الذكر وهي أن الكون متجانس ومنظم إلى حد الكمال[1].

---

(1) ومما يزيد تلك الهندسة تعقيدا أن مواقع تلك النجوم غير ثابتة بل متحركة بسرعات جنونية وبحركات كثيرة متداخلة ومتزامنة. لنأخذ الشمس كمثال: تقوم الشمس بأربع حركات في وقت واحد، فهي تدور حول نفسها بسرعة ١٢ ميلا في الثانية. وتقوم بحركة دائرية حول مركز مجرتنا درب التبانة بسرعة تقدر بـ٢٥٠ كم/ثا. وتدور مع المجرة نفسها في حركة عظيمة

وهي على الرغم من بعدها السحيق عن الأرض، فإن الله قد جعلها مسخرة للإنسان تخدمه عرف ذلك أو جهله. فمن ذلك أنه سخرها لهداية من ضل طريقه في الليل أو في الفلوات قال تعالى: قَالَ تَعَالَى: ﴿ وَهُوَ ٱلَّذِى جَعَلَ لَكُمُ ٱلنُّجُومَ لِتَهْتَدُوا۟ بِهَا فِى ظُلُمَٰتِ ٱلْبَرِّ وَٱلْبَحْرِ قَدْ فَصَّلْنَا ٱلْءَايَٰتِ لِقَوْمٍ يَعْلَمُونَ ۝ ﴾ الأنعام: ٩٧. وذكر بأنه سخر الشمس والقمر اللذين يسببان الليل والنهار - وذلك كما قال تعالى-: قَالَ تَعَالَى: ﴿ لِتَبْتَغُوا۟ فَضْلًا مِّن رَّبِّكُمْ وَلِتَعْلَمُوا۟ عَدَدَ ٱلسِّنِينَ وَٱلْحِسَابَ وَكُلَّ شَىْءٍ فَصَّلْنَٰهُ تَفْصِيلًا ۝ ﴾ الإسراء: ١٢. وقال أيضا: قَالَ تَعَالَى: ﴿ وَسَخَّرَ لَكُمُ ٱلَّيْلَ وَٱلنَّهَارَ وَٱلشَّمْسَ وَٱلْقَمَرَ وَٱلنُّجُومُ مُسَخَّرَٰتٌۢ بِأَمْرِهِۦٓ إِنَّ فِى ذَٰلِكَ لَءَايَٰتٍ لِّقَوْمٍ يَعْقِلُونَ ۝ ﴾ النحل: ١٢. وذكر تعالى أنه سخر سحابها وأمطارها لإحياء الأرض بعد موتها فقال: قَالَ تَعَالَى: ﴿ هُوَ ٱلَّذِىٓ أَنزَلَ مِنَ ٱلسَّمَآءِ مَآءً لَّكُم مِّنْهُ شَرَابٌ وَمِنْهُ شَجَرٌ فِيهِ تُسِيمُونَ ۝ يُنۢبِتُ لَكُم بِهِ ٱلزَّرْعَ وَٱلزَّيْتُونَ وَٱلنَّخِيلَ وَٱلْأَعْنَٰبَ وَمِن كُلِّ ٱلثَّمَرَٰتِ إِنَّ فِى ذَٰلِكَ لَءَايَةً لِّقَوْمٍ يَتَفَكَّرُونَ ۝ ﴾ النحل: ١٠ - ١١.

وأما الأرض فيقول فيها تعالى: قَالَ تَعَالَى: ﴿ هُوَ ٱلَّذِى خَلَقَ لَكُم مَّا فِى ٱلْأَرْضِ جَمِيعًا ثُمَّ ٱسْتَوَىٰٓ إِلَى ٱلسَّمَآءِ فَسَوَّىٰهُنَّ سَبْعَ سَمَٰوَٰتٍ وَهُوَ بِكُلِّ شَىْءٍ عَلِيمٌ ۝ ﴾ البقرة: ٢٩. فسخر له جبالها تثبت له مواطئ أقدامه من تحته، ويستدل بها عند التيه قَالَ تَعَالَى:

حول مركز نظام المجرات المحلية بسرعة تقرب من ٣٣٠ كم /ثا. وتقوم في نفس الوقت بحركة كونية عظمى تدور فيها مجاميع المجرات حول مركز الكون ولم يوقف على سرعتها بعد. ومع ذلك فإن كل الخواص تتغير معها بحيث تتلاءم مع الوضع الجديد والذي هو بدوره في غاية التوازن! وهذا ما ينبئ بوجود تدبير ذوي سيطرة مطلقة على كل ما يحدث في هذا الكون. انظر كتاب القرآن إعجاز يتعاظم/ شاكر عبد الجبار ص ١١٩-١٢٠. وكتاب، الانفجار الكبير ص١٢.

﴿ وَأَلْقَىٰ فِي ٱلْأَرْضِ رَوَٰسِىَ أَن تَمِيدَ بِكُمْ وَأَنْهَٰرًا وَسُبُلًا لَّعَلَّكُمْ تَهْتَدُونَ ۝١٥ ﴾

النحل: ١٥. وسخر له بحارها يركبها وينتفع بما فيها. قال تعالى: قَالَ تَعَالَىٰ: ﴿ وَهُوَ ٱلَّذِى سَخَّرَ ٱلْبَحْرَ لِتَأْكُلُوا۟ مِنْهُ لَحْمًا طَرِيًّا وَتَسْتَخْرِجُوا۟ مِنْهُ حِلْيَةً تَلْبَسُونَهَا وَتَرَى ٱلْفُلْكَ مَوَاخِرَ فِيهِ وَلِتَبْتَغُوا۟ مِن فَضْلِهِۦ وَلَعَلَّكُمْ تَشْكُرُونَ ۝١٤ ﴾ النحل: ١٤.

وأوقع الشراكة بين السماء والأرض تتعاونان على فرش الأرض لهذا الإنسان وإمداده بالمعاش فقال: قَالَ تَعَالَىٰ: ﴿ وَأَنزَلْنَا مِنَ ٱلسَّمَآءِ مَآءً بِقَدَرٍ فَأَسْكَنَّٰهُ فِى ٱلْأَرْضِ وَإِنَّا عَلَىٰ ذَهَابٍ بِهِۦ لَقَٰدِرُونَ ۝١٨ فَأَنشَأْنَا لَكُم بِهِۦ جَنَّٰتٍ مِّن نَّخِيلٍ وَأَعْنَٰبٍ لَّكُمْ فِيهَا فَوَٰكِهُ كَثِيرَةٌ وَمِنْهَا تَأْكُلُونَ ۝١٩ ﴾ المؤمنون: ١٨ ـ ١٩.

ثم زوده تعالى بما يعينه على عبء الحياة وأثقالها كما في قوله تعالى: قَالَ تَعَالَىٰ: ﴿ أَوَلَمْ يَرَوْا۟ أَنَّا خَلَقْنَا لَهُم مِّمَّا عَمِلَتْ أَيْدِينَآ أَنْعَٰمًا فَهُمْ لَهَا مَٰلِكُونَ ۝٧١ ﴾ يس: ٧١. وقوله: قَالَ تَعَالَىٰ: ﴿ ٱللَّهُ ٱلَّذِى جَعَلَ لَكُمُ ٱلْأَنْعَٰمَ لِتَرْكَبُوا۟ مِنْهَا وَمِنْهَا تَأْكُلُونَ ۝٧٩ ﴾ غافر: ٧٩.

هذا بعض مما نعلمه وما لم تبلغه أفهامنا من النعم كثير كثير. قال تعالى بعد عده لبعض نعمه التي أسبغها علينا: قَالَ تَعَالَىٰ: ﴿ وَءَاتَىٰكُم مِّن كُلِّ مَا سَأَلْتُمُوهُ وَإِن تَعُدُّوا۟ نِعْمَتَ ٱللَّهِ لَا تُحْصُوهَآ ۝٣٤ ﴾ إبراهيم: ٣٤.

نتيجة:

يقول د. محمد سعيد رمضان البوطي: (إنّ كل ما تراه أبصارنا، أو تدركه بصائرنا بدءاً من الذرة وجزيئاتها، إلى الأفلاك وتحركاتها، إلى ما وراء ذلك من المجرات، عاكف على وظيفته لا يشرد عنها، منضبط بنظام لا يتحول عنه. وسواء أنظرت إلى الأشياء في هياكلها الكلية، أو من خلال أجزائها التركيبية، فإن الأمر لا

يختلف، الكل والأجزاء وأجزاء الأجزاء، ماض في مهامه عاكف على وظيفته، جاد في تحمل أعبائه والسير إلى غاياته...تماما كما قال تعالى: **قَالَ تَعَالَى:** ﴿كُلٌّ قَدْ عَلِمَ صَلَاتَهُ وَتَسْبِيحَهُ ۞ ٤١﴾ النور: ٤١)

ثم يقول: (هذا بالإضافة إلى أنك تعلم أن الإنسان يتبوأ، من حيث الخصائص والمزايا التي ينفرد بها عن المكونات الأخرى، مركز السيادة والصدارة في هذا العالم. فهو من دون سائر المخلوقات الأخرى المنتشرة على هذه الأرض من حوله، الكائن الذي يملك سر المنطق والإدراك، ومن ثم فهو الذي أوتي مقاليد التحكم بكثير من الأجهزة الكونية المبثوثة من حوله. بل إنه يتمتع بصفات فريدة ترشحه للسيادة المطلقة على الأرض. إذن فالعالم الذي يحيط بنا لا يعرف أي عبث، بل لا تتراءى في شيء من جوانبه مهما دقت، إلا مظاهر الجد والانضباط بالأنظمة السائرة إلى أهداف محددة.

ومما وصف الله تعالى به ذاته في القرآن، أنه ذاك **قَالَ تَعَالَى:** ﴿الَّذِي أَعْطَى كُلَّ شَيْءٍ خَلْقَهُ ثُمَّ هَدَى ۞ ٥٠﴾ طه: ٥٠. أي أخرج كل شيء في مظهره الإبداعي الذي صاغه عليه، ثم بث فيه وظيفته التي ضبطه بها، وأقامه على المنهاج الذي سيره عليه)[1].

_____

(١) مدخل إلى فهم الجذور (من أين؟ ولماذا؟ وإلى أين؟)، د. محمد سعيد رمضان البوطي. ص ٢٢.

المبحث الثاني

الغاية من خلق الإنسان ووظيفته

إنّ الإنسان توّاق بطبعه إلى معرفة الغايات والمقاصد. وحريص على تقصّيها في أغلب ما يصادف من المخلوقات. وإن أهم ما يعرض للوعي البشري من تلك التطلعات وأوثقها صلة به وبواقع حياته رغبته في معرفة ما يختص به منها. وهي باعتبار مصدرها غايتان:

- غاية متعلقة بمراده هو من هذه الحياة. وما يسعى إلى تحصيله.

- وغاية أخرى متعلقة بمراد خالقه من خلقه وإيجاده في هذه الحياة.

وسأتكلم هنا قليلا عن مراد الإنسان في حياته. ثم أبسط الكلام عن سبب وجوده بعد ذلك.

أما بالنسبة لما يريده الإنسان فإن للناس في الحياة غايات يسعون إلى تحصيلها، ومذاهب يسلكونها لتحصيل أغراضهم. وإن غاية الغايات التي يشترك فيها الجميع هي الظفر بالسعادة.

لقد كانت السعادة ولا تزال غاية الجنس البشري بأكمله. إنها فكرة أجهدت عقول الحكماء. وقاتل لأجلها الرجال الأشداء والضعفاء. وتغنى بها الفنانون والشعراء والعامة والرؤساء. واستنفرت الكل في طلبها على السواء[1].

إنّ الميل إلى الراحة والأمان، والتلذذ بمُتَع الحياة أشد طباع الإنسان الفطرية أثرا على تصرفاته. إنه حب الخير الشديد -كما سمّاه القرآن -أو الميل إلى اللذة وأسبابها والنفور من كل أسباب الألم على حد قول علماء النفس. فلا خلاف بين

---

(١) انظر الإسلام (حقيقته وموجباته)، ص٦٥.

الناس فيما يريدون، إذ غاية ما يطمح إليه الإنسان السَّوي منهم في هذه الحياة هو أن يحصل على أكبر قدر من السعادة، مع دوامه، ودوامها له، ودوام إقامته على تلك الحال أطول مدة ممكنة. -تلك هي بغية الناس جميعهم- وما كان اختلافهم إلا في تشخيص أسباب نوالها، وطرق تحصيلها، ومدى ما يمكن تحصيله منها، لا في الغايات ذاتها.

وأما بالنسبة للغاية المرادة من خلق الإنسان فتنقسم إلى إرادتين:

- إرادة كونية قدرية: تتعلق بالإنسان باعتباره عنصرا من عناصر هذا الكون يشمله التَّقدير السابق للخليقة كلها. أي معرفة ما أريد به سلفا. وهو الذي يقع للإنسان في هذه الحياة وبعدها بكل تفاصيله.

- إرادة شرعية تكليفية: تتعلق بالإنسان باعتبار تميُّزه عن سائر ما في هذا الكون بالعقل وحرية الإرادة والاختيار. وهي ما يجب على الإنسان أن يفعله ويسعى إليه[1]. وهذه الغاية هي أهم ما يتوجب عليه معرفته.

وعلى الجملة فإن ما يجهله الإنسان مما يتعلق بغاية وجوده هو العلم بالطريق القويم لتحصيل سعادته الأبدية، ومدى ما يمكن تحصيله منها، والعلم بسبب وجوده، أي ما أُريد به في هذه الحياة، وما أُريد منه فيها، وهذا هو الأهمُّ.

---

(١) ورغم أن الغاية الأخيرة مندرجة بما ينتج عنها في الغاية التي قبلها إلا أن الضرورة الواقعية تكرهنا على الفصل بينهما في الكلام لتعذر الوقوف على العلاقة بينهما. وإن التعبير الدقيق عن بحث الإنسان عن مجموعهما هو محاولته معرفة الإنسان كيفية صنع قدره بإرادته واختياره.

المطلب الأول: التحقُّق من وجود تلك الغاية، وبيان أهميتها، وسبيل الوقوف عليها.

المطلوب من الإنسان معرفته -إذن- هو سبب وجوده. وفي سبيل الوقوف على ذلك رأيت أن أسلك الخطوات التالية وهي أن أتحقق أولا من وجود ما أبحث عنه. إذ من العبث البحث عن شيء غير موجود أصلا. ولحد يومنا هذا لا تزال بعض الأصوات تنادي بالإنكار على كل ما يقيد الإنسان من ضوابط خلقية، وأن ليس لأحد سلطة عليه غير سلطان نفسه وهواه[1]. ومما يجدر التذكير به أيضا التعريف بمدى أهمِّية تلك المعرفة. ثم البحث عن سبيل الوقوف عليها.

أولا: التحقق من وجودها.

لقد استبان مما سلف ذكره أن الغائية مبدأ سار في كل ما يحيط بالإنسان من العوالم في كل جنبات الكون، بل وفي تركيبة جسمه أيضا، وتصرفاته. وأن لكل مخلوق في هذا الوجود موقع يحتله ووظيفة يؤديها وغاية يسعى إليها بدقة متناهية من عالم الذرة وما هو أدنى منها إلى عالم المجرة وما يربو عنها. وتبين أيضا أن كل ما في هذا الوجود قد سُخِّر ليخدم الإنسان بطريقة أو بأخرى، فيوفر له حاجياته الحياتية.

إن هذه الحقيقة الثابتة تثير فضول أي عاقل وخواطره فتجعله يتساءل ويقول: أيصحُّ أن تكون الغائية مبدأ متفش في الآفاق وفي الأنفس وسنة مطردة فيهما، ثم يستثنى منه الإنسان؟!.. أيعقل أن يوجد كل هذا النظام والتناسق في كل مكان ثم يشذ عنه الإنسان؟ أما لهذا التميز والتفوق والسيطرة من سبب يفسرها؟

---

(١) من أشهر القائلين والعاملين بهذا المبدأ الوجوديون الذين يعيشون على مبدأ تحقيق الذات.

أيمكن أن يكون الإنسان هو آخر قبلة لهذه المساعي؟ أهو غاية الغايات؟ أم أن وجوده بهذا الشكل إنما كان لوظيفة يؤديها، وغاية يسعى إليها، على غرار بقية الخلائق؟

يقول د. البوطي: (أفيعقل، فيما يقرره المنطق، أي منطق، أن تكون الأكوان المحيطة بالإنسان، عاكفة بسائر شرائحها وأجزائها على مهام ووظائف جادة هادفة صارمة.ثم يكون الإنسان وحده الذي هو محور هذه المكونات، والمتميز عنها جميعا بخصائص الوعي والإدراك والعلم، هو مظهر العبث في هذا الوجود، الشارد عن أي مهمة الطليق عن أي هدف أو قيد؟!..)[1].

هنا تنطمس بصيرة فرعون وتنتكس عقليته وفكر من أعمل منطقه؛ حين يُعرِض عما أجمعت مظاهر الكون كلها على استبعاد صحته. ويجنح إلى هذه الفرضية الهزيلة يستصوبها ويقول: **قَالَ تَعَالَىٰ:** ﴿ **أَلَيْسَ لِى مُلْكُ مِصْرَ وَهَٰذِهِ ٱلْأَنْهَٰرُ تَجْرِى مِن تَحْتِىٓ أَفَلَا تُبْصِرُونَ ۝** ﴾ الزخرف: ٥١. لقد رأى نفسه على رأس الهرم. وكل من دونه في خدمته ولا إرادة لأحد فيما يأتي أو يذر غير إرادته. فتوهم بغروره أنه المستثنى من هذه السنة، ولم يتذكر أنه ما خلق غيره ولا هو خلق نفسه. ولا هو ألهم تلك المخلوقات غاياتها. أتسري الحكمة في الكون بأسره وتستثني الإنسان؟! أهي أرحام تدفع وأرض تبلع؟![2].

وكما قال تعالى: **قَالَ تَعَالَىٰ:** ﴿ **أَفَحَسِبْتُمْ أَنَّمَا خَلَقْنَٰكُمْ عَبَثًا ۝** ﴾ المؤمنون: ١١٥. **قَالَ تَعَالَىٰ:** ﴿ **أَيَحْسَبُ ٱلْإِنسَٰنُ أَن يُتْرَكَ سُدًى ۝** ﴾ القيامة: ٣٦.

(١) مدخل إلى فهم الجذور، ص٢٠-٢٣.
(٢) انظر "الإسلام"، حقيقته وموجباته، ص٥٨-٥٩.

أما أصحاب العقول السليمة المنطقية المتفكرة فإنها لا تستسيغ ذلك.. تأباه وتمجه لتعترف مسبحة: قَالَ

تَعَالَى: ﴿ رَبَّنَا مَا خَلَقْتَ هَذَا بَاطِلًا سُبْحَنَكَ فَقِنَا عَذَابَ ٱلنَّارِ ۝ ﴾ آل عمران: ١٩١.

يقول الدكتور محمد سعيد رمضان البوطي في ذلك: (أغلب الظن أنه ليس بمقدور أي عاقل أن يتصور عالما من الموجودات المنظمة المنوطة بمناهج وأهداف محددة، يتمحور حول كتلة من العبث والفوضى والتحرك العشوائي النبت عن أي غاية أو هدف، لا سيما إن كانت هذه الكتلة هي المجتمع الإنساني)[١]. ثم يقول: (إنّ الحرية التي يتمتع بها الإنسان لا تقصيه من الانضباط بمعنى الوظيفة في حياته العضوية والاجتماعية، بل تجعله يركن إليها عن طواعية واختيار)[٢].

إذن فالإنسان لم يخلق عبثا، ولم يترك سدى يفعل ما يريد. بل له غاية على غرار بقية الخلائق. ولقائل أن يقول هنا: إنّ عجلة الحياة دارت منذ عهود قديمة وهي تدور وسيبقى دورانها متواصلا على الرغم من جهل كثير من الناس بما وُجدوا لأجله فما فائدة معاناة البحث عن ذلك؟!. وكيف يتأتى لهم أن يقفوا عليها وهم لم يشهدوا خلق ما حولهم ولا خلق نفسهم؟

ثانيا: بيان مدى أهمية معرفة الإنسان وضعه العام في هذا العالم، وسبب وجوده فيه.

لعلّني لا أبالغ إذا قلت بأن السؤال بـ (لماذا؟) أعظم مفاتيح المعرفة على الإطلاق. وإن أهم مواضيع هذا السؤال وأشدها تعلقا بالإنسان وحياته هو سبب وغاية وجوده.

---

(١) مدخل إلى فهم الجذور، ص ٢٠-٢٣.

(٢) المرجع نفسه ٢٥.

إن معرفة هذا السبب والعمل على مقتضاه من أجلِّ معارف الإنسان وأنفعها له في دنياه وآخرته. فقد يعرف ماضيه، ويعرف مصيره، ثم يقف بينهما تائها. تشله الحيرة. ويقتله الشعور بالضياع.

ومعرفته الغاية من وجوده ووظيفته أمر يسهل عليه حياته. ويحدد به وجهته، ويبين له الأهم من المهم، والإنسان بطبعه لا يحب تضييع وقته وجهده فيما يقل نفعه، فكلما كان تحديده لغايته دقيقا، حصَّلها ببذل أقل الجهد في أقل مدة ومن أدنى الطرق.

ثم إنه (مما يسهل على النفس الإنسانية تلقي الأمر، وقبول التكليف أن تكون الغاية التي يقوم الإنسان بالفعل وصولا إليها، وتحقيقا لها واضحة محدودة، فبذلك يتبين له ما سيجنيه من ثمرات، وما سيقطفه من خيرات إن هو قام بهذا الفعل، وما سيبوء به من سوء العاقبة إن هو أعرض وتولى. ووجود غاية من الفعل الذي نحن بصدده بشكل خاص ومن وراء الحياة بشكل عام أمر تقتضيه الفطرة[1] السوية، ونحن واجدين ذلك في داخل أنفسنا ونحن نقدم أو نحجم عن فعل، أو نتخذ موقفا ما، إذ نرانا مدفوعين إلى أن نسأل أنفسنا بصفة عفوية تلقائية: (لماذا؟) كما نلمس ذلك ونحن نطالب الطفل بفعل شيء أو الكف عنه، فنجده يبحث عن هدف يقنعه وبالتالي يدفعه إلى تلبية الأمر مما يؤكد أن الغاية ضرورة تستدعيها الطبيعة السوية)[2].

ثم إنّ لمعرفة هذه الوظيفة بعدٌ آخر يمتد أثره وخطره إلى كل ما يحيط بالإنسان. ذلك أن كل شيء في هذا الكون يؤدي وظيفته أداءً آليا كاملا ولم يبق إلا الإنسان فهو الكائن الوحيد الذي يؤدي شطرا من مهمته مرغما والشطر الآخر

_____

(١) قال الجرجاني في التعريفات: (الفطرة: الجبلة المتهيئة لقبول الدين) ص١٦٨.
(٢) الإسلام: حقيقته وموجباته، ص٥٦.

بإرادته واختياره. وفي جهله بالشطر الثاني الخطر العظيم على نظام الكون بأسره. إذ أن صلاح الكون وفساده متوقف على حسن أو سوء تصرفه.

إن نظام الكون العجيب في عظمة أبعاده، والمحكم في دقة ربط جليله بحقيره، والذي لم يقف الإنسان على عجائب الصنعة فيه إلا على اليسير اليسير؛ ليمنع الإنسان من أن يقحم نفسه في ما لا ولن يطيق تقدير خطره أبدا. إنّ جليل ما في هذا الوجود متوقف على حقيره، فالكل يجري على نسق واحد، وكل ما فيه عبارة عن حلقات متباينة الأشكال والأبعاد في شبكة فائقة التعقيد واسعة الأفق ولن يخرج الإنسان عن كونه أحد حلقاتها مهما كان شأنه بينها. فإذا استقرت كل حلقة في موقعها، وأدَّت ما عليها طوعا أو كرها على أتم وجه فإن الإنسان هو الحلقة الوحيدة التي أوكل إليها ما عليها طوعا دونما إكراه من أحد. وهنا تكمن الخطورة إذ لو هو أدى وظيفته كما يجب، حصل من ذلك تناسق عام في نظام الكون بأكمله. وإن هو أهمل ما وُكِّل به، أو أساء وأفسد فإنَّ ذلك نذير بفساد الكون. يقول تعالى: قَالَ تَعَالَى: ﴿ ظَهَرَ ٱلْفَسَادُ فِي ٱلْبَرِّ وَٱلْبَحْرِ بِمَا كَسَبَتْ أَيْدِى ٱلنَّاسِ لِيُذِيقَهُم بَعْضَ ٱلَّذِى عَمِلُواْ لَعَلَّهُمْ يَرْجِعُونَ ﴿٤١﴾ ﴾ الروم: ٤١. هذه هي أهمِّية أن يعرف الإنسان وظيفته ويؤديها على أكمل وجه.

يقول الدكتور يوسف القرضاوي عن أهمية هذا السؤال: (سؤال واجب على الإنسان -كل إنسان- أن يسأله لنفسه، وأن يفكر مليا في جوابه. فإن كل جهل -هما عظمت نتائجه- قد يغتفر إلا أن يجهل الإنسان سِرَّ وجوده، وغاية حياته، ورسالة نوعه وشخصه على الأرض! وأكبر العار على هذا الكائن الذي أوتي العقل والإرادة -الإنسان- أن يعيش غافلا يأكل ويتمتع كما تتمتع الأنعام في مصيره. ولا يدري شيئا عن حقيقة نفسه، وطبيعة دوره في هذه الحياة حتى يوافيه الموت بغتة، فيواجه مصيره المجهول، دون استعداد له ويجني ثمرة الغفلة والجهل

٣٠٥

والانحراف في عمره الطويل أو القصير... لهذا كان لزاما على كل بشر أن يبادر فيسأل نفسه بجد: لماذا خلقت؟ وما غاية خلقي؟)[1].

ويقول الشيخ عبد المجيد الزنداني: (إن من لا يعرف الحكمة من الأشياء التي حوله مغفل عن كل الناس، والذي لا يعرف الحكمة من قطع الملابس التي يلبسها مغفل أكبر منه، ومن لا يعرف الحكمة من عينيه أو فمه أو يده أو قدمه مغفل أكبر من سابقيه، ولكن أكبر مغفل على وجه الأرض هو ذلك الذي لا يعرف الحكمة من خلقه بأجمعه؟! ولا يعرف الحكمة من حياته كلها!! تنتهي حياته على الأرض وهو لا يعرف لماذا عاش؟ ولماذا يموت؟)[2].

ثالثا: سبيل الوقوف عليها وتحصيلها:

يقول ابن الرومي[3]:

ألا من يريني غايتي قبل مذهبي!   ومن أين والغايات بعد المذاهب

لقد أشار الشاعر إلى أهمية معرفة الغاية قبل المذهب، ولكنه نبَّه في نفس الوقت إلى معضلة أخرى وهي أن إدراك تلك الغاية لا يكون في العادة إلا بعد سلوك طريقها. فالإنسان في كل الأحوال بحاجة إلى من يريه الغاية ومعالم طريقها.

أ- البحث عن ذلك في الإنسان نفسه:

لقد سبق وأن ذكرنا أن الكون -بكل ما فيه- سعى في أداء وظيفته بدقة متناهية. وأنه لا يعرف العبث. فإذا كان كل مخلوق في هذا الكون قد ألهم وظيفته

---

(١) العبادة في الإسلام ص١٣.

(٢) طريق الإيمان ص ١١.

(٣) الظلال (١٤٠٩/٨).

وفطر عليها، وكان الإنسان أحدها، أفلا يفترض أن تكون وظيفته مسطورة أيضا بقلم القدرة في فطرته كباقي المخلوقات؟ إنّ دقة نظام الكون تقتضي ذلك.

أيمكن أن تكون تلك الرغبات الكامنة فينا هي وظيفتنا المسطرة لنا قدرا؟

وهل يصح للإنسان أن يكتفي بالاستجابة إلى ما في نفسه من الرغبات، فيلبيها ليكون قد قام بوظيفته، التي تبلغه غايته التي يسعى إليها؟ وهل للإنسان أن يقول بأنني أمارس وضيفتي التي خلقت لها وإن كنت لا أعيها؟

إن هذه الفرضية قد تبدو لأول وهلة حلا موفقا، ومخرجا مناسبا لهذه المعضلة؛ لأنه إن كان ذلك صحيحا؛ فلا بد أن مفعوله سار فينا. ونحن نقوم بما انتُدبنا له، شعرنا بذلك أم لم نشعر به. زد على ذلك أنّ صحة هذا الافتراض يجعل من محاولة معرفة وظيفتنا أمر عديم الفائدة. بل ما هو إلا إهدار وقت ثمين في محاولة تحصيل حاصل. ولكن هذه الفرضية تغفل في الحقيقة أمرا بالغ الأهمية، جديرا بأن يؤخذ بالحسبان!.

إنها تغفل أمر الإرادة الحرة التي يحس بها الإنسان. والتي تميز تصرفاته، عن سلوك باقي الخلائق. فماذا يكون موقفنا مما نجد أنفسنا محتارين في فعله أو تركه مما له أثر كبر في حياتنا وحياة غيرنا؟

إنّ الإنسان وإن كان يشارك باقي المخلوقات ببعض تصرفاته في أفعالها اللاإرادية. فإنه يتميز عنها بأفعال أخرى موكولة إلى عقله وإرادته واختياره وهمته. فهو بمكونات جسمه يشارك عالم الجمادات والنباتات في كونها مسوقة إلى القيام بوظائفها بمقتضى الحكم التكويني، وهو يشارك عالم الحيوانات المختلفة والمتنوعة في كونها مسوقة إلى القيام بوظائفها بمقتضى الحكم الغريزي. بينما ينفرد الإنسان

عنها جميعا بكونه مدعوا إلى القيام بوظيفته بمقتضى الحكم التكليفي[1]. وهذا أهم ما عليه أن يجدَّ في تحصيله ومعرفته. لأهميته ولما في الجهل به من الخطر العظيم عليه وعلى ما حوله.

وبما أننا لا يمكننا أن ننكر كلاًّ من الإرادة والتقدير الكوني السابقين لخلق الكون والإنسان، وتميز الإنسان بإرادة نافذة وحرية في الاختيار، فإن الاختيار الأوفق لهذه المعضلة هو الذي يأخذ بعين الاعتبار مبدأي شمولية النظام الكوني، وتميز الإنسان في آن واحد معترفا بهما في آن واحد.

وعليه يمكننا أن نعيد صياغة السؤال الأخير في سؤالين هما:

- ماذا أريد بالإنسان؟ باعتباره عنصرا من عناصر الكون الذي قدرت كل حركة فيه بقدرها. وما الذي يتوجب عليه فعله؟ باعتباره ذي عقل وإرادة نافذة.

فأما السؤال الأول فيصدق على بعضه الحكم السابق الذكر وهو أن البحث عما قدر علينا سلفا وهو جار علينا وماض فينا إلى الأبد لا تحمل كبير فائدة عمليه. فيكفي من ذلك معرفة ما يسد شيئا من رمق تطلع الإنسان إلى ما أريد به عند خلقه. وإلى مصيره ومصير ما حوله.[2]

- فتبقى المشكلة القائمة إذن في جواب السؤال الثاني وهي حكم الأفعال المنوطة بإرادة الإنسان واختياره.

---

(١) انظر مدخل إلى فهم الجذور، ص٢٥.

(٢) وقد سبق الكلام عن هذا في الفصل الثاني عمَّا أريد به عند خلقه، وعن مصيره آخر الأمر في الفصل الثالث. وسأذكر هنا شيئا مما يختص بهذا الفصل في كلامي عن التصور العام لهذه الحياة الذي جاء به القرآن.

كيف يميز ما عليه أن يفعله مما عليه أن يتركه، وما يفيده مما يؤذيه. وما يكون فيه الفعل والترك سيان. فإذا لم يكن ذلك الفرقان موجود في فطرته أو غريزته فإلى أين يتجه؟

ب- البحث عنها في الطبيعة:

يقول د/ البوطي في هذا الموقف: (يطيب لبعض الناس أن يبادروا في الإجابة عن هذا السؤال بأنها الطبيعة!.. ذلك لأن هذه الطبيعة قائمة على نهج، سائرة وفق أحكام، ولما كان الإنسان واقعا في فلكها داخلا في نطاق جاذبيتها؛ فقد كان عليه أن يدرك أحكام الطبيعة هذه ثم ينسجم معها ويسير وفق تيارها.. فتلك هي الوظيفة التي أنيطت بالإنسان، واقتضى نظام الواقع التقيد بها وليس ثمة أي شيء آخر وراء ذلك)[1]. إنّ هذا الحل قد يكون ممكنا لو كان بإمكان العقل الإحاطة بكل حقائق نظام هذا الوجود المتشابك الذي يرتبط كل شيء فيه بكل شيء. وكل شيء فيه محتاج لكل شيء والذي لا يحتمل مثقال ذرة من عدم التوازن[2].

يقول أحد كتاب المسلمين في ذلك: (.. قد يتوصل الإنسان بعقله إلى الله، ولكنه لن يتوصل إلى اكتشاف دين أبدا)[3]. لماذا؟

إنّ عقله المعجزة قد يتوصل إلى القطع بوجود إله خالق لهذا الكون. وأن وجود هذا التناسق المتناهي في الدقة والنظام العجيب المتفشي في رحاب الكون كله يستدعي لا محالة وجود خالق مدبر ومنسق ومنظم لحركاته وسكناته. متصف بالحكمة الباهرة والقدرة المطلقة. وبسعة السلطان إلى غير ذلك من صفات العظمة...إن اكتشاف نظام كوني أو قانون كوني واحد كاف للدلالة على وجود

---

(١) المرجع نفسه ص٢٧.
(٢) انظر الانفجار الكبير. ص ٩٤،٩٥.
(٣) موقف العلم من الدين، فؤاد باشكيل ص١٠٧.

خالق وضعه. أما استنباط أو ابتكار نظام حياة متسم بالتكامل والشمولية، والذي يمكّن الإنسانية من الاندماج مع النظام الكوني كله والتجانس معه إن انتهجته في حياتها، فإن ذلك يستدعي إحاطة شاملة ودقيقة بكل دقائق الكون ونظمه. وبالقوانين التي تسيره. والسنن التي تحكمه من نجومه ومجرّاته إلى جزيئاته وذراته بل والعلاقة بين كل ذرة وذرة أخرى فيه. ويستلزم معرفة الإنسان بكل مكوناته من جسم وعقل وروح معرفة كاملة وأسرار العلاقة بينها. وهذا ما لا سبيل إليه ولا ادعاه عاقل. فما الإنسان في هذا الكون غير وصلة صغيرة جدا، في شبكة هذا النظام الكوني، السحيقة أبعاده، والمتناسقة حركاته والمعقدة نظمه وقوانينه. والذي يرتبط كله بجزئه، ودقيقه بجليله. فكيف يتأتى له أن يعرف ما عليه فعله، والغاية من وجوده بمداركه المحدودة. وجرمه المهمل أمام تلك الأبعاد الهائلة والنظم البالغة التعقيد. إنه سيعجز عن إدراك ذلك قطعا.

ثم هب أننا ضربنا صفحا عن اشتراط تلك الشروط، فمن منا نرتضيه لمثل هذه المهمة؟ أنا أم أنت؟ أم فلان؟ إنّ الأنانية خلق طبع عليه الإنسان ومهما تمادى في تهذيبه فلن يتخلص منه أبدا[1]. وزيادة على ذلك فإن التاريخ يثبت أن البشرية لم تجمع يوما في غياب هداية السماء على ابتكار أو استنباط منهج حياة شامل ومتكامل قط. ولا نجحت في أن تجد لها طريقا موحدا تسير عليه يقيها شرور الاجتماع البشري الكامنة فيها. وإن اختلاف الشعوب في عقائدها وشرائعها وأديانها وطقوسها وآلهتها منذ عصور موغلة في القدم تنبئ باستحالة ذلك.

لقد حاول الإنسان معرفة حقيقة عالمه الذي يعيش فيه، وحقيقة وضعيته فيه. وحاول -معتمدا على قدراته العقلية- أن يبتكر أو يستنبط من نفسه أو من الطبيعة

---

(١) لطبع الأنانية -وهو حب الأنا- دور هام في حركة الأفراد والمجتمعات ففي سبيل ذلك يتنافس الناس ويتسابقون وإن اختلفت مراميهم، وأهدافهم.

منهج حياة، شاملا ومتكاملا، يحقق به رغبته الكامنة فيه، وينخرط به في سلك النظام الكوني الشامل دونما تصادم مع سننه فعجز. (لقد عاد العقل الإنساني من مغامراته التاريخية كلها ليعلن إفلاسه أمام الجميع، وعاد العلم بتجربته وأجهزته وقوانينه وبدهياته ليستسلم رافعا يديه معلنا أن الحقيقة ليست هنا وإذا كانت هنا فإنه لا يستطيع إدراكها والوصول إليها)[1] وغاية ما يعرفه عن ذلك أن في نفسه رغبة يحب أن يحققها. وأن لوجوده غاية يسعى إليها. ووظيفة يجهلها ويجب عليه أن يؤديها فمن يرشده إلى ما يحقق به رغبته ويؤدي به واجبه معا، وإلى من يتجه؟

ج- البحث عنها عند خالق الكون كله:

ليس من العسير على من أعمل القليل مما أجمعت عليه العقول أن يعرف من هو أهل لذلك كله، وأحق به.

فقد سبق وذكرنا في المبحث السابق بأن من شأن العلة الغائية هذه أن تسبق المعلول في الوجود الذهني، وتتأخر عنه في الوجود الخارجي[2]. لذا فإن المعمول به والمتعارف عليه لدى الناس أنهم يطلبون سر الصنعة دائما عند من صنعها، وأن الحكمة من المصنوع تختفي في نفس الصانع، وتُعلم بتعليم منه[3]. ومن الأمثلة على ذلك أننا في عصرنا هذا -عصر التكنولوجيا المدهشة- تعمد الكثير من الهيئات التي تستخدم أجهزة إلكترونية دقيقة الصنع ومعقدة التركيب على استقدام دليل تشغيلها (Catalogue) معها، وقد يستدعي الأمر في الأجهزة النفيسة والمعقدة استدعاء خبير يشرف على شرح ذلك الكتاب وبيان المقاصد التي صنع الجهاز لأجلها، ويجربه لها إن اقتضى الأمر مع بيان مخاطر الاستعمال، وهكذا يفعلون.

(١) الأسئلة الخالدة، سامي أحمد الموصلي ص ٧.
(٢) انظر كبرى اليقينيات الكونية/ على هامش ص٨٩.
(٣) طريق الإيمان ص ١٢.

إذن فالمنطق السليم يحتم علينا أن نلتمس غايات ودوافع أي فعل عند من فعله. وإذا نحن تعرفنا إلى غاية الإنسان من مساعيه في هذه الحياة من الإنسان نفسه، وسلَّمنا بأن للإنسان خالقا خلقه، فمن الطبيعي أن محاولة معرفة حقائق سبب وجوده منه أمر غير منطقي وغير مجدٍ لأنه لا يد له في ذلك الوجود أصلا، بل علينا أن نلتمس تلك الحقيقة لدى من أوجده فالحكمة -إذن- من خلق الإنسان خفية عنّا في نفس خالقنا وتُعلم بتعليم يأتينا منه وحده. وهنا يتوقف الإنسان عن استعمال عقله كمصدر مستقل للمعرفة لينقلب وسيلة تتلقى المعارف وتدل عليها.

يقول د.البوطي: (ليس من الصعب على من أقر بوجود إله خلق هذا الكون ووضع فيه هذه المخلوقات كل شيء منها بقدره في موضعه وبوظيفته أن يقطع بأن سر وجوده متوفر لا محالة عند من خلقه على هذه الصورة وفي هذه الحقبة من تاريخ الكون وعلى هذه الأرض بالذات)[1].

ثم إننا حين نتكلم عن الشروط التي يجب أن يتصف بها من هو أهل لسن نظام الحياة الذي يحتاجه الجنس البشري، من العلم المحيط، والتدبير الحسن، والحكمة البالغة، إنما نجد أنفسنا نعدد صفات خالق هذا الكون الذي نراه، ومدبر أموره، ونحن لا نشعر.

إنّ النظام التام والغائية البيِّنة في هذا الكون الفسيح تنبئ عن وجود خالق له، حكيم فيما أبدع، أحسن تسيير وتدبير أمور ما صنع، خبير بما سيقع. وهو متصف بمطلق مفهوم تلك الأوصاف.

أليس من وضع كل هذا النظام الساري في كل جنبات الكون أعرف بما يجب أن يصدر من الإنسان ليتلاءم مع نظام هذا الكون؟ أوليس الذي قدر لكل هذا الكون حركاته وسكناته بقادر على تسطير نظام يعين الإنسان على معرفة وجهته في هذا

_____

(١)

الكون وبغيته؟ ثم أليس الذي خلق الكون والإنسان معا أولى بأن يجعل قبلة لمعرفة أسرار وجودهما، وأسرار اتجاه كل ظواهر الكون لخدمة الإنسان؟! أفلا يجعله كل ذلك قيوما على الكون بما فيه، ويكون مودع سر الوجود بكامله ومظنة الظفر بسر وجود الإنسان في هذا الكون ووظيفته فيه؟!

ثم أليس من خلق الكون كله وتولى تدبير أمور القيّومية عليه أحق بأن يرد إليه أمره كله. يقول تعالى: قَالَ تَعَالَى: ﴿ ٱلَّذِينَ يَصُدُّونَ عَن سَبِيلِ ٱللَّهِ وَيَبۡغُونَهَا عِوَجًا وَهُم بِٱلۡأٓخِرَةِ كَٰفِرُونَ ۝ ﴾ الأعراف: ٤٥. فلا يحق لأحد غيره أن يشرع ذلك ما دل عليه القرآن الكريم صراحة بقوله تعالى: قَالَ تَعَالَى: ﴿ إِنِ ٱلۡحُكۡمُ إِلَّا لِلَّهِ ۝ ﴾ الأنعام: ٥٧. وإن أي حكم غير حكم الله معرض لا محالة ليأخذ بحض وافر من جهالة واضعه. يقول تعالى في كتابه: قَالَ تَعَالَى: ﴿ أَفَحُكۡمَ ٱلۡجَٰهِلِيَّةِ يَبۡغُونَۚ وَمَنۡ أَحۡسَنُ مِنَ ٱللَّهِ حُكۡمٗا لِّقَوۡمٖ يُوقِنُونَ ۝ ﴾ المائدة: ٥٠. (أي ومن أعدل من الله في حكمه لمن عقل عن الله شرعه وآمن به وأيقن وعلم أن الله أحكم الحاكمين وأرحم بخلقه من الوالدة بولدها فإنه تعالى هو العالم بكل شيء القادر على كل شيء العادل في كل شيء)[1]. قال تعالى: قَالَ تَعَالَى: ﴿ أَلَا يَعۡلَمُ مَنۡ خَلَقَ وَهُوَ ٱللَّطِيفُ ٱلۡخَبِيرُ ۝ ﴾ الملك: ١٤. بلى وهو الخلاق العليم. بل له الأهلية كل الأهلية في تعريف الإنسان بكبرى حقائق الحياة التي يبحث عنها. وهو مظنة ذلك النظام المنشود وله وحده الحاكمية المطلقة في هذا الكون والحق كل الحق في التشريع لعباده. ولصاحب الظلال كلام لطيف عن أسباب اختصاصه تعالى بذلك الحق وتلك الأهلية وتميز التشريع والمنهج الذي يصدر عنه. وسأقتطف لهذا الموضع شيئا من تلك الأسباب والميزات:

---

(١) تفسير بن كثير (٣١٦/٢).

إنّ منهج الله تعالى - كما يقول سيد قطب (منهج قائم على العلم المطلق بحقيقة الكائن الإنساني، والحاجات الإنسانية، وبحقيقة الكون الذي يعيش فيه الإنسان، وبطبيعة النواميس التي تحكمه وتحكم الكينونة الإنسانية.. ومن ثم لا يفرط في شيء من أمور هذه الحياة، ولا يقع فيه ولا ينشأ عنه أي تصادم مدمر بين أنواع النشاط الإنساني، ولا أي تصادم مدمر بين هذا النشاط والنواميس الكونية، إنما يقع التوازن والاعتدال والتوافق والتناسق...وهو منهج متناسق مع ناموس الكون كله. لأن صاحبه هو صاحب هذا الكون كله. صانع الكون وصانع الإنسان. فإذا شرع للإنسان شرع له كعنصر كوني، له سيطرة على عناصر كونية مسخرة له بأمر خالقه، بشرط السير على هداه، وبشرط معرفة هذه العناصر والقوانين التي تحكمها.. ومن هنا يقع التناسق بين حركة الإنسان وحركة الكون الذي يعيش فيه، وتأخذ الشريعة التي تنظم حياته طابعا كونيا ويتعامل بها لا مع نفسه فحسب، ولا مع بني جنسه فحسب! ولكن كذلك مع الأحياء والأشياء في هذا الكون العريض، الذي يعيش فيه، ولا يملك أن ينفذ منه، ولا بد له من التعامل معه وفق منهاج سليم قويم.

- وهو منهج قائم على العدل المطلق.

أولا: لأن الله يعلم حق العلم بم يتحقق العدل المطلق وكيف يتحقق.

وثانيا: لأنه -سبحانه- رب الجميع؛ فهو الذي يملك أن يعدل بين الجميع)[1].

هذا بالنظر إلى صفات ذاته تعالى وأسمائه فإذا نظرنا إلى هدايته التي جاءت بها كتبه، وجدنا فيها منهجا شاملا متكاملا لكل جوانب الحياة البشرية، في أي مكان وأي زمان[2]. ووجدنا فيها بعضا من حكم وأسرار صلاحها ما لا طاقة لجيل من

---

(١) الظلال (٢/٨٩٠-٨٩١).

(٢) انظر الظلال (٢/٨٩٠-٨٩١).

الأجيال بالكشف عنه كله. والبعض القليل الذي ينكشف يصعب الجزم بأنه كل ما أريد مما شرع له الأمر(١).

- ثم إنّ هذا المنهج هو الوحيد الذي يمكن أن يكون (مبرأً من الهوى والميل والضعف -كما أنه مبرأ من الجهل والقصور والغلو والتفريط- الأمر الذي لا يمكن أن يتوافر في أي منهج أو في أي شرع من صنع الإنسان، ذي الشهوات والميول، والضعف والهوى -فوق ما به من الجهل والقصور- سواء كان المشرع فرداً، أو طبقة، أو أمة، أو جيلاً من أجيال البشر..)(٢).

- وزيادة على ذلك فإنه (المنهج الوحيد الذي يتحرر فيه الإنسان من العبودية للإنسان.. ففي كل منهج -غير المنهج الإسلامي- يتعبد الناسَ الناسُ. وفي المنهج الإسلامي -وحده- يخرج الناس من عبادة العباد إلى عبادة الله وحده بلا شريك.. إنّ أخص خصائص الألوهية -كما أسلفنا- هي الحاكمية.. والذي يشرع لمجموعة من الناس يأخذ فيهم مكان الألوهية ويستخدم خصائصها. فهم عبيده لا عبيد الله، وهم في دينه لا في دين الله....)(٣) هذا الذي قصده الربعي بن عامر رضي الله عنه صاحب المقالة المشهورة حينما قال لملك الفرس: جئنا لنخرج العباد من عبادة العباد إلى عبادة رب العباد.

د- دور الإنسان التعقل والتنفيذ:

وإذا كانت الأهلية العلمية والحق القانوني في الحكم والتشريع لله تعالى وحده، فما الذي يتبقى للإنسان أن يفعله إذن؟!.

---

(١) عن الظلال (٨٩٠/٢-٨٩١) بتصرف.

(٢) المصدر نفسه (٨٩٠/٢-٨٩١).

(٣) الظلال (٨٩١/٢).

مؤكد أنه لا يتبقى له سوى ما يقوم به صاحب الجهاز السالف الذكر، وهو أن يتصل بخالق الإنسان والكون ليتحصل على ذلك الكتاب -الدليل- ومن يبينه له بيانا شافيا. فيسمع تلك الهداية. ثم يتدبرها ويعي ما فيها. وذلك الكتاب هو القرآن الذي أمر تعالى بتدبره فقال: قَالَ تَعَالَى: ﴿ أَفَلَا يَتَدَبَّرُونَ ٱلۡقُرۡءَانَ أَمۡ عَلَىٰ قُلُوبٍ أَقۡفَالُهَآ ۝ ﴾ محمد: ٢٤. وقال: قَالَ تَعَالَى: ﴿ وَلَقَدۡ يَسَّرۡنَا ٱلۡقُرۡءَانَ لِلذِّكۡرِ فَهَلۡ مِن مُّدَّكِرٍ ۝ ﴾ القمر: ١٧. يتدبره حتى يحصل لديه تصور عام كاف عن حقيقة وضعه في هذا الكون. فإذا عقل ما فيه ووعاه، وجب عليه العمل بمقتضى ما فيها فينفذ ما فيها من الأوامر وينتهي عما نهت عنه. قال تعالى: قَالَ تَعَالَى: ﴿ فَإِمَّا يَأۡتِيَنَّكُم مِّنِّي هُدٗى فَمَن تَبِعَ هُدَاىَ فَلَا خَوۡفٌ عَلَيۡهِمۡ وَلَا هُمۡ يَحۡزَنُونَ ۝ ﴾ البقرة: ٣٨. ويكون ذلك التدبر والتنفيذ بقدر المستطاع استجابة لقوله تعالى: قَالَ تَعَالَى: ﴿ فَٱتَّقُوا۟ ٱللَّهَ مَا ٱسۡتَطَعۡتُمۡ وَٱسۡمَعُوا۟ وَأَطِيعُوا۟ ۝ ﴾ التغابن: ١٦.

يقول د/ البوطي عن وظيفة الإنسان: (إنّ وظيفته هي التنفيذ فقط!.. إنه مسؤول عن تنفيذ كل حرف من القانون الذي أنزله إليه وألزمه به، لا يجتهد في ذلك إلا حيث أمره بالاجتهاد، ولا يلجأ إلى شورى في الرأي والحكم إلا حيث لا نص صريحا في كتاب ولا سنة وحيث لا إجماع.

وهذه الوظيفة هي المعنى بممارسة العبودية لله عز وجل. والخروج عنها أو التمرد عليها هو التأله والطغيان بعينه. إذ الإنسان عندما يعرض عن وظيفته التنفيذية هذه ليعكف على وضع تشريع آخر لنفسه إنما يخرج بذلك عن سلطان ربه ويحاول التحرر عن عبوديته له، ثم يشترك معه في التشريع والحكم!)[1]. تلك هي وظيفته في هذه الحياة.

_____

(١) كبرى اليقينيات ص ٣٧٣-٣٧٤.

هـ- الهداية:

وقد تسلمت الإنسانية في تاريخها الطويل عددا من الكتب التي بعث بها الله خالقها. واستقبلت عددا أكبر منه من الرسل والأنبياء الذين قاموا ببيان مراد الله من كلامه المسطور في تلك الكتب. وكان آخر تلك الكتب هذا القرآن الذي بين أيدي الناس، الذي بلّغه وبيّنه أبو القاسم محمد ابن عبد الله صلى الله عليه وسلم خاتم الأنبياء والمرسلين. فبلّغ الرسالة وأقام الحجة ورحل إلى ربه. بعدما ترك لهم ما إن تمسكوا به لن يضلوا بعد أبدا. قال صلى الله عليه وسلم: "تركت فيكم ما إن تمسكتم به لن تضلوا بعدي أبدا كتاب الله وسنتي"[1].

تلك هي العناية الإلهية التي لا تترك أحدا في هذا الكون دون هداية. فلم يترك الله الإنسان يصارع ظلام الجهل والحيرة من دون سلاح. لقد حكى تعالى في القرآن أنه وعد البشرية من خلال أبيها آدم عليه السلام بأنه سيبعث إليها بالهداية، وأنه سينظر ما هم فاعلون. فوعَد من اتبعها بالحياة الطيبة في الحياة الدنيا وفي الآخرة، وتوعد من أعرض عنها بالشقاء في الدارين معا. قال تعالى: ﴿ قَالَ تَعَالَى: ﴿ فَإِمَّا يَأْتِيَنَّكُم مِّنِّي هُدًى فَمَن تَبِعَ هُدَايَ فَلَا خَوْفٌ عَلَيْهِمْ وَلَا هُمْ يَحْزَنُونَ ۝ ﴾ البقرة: ٣٨، وفي الآية الأخرى: قَالَ تَعَالَى: ﴿ قَالَ اهْبِطَا مِنْهَا جَمِيعًا بَعْضُكُمْ لِبَعْضٍ عَدُوٌّ فَإِمَّا يَأْتِيَنَّكُم مِّنِّي هُدًى فَمَنِ اتَّبَعَ هُدَايَ فَلَا يَضِلُّ وَلَا يَشْقَى ۝ وَمَنْ أَعْرَضَ عَن ذِكْرِي فَإِنَّ لَهُ مَعِيشَةً ضَنكًا وَنَحْشُرُهُ يَوْمَ الْقِيَامَةِ أَعْمَى ۝ ﴾ طه: ١٢٣ - ١٢٤. وحكى أيضا بأن محمداً صلى الله عليه وسلم آخر رسله إلى البشرية كافة، وأنه آخر مبلّغ ومبيّن لآخر كتبه تعالى. وأخبر أن هذا قرآنه هو الهداية التي وعد بها التائهين في ظلام الحيرة والضياع. وأنه قد جعله مهيمنا على كل ما سبقه من الكتب. قال تعالى مخاطبا آخر أنبياءه: قَالَ تَعَالَى:

---

(١) تخريجه

﴿ وَنَزَّلْنَا عَلَيْكَ ٱلْكِتَٰبَ تِبْيَٰنًا لِّكُلِّ شَيْءٍ وَهُدًى وَرَحْمَةً وَبُشْرَىٰ لِلْمُسْلِمِينَ ۝ ﴾

النحل: ٨٩. ووصفه تعالى بأنه النور الذي ينير للماكثين في الظلمات نفوسهم وما حولهم فإذا هم مبصرون. قال تعالى: ﴿قَالَ تَعَالَى: ﴿قَدْ جَاءَكُمْ رَسُولُنَا يُبَيِّنُ لَكُمْ كَثِيرًا مِّمَّا كُنتُمْ تُخْفُونَ مِنَ ٱلْكِتَٰبِ وَيَعْفُوا۟ عَن كَثِيرٍ قَدْ جَاءَكُم مِّنَ ٱللَّهِ نُورٌ وَكِتَٰبٌ مُّبِينٌ ۝ يَهْدِي بِهِ ٱللَّهُ مَنِ ٱتَّبَعَ رِضْوَٰنَهُ سُبُلَ ٱلسَّلَٰمِ وَيُخْرِجُهُم مِّنَ ٱلظُّلُمَٰتِ إِلَى ٱلنُّورِ بِإِذْنِهِ وَيَهْدِيهِمْ إِلَىٰ صِرَٰطٍ مُّسْتَقِيمٍ ۝ ﴾

المائدة: ١٥ - ١٦. بل ويحي به القلوب الميتة قال تعالى: ﴿قَالَ تَعَالَى: ﴿أَوَمَن كَانَ مَيْتًا فَأَحْيَيْنَٰهُ وَجَعَلْنَا لَهُۥ نُورًا يَمْشِي بِهِۦ فِي ٱلنَّاسِ كَمَن مَّثَلُهُۥ فِي ٱلظُّلُمَٰتِ لَيْسَ بِخَارِجٍ مِّنْهَا ۝ ﴾

الأنعام: ١٢٢. إنه تذكير من الله تعالى بما قد يضيع من ذاكرة الإنسان عن حقيقته، وحقيقة ما يجري له وما يجري حوله، وسبب وجوده.

لقد حرص القرآن الكريم على إخراج الإنسان من تلك الغفلة وتلك الحيرة وذلك التيه. فبين له موقعه ووضعيته في خارطة هذا الوجود. ثم بين له ما أريد به قهرا، وما أريد منه طوعا. ولذا فإني سأتطرق إلى كل هذا في عنصرين، أولهما بناء تصور عام عن حقائق الحياة، وتوعية الإنسان بحقيقة وضعيته. والثاني بيان تفاصيل الوظيفة التي أريد من الإنسان أن يلتزم بها في هذه الحياة (أي ما عليه أن يعمله). مع التمهيد لهما بشيء من المحاولات البشرية الرامية إلى تصوير وبيان ذلك.

المطلب الثاني: وضع الإنسان وموقعه في هذا الوجود.

أولا: التصورات البشرية لقيمة الإنسان.

إنَّ التساؤل عن قيمة الإنسان قضية قديمة قدم الإنسان نفسه[1]. فقد كانت الإنسانية ولا تزال حتى اليوم مأخوذة بسوء الفهم عن نفسها، مخدوعة فيها[2].

وللبشرية تاريخ حافل بالكثير من الشَّطحات الثَّملة في تقدير ذلك، فلطالما بحثت عن موقعها في هذا الوجود فأخطأت السبيل. ولا تزال إجاباتها تتخذ الكثير من الأشكال والصيغ متراوحة بين الامتهان والتقديس. وما أكثر ما عانت البشرية من ويلات ذلك الشطح وبلاويه.

فتراها تسرف تارة في الثقة بالنفس والإعجاب بتلك القدرات، والتقديس لذلك العقل إلى حد الغرور والثمالة، فيجهر الواحد منها متبجحا بقوله: قَالَ تَعَالَى: ﴿ أَنَا۠ رَبُّكُمُ ٱلۡأَعۡلَىٰ ٢٤ ﴾ النازعات: ٢٤. أو يقول: قَالَ تَعَالَى: ﴿ مَا عَلِمۡتُ لَكُم مِّنۡ إِلَٰهٍ غَيۡرِي ٣٨ ﴾ القصص: ٣٨. فينصِّب نفسه إلها أو في عداد الآلهة، أو سليلا لها. ويقول الآخر: قَالَ تَعَالَى: ﴿ أَنَا۠ أُحۡيِۦ وَأُمِيتُ ٢٥٨ ﴾ البقرة: ٢٥٨.

ويتعدى هذا الغرور الأفراد إلى الجماعات فتطغى على غيرها من الشعوب بجبروتها قائلة: قَالَ تَعَالَى: ﴿ مَنۡ أَشَدُّ مِنَّا قُوَّةً ١٥ ﴾ فصلت: ١٥[3]. أو تعلن انسلاخها من البشرية كما أعلن اليهود ذلك

---

(1) وكأني بملائكة الرحمن قد خطر ببالهم مثل هذا التساؤل حينما رأوا ذلك الخلق العظيم الـذي تـم قبـل أن تأخـذ الأرض زينتها. ثم يفاجؤهم الخبر الرباني بأنه سيستخلف فيها بشرا يخلقه من طين.

(2) انظر الكون والإنسان في التصور الإسلامي ص٩٩.

(3) ولا تزال البشرية تكابد ويلات تلك الشطحات فهذا حال لسان أمريكا يقول: قَالَ تَعَالَى: ﴿ مَنۡ أَشَدُّ مِنَّا قُوَّةً ١٥ ﴾

قديما بقولهم: قَالَ تَعَالَى: ﴿ نَحْنُ أَبْنَتُوا اللَّهِ وَأَحِبَتُوهُ ﴾ ﴿١٨﴾ المائدة: ١٨(١). وتوغل تارة أخرى في احتقار النفس وازدرائها وقد بلغ بها ذلك في كثير من حقب التاريخ أن تطأطأ رأسها وتخضع ظاهرها وباطنها تذللا لأحجار وأشجار وحيوانات لا تسمع ولا تعقل. اعتقادا في نفعها ودفعا لضرها. فعبدت الأصنام والحيوانات. وسجدت للشمس والقمر والكواكب(٢).

وقد بلغت الإثارة مداها حينما اطلع إنسان العصر الحديث على الأبعاد الهائلة لما استطاع رصده من آفاق هذا الكون المترامي الأطراف. وعلم أن أرضه التي طالما اعتبرها مركز الكون كله ليست كذلك ولا هي حتى مركز للمجموعة التي تتموقع فيها(٣). بل هي ذرة لا يؤبه لها مقارنة بالأبعاد السحيقة لذلك الكون الفسيح الذي لم يوقف على حافتيه بعد. وكان كل كلام القوم يومها عن قيمة الإنسان مرتبطا بحقيقة أن الأرض هي مركز الكون كله. فلما فقدت الأرض مركزها. فقدت الإنسانية مركزها إلى حين. وقد زامن هذه الكشوفات المدهشة شيوع التيار المادي

---

(١) وآخر تلك الدعاوى إعلان الألمان تميز جنسهم وتفوقه على غيره من الأجناس وإعلانهم الحرب على كل العالم فكانت الحرب العالمية الأولى والثانية.

(٢) انظر الكون والإنسان في التصور الإسلامي ص٩٩.

(٣) لقد كان هذا الاعتقاد ساريا عند غالبية العلماء في فترة ما قبل عصر- النهضة الأوروبية. فلما أعلن كوبرنيكوس (سنة ١٥٤٢م) أن الشمس لا تدور حول الأرض وإنما الأرض هي التي تدور حول الشمس تزحزحت الأرض عن موقعها المعنوي المرموق الذي طالما تمتعت به منذ آلاف السنين. ونتيجة لردة فعل غير واعية حيال تلك المغالطة التي عمّرت عشرات القرون، فقدت الإنسانية قيمتها المعنوية وأنزلوها منزلة الحيوان. وتكمن تلك المغالطة في الاعتماد في التدليل لقيمة الإنسان في هذا الوجود على كون أرضه التي يقيم عليها هي المركز الثابت الذي تدور حوله كل الأفلاك وهو النموذج الكوني القديم الذي سطّره أرسطو فنُكبت الإنسانية نكبتها الكبرى. انظر عقائد المفكرين في القرن العشرين، عباس محمود العقاد. ص ٣٩-٤٣.

٣٢٠

الإلحادي، وهيمنته على أغلب الدراسات الكونية والحياتية. فأعلن "لابلاس" بعد كشفه عن القوانين الميكانيكية التي تسير حركة الأفلاك أنه لا يرى الحاجة إلى افتراض وجود إله مدبر لحركة الكون. وكان من ثمار ذلك أن جعل من الإنسان سليل أحد حيوانات هذه الأرض ولا يختلف عنها إلا في كونه أشد منها ذكاءً، إضافة إلى بعض الصفات الأخرى فقط!.

هذا من جهة، ومن جهة أخرى، تبين له أنه على الرغم من ذلك كله فإن نتيجة البحوث الفلكية والحياتية الجادة التي دققت في قراءة تاريخ الكون والحياة على هذه الأرض تجمع على أن الإنسان هو الغاية من خلق هذا الكون، وهو الثمرة المنتظرة منه منذ ولادته. وهكذا بعد أن كان عدم كون الأرض مركزا للكون هو الذي زعزع اعتقاد الناس بالتدبير والحكمة في الخلق، أصبح (القائلون بالحكمة والتدبير في القرن العشرين لا يجدون لذلك دليلا علميا ولا فلسفيا أدل من مكان الأرض في ركنها الذي هي فيه من المنظومة الشمسية)[1]. وهذا ما يجعل من ذلك الهباءة السابحة في مجاهيل هذا الكون قطب الرحى فيه مرة أخرى!.

وبجمع نتائج علم الفلك الحديث إلى ما وصلت إليه علوم الحياة وتاريخ الأجناس البشرية ظهر أكثر مواقف باحثي العصر الحاضر غرابة. بل هي إحدى مفارقات حضارة هذا العصر الغريبة الذي ينظر أهلها تارة بعين الداروينية إلى الإنسان ليروه حيوانا ذا نسب صريح إلى أحد القرود. فإذا نظروا إليه -في نفس الوقت- على ضوء منجزاته العلمية والتكنولوجية لم يجدوا بدا من تمييزه عن غيره. فجعلوه على قمة هرم التطور. واعتبروه آخر حلقة في سلسلة النشوء

---

(١) المصدر نفسه ص٤٣.

والارتقاء. ثم نصبوه إلها متصرفا يصنع نفسه كما يشاء، ويصنع حياته كما يشاء.[1]

فيبقى بذلك التساؤل القديم قائمًا ولكن بصيغة جديدة وهي:

- هل يتناسب موقعه المادي هذا مع موقعه المعنوي؟؟ أمن الحكمة أن يمهد لقدوم تلك الهباءة - المترامية في غمار ذلك الفضاء السحيق- بكل تلك الحفاوة التي يظهر[2] أنها أكثر من اللازم؟! إن هذا التساؤل يجر إلى أحد هذين الاحتمالين:

- إما القدح في حكمة الخالق والقول بسوء تدبيره (وحاشاه تعالى).

- وإما أن في هذا الإنسان سرًا يعطيه قيمة تجعله أهلا لأن يفعل كل ما فعل لأجله[3].

والاحتمال الأول مردود مستنكر في كل الأوساط الدينية والعلمية خاصة في هذا العصر.

يقول علم الفلك الحديث: (.. فعندما نبحث وندقق ونمعن النظر في كيفية ظهور هذا الإنسان - الضئيل من الناحية المادية- كثمرة نهائية لهذا الكون الهائل والتي استلزمت ١٥ مليارا من السنين، نجد أن أوفق الخطوات وأكثرها صوابا قد

---

(١) انظر محمد قطب، حول التفسير الإسلامي للتاريخ. ص٢٨.

(٢) أقول يظهر أن حجم الكون وعظمته قد تضاعفت في عين الإنسان بما يناسب ما كشف له منه حديثا. بينما لا تزال بصيرته غافلة عن حقيقة قيمته فيه خاصة جانبه المعنوي.

(٣) قد يقول القائل أليس يمكن أن يكون في زوايا الكون أراض أخرى وأناس آخرون من مثل مادتنا. ويكون الكون قد خلق لأجل هذه المخلوقات جميعا. وهذا لا يفيد كثيرا إذا علمنا بأنه لم يكتشف لحد الآن شيء من ذلك في كل هذه الأجواء المحيطة بنا. وحتى لو اكتشفا شيئا من ذلك فسيبقى ذلك القدر زهيد جدا مقارنة بأبعاد هذا الكون.

اتبعت هنا)[1] أي أن الوضع الحالي قد تطلب اجتماع طاقة ومادة الكون كله. مع الحاجة إلى كل تلك المليارات من السنين التي استغرقها ليأخذ الكون وضعه الحالي، وتأخذ الأرض زخرفها وتزين لأهلها على ما هي عليه الآن. والقوانين المبثوثة في الكون تقول بأن لا سبيل إلى حصول ما حصل بغير الطريقة التي حصل بها. وأن الحكمة كل الحكمة في ذلك التخليق، وذلك التدبير.

أما الأديان فغالبيتها مجمعة على القول بحكمة الخالق وحسن تدبيره فيما خلق.

إذن فلا يبقى إلا الاحتمال الثاني وهو أن في الإنسان سرا عظيما قد رشحه سلفا لأن يكون أهلا ليحدث لأجله كل الذي حدث.

هذا هو القدر الذي بإمكان العلوم أن تقف عليه، دون أن تتعداه. وهو أن لهذا الإنسان سرا خفيا، أورثه شأنا عظيما في هذا الكون. وهنا يأتي دور الوحي فماذا قال القرآن الكريم عن ذلك؟

ثانيا- التصوُّر القرآني العام لأهم حقائق الحياة:

ليس قصدي هنا هو حصر كل حقائق الحياة وإنما رميت إلى التنبيه على أهم وأخطر حقائقها والتي تتيح للإنسان الفرصة لتحديد موقعه في خارطة تاريخ هذا الوجود ومعرفة حقيقة وضعه في هذا الكون. لذا فإني سأذكر ذلك على شكل نقاط:

١- بداية العلاقة بين الإنسان وخالقه:

يخبر تعالى في كتابه الكريم بأنه هو خالق الناس والكون وخالق كل شيء. وأن بينه وبين عباده عهداً قديما أخذه منهم. وسجله بقلم القدرة في فطرهم وغرسه في طبائعهم الأصيلة فقال: **قَالَ تَعَالَى:** ﴿۞ أَلَمْ أَعْهَدْ إِلَيْكُمْ يَبَنِي ءَادَمَ أَن لَّا تَعْبُدُوا الشَّيْطَنَ

---

(١) الانفجار الكبير ص ١١٠.

إِنَّهُۥ لَكُمْ عَدُوٌّ مُّبِينٌ ۝ وَأَنِ ٱعْبُدُونِى هَٰذَا صِرَٰطٌ مُّسْتَقِيمٌ ۝ ﴾ يس: ٦٠ - ٦١. وذلك بعد أن أشهدهم على ألوهيته وربوبيته عليهم وهم في عالم الذر قبل وجودهم على الأرض فشهدوا له بذلك. فلا حجة لهم عليه بعدها. قال تعالى يصف المشهد: قَالَ تَعَالَى: ﴿ وَإِذْ أَخَذَ رَبُّكَ مِنۢ بَنِىٓ ءَادَمَ مِن ظُهُورِهِمْ ذُرِّيَّتَهُمْ وَأَشْهَدَهُمْ عَلَىٰٓ أَنفُسِهِمْ أَلَسْتُ بِرَبِّكُمْ قَالُوا بَلَىٰ شَهِدْنَآ أَن تَقُولُوا يَوْمَ ٱلْقِيَٰمَةِ إِنَّا كُنَّا عَنْ هَٰذَا غَٰفِلِينَ ۝ أَوْ تَقُولُوٓا إِنَّمَآ أَشْرَكَ ءَابَآؤُنَا مِن قَبْلُ وَكُنَّا ذُرِّيَّةً مِّنۢ بَعْدِهِمْ أَفَتُهْلِكُنَا بِمَا فَعَلَ ٱلْمُبْطِلُونَ ۝ ﴾ الأعراف: ١٧٢ - ١٧٣[1]. وهو تعالى يرسل إليهم دائما من يذكرهم بذلك العهد.

ويخبر تعالى بأنه قد أودع لدى الإنسان أمانة عظيمة عرضت على السموات والأرض والجبال فأبينها وتهيبن منها، ثم عرضت عليه فقبل بها وحملها. قال تعالى: قَالَ تَعَالَى: ﴿ إِنَّا عَرَضْنَا ٱلْأَمَانَةَ عَلَى ٱلسَّمَٰوَٰتِ وَٱلْأَرْضِ وَٱلْجِبَالِ فَأَبَيْنَ أَن يَحْمِلْنَهَا وَأَشْفَقْنَ مِنْهَا وَحَمَلَهَا ٱلْإِنسَٰنُ إِنَّهُۥ كَانَ ظَلُومًا جَهُولًا ۝ ﴾ الأحزاب: ٧٢. وقد ذهب غالبية المفسرين إلى أن الأمانة هي التكليف، ولكن القرآن يخبرنا بأن الجان مكلفون أيضا بما كُلف به بنو آدم. وسياق الآية يدل على أن ما استؤمن عليه الإنسان كان أمرا انفرد به والظاهر أن لتلك الأمانة علاقة بشيء مما انفرد به الإنسان عن غيره. والقول الأوفق في هذه المسألة أن تفسر الأمانة بأنها وظيفة الخلافة التي هي تكليف من جهة وهي خاصة بالإنسان فقط. وقد ذهب الدكتور البوطي إلى أن الأمانة إنما هي تلك الصفات المقتبسة من أوصاف الرب جل جلاله. وأنها أسلحة خطرة ذات حدين ائتمن عليها. يقول في ذلك: (فمن أجل ذلك سمى الله هذه الأسلحة التي ائتمن عليها هذا المخلوق بالأمانة، وبين مدى أهميتها وعظم شأنها في قوله: قَالَ تَعَالَى: ﴿ إِنَّا عَرَضْنَا ٱلْأَمَانَةَ عَلَى ٱلسَّمَٰوَٰتِ وَٱلْأَرْضِ وَٱلْجِبَالِ فَأَبَيْنَ أَن يَحْمِلْنَهَا وَأَشْفَقْنَ مِنْهَا وَحَمَلَهَا ٱلْإِنسَٰنُ

---

(١) انظر العبادة في الإسلام، ص٢٢.

إِنَّهُۥ كَانَ ظَلُومًا جَهُولًا ﴿٧٢﴾ الأحزاب: ٧٢. ومصدر خطورة هذه الصفات أنها في حقيقتها ليست إلا صفات الربوبية. فالعلم والقوة والسلطان والتملك والجبروت - كلها مقومات للألوهية وصفات للرب جل جلاله.

فمن شأن هذه الصفات إذا وجدت في الإنسان أن تسكره وتأخذ بلبه وتنسيه حقيقته وتجعله يتمطى إلى مستوى الربوبية والألوهية، وإن كان الإنسان لا يملك منها في الحقيقة إلا ظلالا وآثارا ليس لها من حقيقة الصفات الإلهية إلا الاسم وحده)(١).

وليس يعارض ذلك ما ذهب إليه جمهور المفسرين(٢)، ولا أن الأمانة هي الخلافة لأن تلك الصفات هي من مستلزمات الخلافة والتكليف. فمن خصائص الخليفة أن يتصف بشيء من أوصاف مُستخلفه ليقدر على أعباء الخلافة. يقول ابن عربي الصوفي في ذلك: (فالخليفة لا بد أن يظهر فيما استخلف عليه بصورة مستخلفه وإلا فليس بخليفة له فيهم)(٣).

فمعنى الأمانة إذن هي أن الله تعالى استخلف الإنسان في الأرض وجعل أمر ظهور الفساد في البر والبحر مرهون بما كسبت يداه. قال تعالى: قَالَ تَعَالَى: أَعُوذُ بِٱللَّهِ مِنَ ٱلشَّيْطَانِ ٱلرَّجِيمِ ظَهَرَ ٱلْفَسَادُ فِي ٱلْبَرِّ وَٱلْبَحْرِ بِمَا كَسَبَتْ أَيْدِى ﴿٤١﴾ الروم: ٤١.

٢- تعريف الإنسان بقيمته في هذا الكون، وبحقيقة مراده:

لقد عالج القرآن الكريم هذا الموضوع في أول ما حكى من أمر تاريخ البشرية. فقد بادرت الملائكة إلى التساؤل عن السر الذي جعل هذا المخلوق الذي

---

(١) كبرى اليقينيات الكونية، ص٦٤-٦٩.
(٢) من أن الأمانة هي التكليف.
(٣) المعجم الصوفي، ص٣١٤.

من طبعه الإفساد وسفك الدماء أن يستأثر بتلك المكانة السامية دونهم وهم المسبحون والمقدسون فما قدر هذا المخلوق أمام عظمة هذا الكون وبديع صنعته؟ وما قيمته في هذا الوجود؟

يقول تعالى واصفا ما حدث: قَالَ تَعَالَى: ﴿ وَإِذْ قَالَ رَبُّكَ لِلْمَلَٰٓئِكَةِ إِنِّي جَاعِلٌ فِي ٱلْأَرْضِ خَلِيفَةً قَالُوٓا۟ أَتَجْعَلُ فِيهَا مَن يُفْسِدُ فِيهَا وَيَسْفِكُ ٱلدِّمَآءَ وَنَحْنُ نُسَبِّحُ بِحَمْدِكَ وَنُقَدِّسُ لَكَ ﴾ البقرة: ٣٠ (١). فأجابهم أول الأمر جوابا مجملا بقوله: قَالَ تَعَالَى: ﴿ إِنِّي أَعْلَمُ مَا لَا تَعْلَمُونَ ﴾ البقرة: ٣٠. ثم أراهم منه شيئا يمتاز به دونهم، وهي علمه بالأسماء كلها. فأذعنت الملائكة مسبحة ومعترفة له بالفضل عليها وهي تقول: قَالَ تَعَالَى: ﴿ سُبْحَٰنَكَ لَا عِلْمَ لَنَآ إِلَّا مَا عَلَّمْتَنَآ إِنَّكَ أَنتَ ٱلْعَلِيمُ ٱلْحَكِيمُ ٣٢ ﴾ البقرة: ٣٢.

قد كان آية للإبداع الإلهي في مخلوقاته حتى مدح الله تعالى نفسه بخلقه للإنسان فقال: قَالَ تَعَالَى: ﴿ وَلَقَدْ خَلَقْنَا ٱلْإِنسَٰنَ مِن سُلَٰلَةٍ مِّن طِينٍ ١٢ ثُمَّ جَعَلْنَٰهُ نُطْفَةً فِي قَرَارٍ مَّكِينٍ ١٣ ثُمَّ خَلَقْنَا ٱلنُّطْفَةَ عَلَقَةً فَخَلَقْنَا ٱلْعَلَقَةَ مُضْغَةً فَخَلَقْنَا ٱلْمُضْغَةَ عِظَٰمًا فَكَسَوْنَا ٱلْعِظَٰمَ لَحْمًا ثُمَّ أَنشَأْنَٰهُ خَلْقًا ءَاخَرَ فَتَبَارَكَ ٱللَّهُ أَحْسَنُ ٱلْخَٰلِقِينَ ١٤ ﴾ المؤمنون: ١٢ - ١٤.

وقد تفرد في خلقته وفي قيمته في هذا الوجود. يقول تعالى يصف تلك الخلقة: قَالَ تَعَالَى: ﴿ لَقَدْ خَلَقْنَا ٱلْإِنسَٰنَ فِي أَحْسَنِ تَقْوِيمٍ ٤ ﴾ التين: ٤. وقال أيضا: قَالَ تَعَالَى: ﴿ وَصَوَّرَكُمْ فَأَحْسَنَ صُوَرَكُمْ ٦٤ ﴾ غافر: ٦٤.

يقول ابن عربي (الفقيه المالكي): (ليس لله تعالى خلق أحسن من الإنسان، فإن الله خلقه حيا، عالما، قادرا، مريدا، متكلما، سميعا، بصيرا، مدبرا، حكيما، وهذه

صفات الرب سبحانه، وعنها عبر بعض العلماء، ووقع البيان بقوله صلى الله عليه وسلم: "إنَّ الله خلق آدم على صورته"[1] يعني على صفاته "ثم يقول" فهذا يدلك على أن الإنسان أحسن خلق الله باطنا، وهو أحسن خلق الله ظاهرا، جمال هيئة، وتركيب بديع..)[2].

وقال ابن قيم الجوزية: (اعلم أن الله سبحانه وتعالى اختص نوع الإنسان من بين خلقه بأن كرمه وفضله وشرفه، وخلقه لنفسه، وخلق كل شيء له. وخصه من معرفته ومحبته، وقربه وإكرامه بما لم يعطه غيره وسخر له ما في سماواته وأرضه وما بينهما، حتى ملائكته -الذين هم أهل قربه- استخدمهم له. وجعلهم حفظة له في منامه ويقظته، وظعنه وإقامته، وأنزل إليه وعليه كتبه، وأرسله وأرسل إليه، وكلمه منه إليه، واتخذ منهم الخليل والكليم، والأولياء والخواص والأحبار، وجعلهم معدن أسراره، ومحل حكمته وموضع حبه، وخلق لهم الجنة، والنار. فالخلق والأمر، والثواب والعقاب، مداره على النوع الإنساني فإنه خلاصة الخلق وهو المقصود بالأمر والنهي، وعليه الثواب والعقاب.

فللإنسان ليس لسائر المخلوقات، وقد خلق أباه بيده، ونفخ فيه من روحه وأسجد له ملائكته، وعلمه أسماء كل شيء وأظهر فضله على الملائكة فمن دونهم من جميع المخلوقات، وطرد إبليس عن قربه، وأبعده عن بابه، إذ لم يسجد له مع الساجدين، واتخذه عدوا له)[3].

ثم يبين الله الكرامة التي خص بها الإنسان دون الملائكة؛ وهي المكانة التي خص بها في هذا الكون دونهم، فيقول: قَالَ تَعَالَى: ﴿ وَسَخَّرَ لَكُم مَّا فِي ٱلسَّمَٰوَٰتِ وَمَا فِي ٱلۡأَرۡضِ

(١) أخرجه مسلم في كتاب البر والصلة (٤/٢١٨٣)، ورقمه: (٢٦١٢).
(٢) نقله د. محمد الزحيلي في كتابه: التكريم الإلهي للإنسان عن تفسير ابن عربي٤/١٩٤١. وانظر قيمة الإنسان وغاية وجوده في الإسلام..ص١٢.
(٣) قيمة الإنسان وغاية وجوده في الإسلام، ص ١٣و١٤.

جَمِيعًا مِّنْهُ ﴿١٣﴾ ﴾ الجاثية: ١٣. فكل ما حوله مسخر له[1] ويقول د. يوسف القرضاوي: (أما مركز الإنسان في هذا الكون المادي العريض، فهو السيد المتصرف الذي سخر كل ما في هذا العالم لنفعه ولإصلاح أمره،..)[2].

وهذه الحقيقة وإن كانت نتائج كل البحوث العلمية تؤيدها غير أن العلماء طالما ترددوا في الإقرار بها. استصغارا منهم لشأن الإنسان بجانب شساعة هذا الكون. ولقلة معلوماتهم بكل ما في هذا الكون. وما كان لأحد أن يجزم بذلك دون سند من الوحي. ولا يزال تطاول الزمان يبين الكثير من عجائب أسرار هذا المخلوق وملكاته العقلية الكامنة فيه، ومن كان يمكن أن يتصور منذ قرن فقط أن بإمكانه الطيران والتحليق ليحط الرحال على القمر!!

إنه المخلوق الذي اختاره الله تعالى من بين الخلائق كلها ليكون سيِّد هذا الكون!!

إنه سر الله الذي قال فيه لملائكته: قَالَ تَعَالَى: ﴿إِنِّي أَعْلَمُ مَا لَا تَعْلَمُونَ ﴿٣٠﴾ ﴾ البقرة: ٣٠.

هذه هي قيمة الإنسان عند الله ابتداءً قبل أن يوكل أمرها للإنسان نفسه. فإنه تعالى زوده بالعقل وحرية الإرادة وجعله قادرا ذا علم وتدبير. وبعث إليه بالهداية ثم أوكل إليه أمر نفسه وتحديد مصيرها، ليرى ما يفعل تجاه ما أعطي من النعم. قال تعالى: قَالَ تَعَالَى: ﴿ وَأَن لَّيْسَ لِلْإِنسَٰنِ إِلَّا مَا سَعَىٰ ﴿٣٩﴾ وَأَنَّ سَعْيَهُۥ سَوْفَ يُرَىٰ ﴿٤٠﴾ ثُمَّ يُجْزَىٰهُ الْجَزَآءَ الْأَوْفَىٰ ﴿٤١﴾ ﴾ النجم: ٣٩ - ٤١.

_____

(١) سبق وأن أدرجت الكلام عن تسخير الكون للإنسان بشيء من التفصيل في كلامي عن غاية الكون ووظيفته.
(٢) قيمة الإنسان وغاية وجوده في الإسلام..ص١٠.

فإما أن يستعمل تلك الخصائص والصفات التي استؤمن عليها وفق الهداية الربانية، فينخرط بذلك في سلك النظام الكوني الشامل فتسمو بذلك روحه وتبلغ كرامته عنان السماء في أعلى عِلِّيين يباهي الله تعالى به ملائكته في الملأ الأعلى، ويكون ممن وصفه تعالى بقوله: قَالَ تَعَالَى: ﴿ إِنَّ ٱلَّذِينَ ءَامَنُواْ وَعَمِلُواْ ٱلصَّٰلِحَٰتِ أُوْلَٰٓئِكَ هُمۡ خَيۡرُ ٱلۡبَرِيَّةِ ۝ ﴾ البينة: ٧(١٧). وأما إن شذَّ وأخل بما وُسِّد إليه أو تعدى حدود صلاحياته؛ دبَّ الخلل إلى النظام، وانقلبت عليه وعلى ما حوله وبالا. وحدث الفساد فيما حوله كما قال تعالى: قَالَ تَعَالَى: ﴿ ظَهَرَ ٱلۡفَسَادُ فِي ٱلۡبَرِّ وَٱلۡبَحۡرِ بِمَا كَسَبَتۡ أَيۡدِي ٱلنَّاسِ لِيُذِيقَهُم بَعۡضَ ٱلَّذِي عَمِلُواْ لَعَلَّهُمۡ يَرۡجِعُونَ ۝ ﴾ الروم: ٤١. فيفقد بذلك تلك الكرامة التي خُصَّ بها، ويتردى في أسفل السافلين. ثم إنه وإن كان الإنسان يعرف -على العموم- ما يريد في هذه الحياة فإن القرآن يعينه على معرفة تفاصيل ذلك المراد.

فإذا كانت غاية مطمح الإنسان السَّوي في هذه الحياة هو تحصيل أكبر قدر من السعادة، مع دوام تلك النعمة، ودوامه معها أبد الآبدين. فإن في القرآن دلالة واضحة في كثير من آياته على تلك الرغبة الكامنة في الإنسان. وتنبيه إلى أنها نقطة الضعف التي تسلل منها اللعين إبليس بوساوسه إلى سريرة أبي البشرية!. لقد علم إبليس ذلك في خلقة آدم عليه السلام فمنّاه بالخلود فيما هو فيه من النعيم ووعده بالملك الذي لا يبلى قائلا: قَالَ تَعَالَى: ﴿ يَٰٓـَٔادَمُ هَلۡ أَدُلُّكَ عَلَىٰ شَجَرَةِ ٱلۡخُلۡدِ وَمُلۡكٍ لَّا يَبۡلَىٰ ۝ ﴾

---

(١) انظر قيمة الإنسان وغاية وجوده في الإسلام، ص١٤. ومن اللفتات اللطيفة في هذا الموضوع أنه مع ضآلة حجم الإنسان قياسا إلى سعة الكون؛ وعظمة مخلوقات الله تعالى؛ فإن النبي صلى الله عليه وسلم يقول عند موت سعد بن معاذ:" لقد اهتز عرش الرحمن لموت سعد بن معاذ.!!". أخرجه مسلم في صحيحه (١٩١٥/٤). تلك هي قيمة الإنسان (حامل الأمانة) الذي يحقق إرادة الله الشرعية في الكون عنده تعالى.

طه: ١٢٠. لقد أعجبت الجنة آدم عليه السلام فتكونت لديه رغبة خفية وشوق إلى الخلود فيما هو فيه. وكان ذلك هو الوتر الحساس الذي لحَّن إبليس عليه غوايته.

ثم إننا حينما ننظر في كلام اللـه تعالى نجده يرسم للإنسان طريقه في هذه الدنيا، ويضع له في نهايته غاية يرغبه بها على السير قدما وتتمثل في الخلود في جنة عرضها السموات والأرض، فيها ما لا عين رأت ولا أذن سمعت ولا خطر على قلب بشر. وحفَّ ذلك الطريق القويم بسبل تهدي إلى الخلود في نار جهنم من سلكها. فالغاية في القرآن الكريم هي ما ورد في قوله تعالى: قَالَ تَعَالَى: ﴿ فَمَن زُحْزِحَ عَنِ ٱلنَّارِ وَأُدْخِلَ ٱلْجَنَّةَ فَقَدْ فَازَ وَمَا ٱلْحَيَوٰةُ ٱلدُّنْيَآ إِلَّا مَتَٰعُ ٱلْغُرُورِ ۝ ﴾ آل عمران: ١٨٥.

والإنسان حينما يكدح لنيل ذلك إنما يحاول العودة إلى جنة الخلد التي أخرج منها أبواه الأولان، وذلك بمتابعة أوامر اللـه ومقارعة إبليس ووساوسه، وعصيان أوامره.

إذن فقد دلت الألباب ونصوص الكتاب دلالة واضحة على أنَّ غاية مطمح البشرية هو الظفر باللذائذ والاستزادة منها والخلود في ذلك أبد الدهر، والنجاة مما يقابل ذلك من البؤس والشقاء الأبدي.

فأما الخلود فقد ضمنه القرآن لكل البشر. وأما حال الخلود ومكانه فقد جعله متوقفا على المسلك المتخذ في الحياة الدنيا، إما مسلك صحيح يقود صاحبه إلى حياة طيبة في دنياه، وسعادة تامة في آخرته. وإما سبل ضلال تقود أهلها إلى ضيق العيش في الدنيا، والشقاء كل الشقاء في الآخرة.

وبذلك يكون القرآن قد أعان الإنسان على تحديد ما يريد.

٣- الحياة الدنيا متاع قليل زائل:

ومن حقائق هذا القرآن ما كشفه للإنسان عن حقيقة هذه الدنيا. فبين ذلك ومثل لها. وحذر من الاغترار بها فقال: قَالَ تَعَالَى: ﴿ اعْلَمُوا أَنَّمَا الْحَيَوٰةُ الدُّنْيَا لَعِبٌ وَلَهْوٌ وَزِينَةٌ وَتَفَاخُرٌ بَيْنَكُمْ وَتَكَاثُرٌ فِي الْأَمْوَٰلِ وَالْأَوْلَٰدِ كَمَثَلِ غَيْثٍ أَعْجَبَ الْكُفَّارَ نَبَاتُهُ ثُمَّ يَهِيجُ فَتَرَىٰهُ مُصْفَرًّا ثُمَّ يَكُونُ حُطَٰمًا وَفِي الْأَخِرَةِ عَذَابٌ شَدِيدٌ وَمَغْفِرَةٌ مِّنَ اللَّهِ وَرِضْوَٰنٌ وَمَا الْحَيَوٰةُ الدُّنْيَا إِلَّا مَتَٰعُ الْغُرُورِ ۝ ﴾ الحديد: ٢٠[1] فأكد له أن هذه الحياة متاع زائف زائل. وقال أيضا: قَالَ تَعَالَى: ﴿ إِنَّمَا مَثَلُ الْحَيَوٰةِ الدُّنْيَا كَمَاءٍ أَنزَلْنَٰهُ مِنَ السَّمَاءِ فَاخْتَلَطَ بِهِۦ نَبَاتُ الْأَرْضِ مِمَّا يَأْكُلُ النَّاسُ وَالْأَنْعَٰمُ حَتَّىٰ إِذَا أَخَذَتِ الْأَرْضُ زُخْرُفَهَا وَازَّيَّنَتْ وَظَنَّ أَهْلُهَا أَنَّهُمْ قَٰدِرُونَ عَلَيْهَا أَتَىٰهَا أَمْرُنَا لَيْلًا أَوْ نَهَارًا فَجَعَلْنَٰهَا حَصِيدًا كَأَن لَّمْ تَغْنَ بِالْأَمْسِ كَذَٰلِكَ نُفَصِّلُ الْأَيَٰتِ لِقَوْمٍ يَتَفَكَّرُونَ ۝ ﴾ يونس: ٢٤. قال ابن القيم: (شبَّه سبحانه الحياة الدنيا في أنها تتزين في عين الناظر فتروقه وتعجبه بزينتها فيميل إليها ويهواها اغترارا منه بها، حتى إذا ظن أنه قادر لها قادر عليها، سُلبها بغتة وهو أحوج ما كان إليها. وحيل بينه وبينها. فشبهها بالأرض التي ينزل الغيث عليها، فتعشب ويحسن نباتها، ويروق منظرها للناظر، فيغتر به، ويظن أنه قادر عليها، مالك لها. فيأتيها أمر الله عند ذلك. فتدرك نباتها الآفة بغتة، فتصبح كأن لم تغن من قبل شيئا، فيخيب ظنه، وتصبح يداه صفرا. فهكذا حال الدنيا والواثق بها سواء، وهذا من أبلغ التشبيه والقياس)[2].

وذكر أن متاعها قليل قليل مقارنة بما عند الله تعالى في الآخرة فقال: قَالَ تَعَالَى: ﴿ بَلْ تُؤْثِرُونَ الْحَيَوٰةَ الدُّنْيَا ۝ وَالْأَخِرَةُ خَيْرٌ وَأَبْقَىٰ ۝ ﴾ الأعلى: ١٦ - ١٧.

_____

(١) انظر روح الدين الإسلامي ص١٦٦ ، ١٦٧.
(٢) أمثال القرآن وأمثال الحديث، ابن قيم الجوزية ص٥٧.

لذلك حذر تعالى من الركون إليها والاطمئنان لها. وطلب من الناس التعامل معها بقدر الحاجة إليها وبحذر فقال: قَالَ تَعَالَى: ﴿ يَٰٓأَيُّهَا ٱلنَّاسُ إِنَّ وَعْدَ ٱللَّهِ حَقٌّ فَلَا تَغُرَّنَّكُمُ ٱلْحَيَوٰةُ ٱلدُّنْيَا وَلَا يَغُرَّنَّكُم بِٱللَّهِ ٱلْغَرُورُ ۝ ﴾ فاطر: ٥. وقال: قَالَ تَعَالَى: ﴿ وَٱبْتَغِ فِيمَآ ءَاتَىٰكَ ٱللَّهُ ٱلدَّارَ ٱلْءَاخِرَةَ وَلَا تَنسَ نَصِيبَكَ مِنَ ٱلدُّنْيَا وَأَحْسِن كَمَآ أَحْسَنَ ٱللَّهُ إِلَيْكَ وَلَا تَبْغِ ٱلْفَسَادَ فِي ٱلْأَرْضِ إِنَّ ٱللَّهَ لَا يُحِبُّ ٱلْمُفْسِدِينَ ۝ ﴾ القصص: ٧٧. أي حسبه منها أن يتزود منها لآخرته.

وإن القرآن حينما يذم الدنيا إنما يذم دنيا الكافر الذي تمرد عن الحق فيها. وأما دنيا المؤمن فهي المعيشة الطيبة التي وعده إياها. وهي مطية بلوغ رضى الله رضى الله في الآخرة. فهو يريد منه أن يعي حقيقة ذلك الفرق البين بين القليل الزائل، وبين العظيم الباقي. وأن يجعل الدنيا وسيلة في يده لا غاية في قلبه يسعى إليها. فيقبل بدنياه على الآخرة، ولا يبيع الغالي بالرّخيص [1].

٤- الحياة الدنيا ابتلاء:

وللحياة الدنيا في القرآن الكريم بُعدٌ آخر، وهي كونها ابتلاءً وامتحانا للإنسان. فقد أعطاه الله تعالى عقلا وإرادة وقدرة. وأسبغ عليه ما لا يحصى من النعم. وأرسل إليه بالهداية. ثم ابتلاه لينظر ما هو فاعل. قال تعالى: قَالَ تَعَالَى: ﴿ إِنَّا جَعَلْنَا مَا عَلَى ٱلْأَرْضِ زِينَةً لَّهَا لِنَبْلُوَهُمْ أَيُّهُمْ أَحْسَنُ عَمَلًا ۝ ﴾ الكهف: ٧. وقال أيضا: قَالَ تَعَالَى: ﴿ وَلَنَبْلُوَنَّكُم بِشَيْءٍ مِّنَ ٱلْخَوْفِ وَٱلْجُوعِ وَنَقْصٍ مِّنَ ٱلْأَمْوَٰلِ وَٱلْأَنفُسِ وَٱلثَّمَرَٰتِ وَبَشِّرِ ٱلصَّٰبِرِينَ ۝ ﴾ البقرة: ١٥٥. ثم أن البلاء لا ينحصر في الشرور والمصائب فقط وإنما جعله الله

---

(١) انظر روح الدين الإسلامي، ص١٦٥، ١٦٦.

في الخير والشر لتكون الحياة كلها ابتلاء قال تعالى: قَالَ تَعَالَى: ﴿ وَنَبْلُوكُم بِٱلشَّرِّ وَٱلْخَيْرِ فِتْنَةً وَإِلَيْنَا تُرْجَعُونَ ۝ ﴾ الأنبياء: ٣٥.

ويُعلمنا تعالى أنه نصّب على كل إنسان ملكين يقومان بإحصاءٍ شاملٍ لكل ما يصدر عنه، يظهر ذلك جليا في قوله تعالى: قَالَ تَعَالَى: ﴿ مَّا يَلْفِظُ مِن قَوْلٍ إِلَّا لَدَيْهِ رَقِيبٌ عَتِيدٌ ۝ ﴾ ق: ١٨. وقوله: قَالَ تَعَالَى: ﴿ وَلَا تَعْمَلُونَ مِنْ عَمَلٍ إِلَّا كُنَّا عَلَيْكُمْ شُهُودًا إِذْ تُفِيضُونَ فِيهِ ۝ ﴾ يونس: ٦١. وذكر تعالى أن الناس يندهشون يوم القيامة من شمولية ودقة ذلك الإحصاء فيقولون: قَالَ تَعَالَى: ﴿ يَٰوَيْلَتَنَا مَالِ هَٰذَا ٱلْكِتَٰبِ لَا يُغَادِرُ صَغِيرَةً وَلَا كَبِيرَةً إِلَّا أَحْصَىٰهَا وَوَجَدُوا۟ مَا عَمِلُوا۟ حَاضِرًا وَلَا يَظْلِمُ رَبُّكَ أَحَدًا ۝ ﴾ الكهف: ٤٩. فيقال لهم: قَالَ تَعَالَى: ﴿ إِنَّا كُنَّا نَسْتَنسِخُ مَا كُنتُمْ تَعْمَلُونَ ۝ ﴾ الجاثية: ٢٩. ثم في الآخرة يكون الحساب والجزاء.

٥- الحياة الدنيا حلبة صراع:

ومن الحقائق القرآنية أيضا ما أخبر به تعالى من أن الإنسان لا يحيى في هذه الأرض وحده، بل يشاركه إياها خلق آخرون هم الجن. وأنهم مشمولون بما كلف به الإنسان في هذه الدنيا. وأنهم أقوام يروننا ولا نراهم، وأن منهم البر ومنهم الفاجر. وأن منهم قبيلا فاجرين فسقة هم إبليس وذريته.

وأن الإنسان حينما يأتي إلى هذه الدنيا إنما ينزل بذلك حلبة صراع تاريخي قديم قدم الإنسانية نفسها، والذي لا ينتهي إلا بنهايتها. وهو ينزل بنفس ذات مزيج معقد من الأوتار الحساسة؛ أوتار الشهوة والغضب والكبرياء والجبروت والاستبداد وغيرها كثير من الأحاسيس التي رُكِّبت فيه بمقادير مناسبة. والتي إذا أفرط في تلك المقادير أو فرّط فيها جنت عليه وأهلكته.

هذا من جهة. ومن جهة ثانية؛ يقف الإنسان بتلك النفس في حضن الحياة الدنيا، والتي تتألق أمامه بزينتها وزخارفها، ولمعانها الجذاب، وبريقها الذي يسحر الألباب. وبين تلك الشهوة وهذا البريق يقف الشيطان يتربص بالإنسان الدوائر، ويجتهد في إغراء تلك المشاعر بتلك الزخارف. ويعزف ألحانه الحلوة على أوتار تلك الأحاسيس، ويتفنن في المكيدة للإنسان ليل نهار منذ آلاف السنين، يسقي مكامن تلك الشهوات ببريق زينة الحياة الدنيا، ويطمس البصائر ويحول بين الإنسان والحقائق بحجاب لماع من زخارف الدنيا. إنّ هذه العوامل الثلاثة تتحد أمام الإنسان لتشكل دوامة تبدو كالثقب الأسود الذي لا يفلت منه شيء. وفي الجهة المقابلة. زوّده الله بفطرة سليمة، وعقل رشيد، وهداية ربانية، وحفظ وتأييد وموالاة من الله وملائكته لمن تولاهم. وبين الجبهتين يقف الإنسان بإرادته الحرة ليختار في أيهما يحدد موقعه.

تلك هي قصة حربه. وهذه هي خارطة المعركة وملابساتها. وتلك هي أطراف الصراع الذي لا حيلة له في تلافيه.

٦- تعريفه بعدوه التاريخي الذي هو أصل الشرور:

يرجع القرآن أول أمر تلك العداوة إلى ما وقع من تكريم الله تعالى لآدم عليه السلام وجعله خليفة في الأرض وأمر إبليس والملائكة بالسجود له. إنّ ذلك أثار حفيظة إبليس لأنه كان يحتقر آدم قبل أن يخلق بدليل استقذاره لمادة خلقه كما قال تعالى على لسانه: قَالَ تَعَالَى: ﴿ أَءَسْجُدُ لِمَنْ خَلَقْتَ طِينًا ﴾ الإسراء: ٦١. فأبى أن يسجد وهذا ما كان سببا في فقدانه مكانته السامية في الملأ الأعلى، وخروجه من الجنة. غضب الله تعالى عليه وأقصاه من قربه وأخرجه من جنته. وعندها جهر بعداوته لآدم. وأقسم بالله متحديا إياه بإضلال عبيده عن سبيله، والمضي في ذلك قدما إلى آخر نفس فيه. وتوعد بالكيد لآدم وبنيه والمضي في السعي في غوايتهم وإضلالهم

بكل ما أوتي من مكر ودهاء. قال تعالى يحكي مقالته تلك: قَالَ تَعَالَى: ﴿ فَبِمَآ أَغْوَيْتَنِى لَأَقْعُدَنَّ لَهُمْ صِرَٰطَكَ ٱلْمُسْتَقِيمَ ١٦ ثُمَّ لَآتِيَنَّهُم مِّنۢ بَيْنِ أَيْدِيهِمْ وَمِنْ خَلْفِهِمْ وَعَنْ أَيْمَٰنِهِمْ وَعَن شَمَآئِلِهِمْ ۖ وَلَا تَجِدُ أَكْثَرَهُمْ شَٰكِرِينَ ١٧ ﴾ الأعراف: ١٦ – ١٧.

فسبب عداوة إبليس لآدم -إذن- إنما يعود إلى حسده إياه على تلك الكرامة العظيمة التي خصه الله بها والتي يرى أن آدم ليس أهلا لها. والسبب الثاني هو الانتقام منه لكونه كان سبب فقدان إبليس لمكانته السامية في الملأ الأعلى، وخروجه من الجنة إلى شقاء أبدي.

لذلك فهو يعمل جاهدا على أن يُفقد الإنسان تلك المكانة والقيمة التي خصه الله تعالى بها دون غيره من جهة. ويعمل على إن لا يعود آدم وبنوه إلى الجنة التي طرد هو منها إلى الأبد. فعكف على دعوة الناس ليتمردوا على ربهم الذي خلقهم، ويدنسهم بالخطايا ليكونوا مثله. ويكونوا من أصحابه في السعير.

قال تعالى: قَالَ تَعَالَى: ﴿ إِنَّمَا يَدْعُوا۟ حِزْبَهُۥ لِيَكُونُوا۟ مِنْ أَصْحَٰبِ ٱلسَّعِيرِ ٦ ﴾ فاطر: ٦.

وكان أول تحذير إلهي لآدم وزوجه بقوله: قَالَ تَعَالَى: ﴿ فَقُلْنَا يَٰٓـَٔادَمُ إِنَّ هَٰذَا عَدُوٌّ لَّكَ وَلِزَوْجِكَ فَلَا يُخْرِجَنَّكُمَا مِنَ ٱلْجَنَّةِ فَتَشْقَىٰٓ ١١٧ ﴾ طه: ١١٧. لقد أغراهما بمخالفة أمر الله تعالى وتلك نقطة بداية ذلك الصراع. وكانت أول ثمرة لنسيان البشرية عداوة إبليس لها خروجها من الجنة. قال تعالى يؤنب آدم وحواء على نسيانهما: قَالَ تَعَالَى: ﴿ وَنَادَىٰهُمَا رَبُّهُمَآ أَلَمْ أَنْهَكُمَا عَن تِلْكُمَا ٱلشَّجَرَةِ وَأَقُل لَّكُمَآ إِنَّ ٱلشَّيْطَٰنَ لَكُمَا عَدُوٌّ مُّبِينٌ ٢٢ ﴾ الأعراف: ٢٢. وهاهو الله تعالى يعيد تحذيرنا منه في كتابه الأخير بقوله: قَالَ تَعَالَى: ﴿ يَٰبَنِىٓ ءَادَمَ لَا يَفْتِنَنَّكُمُ ٱلشَّيْطَٰنُ كَمَآ أَخْرَجَ أَبَوَيْكُم مِّنَ ٱلْجَنَّةِ يَنزِعُ عَنْهُمَا لِبَاسَهُمَا لِيُرِيَهُمَا سَوْءَٰتِهِمَآ ۗ إِنَّهُۥ يَرَىٰكُمْ هُوَ وَقَبِيلُهُۥ مِنْ حَيْثُ لَا تَرَوْنَهُمْ ٢٧ ﴾ الأعراف: ٢٧.

ويخاطبنا معاتبا:

قَالَ تَعَالَى: ﴿ أَفَتَتَّخِذُونَهُۥ وَذُرِّيَّتَهُۥٓ أَوْلِيَآءَ مِن دُونِى وَهُمْ لَكُمْ عَدُوٌّ بِئْسَ لِلظَّٰلِمِينَ بَدَلًا ﴾ الكهف: ٥٠.

لقد توعد إبليس البشرية بالسعي في غوايتها. وبأنه لن يترك في الإنسان وترا حساسا إلا ضرب عليه، ولا باب شبهة إلا طرقه. يظهر ذلك جليا فيما حكاه عنه بقوله: قَالَ تَعَالَى: ﴿ لَأَقْعُدَنَّ لَهُمْ صِرَٰطَكَ ٱلْمُسْتَقِيمَ ١٦ ثُمَّ لَءَاتِيَنَّهُم مِّنۢ بَيْنِ أَيْدِيهِمْ وَمِنْ خَلْفِهِمْ وَعَنْ أَيْمَٰنِهِمْ وَعَن شَمَآئِلِهِمْ وَلَا تَجِدُ أَكْثَرَهُمْ شَٰكِرِينَ ١٧ ﴾ الأعراف: ١٦ - ١٧. وقوله: قَالَ تَعَالَى: ﴿ قَالَ رَبِّ بِمَآ أَغْوَيْتَنِى لَأُزَيِّنَنَّ لَهُمْ فِى ٱلْأَرْضِ وَلَأُغْوِيَنَّهُمْ أَجْمَعِينَ ٣٩ ﴾ الحجر: ٣٩.

ثم بيَّن له شيئا من مكره وحيله التي يستعملها في الاستدراج والإضلال. وأخطر ما يفعل هو أن ينسي الإنسان تلك العداوة التاريخية التي يكنها له -كما نسيها آدم من قبل- ثم يجعله يغفل وينسى بتخدير عقله، وطمس بصيرته بكل ما تيسر له من وسائل الإلهاء؛ خمر، شهوات وملذات. يزين له الحياة الدنيا يلهيه بها عن الآخرة. ينفخ في تلك القبسات من صفات الربوبية كحب التفرد، والتشريع والملكية المطلقة والكبرياء والجبروت، والاستبداد، وغيرها من صفات الألوهية التي أحب اللـه تعالى أن يتفرد بها(١)، ليجعله يتأله ويتجبر ويصده عن سبيل ربه ويقطع صلته به. قال تعالى: قَالَ تَعَالَى: ﴿ ٱسْتَحْوَذَ عَلَيْهِمُ ٱلشَّيْطَٰنُ فَأَنسَىٰهُمْ ذِكْرَ ٱللَّهِ ١٩ ﴾ المجادلة: ١٩. فإذا نسي إلهه نسي لقاءه في الآخرة وانحلت عن رقبته ربقة المسؤولية فيستبيح بوحي من إبليس فعل الخبائث والمنكرات ما ظهر منها وما بطن. قال تعالى: قَالَ تَعَالَى: ﴿ إِنَّمَا يَأْمُرُكُم بِٱلسُّوٓءِ وَٱلْفَحْشَآءِ وَأَن تَقُولُوا۟ عَلَى ٱللَّهِ مَا لَا تَعْلَمُونَ

---

(١) قال تعالى في الحديث القدسي: "الكبرياء ردائي والعظمة إزاري فمن نازعني واحدا منهما قذفته في النار" أخرجه مسلم في كتاب البر والصلة والآداب (٢٠٢٣/٤)، ورقمه: (٢٦٢٠)، وأبو داود في كتاب اللباس (٥٩/٤)، ورقمه: (٤٠٩٠).

﴿١٦٩﴾ البقرة: ١٦٩. وقال أيضا: قَالَ تَعَالَى: ﴿ إِنَّمَا يُرِيدُ الشَّيْطَانُ أَن يُوقِعَ بَيْنَكُمُ الْعَدَاوَةَ وَالْبَغْضَاءَ فِي الْخَمْرِ وَالْمَيْسِرِ وَيَصُدَّكُمْ عَن ذِكْرِ اللَّهِ وَعَنِ الصَّلَاةِ فَهَلْ أَنتُم مُّنتَهُونَ ﴿٩١﴾ ﴾ المائدة: ٩١.

لأجل كل هذا وغيره حذر الله تعالى منه ومن الوقوع في حبائله واتّباع سبله. قال تعالى: ﴿ يَا أَيُّهَا النَّاسُ كُلُوا مِمَّا فِي الْأَرْضِ حَلَالًا طَيِّبًا وَلَا تَتَّبِعُوا خُطُوَاتِ الشَّيْطَانِ إِنَّهُ لَكُمْ عَدُوٌّ مُّبِينٌ ﴿١٦٨﴾ ﴾ البقرة: ١٦٨. ونبه تعالى إلى أن وعوده وأمانيه إنما هي مجرد غواية وإغراء لا حقيقة له فقال: قَالَ تَعَالَى: ﴿ وَمَا يَعِدُهُمُ الشَّيْطَانُ إِلَّا غُرُورًا ﴿٦٤﴾ ﴾ الإسراء: ٦٤. وبين لنا طرق الأمان من شره إذ أخبر تعالى بأنه على الرغم من كل ما أوتي إبليس من دهاء وسعة حيلة وقدرة على المكر والخديعة وصبر ومصابرة على استدراج الناس إلى باطله؛ فإن أمره هين حين قال تعالى: قَالَ تَعَالَى: ﴿ إِنَّ كَيْدَ الشَّيْطَانِ كَانَ ضَعِيفًا ﴿٧٦﴾ ﴾ النساء: ٧٦. ويرد على وعيد إبليس للناس بالغواية والضلال فيقول: قَالَ تَعَالَى: ﴿ قَالَ هَذَا صِرَاطٌ عَلَيَّ مُسْتَقِيمٌ ﴿٤١﴾ إِنَّ عِبَادِي لَيْسَ لَكَ عَلَيْهِمْ سُلْطَانٌ إِلَّا مَنِ اتَّبَعَكَ مِنَ الْغَاوِينَ ﴿٤٢﴾ ﴾ الحجر: ٤١ - ٤٢. ويقول أيضا: قَالَ تَعَالَى: ﴿ إِنَّهُ لَيْسَ لَهُ سُلْطَانٌ عَلَى الَّذِينَ آمَنُوا وَعَلَىٰ رَبِّهِمْ يَتَوَكَّلُونَ ﴿٩٩﴾ إِنَّمَا سُلْطَانُهُ عَلَى الَّذِينَ يَتَوَلَّوْنَهُ وَالَّذِينَ هُم بِهِ مُشْرِكُونَ ﴿١٠٠﴾ ﴾ النحل: ٩٩ - ١٠٠. فلا يتسلط إلا على من أعطاه أذنه، وأسلمه زمام أموره.

وغاية ما يملك فعله للإنسان؛ أن يعده ويمنيه، أو يخوفه. قال تعالى: قَالَ تَعَالَى: ﴿ يَعِدُهُمْ وَيُمَنِّيهِمْ وَمَا يَعِدُهُمُ الشَّيْطَانُ إِلَّا غُرُورًا ﴿١٢٠﴾ ﴾ النساء: ١٢٠. وقال أيضا: قَالَ تَعَالَى: ﴿ إِنَّمَا ذَلِكُمُ الشَّيْطَانُ يُخَوِّفُ أَوْلِيَاءَهُ فَلَا تَخَافُوهُمْ وَخَافُونِ إِن كُنتُم مُّؤْمِنِينَ ﴿١٧٥﴾ ﴾ آل عمران: ١٧٥. فإذا أصغى المرء إلى وعوده وتخويفه وأطاعه، تبرأ إبليس منه وخذله آخر الأمر. قال تعالى: قَالَ تَعَالَى: ﴿ كَمَثَلِ الشَّيْطَانِ إِذْ قَالَ لِلْإِنسَانِ اكْفُرْ فَلَمَّا كَفَرَ قَالَ إِنِّي بَرِيءٌ مِّنكَ إِنِّي أَخَافُ اللَّهَ رَبَّ الْعَالَمِينَ ﴿١٦﴾ ﴾

الحشر: ١٦. وقال عنه أيضا: ﴿ قَالَ تَعَالَى: ﴿ وَكَانَ ٱلشَّيْطَنُ لِلْإِنسَنِ خَذُولًا ٢٩ ﴾

الفرقان: ٢٩. فيكفي الإنسان أن يتذكر دائما عداوته له، ووعيده في بني آدم. ثم ذكر الله في كل حال، والاستعاذة به منه، والاستعانة به عليه. لقوله تعالى: قَالَ تَعَالَى: ﴿ إِنَّ ٱلَّذِينَ ٱتَّقَوۡاْ إِذَا مَسَّهُمۡ طَـٰٓئِفٌ مِّنَ ٱلشَّيۡطَـٰنِ تَذَكَّرُواْ فَإِذَا هُم مُّبۡصِرُونَ ٢٠١ ﴾ الأعراف: ٢٠١. وقوله في الآية الأخرى:

قَالَ تَعَالَى: ﴿ وَإِمَّا يَنزَغَنَّكَ مِنَ ٱلشَّيۡطَـٰنِ نَزۡغٌ فَٱسۡتَعِذۡ بِٱللَّهِ إِنَّهُۥ هُوَ ٱلسَّمِيعُ ٱلۡعَلِيمُ ٣٦ ﴾ فصلت: ٣٦.

المطلب الثالث: سبب وجود الإنسان في القرآن.

سبق وأن ذكرنا بأن الإنسان تميز بنوعين من الأفعال تستوجب وجود ضربين من الهداية. يشترك في إحداهما مع بقية العوالم الكونية الأخرى. وهي ما سبق به علم الله تعالى وتقديره على ما خلق. وينفر بالثانية التي هي هداية الدلالة التي تميّز بها عن غيره من المخلوقات.

إنه يرى التفاحة وهو جائع فيشتهيها. ثم هو يتحرك إليها؟ أو يتركها. ويصادف محتالا فيكرهه. ثم هو يصاحبه أو يباعده. إنّ الجوع والشهوة والكراهية أمور جبلية لاإرادية في الإنسان، أما إقباله أو إدباره نحو ما يشتهي ومصاحبة المحتال أو مجانبته -إذا لم يكن في ذلك إجبار- أفعال موكولة إلى اختياره وإرادته[1]. وقد تطرق القرآن إلى كِلا الهدايتين بالبيان.

أولا- ما أريد بالإنسان قدرا:

لقد ذكرت فيما سبق قول العلم بأن الكون الحالي كان مخططه التفصيلي الدقيق وغايته التي حققها الآن ويسعى إلى تحقيقها مستقبلا؛ كل ذلك كان كامنا فيه منذ

---

(١) انظر دعائم الفلسفة، ص٢٥٦.

اللحظة التي ولد فيها. أي في الأجزاء الأولى من الثانية الأولى لميلاده. ويزيد القرآن ذلك وضوحا

فيقول تعالى على لسان نبيه موسى عليه السلام: قَالَ تَعَالَى: ﴿ قَالَ رَبُّنَا ٱلَّذِىٓ أَعْطَىٰ كُلَّ شَىْءٍ خَلْقَهُۥ ثُمَّ هَدَىٰ ﴾ ﴿٥٠﴾ طه: ٥٠. أي أن الكون كله قد تم التدبير له سلفا وقد جاء في صحيح مسلم عن النبي

قوله: "كتب الله مقادير الخلائق قبل أن يخلق السموات والأرض بخمسين ألف سنة، قال: وعرشه على

الماء"[1]. وعلى ذلك فإن كل ما وقع وما سيقع قد قدر له وقضي به سلفا ويقول تعالى: قَالَ تَعَالَى:

﴿ مَآ أَصَابَ مِن مُّصِيبَةٍ فِى ٱلْأَرْضِ وَلَا فِىٓ أَنفُسِكُمْ إِلَّا فِى كِتَٰبٍ مِّن قَبْلِ أَن نَّبْرَأَهَآ ﴾ ﴿٢٢﴾

الحديد: ٢٢. وإن من أركان الإيمان في الإسلام الإيمان بالقضاء والقدر[2] وهو جريان علم الله السابق

على الخلائق وأنه لا يقع شيء في هذا الكون بخلاف ما سبق به العلم الإلهي. ويصف تعالى صورة من صور

قضائه وقدره فيقول: قَالَ تَعَالَى: ﴿ وَمَا كَانَ لِنَفْسٍ أَن تَمُوتَ إِلَّا بِإِذْنِ ٱللَّهِ كِتَٰبًا مُّؤَجَّلًا ﴾ ﴿١٤٥﴾

آل عمران: ١٤٥. وقال لمن تقاعس عن أمر الله مخافة الموت: قَالَ تَعَالَى: ﴿ قُل لَّوْ كُنتُمْ فِى بُيُوتِكُمْ لَبَرَزَ ٱلَّذِينَ كُتِبَ عَلَيْهِمُ ٱلْقَتْلُ إِلَىٰ مَضَاجِعِهِمْ ﴾ ﴿١٥٤﴾ آل عمران: ١٥٤. هذا وفي نفس الوقت

---

(١) رواه مسلم في كتاب القدر (٢٠٤٤/٤ و ٢٠)

(٢) قال ابن حجر معرفا القدر:" المراد أن الله -تعالى- علم مقادير الأشياء وأزمانها قبل إيجادها، ثم أوجد ما سبق في علمه أنه يوجد، فكل محدث صادر عن علمه وقدرته وإرادته" فتح الباري:(١١٨/١). وقال الراغب الأصفهاني فيما نقله عنه الأشقر: "القضاء من الله تعالى أخص من القدر، لأنه الفصل بين التقديرين، فالقدر هو التقدير، والقضاء هو الفصل والقطع" قال الأشقر معلقا على ذلك: ويدل لصحة هذا القول نصوص كثيرة من كتاب الله، قال تعالى: قَالَ تَعَالَى: ﴿ وَكَانَ أَمْرًا مَّقْضِيًّا ﴾ ﴿٢١﴾ مريم: ٢١. وقال قَالَ تَعَالَى: ﴿ كَانَ عَلَىٰ رَبِّكَ حَتْمًا مَّقْضِيًّا ﴾ ﴿٧١﴾ مريم: ٧١، فالقضاء والقدر بناء على هذا القول - أمران متلازمان، لا ينفك أحدهما عن الآخر. انظر القضاء والقدر للدكتور عمر سليمان الأشقر ص٢٨.

الذي يثبت فيه القرآن لله مشيئة مطلقة وأن كل ما يقع إنما هو مندرج تحت مشيئته، يثبت أيضا

للإنسان المشيئة التي يحس بها. بل ويجمع تعالى إثبات المشيئتين في قوله: قَالَ تَعَالَى: ﴿ إِنْ هُوَ إِلَّا ذِكْرٌ

لِّلْعَالَمِينَ ۝ لِمَن شَاءَ مِنكُمْ أَن يَسْتَقِيمَ ۝ وَمَا تَشَاءُونَ إِلَّا أَن يَشَاءَ ٱللَّهُ رَبُّ ٱلْعَالَمِينَ ۝ ﴾

التكوير: ٢٧ – ٢٩. هكذا أثبت القرآن مشيئتين، وأثبت هيمنة إحداهما على الأخرى، وأعرض عن ذكر

طبيعة العلاقة بينهما[١].

وقد كثر الجدل في هذا الموضوع على الرغم من أن النبي صلى الله عليه وسلم شدَّد في النهي عن

الخوض فيه. وقد صح عنه أنه غضب غضبا شديدا عندما وجد أصحابه يخوضون فيه حتى احمر وجهه

وقال: "أبهذا أمرتم؟ أم بهذا أرسلت إليكم؟ إنما هلك من كان قبلكم حين تنازعوا في هذا الأمر، عزمت

عليكم ألا تنازعوا فيه"[٢]. وكان رسول الله صلى الله عليه وسلم يوجه أصحابه حينما يستفسرونه عن

جدوى العمل بقوله: "اعملوا فكل ميسر لما خلق له" وكان يقرأ عندها قوله تعالى: قَالَ تَعَالَى: ﴿ فَأَمَّا مَنْ

أَعْطَىٰ وَٱتَّقَىٰ ۝ وَصَدَّقَ بِٱلْحُسْنَىٰ ۝ فَسَنُيَسِّرُهُۥ لِلْيُسْرَىٰ ۝ وَأَمَّا مَنۢ بَخِلَ وَٱسْتَغْنَىٰ ۝ وَكَذَّبَ بِٱلْحُسْنَىٰ

فَسَنُيَسِّرُهُۥ لِلْعُسْرَىٰ ۝ ﴾ الليل: ٥ – ١٠[٣]. وفي قوله صلى الله عليه وسلم "اعملوا" وقوله "أبهذا

أمرتم؟ أم بهذا أرسلت إليكم؟". إشارتان لطيفتان:

إحداهما تفيد بأن المعرفة بالقدر من الأمور التي حجبها تعالى عن العقول واستأثر بعلمها فلم

يطلع عليه ملكا مقربا ولا نبيا مرسلا. قال الطحاوي رحمه الله: (وأصل القدر سر الله تعالى في خلقه، لم

يطلع على ذلك ملك مقرب، ولا نبي

---

(١) انظر العقيدة الإسلامية في القرآن الكريم ومناهج المتكلمين، ص١٥٧-١٥٩.

(٢) أخرجه الترمذي في كتاب القدر (٣٨٦/٤)، ورقمه (٢١٣٣). وابن ماجة في المقدمة (٣٣/١)، ورقمه(٨٥).

(٣) أخرجه البخاري في كتاب تفسير القرآن. فتح الباري (٩١٩/٨)، ورقمه: (٤٩٤٩). وأخرجه مسلم في كتاب القدر (٢٠٣٩/٤)، ورقمه: (٢٦٤٧).

مرسل، والتعمق في ذلك ذريعة الخذلان، وسلم الحرمان، ودرجة الطغيان، فالحذر الحذر من ذلك

نظرا وفكرا ووسوسة، فإن الله طوى علم القدر عن أنامه ونهاهم عن مرامه، كما قال تعالى: **قَالَ تَعَالَى:**

﴿ لَا يُسْئَلُ عَمَّا يَفْعَلُ وَهُمْ يُسْئَلُونَ ۝ ﴾ الأنبياء: ٢٣ [1].

وأن غاية ما يتأتى لمن أقحم فيه أحكام العقول أن يصير إما إلى الجبر فيركن إلى ترك الشرائع لأن ما هو مقدر فهو كائن بسعي أو بدونه. وإما أن يتأله فيسلب الرب سبحانه علمه وسلطانه في الكون ويحد من مشيئته ويشرك معه آلهة أخرى بيدها تسيير الكون من ذات أنفسها.

وفي **الثانية** إشارة إلى المنهج الذي يجب اتباعه في التعامل مع هذا الموضوع. وهو نفس المنهج المطلوب اتخاذه تجاه المحكم والمتشابه. إيمان مجمل بالمتشابه والابتعاد عن كثرة الاشتغال به. كما قال تعالى: **قَالَ تَعَالَى:** ﴿ فَأَمَّا الَّذِينَ فِي قُلُوبِهِمْ زَيْغٌ فَيَتَّبِعُونَ مَا تَشَابَهَ مِنْهُ ابْتِغَاءَ الْفِتْنَةِ وَابْتِغَاءَ تَأْوِيلِهِ ۗ وَمَا يَعْلَمُ تَأْوِيلَهُ إِلَّا اللَّهُ ۗ وَالرَّاسِخُونَ فِي الْعِلْمِ يَقُولُونَ آمَنَّا بِهِ كُلٌّ مِنْ عِنْدِ رَبِّنَا ۝ ﴾ آل عمران: ٧.

وفي ذلك صرف للعقول عن الاشتغال بما هو غامض ولا قِبَل لها بإدراكه، إلى ما هو محكم واضح بيِّن.

فأما الغامض فهي الصلة بين إرادة الله الكونية وبين إرادته الشرعية. فينظر إلى هذا الجانب باعتبار شمولية النظام الكوني لكل أجزائه، ودقة التقدير فيه. وهذا ما يكفي الإنسان فيه أن يؤمن بقدرة الله تعالى وإحاطة علمه بما كان وما هو كائن وما سيكون وأنه تعالى قد رتب ودبر أمور الخلائق منذ الأزل وأن تمام علمه يقتضي أن لا يقع في الكون شيء بخلاف مشيئته تعالى وما سبق العلم به. يكفي فيه ذلك طالما أن هذه العقيدة لا يندرج تحتها حكم عملي، بل غاية ما تقتضيه الرضا

_____

(١) شرح العقيدة الطحاوية، لابن أبي العز الحنفي ص٢٧٦.

بما وقع من ذلك القدَر، والإقبال على فهم الأوامر الشرعية وتنفيذها دون الخوف مما تحمله المقادير.

وأما الواضح البين فهو أن الله تعالى أثبت لنا مشيئة، وبين لنا ما نأتي وما نذر. ووعدنا بأنه سيجازينا وفق أعمالنا. وأنه قَالَ تَعَالَى: ﴿ لَا يُكَلِّفُ ٱللَّهُ نَفْسًا إِلَّا وُسْعَهَا ۝ ﴾ البقرة: ٢٨٦. وأنه تعالى عادل يوفي كلا أجره ولا يظلم مثقال حبة من خردل قَالَ تَعَالَى: ﴿ فَمَن يَعْمَلْ مِثْقَالَ ذَرَّةٍ خَيْرًا يَرَهُۥ ۝ وَمَن يَعْمَلْ مِثْقَالَ ذَرَّةٍ شَرًّا يَرَهُۥ ۝ ﴾ الزلزلة: ٧ - ٨. قَالَ تَعَالَى: ﴿ وَلَا يَظْلِمُ رَبُّكَ أَحَدًا ۝ ﴾ الكهف: ٤٩. يكفي معرفة هذا ليأمن الإنسان سطوة القدر. وليس لأحد على الله حجة في ترك العمل بما أُمر به ما دام لم ولن يعرف قدره أحد.

يقول الإمام جعفر الصادق: (إنّ الله تعالى أراد بنا شيئا، وأراد منا شيئا؛ فما أراده بنا طواه عنا، وما أراده منا أظهره لنا، فما بالنا نشتغل بما أراده بنا عما أراده منا؟!)[1].

ثانيا- ما أريد من الإنسان شرعا:

إنّ جواب القرآن عن مسألة الوظيفة واضح بيّن إذ يقول تعالى في محكم التنزيل: قَالَ تَعَالَى: ﴿ وَمَا خَلَقْتُ ٱلْجِنَّ وَٱلْإِنسَ إِلَّا لِيَعْبُدُونِ ۝ ﴾ الذاريات: ٥٦. وقال أيضا: قَالَ تَعَالَى: ﴿ وَمَا أُمِرُوٓا۟ إِلَّا لِيَعْبُدُوا۟ ٱللَّهَ مُخْلِصِينَ لَهُ ٱلدِّينَ حُنَفَآءَ ۝ ﴾ البينة: ٥. إذن فالغاية المرجوة من خلق الإنسان هي عبادة الله ولا شيء غير ذلك. هذا ما يفيده سياق الآيتين. هذا بالنسبة لمطلق ما خلق الإنسان لأجله، ثم إنّ وجوده على الأرض اقتضى أن يوكل إليه القيام بعدة نشاطات حيوية. فقد ورد في مواضع أخرى من التنزيل ما يفيد ظاهره أن للإنسان وظائف أخرى: كحمل الأمانة في قوله تعالى:

---

(١) ضحى الإسلام (٣/ ٢٦٤).

قَالَ تَعَالَى: ﴿ إِنَّا عَرَضْنَا ٱلْأَمَانَةَ عَلَى ٱلسَّمَوَٰتِ وَٱلْأَرْضِ وَٱلْجِبَالِ فَأَبَيْنَ أَن يَحْمِلْنَهَا وَأَشْفَقْنَ مِنْهَا وَحَمَلَهَا ٱلْإِنسَٰنُ إِنَّهُۥ كَانَ ظَلُومًا جَهُولًا ۞ ﴾ الأحزاب: ٧٢. وكالخلافة في الأرض الواردة في قوله تعالى: قَالَ تَعَالَى: ﴿ إِنِّي جَاعِلٌ فِي ٱلْأَرْضِ خَلِيفَةً ۞ ﴾ البقرة: ٣٠. وعمارة الأرض في قوله تعالى: قَالَ تَعَالَى: ﴿ ۞ وَٱسْتَعْمَرَكُمْ فِيهَا ۞ ﴾ هود: ٦١. وكالإيمان والعمل الصالح الوارد في الكثير من الآيات. وكالإصلاح في الأرض بمناصرة الحق ومقارعة الباطل. والكثير من آيات الأوامر والنواهي.

قد تبدو هذه النشاطات وظائف أخرى غير العبادة السالفة الذكر لأنها في ظاهرها معاملة تصدر من الإنسان وتعود عليه أو على غيره من المخلوقات بالمنفعة، أو أنها معاملة مع الخلق. وليس الأمر كذلك؛ إذ يكفي أن يقصد بالفعل وجه الله تعالى، ويجعله خالصا له ليستحيل ذلك الفعل عبادة. فإذا كان ذلك الفعل موافقا لما أمر به تعالى؛ كانت العبادة صحيحة. وبقدر تحقق شرطي النية والسداد في أي عمل من الأعمال؛ تتحقق فيه صفة العبودية التي أمر الله بها. فالعبادة هي جوهر يتخلل كل ما ذكر في القرآن كوظائف مطلوبة من الإنسان، وما لم يذكره. وعليه فعبادة الله تعالى هي الغاية التي خلق الإنسان لأجلها، وما باقي الأفعال إلا شعائر ومظاهر لها أو بالأحرى قد تكون مظاهر لها.

وأما الوظائف التفصيلية للإنسان في هذا الوجود فيمكن الحصول عليها بأمرين:

أولهما: التعرف على طرفي هذا الوجود من خالق ومخلوق. وتحديد علاقتيه بهما -علاقته العمودية بخالقه. وعلاقته الأفقية بباقي المخلوقات-.

والثاني: العمل بمقتضى ذلك.

٣٤٣

فأما علاقة الناس بخالقهم فقد حسم فيها بقوله تعالى أنهم لم يؤمروا إلا بعبادته مخلصين له الدين، وأنه ما خلقهم إلا لذلك. قال تعالى: ﴿قَالَ تَعَالَى: ﴿ وَمَآ أُمِرُوٓاْ إِلَّا لِيَعۡبُدُواْ ٱللَّهَ مُخۡلِصِينَ لَهُ ٱلدِّينَ حُنَفَآءَ ٥ ﴾ البينة: ٥. فهي علاقة العبد بسيده ومليكه. وأنه تعالى ما أرسل من رسول إلا كان شعار دعوته قوله لقومه: "قولوا لا إله إلا الله تفلحوا"[1]. وهو ما ورد في القرآن الكريم: ﴿قَالَ تَعَالَى: ﴿ يَٰقَوۡمِ ٱعۡبُدُواْ ٱللَّهَ مَا لَكُم مِّنۡ إِلَٰهٍ غَيۡرُهُۥٓ إِنِّيٓ أَخَافُ عَلَيۡكُمۡ عَذَابَ يَوۡمٍ عَظِيمٍ ٥٩ ﴾ الأعراف: ٥٩[2].

وأما علاقته بغيره من المخلوقات فإن الله تعالى قد سخرها للإنسان واستخلفه عليها. هذا ما يفيده قوله عز وجل: ﴿قَالَ تَعَالَى: ﴿ إِنِّي جَاعِلٞ فِي ٱلۡأَرۡضِ خَلِيفَةٗ ٣٠ ﴾ البقرة: ٣٠. وعمارة الأرض في قوله تعالى: ﴿قَالَ تَعَالَى: ﴿ هُوَ أَنشَأَكُم مِّنَ ٱلۡأَرۡضِ وَٱسۡتَعۡمَرَكُمۡ فِيهَا ٦١ ﴾ هود: ٦١. فالمطلوب منه جملة هو تحقيق العبودية لمن هو أعلى منه -الخالق- وممارسة الخلافة في الأرض وما عليها وفق ما سطره المستخلف من الأوامر والنواهي. والمحافظة على من يقوم بهما وتزكيته وتأهيله لأداء أحسن.

ويظهر أن مكانة الإنسان في هذا الكون جعلت منه برزخا فاصلا بين كل ما هو دونه من العوالم وبين ما هو فوقه. فقد سخر الخالق ما في السموات وما الأرض لخدمته، وعهد إليه بالخلافة في الأرض وما فيها، وفي المقابل أخذ منه العهد بأن يسخر حياته كلها -طواعية- لخالقه فلا يعبد غيره. وسأبسط الكلام عن جوهر هذه الوظيفة، وشعائرها ومظاهرها بشيء من التفصيل.

---

(١) أخرجه الإمام أحمد في مسنده (٤٩٢/٣).
(٢) ووردت أيضا في [الأعراف: ٦٥،٧٣،٨٥ وفي هود: ٥٠،٦١،٨٤ وفي سورة المؤمنين: ٢٣،٣٢].

أ- العبادة هي جوهر الغاية التي وجد لأجلها الإنسان:

(لقد ذكر القرآن الكريم مادة العبودية والعبادة في عشرات من الآيات، وأرشدنا إلى أن العبادة لله هي غاية العباد التي خلقهم لها، فذلك حيث يقول في سورة الذاريات: قَالَ تَعَالَى: ﴿ وَمَا خَلَقْتُ ٱلْجِنَّ وَٱلْإِنسَ إِلَّا لِيَعْبُدُونِ ٥٦ مَآ أُرِيدُ مِنْهُم مِّن رِّزْقٍ وَمَآ أُرِيدُ أَن يُطْعِمُونِ ٥٧ إِنَّ ٱللَّهَ هُوَ ٱلرَّزَّاقُ ذُو ٱلْقُوَّةِ ٱلْمَتِينُ ٥٨ ﴾ الذاريات: ٥٦ - ٥٨ وهذه العبادة يجب أن تكون مقتصرة على الله، ومن هنا نهى الحديث عما يشعر -ولو في الظاهر- بأن هناك عبودية لغيره، فقال: "لا يقل أحدكم لمملوكه: عبدي وأمتي، وليقل: فتاي وفتاتي" لأن المستحق لذلك إنما هو الله وحده لأنه رب العباد)[١].

(وبذلك يكون القرآن قد حدد بوضوح العلاقة التي تربط الخلق بخالقهم، فإذا هي علاقة عبادة ونسبة كل ما سوى الله إليه نسبة العبد إلى مالكه وسيده، فجميع البشر من آدم إلى يوم القيامة هم: عباد الله)[٢]. تلك حي حقيقة العلاقة التي تربط الإنسان بخالق الكون، وتلك هي وظيفته التي طالما ذكره بها الأنبياء والرسل. فما كانت دعوة أي منهم إلا قوله: يا قوم اعبدوا الله مالكم من إله غيره. قال تعالى: قَالَ تَعَالَى: ﴿ وَلَقَدْ بَعَثْنَا فِى كُلِّ أُمَّةٍ رَّسُولًا أَنِ ٱعْبُدُواْ ٱللَّهَ وَٱجْتَنِبُواْ ٱلطَّاغُوتَ ٣٦ ﴾ النحل: ٣٦.

إنها (العهد القديم الذي أخذه الله على بني الإنسان وسجله بقلم القدرة في فطرهم البشرية وغرسه في طبائعهم الأصلية منذ وضع في رؤوسهم عقولا تعي وفي صدورهم قلوبا تخفق وفي الكون حولهم آيات تهدي قَالَ تَعَالَى: ﴿ أَلَمْ أَعْهَدْ إِلَيْكُمْ يَٰبَنِىٓ ءَادَمَ أَن لَّا تَعْبُدُواْ ٱلشَّيْطَٰنَ إِنَّهُۥ لَكُمْ عَدُوٌّ مُّبِينٌ ٦٠ وَأَنِ ٱعْبُدُونِى هَٰذَا صِرَٰطٌ

---

(١) موسوعة أخلاق القرآن د، أحمد الشرباصي ص١٤٦-١٤٧.

(٢) انظر المعجم الصوفي/ د. سعاد الحكيم. ص٧٦٥،٧٦٦.

مُّسْتَقِيمٌ ﴿٦١﴾ يس: ٦٠ - ٦١. هذا العهد بين الله وعباده هو الذي صوره القرآن في

روعة وبلاغة حين قال: قَالَ تَعَالَى: ﴿ وَإِذْ أَخَذَ رَبُّكَ مِنْ بَنِي ءَادَمَ مِنْ ظُهُورِهِمْ ذُرِّيَّتَهُمْ وَأَشْهَدَهُمْ عَلَىٰ

أَنفُسِهِمْ أَلَسْتُ بِرَبِّكُمْ قَالُوا بَلَىٰ شَهِدْنَا أَن تَقُولُوا يَوْمَ الْقِيَامَةِ إِنَّا كُنَّا عَنْ هَٰذَا غَافِلِينَ ﴿١٧٢﴾ أَوْ

تَقُولُوٓا إِنَّمَآ أَشْرَكَ ءَابَآؤُنَا مِن قَبْلُ وَكُنَّا ذُرِّيَّةً مِّنْ بَعْدِهِمْ أَفَتُهْلِكُنَا بِمَا فَعَلَ الْمُبْطِلُونَ ﴿١٧٣﴾ ﴾

الأعراف: ١٧٢ - ١٧٣ [1]. لقد أشهدهم على أنفسهم؛ فشهدوا له بالربوبية. ودانوا له بالعبودية.

(فلا عجب أن يكون المقصود الأعظم من بعثة النبيين، وإرسال المرسلين وإنزال الكتب المقدسة، هو تذكير الناس بهذا العهد القديم، وإزالة ما تراكم على معدن الفطرة من غبار الغفلة أو الوثنية أو التقليد. ولا عجب أن يكون النداء الأول لكل رسول: يا قوم اعبدوا الله ما لكم من إله غيره. بهذا دعا قومه نوح وهود وصالح وإبراهيم ولوط وشعيب وكل رسول بعث إلى قوم مكذبين قال تعالى: قَالَ تَعَالَى: ﴿ وَلَقَدْ

بَعَثْنَا فِي كُلِّ أُمَّةٍ رَّسُولًا أَنِ اعْبُدُوا اللَّهَ وَاجْتَنِبُوا الطَّاغُوتَ ﴿٣٦﴾ ﴾ النحل: ٣٦ [2].

فما حقيقة تلك العبودية التي خلق الإنسان لأجلها، ودعا إليها الأنبياء؟

مفهوم العبادة:

أ- **العبد في اللغة:** (العين والباء والدال أصلان صحيحان، كأنهما، متضادان، والأول من ذينك الأصلين يدل على لين وذل، والآخر على شدة وغلظ [3].

(١) العبادة في الإسلام، ص٢٢.
(٢) المرجع نفسه ص٢٢-٢٣.
(٣) معجم مقاييس اللغة مادة ((عبد))

والعبادة والخضوع والتذلل والاستكانة قرائب في المعاني. يقال تعبد فلان لفلان - إذا تذلل له وكل خضوع فهو عبادة، طاعة كان للمعبود أو غير طاعة، وكل طاعة لله على جهة الخضوع والتذلل فهي عبادة. والعبادة نوع من الخضوع لا يستحقه إلا المنعم بأعلى أجناس النعم، كالحياة والفهم والسمع والبصر.

وجاء في اللسان: والتعبد التنسك، والعبادة: الطاعة[1]. و(العبد) هو الإنسان حرا كان أو رقيقا.[2] (قال الخليل: إلا أن العامة اجتمعوا على تفرقة ما بين عباد الله والعبيد المملوكين. يقال: هذا عبد بين العبودة، ولم نسمعهم يشتقون منه فعلا ...قال: وأما عبد، يعبد، عبادة؛ فلا يقال إلا لمن يعبد الله تعالى...وتعبد يتعبد تعبدا. فالمتعبد: المتفرد بالعبادة ... وأما عبد في معنى خدم مولاه فلا يقال عبده، ولا يقال يعبد مولاه ... والمعبد: الذلول...)[3].

و(العبودية هي إظهار التذلل، لأنه يقال طريق معبد، أي مذلل، بالمشي فيه، ويقال بعير معبد، أي مذلل، وعبدت فلانا أي أذللته، ومن ذلك قول القرآن: ﴿أن عبدت بني إسرائيل﴾... و(العبادة) أبلغ من العبودة لأن العبادة هي غاية التذلل، ولا يستحقها إلا من له غاية الإفضال، وهو الله جل جلاله، ولذلك قالوا إنّ العبادة هي الحب بغاية الذل والخضوع، والتعبد هو التذلل والخضوع)[4].

ب- المفهوم الشرعي للعبادة:

إنّ في قوله تعالى: قَالَ تَعَالَى: ﴿ وَمَا خَلَقْتُ ٱلْجِنَّ وَٱلْإِنسَ إِلَّا لِيَعْبُدُونِ ۝ ﴾ الذاريات: ٥٦. حصر لكل المراد من خلق الإنسان في وظيفة واحدة وهي القيام

---

(١) العبادة في الإسلام ص٢٧.

(٢) موسوعة الأخلاق في القرآن ص ١٤٦.

(٣) معجم مقاييس اللغة مادة ((عبد)).

(٤) كتاب أخلاق القرآن، ص١٤٦-١٤٨.

بعبادة اللـه تعالى. قال صاحب الكشاف في تفسيره لهذه الآية: (أي وما خلقت الجن والإنس إلا لأجل العبادة، ولم أرد من جميعهم إلا إياها)[1].. وأنه بذلك ينخرط طوعا في سلك الناموس الكوني العام الذي يتمثل في عبودية كل شيء لله دون سواه. فإذا كان كل مخلوق قد علم صلاته وتسبيحه فهو بهذا قد علم مقصد وجوده أيضا. وعلى هذا فكل ما لم يتحقق فيه مفهوم العبادة يعتبر انحرافا عن المنهج الذي سطره اللـه تعالى له وعدولا عن المقصد الذي خلق لأجله.

إنّ القرآن يحصر معنى الحياة المرادة من خلق الإنسان في العبودية فقط. والظاهر من الآية أن أداء تلك الوظيفة يستغرق الحياة كلها. هذا ومن جهة ثانية فإن الإنسان في حاجة إلى القيام بالكثير من النشاطات الأخرى غير تلك الشرائع والشعائر التي تعبدنا اللـه بها في القرآن كالصلاة والصوم والحج وغيرها. (ومن ثم يتجلى أن معنى العبادة التي هي غاية الوجود الإنساني أو التي هي وظيفة الإنسان الأولى، أوسع وأشمل من مجرد الشعائر، وأن وظيفة الخلافة داخلة في مدلول العبادة قطعا)[2].

وقد سئل شيخ الإسلام ابن تيمية عن مفهوم العبادة المذكور في الآية فأجاب بقوله: "العبادة: هي اسم جامع لكل ما يحبه اللـه ويرضاه من الأقوال والأعمال الباطنة والظاهرة. فالصلاة، والزكاة، والصيام، والحج، وصدق الحديث، وأداء الأمانة، وبر الوالدين، وصلة الأرحام، والوفاء بالعهود، والأمر بالمعروف، والنهي عن المنكر، والجهاد للكفار والمنافقين، والإحسان للجار واليتيم، والمسكين، وابن السبيل، والمملوك من الآدميين، والبهائم، والدعاء، والذكر، والقراءة، وأمثال ذلك من العبادة.

---

(١) الكشاف، (٢٢/٤)

(٢) الظلال (٦/ ٣٣٨٧-٣٣٨٨)

وكذلك حب الله ورسوله، وخشية الله والإنابة إليه، وإخلاص الدين له، والصبر لحكمه، والشكر لنعمه، والرضى لقضائه، والتوكل عليه، والرجاء لرحمته، والخوف من عذابه، وأمثال ذلك هي من العبادة لله)[1]. إنّ جملة حركات الإنسان وسكناته لا تخرج عن كونها أعمال قلوب أو أعمال جوارح كالأقوال والأعمال. وكل ذلك متناول ومستوعب في كلامه تعالى في الكثير من الآيات التي تتحدث عن الإيمان والعمل الصالح. وقد بين النبي صلى الله عليه وسلم ما أجمله القرآن أو فصله في الآيات المتفرقة في حديث جبريل عن الإيمان والإسلام والإحسان. إقرار بما أخبر به تعالى، وانقياد الظاهر والباطن لما أمر به أو نهى عنه، ثم الإحسان في كل شيء، وذلك ما يستغرق حياة الإنسان كلها.

إذن فحصر الآية للمقصد الذي خلق له الناس في العبودية وحدها يعني (أن تستقيم حياة الإنسان بكاملها على أمر الله بحيث تكون شريطا متصلا، وحلقة مستمرة من الطاعات لا في مجال إقامة الشعائر فحسب، بل وفي سائر أوجه الحياة. قَالَ تَعَالَى: ﴿قُلْ إِنَّ صَلَاتِي وَنُسُكِي وَمَحْيَايَ وَمَمَاتِي لِلَّهِ رَبِّ الْعَالَمِينَ ۝﴾ الأنعام: ١٦٢[2]. وذلك بأن يستقر معنى العبودية في ضمير العبد فيعيه، ثم يتوجه إلى الله بكل حركة في الضمير، وكل حركة في الجوارح، وكل حركة في الحياة. التوجه بها إلى الله خالصة، والتجرد من كل شعور آخر، ومن كل معنى غير معنى التعبد لله. بهذا وذلك يتحقق معنى العبادة، ويصبح العمل كالشعائر، والشعائر كعمارة الأرض، وعمارة الأرض كالجهاد في سبيل الله، والجهاد في سبيل الله كالصبر على الشدائد والرضا بقدر الله.. وكلها عبادة، وكلها تحقيق للوظيفة الأولى

(١) العبودية، شيخ الإسلام ابن تيمية. ص ٤.

(٢) الإسلام، حقيقته وموجباته، ص٥٨-٥٩.

التي خلق الله الجن والإنس لها، وكلها خضوع للناموس العام الذي يتمثل في عبودية كل شيء لله دون سواه)[1].

وزيادة على ذلك فقد نبَّه شيخ الإسلام ابن تيمية إلى بعد آخر في المفهوم الإسلامي للعبودية؛ ألا وهي عاطفة الحب الخالصة التي تصاحب ذلك التذلل والخضوع التام. قال في كتابه العبودية: (والعبادة أصل معناها: الذل أيضا. يقال طريق معبد، إذا كان مذللا قد وطئته الأقدام، لكن العبادة المأمور بها شرعا تتضمن معنى الذل ومعنى الحب، فهي تتضمن غاية الذل لله تعالى بغاية المحبة له)[2]. ثم قال: (ومن خضع لإنسان مع بغضه له لا يكون عابدا له، ولو أحب شيئا ولم يخضع له لم يكن عابدا له، كما قد يحب الرجل ولده وصديقه، ولهذا لا يكفي أحدهما في عبادة الله تعالى، بل يجب أن يكون الله أحب إلى العبد من كل شيء، وأن يكون الله أعظم عنده من كل شيء، بل لا يستحق المحبة والخضوع التام إلا الله..)[3].

ولهذا العنصر أهميته الكبرى في الإسلام، وفي كل الأديان. فهو عنصر لا تتحقق العبادة إلا به. يقول د.القرضاوي: (فبغير هذا العنصر العاطفي الوجداني لا توجد العبادة التي خلق لها الخلق، وبعث بها الرسل وأنزل الكتب)[4].

وعلى ذلك فإن العبادة المشروعة لا بد لها من أمرين:

الأول: هو الالتزام بما شرعه الله ودعا إليه رسله، أمرا ونهيا، وتحليلا وتحريما، وهذا هو الذي يمثل عنصر الطاعة والخضوع. فليس عبدا ولا عابدا

---

(١) الظلال (٦/ ٣٣٨٧-٣٣٨٨).

(٢) العبودية ص١٠.

(٣) المرجع نفسه ص١٠.

(٤) العبادة في الإسلام ص ٣١-٣٤.

لله من رفض الاستسلام لأمره، واستكبر عن اتباع نهجه، والانقياد لشرعه وإن أقر بأن الله خالقه ورازقه ...

الثاني: أن يصدر هذا الالتزام من قلب يحب الله تعالى. فليس في الوجود من هو أجدر من الله تعالى بأن يُحب، فهو صاحب الفضل والإحسان[1]. وذلك تمام ما أمر الله به.

ومن تمام فوائد الآية في بيان مفهوم علاقة العبودية التي تربط العبد بربه قوله تعالى: ﴿قَالَ تَعَالَى:

﴿مَآ أُرِيدُ مِنْهُم مِّن رِّزْقٍ وَمَآ أُرِيدُ أَن يُطْعِمُونِ ۞ إِنَّ ٱللَّهَ هُوَ ٱلرَّزَّاقُ ذُو ٱلْقُوَّةِ ٱلْمَتِينُ ۞﴾ الذاريات: ٥٧ - ٥٨. إذ في ذلك إشارة إلى أن طبيعة عبودية الناس لله تعالى تختلف عن عبودية بعضهم لبعض؛ فإنما يتخذ الناس العبيد ليكونوا لهم عونا في تحصيل المعاش. قال صاحب الكشاف: (يريد إنّ شأني مع عبادي ليس كشأن السادة مع عبيدهم، فإن ملاك العبيد إنما يملكونهم بهم ليستعينوا في تحصيل معايشهم وأرزاقهم ...)[2] وجاء في الانتصاف: (فإنها إنما سيقت لبيان عظمته عز وجل، وأن شأنه مع عبيده لا يقاس به شأن عبيد الخلق معهم، فإن عبيدهم مطلوبون، بالخدمة والتكسب للسادة ... و الله يطلب منهم عبادته لا غير، وزائد على كونه لا يطلب منهم رزقا أنه هو الذي يرزقهم)[3]. فإن من أسمائه تعالى "الغني"، فليس له حاجة في عبادة الثقلين له. قال موسى عليه السلام لبني إسرائيل حينما رأى تثاقلهم في أمر الله:

قَالَ تَعَالَى: ﴿وَقَالَ مُوسَىٰٓ إِن تَكْفُرُوٓا۟ أَنتُمْ وَمَن فِى ٱلْأَرْضِ جَمِيعًا فَإِنَّ ٱللَّهَ لَغَنِىٌّ حَمِيدٌ ۞﴾ إبراهيم: ٨. يقول جل جلاله في الحديث القدسي: "يا عبادي لو أن أولكم وآخركم وإنسكم وجنكم كانوا على أتقى قلب رجل واحد منكم ما زاد ذلك في

_____

(١) انظر العبادة في الإسلام ص ٣٤.
(٢) الكشاف، (٤-٢٢).
(٣) من كتاب الانتصاف فيما تضمنه الكشاف من الاعتزال وهو حاشية على الكشاف (٢٢/٤).

ملكي شيئا. يا عبادي لو أن أولكم وآخركم وإنسكم وجنكم كانوا على أفجر قلب رجل واحد منكم ما نقص ذلك في ملكي شيئا"[١]. وقد سبق الكلام عن سر تعبد الله لنا بتلك الهداية وتلك الشرائع التي نزلها علينا وأن منفعة ذلك إنما تعود علينا لا على رب العالمين سبحانه.

لقد ذكر تعالى أنه ما خلق الثقلين إلا لعبادته. وفي كثير من الآيات ينفي عبودية الكفار له. وأخبر بأن من الناس من آمن به وعبده. ومنهم من كفر به وعبد غيره. وفي نفس الوقت يشير القرآن إلى أن الجن والإنس ليسا وحدهما اللذان خلقا للعبادة بل إن كل مخلوق في هذا الوجود خلق لهذه الغاية، وهو يمارسها في وظيفته التي وكل بها. يظهر ذلك جليا في قوله سبحانه: قَالَ تَعَالَى: ﴿ وَلِلَّهِ يَسْجُدُ مَن فِي ٱلسَّمَٰوَٰتِ وَٱلْأَرْضِ طَوْعًا وَكَرْهًا وَظِلَٰلُهُم بِٱلْغُدُوِّ وَٱلْأَصَالِ ۩ ١٥ ﴾ الرعد: ١٥.. وفي قوله تعالى: قَالَ تَعَالَى: ﴿ وَإِن مِّن شَيْءٍ إِلَّا يُسَبِّحُ بِحَمْدِهِ وَلَٰكِن لَّا تَفْقَهُونَ تَسْبِيحَهُمْ إِنَّهُ كَانَ حَلِيمًا غَفُورًا ٤٤ ﴾ الإسراء: ٤٤[٢].

وهذا يبين هنا أننا أمام مفهومين متباينين للعبودية المذكورة. والسر في ما قد يظهر أنه تناقض إنما يرجع إلى أن العبودية التي أمر بها تعالى عباده من الجن والإنس ليست من نوع تلك التي تَعَبَّدَ بها جميع مخلوقاته. فإنما أراد منهم عبادته طواعية باختيارهم ومحبتهم ورغبتهم. زيادة على تلك العبودية الكونية التي تمارسها جميع المخلوقات طوعا وكرها. فلو أنه أراد حصول ذلك منهم بالقهر لما تأخر منهم أحد في امتثال أمره. قال تعالى: قَالَ تَعَالَى: ﴿ أَفَلَمْ يَايْئَسِ ٱلَّذِينَ ءَامَنُوا أَن لَّوْ يَشَاءُ ٱللَّهُ لَهَدَى ٱلنَّاسَ جَمِيعًا وَلَا يَزَالُ ٱلَّذِينَ كَفَرُوا تُصِيبُهُم بِمَا صَنَعُوا قَارِعَةٌ أَوْ تَحُلُّ قَرِيبًا مِّن

(١) أخرجه مسلم في كتاب البر والصلة والآداب. فتح الباري: (١٩٩٤/٤)، ورقمه: (٢٥٧٧)، والترمذي في كتاب صفة القيامة والرقائق والورع (٥٥٦/٤)، ورقمه: (٢٤٩٥).
(٢) انظر التفسير القرآني للقرآن (٧ /٥٣٧).

دَارِهِمْ حَتَّىٰ يَأْتِيَ وَعْدُ اللَّهِ إِنَّ اللَّهَ لَا يُخْلِفُ الْمِيعَادَ ﴿٣١﴾ ﴾ الرعد: ٣١، قَالَ تَعَالَى: ﴿ إِنَّمَا أَمْرُهُ إِذَا أَرَادَ شَيْئًا أَن يَقُولَ لَهُ كُن فَيَكُونُ ﴿٨٢﴾ ﴾ يس: ٨٢.

إذن ففي (اختصاص الجن والإنس من بين المخلوقات بالذكر، إشارة إلى أنهما المخلوقان اللذان لهما إرادة عاملة)[1]، وهما بهذه الإرادة يعملان، فيؤمنان أو يكفران، ويطيعان أو يعصيان، ومن هنا وقع عليهما التكليف، وحق عليهما الحساب والجزاء، بمقتضى ما يعملان من خير أو شر)[2].

قال الزمخشري في الكشاف: (إنما أراد منهم أن يعبدوه مختارين للعبادة لا مضطرين إليها لأنه خلقهم ممكنين، فاختار بعضهم ترك العبادة مع كونه مريدا لها، ولو أرادها على القسر والإلجاء لوجدت من جميعهم)[3]. وإنما هي إرادته الشرعية الدينية.

وقال صاحب أضواء البيان: (فإرادة عبادتهم المدلول عليها باللام في قوله: ليعبدون، إرادة دينية شرعية وهي الملازمة للأمر، وهي عامة لجميع من أمرتهم الرسل لطاعة الله لا إرادة كونية قدرية، لأنها لو كانت كذلك لعبده جميع الإنس والجن، والواقع خلاف ذلك بدليل قوله تعالى: قَالَ تَعَالَى: ﴿ قُلْ يَـٰٓأَيُّهَا الْكَـٰفِرُونَ ﴿١﴾ لَآ أَعْبُدُ مَا تَعْبُدُونَ ﴿٢﴾ وَلَآ أَنتُمْ عَـٰبِدُونَ مَآ أَعْبُدُ ﴿٣﴾ ﴾ الكافرون: ١ - ٣)[4].

ــ

(١) وقد تكون هناك مخلوقات أخرى لها إرادة، وعليها تكليف وحساب وجزاء، ولكن الذي يقع في محيط الإدراك الإنساني، هو ما يعلمه الإنسان من نفسه، وما بلغه من رسالات الرسل، كما كان علمه بالجن، وأنهم مكلفون، ومنهم المؤمنون، ومنهم القاسطون كما أخبر بذلك رسل الله..)) التفسير القرآني للقرآن (٥٣٨/٧).

(٢) التفسير القرآني للقرآن: (٧/ ٥٣٨).

(٣) الكشاف (٢٢/٤).

(٤) أضواء البيان: الجزء الأخير ص٦٧١-٦٧٣.

وعليه فإن العبودية التي اتصف بها جميع الخلائق نوعان (عامة وخاصة):

(فالعبودية العامة هي خضوع أهل الأرض والسموات كلهم لجلال الله وقهره، وقد أشار القرآن إلى هذا النوع في قوله في سورة مريم: قَالَ تَعَالَى: ﴿ إِن كُلُّ مَن فِى ٱلسَّمَٰوَٰتِ وَٱلْأَرْضِ إِلَّآ ءَاتِى ٱلرَّحْمَٰنِ عَبْدًا ٩٣ ﴾ مريم: ٩٣.

والعبودية الخاصة هي عبودية الطاعة والمحبة، وإليها الإشارة بقوله تعالى: قَالَ تَعَالَى: ﴿ ٱلَّذِينَ يَسْتَمِعُونَ ٱلْقَوْلَ فَيَتَّبِعُونَ أَحْسَنَهُۥٓ ١٨ ﴾ الزمر: ١٨[1].

هذا هو الفرق بين صنفي العبودية السارية في الكون كله. أما بالنسبة لتباين هذه الصفة في بني البشر فإن ابن عربي يصنف الناس صنفين تبعا لطبيعة عبوديته لله عز وجل فيقول: (.. وعبيد الله عبدان: عبد ليس للشيطان عليه سلطان، وهو **عبد الاختصاص**، وهو الذي لا ينطق إلا بالله، ولا يسمع إلا بالله ... وأما **عبد العموم** فهو الذي قال [تعالى] عنهم لرسول الله صلى الله عليه وسلم: قَالَ تَعَالَى: ﴿ وَإِذَا سَأَلَكَ عِبَادِى عَنِّى فَإِنِّى قَرِيبٌ أُجِيبُ دَعْوَةَ ٱلدَّاعِ إِذَا دَعَانِ ١٨٦ ﴾ البقرة: ١٨٦ فما خص عبيدا من عبيد وأضافهم إليه، وقوله: قَالَ تَعَالَى: ﴿ قُلْ يَٰعِبَادِىَ ٱلَّذِينَ أَسْرَفُوا ٥٣ ﴾ الزمر: ٥٣. فأضافهم إليه مع كونهم مسرفين)[2].

تقول د. سعاد الحكيم معلقة على ذلك: (ميز ابن عربي في نسبة العباد إلى الحق بين نوعي نسبة لا يظهرهما اللفظ. وهما: نسبة اختصاص وتخصيص، ونسبة عامة شاملة:

---

(١) موسوعة كتاب أخلاق القرآن: ص ١٤٦.

(٢) المعجم الصوفي: ص ٧٧١.

- الأولى تظهر في الآية: قَالَ تَعَالَى: ﴿ إِنَّ عِبَادِى لَيْسَ لَكَ عَلَيْهِمْ سُلْطَنٌ ۝ ﴾ الحجر: ٤٢.
ففي نسبة العباد إلى الحق في هذه الآية اختصاص يدل على تميز عن مجموع، وإن كان هذا المجموع كذلك لا يخرج عن دائرة العبودية للحق.

- والثانية تظهر في الآيتين: قَالَ تَعَالَى: ﴿ وَإِذَا سَأَلَكَ عِبَادِى عَنِّى فَإِنِّى قَرِيبٌ ۝ ﴾ البقرة: ١٨٦، قَالَ تَعَالَى: ﴿ قُلْ يَعِبَادِىَ ٱلَّذِينَ أَسْرَفُوا ۝ ﴾ الزمر: ٥٣. إنّ نسبة العباد إلى الحق في هاتين الآيتين نسبة عامة، لا تخرج من دائرتها أحدا من المخلوقين فالكل هنا عباده)(١).

وحاصل الكلام في ذلك هو أن العبودية لله تعالى على اعتبار دخول الإرادة فيها صنفان قهرية قدرية وأخرى اختيارية طوعية. وهذه الأخيرة تتباين مراتبها متراوحة ما بين العبودية الخالصة لله التي لا حض لسلطان الشيطان فيها. وهي أعلى المراتب وأسمى ما امتدح به الأنبياء والصالحون. فمن ذلك ما ورد في التنزيل كقوله في داود عليه السلام: قَالَ تَعَالَى: ﴿ وَٱذْكُرْ عَبْدَنَا دَاوُودَ ذَا ٱلْأَيْدِ إِنَّهُ أَوَّابٌ ۝ ﴾ ص: ١٧. وقال في مدحه: قَالَ تَعَالَى: ﴿ نِعْمَ ٱلْعَبْدُ إِنَّهُ أَوَّابٌ ۝ ﴾ ص: ٣٠. وقال في الخضر عليه السلام: قَالَ تَعَالَى: ﴿ فَوَجَدَا عَبْدًا مِّنْ عِبَادِنَآ ءَاتَيْنَهُ رَحْمَةً مِّنْ عِندِنَا وَعَلَّمْنَهُ مِن لَّدُنَّا عِلْمًا ۝ ﴾ الكهف: ٦٥. وقال في عامة المؤمنين ينسبهم إلى نفسه: قَالَ تَعَالَى: ﴿ وَإِذَا سَأَلَكَ عِبَادِى عَنِّى فَإِنِّى قَرِيبٌ ۝ ﴾ البقرة: ١٨٦. وقال: قَالَ تَعَالَى: ﴿ وَعِبَادُ ٱلرَّحْمَنِ ٱلَّذِينَ يَمْشُونَ عَلَى ٱلْأَرْضِ هَوْنًا وَإِذَا خَاطَبَهُمُ ٱلْجَاهِلُونَ قَالُوا سَلَمًا ۝ ﴾ الفرقان: ٦٣. حتى أنشد أحدهم فرحا بها فقال(٢):

(١) المرجع نفسه ص٧٧١.
(٢) موسوعة كتاب أخلاق القرآن: ص١٤٩.

وكدت بأخمصي أطؤ الثريا

ومما زادني شرفا وتيها

وأن صيرت أحمد لي نبيا

دخولي تحت قولك يا: عبادي

وقد تجلت هذه الصفة في أكمل صورة لها في نبينا صلى الله عليه وسلم الذي جمع أطراف الكمال بأوفر قدر أتيح لبشر أن يحوزه. وقد آثرت الآيات أن تصفه بهذه الصفة لأنها أشرف الفضائل التي يفخر بها[1] كما في قوله تعالى: قَالَ تَعَالَى: ﴿ سُبْحَٰنَ ٱلَّذِىٓ أَسْرَىٰ بِعَبْدِهِۦ لَيْلًا ۝ ﴾ الإسراء: ١. وأدنى مراتبها عبودية القهر التي تجري على ذوي الإرادة والاختيار. ويتزعمهم إبليس الذي أبى أن يخضع لأمر الله تعالى ويتذلل له بل وتكبر عليه. ولسائر الجن والإنس في ذلك مراتب وأحوال بقدر تحقق مفهوم العبودية الخاص فيهم.

ب- بيان مظاهرها وشعائرها:

"إيمان"[2] "وعمل صالح" تلك هي العبارة التي أكثر القرآن من ترديدها واستعمالها[1]. وذلك هو تعبيره الذي حوى شتى مظاهر العبودية التي أرادها من بني آدم. وهو بذلك يبين جانبي[2] هذا الدين الذي تعبدنا الله به:

---

(١) انظر المرجع نفسه ص١٤٨.

(٢) الإيمان في اللغة التصديق. وأما شرعا، فذهب جمهور أهل السنة إلى انه تصديق بالجنان وقول باللسان وعمل بالأركان. وذهب أكثر أصحاب أبي حنيفة إلى أنه التصديق بالجنان والقول باللسان. (انظر شرح العقيدة الطحاوية ص٣٧٣). وقد استعمل القرآن هذا المصطلح للمعنيين: فاستعمله بما يرادف مذهب الجمهور كما في قوله تعالى: قَالَ تَعَالَى: ﴿ وَمَا كَانَ ٱللَّهُ لِيُضِيعَ إِيمَٰنَكُمْ ۝ ﴾ البقرة: ١٤٣؛ يقصد بذلك صلاتهم إلى بيت المقدس. واستعمله بما يرادف مفهومه لدى الفريق الثاني كما في قوله ﷻ قَالَ تَعَالَى: ﴿ وَمَآ أَنتَ بِمُؤْمِنٍ لَّنَا وَلَوْ كُنَّا صَٰدِقِينَ ۝ ﴾ يوسف: ١٧. وغالبا ما يستعمله بالمفهوم الثاني (أي الأعمال الباطنة) عندما يقرن ذكره مع العمل الصالح كما في عبارة المتكررة بكثر في القرآن وهي: ﴿الذين آمنوا

١ - **جانب عقلي وجداني عقائدي** يتمثل في قيام العقل بتقرير كبرى حقائق هذا الكون للعقائد وإقرار القلب بها واطمئنانه لها. وأهم ما فيه معرفة العبد بربه ورب هذا الكون معرفة صحيحة، وذلك بالكشف عن مظاهر عظمته المتجلية في عجائب مخلوقاته. والإطلاع على ما أخبر به عن نفسه فيما أنزل من الكتب، ومعرفة ما وصفه به رسله الكرام.

٢ - **جانب عملي سلوكي** يتم فيه تحديد ما على الجوارح القيام به مما تقتضيه تلك المعرفة وذلك الإيمان من الأقوال والأفعال لتقوم بإنفاذها. ابتداءً من الإقرار بالشهادتين -وهي أفضل الأعمال، إلى ما عبر عنه النبي صلى الـلـه عليه وسلم بأدناها. وهو إماطة الأذى عن الطريق. وعلى الجملة فهو مطالب في جانب الأعمال بأن يكون ﴿أحسن عملا﴾[٣].

فأما الجانب العقلي الوجداني أو النظري فقد أطنب القرآن في الحث على طلب العلم وسلوك سبله والدعاء به فأمر بالتفكر في مخلوقاته كما في قوله عز

وعملوا الصالحات﴾. وأنا أستعمله هنا بمعناه الثاني للأعمال الباطنة لأنه ورد في هـذه العبـارة مقرونـا بـالأعمال الصالحة أي قصد به ما سوى الأقوال والأعمال الظاهرة.

(١) ذكر تعالى عبارة ﴿الذين آمنوا وعملوا الصالحات﴾ في شتى صيغ المدح والإطراء لمن جمع بينهما في خمسين موضعا مـن القرآن آي الكريم. انظر موسوعة القرآن الكريم (cd-d).

(٢) اعتمدت بتحفظ على تقسيم د: يوسف القرضاوي في كتابه (قيمة الإنسان وغاية وجوده في الإسلام ص٢٤) الذي يقـول بأن رسالة الإنسان مركبة من عنصرين هـما: عنصر ـ معرفي علمي، وعنصر ـ عمـلي سلوكي) اعتمدته لأن ذلك موافـق لتقسيم القرآن لتلك الغاية إلى إيمان وعمل صالح ولما جـرى عليـه علمـاء الإسلام مـن تقسيم هـذا الـدين إلى عقيدة وشريعة، وأما التحفظ فلأن تقسيمه لا يشرك العواطف والوجدان، الذي يفيده الإيمان المذكور السابق للعمل الصالح.

(٣) قيمة الإنسان وغاية وجوده في الإسلام: ص٢٤.

وجل: قَالَ تَعَالَى: ﴿ ۞ قُلْ إِنَّمَا أَعِظُكُم بِوَٰحِدَةٍ أَن تَقُومُوا۟ لِلَّهِ مَثْنَىٰ وَفُرَٰدَىٰ ثُمَّ تَتَفَكَّرُوا۟ ۝ ﴾ سبأ: ٤٦. وفي قوله أيضا: قَالَ تَعَالَى: ﴿ إِنَّ فِى خَلْقِ ٱلسَّمَٰوَٰتِ وَٱلْأَرْضِ وَٱخْتِلَٰفِ ٱلَّيْلِ وَٱلنَّهَارِ لَءَايَٰتٍ لِّأُو۟لِى ٱلْأَلْبَٰبِ ۝ ﴾ آل عمران: ١٩٠. وقوله تعالى: قَالَ تعالى: ﴿ سَنُرِيهِمْ ءَايَٰتِنَا فِى ٱلْءَافَاقِ وَفِىٓ أَنفُسِهِمْ حَتَّىٰ يَتَبَيَّنَ لَهُمْ أَنَّهُ ٱلْحَقُّ ۝ ﴾ فصلت: ٥٣.

وأمر تعالى بقراءة كتابه، وتدبره في قوله: قَالَ تَعَالَى: ﴿ أَفَلَا يَتَدَبَّرُونَ ٱلْقُرْءَانَ أَمْ عَلَىٰ قُلُوبٍ أَقْفَالُهَآ ۝ ﴾ محمد: ٢٤. وفي قوله: قَالَ تَعَالَى: أَعُوذُ بِٱللَّهِ مِنَ ٱلشَّيْطَٰنِ ٱلرَّجِيمِ ﴿ وَلَقَدْ يَسَّرْنَا ٱلْقُرْءَانَ لِلذِّكْرِ فَهَلْ مِن مُّدَّكِرٍ ۝ ﴾ القمر: ١٧. وحث تعالى على طلب الاستزادة من العلم بقوله: قَالَ تَعَالَى: ﴿ وَقُل رَّبِّ زِدْنِى عِلْمًا ۝ ﴾ طه: ١١٤. فأول ما يطلب من الإنسان إذن هو المعرفة؛ وذلك لأنه لا قول ولا عمل إلا بعلم. قال تعالى: قَالَ تَعَالَى: ﴿ وَلَا تَقْفُ مَا لَيْسَ لَكَ بِهِۦ ۝ ﴾ الإسراء: ٣٦. وهو دائما يقدم الإيمان على العمل الصالح مع العلم أن الإيمان لا يحصل إلا بالعلم. وقد بوب البخاري رحمه الله تعالى لذلك في صحيحه فقال:

(باب العلم قبل القول والعمل لقوله تعالى: قَالَ تَعَالَى: ﴿ فَٱعْلَمْ أَنَّهُۥ لَآ إِلَٰهَ إِلَّا ٱللَّهُ ۝ ﴾ محمد: ١٩. فبدأ بالعلم)[1].

والأصول التي أمرنا الله بمعرفتها واعتقادها هي التي يشير القرآن الكريم أحيانا إلى أهمها على الإطلاق وهو الإيمان بالله تعالى كما في قوله: قَالَ تَعَالَى: ﴿ ٱللَّهُ لَآ إِلَٰهَ إِلَّا هُوَ ٱلْحَىُّ ٱلْقَيُّومُ ۝ ﴾ آل عمران: ٢. وكما في قوله: قَالَ تَعَالَى: ﴿ فَإِلَّمْ يَسْتَجِيبُوا۟ لَكُمْ فَٱعْلَمُوٓا۟ أَنَّمَآ أُنزِلَ بِعِلْمِ ٱللَّهِ وَأَن لَّآ إِلَٰهَ إِلَّا هُوَ فَهَلْ أَنتُم مُّسْلِمُونَ ۝ ﴾ هود: ١٤. ويقتصر في مواضع كثيرة أخرى على ذكر أهم أصليها وهما الإيمان

---

(١) صحيح البخاري (٢٣/١-٢٤).

بالله واليوم الآخر كما في قوله: قَالَ تَعَالَى: ﴿أَعُوذُ بِاللَّهِ مِنَ الشَّيْطَانِ الرَّجِيمِ لِّمَن كَانَ يَرْجُواْ اللَّهَ وَالْيَوْمَ الْآخِرَ ٦﴾ الممتحنة: ٥ - ٦[(١)]. ويذكر في مواضع أخرى بشيء من التفصيل باقي أهم أركانه وهي الإيمان

بالله وملائكته وكتبه ورسله وباليوم الآخر كما في قوله عز وجل: قَالَ تَعَالَى: ﴿۞ لَّيْسَ الْبِرَّ أَن تُوَلُّواْ وُجُوهَكُمْ قِبَلَ الْمَشْرِقِ وَالْمَغْرِبِ وَلَٰكِنَّ الْبِرَّ مَنْ ءَامَنَ بِاللَّهِ وَالْيَوْمِ الْآخِرِ وَالْمَلَٰئِكَةِ وَالْكِتَٰبِ وَالنَّبِيِّۦنَ وَءَاتَى الْمَالَ عَلَىٰ حُبِّهِۦ ذَوِى الْقُرْبَىٰ وَالْيَتَٰمَىٰ وَالْمَسَٰكِينَ وَابْنَ السَّبِيلِ وَالسَّآئِلِينَ وَفِي الرِّقَابِ وَأَقَامَ الصَّلَوٰةَ وَءَاتَى الزَّكَوٰةَ وَالْمُوفُونَ بِعَهْدِهِمْ إِذَا عَٰهَدُواْ وَالصَّٰبِرِينَ فِي الْبَأْسَآءِ وَالضَّرَّآءِ وَحِينَ الْبَأْسِ أُوْلَٰئِكَ الَّذِينَ صَدَقُواْ وَأُوْلَٰئِكَ هُمُ الْمُتَّقُونَ ١٧٧﴾ البقرة: ١٧٧. وقد أجمل الرسول صلى الله عليه وسلم ذكرها في حديث جبريل المشهور بقوله: "الإيمان أن تؤمن بالله، وملائكته، وكتبه، ورسله، ولقائه، وتؤمن بالبعث الآخر"[(٢)].

إنّ نظرة استشرافية على ما حملته هذه الآية وهذا الحديث من معاني تفيدنا بثلاث أمور رئيسة:

أولها: الإيمان بالله الذي هو البداية المطلقة لكل شيء، وأصل كل وجود.

والثاني: الإيمان باليوم الآخر الذي أخبر به تعالى كنهاية لهذه الحياة ووعد به يوما للحشر والحساب.

والثالث: الإيمان بالهداية التي بعث بها الله إلينا -سندا (الملائكة والرسل) ومتنا (الكتب عامة والقرآن خاصة) وبيانا (السنة)-.

---

(١) ذُكر الركنان مقترنين في هذه العبارة ﴿ الله واليوم الآخر ﴾ ومختلف الصيغ في عشرين موضعا من القرآن الكريم. انظر موسوعة القرآن الكريم (قرص ليزر)

(٢) أخرجه البخاري في كتاب الإيمان (١٨/١) ومسلم في كتاب الإيمان (٣٩/١-٤٠)، ورقمه (٩ و١٠).

وزيادة على هذه الأصول فإن الإيمان -بمعناه العام والتام- هو الاعتقاد بصحة كل ما أخبر به تعالى في القرآن الكريم من أمور الغيب -محكمه ومتشابهه، وما صح عنه صلى الله عليه وسلم أنه أخبر به عن ربه؛ كالإيمان بالقضاء والقدر وأخبار عالم الجن والشياطين وغير ذلك من أخبار الغيب. يتجلى ذلك بوضوح في إيمان الراسخين في العلم بمحكمه كما في قوله تعالى: قَالَ تَعَالَى: ﴿ لَّٰكِنِ ٱلرَّٰسِخُونَ فِي ٱلْعِلْمِ مِنْهُمْ وَٱلْمُؤْمِنُونَ يُؤْمِنُونَ بِمَآ أُنزِلَ إِلَيْكَ وَمَآ أُنزِلَ مِن قَبْلِكَ ﴾ ﴿١٦٢﴾ النساء: ١٦٢. وفي موقفهم من متشابهه.

قال تعالى: قَالَ تَعَالَى: ﴿ هُوَ ٱلَّذِىٓ أَنزَلَ عَلَيْكَ ٱلْكِتَٰبَ مِنْهُ ءَايَٰتٌ مُّحْكَمَٰتٌ هُنَّ أُمُّ ٱلْكِتَٰبِ وَأُخَرُ مُتَشَٰبِهَٰتٌ فَأَمَّا ٱلَّذِينَ فِى قُلُوبِهِمْ زَيْغٌ فَيَتَّبِعُونَ مَا تَشَٰبَهَ مِنْهُ ٱبْتِغَآءَ ٱلْفِتْنَةِ وَٱبْتِغَآءَ تَأْوِيلِهِۦ وَمَا يَعْلَمُ تَأْوِيلَهُۥٓ إِلَّا ٱللَّهُ وَٱلرَّٰسِخُونَ فِى ٱلْعِلْمِ يَقُولُونَ ءَامَنَّا بِهِۦ كُلٌّ مِّنْ عِندِ رَبِّنَا وَمَا يَذَّكَّرُ إِلَّآ أُو۟لُوا۟ ٱلْأَلْبَٰبِ ﴾ ﴿٧﴾ آل عمران: ٧. وذلك ينجر حكمه على كل خبر صح عن رسول الله صلى الله عليه وسلم.

وأما الجانب العملي فيشير القرآن مرات كثيرة إلى أهم ركنيه وهما إقام الصلاة وإيتاء الزكاة كما في قوله عز وجل: قَالَ تَعَالَى: ﴿ وَمَآ أُمِرُوٓا۟ إِلَّا لِيَعْبُدُوا۟ ٱللَّهَ مُخْلِصِينَ لَهُ ٱلدِّينَ حُنَفَآءَ وَيُقِيمُوا۟ ٱلصَّلَوٰةَ وَيُؤْتُوا۟ ٱلزَّكَوٰةَ وَذَٰلِكَ دِينُ ٱلْقَيِّمَةِ ﴾ ﴿٥﴾ البينة: ٤ - ٥. ويشير في مواضع أخرى إلى باقي الأركان وهي توحيد الله تعالى بالعبادة، والشهادة له بالألوهية، ولمحمد صلى الله عليه وسلم بالرسالة النطق بالشهادتين في قوله تعالى: قَالَ تَعَالَى: ﴿ شَهِدَ ٱللَّهُ أَنَّهُۥ لَآ إِلَٰهَ إِلَّا هُوَ وَٱلْمَلَٰٓئِكَةُ وَأُو۟لُوا۟ ٱلْعِلْمِ قَآئِمًۢا بِٱلْقِسْطِ لَآ إِلَٰهَ إِلَّا هُوَ ٱلْعَزِيزُ ٱلْحَكِيمُ ﴾ ﴿١٨﴾ آل عمران: ١٨. وفي قوله: قَالَ تَعَالَى: ﴿ مَّا كَانَ مُحَمَّدٌ أَبَآ أَحَدٍ مِّن رِّجَالِكُمْ وَلَٰكِن رَّسُولَ ٱللَّهِ وَخَاتَمَ ٱلنَّبِيِّۦنَ ﴾ ﴿٤٠﴾ الأحزاب: ٤٠.

والصيام في قوله تعالى: قَالَ تَعَالَى: ﴿ يَٰٓأَيُّهَا ٱلَّذِينَ ءَامَنُوا۟ كُتِبَ عَلَيْكُمُ ٱلصِّيَامُ كَمَا كُتِبَ عَلَى ٱلَّذِينَ مِن قَبْلِكُمْ لَعَلَّكُمْ تَتَّقُونَ ﴾ ﴿١٨٣﴾ البقرة: ١٨٣. والحج في قوله تعالى: قَالَ تَعَالَى: ﴿ وَلِلَّهِ عَلَى ٱلنَّاسِ حِجُّ ٱلْبَيْتِ مَنِ ٱسْتَطَاعَ إِلَيْهِ سَبِيلًا وَمَن كَفَرَ فَإِنَّ ٱللَّهَ غَنِيٌّ عَنِ ٱلْعَٰلَمِينَ ﴾ ﴿٩٧﴾ آل عمران: ٩٧.

وقد جمعها النبي صلى الله عليه وسلم في حديثه مقتصرا في حديث الأعرابي -الذي جاء يسأل عن الإسلام- على ثلاثة أركان وهي الصلوات الخمس وصوم رمضان والزكاة. قال له رسول الله صلى الله عليه وسلم: "خمس صلوات في اليوم والليلة فقال هل علي غيرهن قال لا إلا أن تطوع. وصيام شهر رمضان فقال هل علي غيره فقال لا إلا أن تطوع وذكر له رسول الله الزكاة فقال هل علي غيرها قال لا إلا أن تطوع فأدبر الرجل وهو يقول و الله لا أزيد على هذا ولا أنقص منه فقال رسول الله صلى الله عليه وسلم أفلح إن صدق"[1] وقد ذكر جميعها في قوله صلى الله عليه وسلم: "بني الإسلام على خمس؛ شهادة أن لا إله الله وأن محمدا رسول الله وإقام الصلاة وإيتاء الزكاة والحج وصوم رمضان"[2]

وقد جمع القرآن بين الجانبين مدللًا عليهما بأهم ركنيهما في قوله تعالى: قَالَ تَعَالَى: ﴿ إِنَّمَا يَعۡمُرُ مَسَٰجِدَ ٱللَّهِ مَنۡ ءَامَنَ بِٱللَّهِ وَٱلۡيَوۡمِ ٱلۡأٓخِرِ وَأَقَامَ ٱلصَّلَوٰةَ وَءَاتَى ٱلزَّكَوٰةَ وَلَمۡ يَخۡشَ إِلَّا ٱللَّهَ فَعَسَىٰٓ أُوْلَٰٓئِكَ أَن يَكُونُواْ مِنَ ٱلۡمُهۡتَدِينَ ١٨ ﴾ التوبة: ١٨. فدل على الإيمان بأهم ركنيه وهما الإيمان بالله واليوم الآخر[3]. ودل على العمل الصالح بأهم ركنيه وهما الصلاة والزكاة[4].

---

(١) أخرجه مسلم في كتاب الإيمان (٤٠/١-٤١)، ورقمه (١١).

(٢) أخرجه البخاري في كتاب الإيمان (١٤٢/١)، ورقمه (٤٦). ومسلم في كتاب الإيمان (٤٥/١)، ورقمه: (١٦).

(٣) كرر تعالى في كتابه الجمع بين الإيمان بالله واليوم الآخر في عبارة واحدة ٢٠ مرة. (راجع موسوعة القرآن الكريم قرص ليزر).

(٤) يقول د. مصطفى عبد الواحد: (ولا يذكر القرآن إقامة الصلاة وهي حق الله سبحانه إلا ويقرنها غالبا بأداء الزكاة) (كتاب شخصية المسلم كما يصورها القرآن الكريم ص١٦٩) وقد كرر القرآن الجمع بين الصلاة والزكاة في آحاد الآيات ٢٦ مرة. (راجع موسوعة القرآن الكريم: قرص ليزر).

ثم إنه لما كانت أعمال الناس ومواجيدهم متعددة ومتنوعة، وهممهم وقدراتهم متفاوتة. شرع الله لهم النوافل والتطوُّعات وما لا حصر له من أعمال البِرِّ والقربات. وذلك كفيل بامتصاص أي رغبة جامحة في الاستزادة من المجاهدة والتعبد. قال تعالى في الحديث القدسي: "ولا يزال عبدي يتقرب إليَّ بالنوافل حتى أحبه فإذا أحببته كنت سمعه الذي يسمع به، وبصره الذي يبصر به، ويده التي يبطش بها..." الحديث[1] فشرع لهم من الأذكار ما يشغل ألسنتهم وقلوبهم. وشرع لهم التنفل في الصلوات، والزيادة على صوم رمضان، والإنفاق تطوعا ومسارعة في الخيرات. وطلب منهم الإحسان في كل ما يأتون وما يذرون[2]. وزودهم بضوابط وقواعد كلية توجههم فيما يعملون. من ذلك قوله تعالى: ﴿قَالَ تَعَالَى: ٱدۡفَعۡ بِٱلَّتِي هِيَ أَحۡسَنُ ﴾ ٣٤ فصلت: ٣٤. بل وطلب منهم الاجتهاد والتنافس في مراتب ذلك الإحسان ودرجاته فقال: ﴿قَالَ تَعَالَى: إِنَّا جَعَلۡنَا مَا عَلَى ٱلۡأَرۡضِ زِينَةً لَّهَا لِنَبۡلُوَهُمۡ أَيُّهُمۡ أَحۡسَنُ عَمَلًا ﴾ ٧ الكهف: ٧. وقال صلى الله عليه وسلم في جوامع كلمه: " الإيمان[3] بضع وسبعون أو بضع وستون شعبة فأفضلها قول لا إله إلا الله. وأدناها إماطة الأذى عن الطريق والحياء من الإيمان "[4] فجمع في هذا الحديث كل الأقوال والأعمال الظاهرة والباطنة ولم يترك زاوية من زوايا الحياة إلا وشملها بمنطوقه أو بمضمونه.

---

(١) أخرجه البخاري في كتاب الرقائق، فتح الباري (٤١٤/١١)، ورقمه (٦٥٠٢).

(٢) من ذلك قوله تعالى: ﴿قَالَ تَعَالَى: فَإِمۡسَاكُۢ بِمَعۡرُوفٍ أَوۡ تَسۡرِيحُۢ بِإِحۡسَٰنٍ ﴾ ٢٢٩ البقرة: ٢٢٩ وقوله صلى الله عليه وسلم: "إن الله كتب الإحسان في كل شيء فإذا قتلتم فأحسنوا القتلة، وإذا ذبحتم فأحسنوا الذبح، وليحد أحدكم شفرته وليرح ذبيحته ". أخرجه مسلم (١٥٤٨/٣).

(٣) الإيمان هنا بمعنى الدين كله.

(٤) أخرجه البخاري في صحيحه (٧٠/٢)، مسلم في كتاب الإيمان (٦٢/١)، ورقمه: (٣٥). وأبو داود في كتاب السنة (٢١٩/٤).

ثم إننا إذا نظرنا إلى ما سلف ذكره معتمدين على كلام بعض الباحثين وأكثر المتصوفة ورواد الفكر الإسلامي الذي مفاده أن الإنسان إنما هو تركيبة معقدة لعقل وروح(القلب) وجسد. فإن التقسيم السالف الذكر يوفي كل جانب من جوانبه الثلاثة حظه من تلك العبودية التي أرادها عز وجل. فقد أعطى العقل مهمة معرفة ذلك المعبود والقيام بالكشف عن مظاهر عظمته عبر النظر في عجائب مخلوقاته، والإطلاع على ما أخبر به عن نفسه وما وصفه به رسله. وحض الوجدان على ذلك الانقياد والاستسلام الطوعي وممارسة حب الله وحب غيره فيه. والخوف من غضبه وسخطه، والكراهية فيه إلى غيرها من المشاعر. وأما الجسد فهو أداة العبادة وجارحة العقل والوجدان.

وللراغب الأصفهاني كلام لطيف في بيان أقسام هذا الجانب(العملي)؛ إذ يقسمه إلى أمور ثلاثة وهي: عمارة الأرض، وعبادة الله تعالى، وخلافته في الأرض[١]. وهذا تقسيم منطقي جيد وسأتكلم عن منطقيته بعد بيان هذه الأقسام:

١- **عمارة الأرض**: لقوله تعالى: قَالَ تَعَالَى: ﴿ هُوَ أَنشَأَكُم مِّنَ ٱلۡأَرۡضِ وَٱسۡتَعۡمَرَكُمۡ فِيهَا ۞ ٦١ ﴾ هود: ٦٠ - ٦١. -وإن عمارة الأرض إقامة للكيان البشري والمحافظة على وجوده- قال الراغب: (وذلك تحصيل ما به تزجية المعاش لنفسه ولغيره)[٢].

ويكفي أن علماء الإسلام عدّدوا مقاصد الشريعة، فجعلوا أولها وأهمها حفظ (الدين)، ثم جعلوا سائر المقاصد خاصة بحفظ إنسانية الإنسان؛ تحفظ له (حياته) من التلف كما قال تعالى: قَالَ تَعَالَى: ﴿ وَلَا تَقۡتُلُوٓاْ أَنفُسَكُمۡۚ إِنَّ ٱللَّهَ كَانَ بِكُمۡ رَحِيمٗا ۞ ٢٩ ﴾

---

(١) انظر قيمة الإنسان في الوجود وغاية وجوده في الإسلام ص٢٥. نقلا عن الراغب الأصفهاني.
(٢) انظر نفس المصدر السابق ص٢٥.

وتحفظ عليه (صحة وصحوة عقله)؛ لأنه مناط التكليف وآلة معرفة اللـه عز وجل فحرمت عليه الخمر وحثته على طلب العلم وذمت له الجهل والجاهلين. وتحفظ عليه (نسله) الذي به دوام بقاء نوعه لتتواصل عملية الاستخلاف وتستمر عبادة اللـه في أرضه. ومن مقاصدها أن تحفظ له (ماله) الذي استخلف فيه لأن اللـه جعله سببا من أسباب القوة ففي حفظه من التلف حفظ لقوة الذات العابدة. ومنهم من زاد فقال: (وعرضه) وذلك لما في صفاء الأنساب من دور كبير في الصحة النفسية، والمعنويات العالية، ولكون العائلة هي أصغر اجتماع في الأمة المؤمنة.

٢- **عبادة اللـه تعالى** (بالمعنى الخاص) بما شرع له من العبادات بكيفياتها التي ذكرت في القرآن أو بينها النبي صلى اللـه عليه وسلم عن ربه. وهي ما يصطلح عليه الفقهاء بالعبادات؛ من صلاة وزكاة وصوم وحج وما شرع من أصناف الأذكار والدعاء. القاعدة فيها أن لا يعبد اللـه إلا بما شرع.

٣- **الخلافة**[١] **في الأرض**: الخلافة (نيابة مجردة عن شخص النائب والمنوب عنه، فكل متصرف بالنيابة عن آخر فهو: خليفة المنوب عنه فيما ملكه التصرف فيه. وبذلك تتعدد أشخاص الخلائف بتعدد فعل الاستخلاف)[٢].

---

(١) (الخاء واللام والفاء أصول ثلاثة: أحدهما أن يجيء شيء بعد شيء يقوم مقامه، والثاني خلاف قدام، والثالث التغير. فالأول الخلف، والخلف: ما جاء بعد ويقولون: هو خلف صدق ... وخلف سوء ... فإن لم يـذكروا صـدقا ولا سـوءا قالوا للجيد خلَف وللرديء خلف، قال تعالى: ﴿فخلف من بعدهم خلف﴾ [مريم: ٥٩]. ... الخلافة، وإنما سميت خلافة لأن الثاني يجيء بعد الأول قائما مقامه). معجم مقاييس اللغة مادة (خلف).

(٢) المعجم الصوفي د. سعاد الحكيم ص٤١٣.

واستعمل القرآن كلمة الاستخلاف والخلافة والخلفاء مشيرا إلى مرتبة الحكم والتصرف في الأرض. التي هي بالأصالة للباري عز وجل وبالاستخلاف للإنسان. وهي للإنسان عامة وللأنبياء خاصة.[1]

قال تعالى: قَالَ تَعَالَىٰ: ﴿ وَإِذْ قَالَ رَبُّكَ لِلْمَلَٰٓئِكَةِ إِنِّى جَاعِلٌ فِى ٱلْأَرْضِ خَلِيفَةً ۩ ٣٠ ﴾ البقرة: ٣٠. قال القاسمي بأن معنى خليفة ' أي قوما يخلف بعضهم بعضا، قرنا بعد قرن. كما قال تعالى: قَالَ تَعَالَىٰ: ﴿ هُوَ ٱلَّذِى جَعَلَكُمْ خَلَٰٓئِفَ فِى ٱلْأَرْضِ ۩ ٣٩ ﴾ فاطر: ٣٩.[2] وجوّز أن يراد غير ذلك ككونها خلافة عن الملائكة، أو خلافة عن الله، أو خلافة عن الله قال: (لأن آدم كان خليفة الله في أرضه. وكذلك كل نبي قَالَ تَعَالَىٰ: ﴿ إِنَّا جَعَلْنَٰكَ خَلِيفَةً فِى ٱلْأَرْضِ ۩ ٢٦ ﴾ ص: ٢٦[3] قال صاحب أضواء البيان (لأنه خليفة الله في تنفيذ أوامره)[4] والمقصود من ذلك الاستخلاف (هو الاقتداء بالباري سبحانه على قدر طاقة البشر في السياسة باستعمال مكارم الشريعة، ومكارم الشريعة هي: الحكمة، والقيام بالعدالة بين الناس في الحكم، والإحسان والفضل)[5] وهذه الخلافة ليست مختصة بآدم فقط وإنما هي مدرجة في جميع النوع الإنساني كما قال سبحانه: قَالَ تَعَالَىٰ: ﴿ وَأَنفِقُوا۟ مِمَّا جَعَلَكُم مُّسْتَخْلَفِينَ فِيهِ ۩ ٧ ﴾ الحديد: ٧. فشمل ذلك برهم وفاجرهم بدليل قول الملائكة: قَالَ تَعَالَىٰ: ﴿ أَتَجْعَلُ فِيهَا مَن يُفْسِدُ فِيهَا وَيَسْفِكُ ٱلدِّمَآءَ

(١) انظر المعجم الصوفي: ص٤١٢.
(٢) محاسن التأويل للقاسمي: (٤٤/٢).
(٣) المصدر نفسه (٤٥/٢).
(٤) أضواء البيان: (٤٨/١).
(٥) انظر قيمة الإنسان في الوجود وغاية وجوده في الإسلام ص٢٥. نقلا عن الراغب الأصفهاني في كتابه "الذريعة إلى مكارم الشريعة"

وَنَحْنُ نُسَبِّحُ بِحَمْدِكَ وَنُقَدِّسُ لَكَ قَالَ إِنِّي أَعْلَمُ مَا لَا تَعْلَمُونَ ﴿٣٠﴾ ﴾ البقرة: ٣٠.

والمستيقن عن آدم عليه السلام أنه لم يكن سفاكا للدماء ولا مفسدا في الأرض)[١].

ويعلِّق الدكتور محمد عقلة على قوله تعالى: ﴿إني جاعل في الأرض خليفة﴾ فيقول: (فهذه الآية تبين أن الإنسان هو خليفة الله. خلقه الله ليحمل الأمانة الكبرى؛ أمانة التكليف والمسئولية) ثم يقول: (فالإنسان إذن هو خليفة الله في الأرض أي نائب عنه فيها. وليس للنائب أن يجعل لنفسه هدفا غير استرضاء من اختاروه نائبا عنهم بكل ما أوتي من وسع، فلا يقبل من إنسان أن يتخذ له غاية سوى إرضاء الله وطاعته)[٢].

وأما عن استحقاقه لتلك الوظيفة فذلك لما جمعه الله فيه من محاسن مخلوقاته وما خصه به من تجليات أوصاف الربوبية فيه. هذا ما أهله لينفرد بحمل أمانة التكليف وخلافة الله تعالى طواعية في إنفاذ أوامره في أرضه ولعل ما يقصده ابن عربي حين يقول: (بعدما خلق الله العالم، قال للملائكة:

قَالَ تَعَالَى: ﴿إِنِّي جَاعِلٌ فِي ٱلْأَرْضِ خَلِيفَةً ﴿٣٠﴾﴾ البقرة: ٣٠ وتلك الخلافة رتبة لا يستحقها إلا من خلق على الصورتين: الإلهية والكونية أي من جمع في ذاته جميع حقائق، الحق والعالم، وهو الإنسان الكامل)[٣].

يقول ابن عربي: (فالخليفة لا بد أن يظهر فيما استخلف عليه بصورة مستخلفه وإلا فليس بخليفة له فيهم، فأعطاه: الأمر والنهي، وسماه بالخليفة)[٤].

_____

(١) انظر أضواء البيان: (٤٨/١، ٤٩).
(٢) الإسلام: حقيقته وموجباته، ص٦٠.
(٣) المعجم الصوفي ص٣١٤.
(٤) المرجع نفسه ص٣١٤.

ولكن ينبغي أن يتفطن هذا الخليفة في تقليده لمستخلِفه إلى الفرق الجوهري الذي يختص به الأصل دون الفرع ويراعي ذلك (لأن مفهوم الاستخلاف نفسه يحمل في طياته عدم الأصالة، فالمستخلَف مستعار في رتبة هي بالأصالة لغيره)[1].

ثم إنّ هذه الخلافة تختلف مراتبها في بني البشر ولابن عربي كلام لطيف في ذلك إذ يقول: (وهم إما خلفاء عن اللـه [=رسل، أنبياء] أو يخلفون الرسل ويخلف بعضهم بعض..) ثم قال بأن كل منهم (مستخلف من قبل الحق بقدر وسعه: فأدناهم المستخلف على نفسه، وأكملهم المستخلف على العالم بأسره)[2] ويذكر لتلك الخلافة ستة أشكال وهي: الولاية، النبوة، الرسالة، الإمامة، الأمر، الملك.[3] ويقول: (إنّ أعلى المراتب الإنسانية خلافة اللـه عز وجل، وأعلى مراتب خلافة اللـه عز وجل الرسالة، وأعلى مراتب الرسالة، مرتبة أولي العزم من الرسل وهم الذين بعثوا بالسيف، وأعلى مراتبهم أجمعها دعوة وهي الرسالة المحمدية...)[4].

تلك هي وظائف الإنسان الجزئية والتي يتشابك بعضها ببعض. وهي في جملتها مظاهر لحقيقة تلك العبودية الشاملة التي خلق الإنسان لأجلها.

فوظيفة الإنسان في هذا الكون إذن هي عبادته تعالى في كل ما ظهر أو بطن من الحركات والسكنات (أي العبودية لله بمفهومها العام المطلق). والتي منها التقرب إليه بما أمر وبالكيفية التي أمر بها بالقدر المستطاع. وممارسة الخلافة في الأرض بالكيفية التي أمر بها المستخلِف مع محاولة التحلي بصفات المستخلِف بقدر

---

[1] المرجع نفسه ص٤١٧.

[2] المرجع نفسه ص٤١٣. هذه العبارة الأخيرة من العقائد التي اختص بها بعض كبار الصوفية مما لا سند له في كتاب ولا سنة ولا عقل ولا مجال لمناقشتها في هذا الموضع وإنما يكفي الجزم بأنها ليست مما ادعاه النبي صلى اللـه عليه وسلم ولا أحد من خيرة أصحابه. فلا يحل اعتقادها.

[3] المرجع نفسه ص٤١٥.

[4] المرجع نفسه ص٤٢١.

الطاقة البشرية. وعدم منازعته أخص خصائص سلطانه التي هي خالصة له دون سواه. مع تهيئة وحفظ وتأهيل من يقوم بهذه الواجبات من الأفراد والجماعات. والإحسان في كل شيء.

وأما المنطقية في هذا التقسيم فلأن الإنسان الباحث عن وظيفته بمنطق سليم يجد نفسه لا محالة أمام أطراف ثلاثة في هذا الوجود عليه أن يحدد علاقته بكل عنصر منها بوضوح كي تتضح له وظيفته وهي: الله والإنسان(نفسه ومجتمعه) والعالم.

وإن إنعام النظر في المصطلحات التي استعملها القرآن معبرا بها عن وظائف الإنسان الثلاث الواردة في التقسيم السابق (العبادة[1] -عمارة الأرض- الخلافة)، إنّ إنعام النظر فيها يؤكد أن ذلك التقابل العددي ليس من قبيل الصدفة وإنما هي إجابة القرآن المنطقية عن تساؤل الإنسان عن وظيفته؛ فهي تحدد علاقة الإنسان وواجبه بكل عناصر هذا الوجود. علاقته العمودية التي تربطه بخالقه وخالق كل هذا الوجود؛ والتي عبر عنها القرآن بالعبادة. وعلاقته بما حوله من الخلائق وعلاقة كل راع برعيته. وهي ما عبر عنه القرآن بالخلافة (على تفاوت درجاتها) وعلاقة الإنسانية بنفسها، وهي ما عبر عنه القرآن بعمارة الأرض.

ولننتقل الآن إلى الكشف عن العلاقة التي تربط بين هذه الأقسام وبين ما اعتبره المبين عن الله تعالى أنه جماع أمر هذا الدين وأركان جانبه العملي.

إن الغالب في كلام القرآن عن أركان الإسلام أن يجمع بين ذكر الصلاة والزكاة ويقتصر عليهما في الكثير من سوره. وقد صح أن أعرابيا من أهل نجد جاء يسأل رسول الله صلى الله عليه وسلم عن الإسلام يريد بذلك أقل ما يكفيه منه، فأجابه النبي صلى الله عليه وسلم

_____

(1) يقصد بذلك المفهوم الفقهي لكلمة العبادة أي: مفهومها الخاص؛ من صلاة وزكاة وصوم وحج.

بذكر أركان ثلاثة وهي "خمس صلوات في اليوم والليلة" و"صيام شهر رمضان" وذكر له رسول الله الزكاة "وأخبره صلى الله عليه وسلم بأن ليس عليه غيرها إلا أن يطوع، فأزمع الرجل بأن لا يزيد عليها ولا ينقص. فقال رسول الله صلى الله عليه وسلم بعد أن أدبر الرجل: "أفلح إن صدق"[1] ثم لما أراد الله تعالى بيان تلك الأركان بيانا عاما للناس؛ أرسل جبريلعليه السلام يسأل الرسول صلى الله عليه وسلم عنها، فجمعها له في قوله: "بني الإسلام على خمس؛ شهادة أن لا إله إلا الله، وأن محمدا رسول الله وإقام الصلاة وإيتاء الزكاة والحج وصوم رمضان"[2].

فإذا تجولنا فيما ذكر مفرقا في القرآن وجمعه النبي صلى الله عليه وسلم في جوامع كلمه من أركان هذا الدين رأينا آثار تلك الوظائف الجزئية تتجلى صورها متفاوتة بوضوح في تلك الشرائع وتلك التي هي أركان الإسلام.

١- الصلاة:

إن الصلاة توجه العبد إلى خالقه ومناجاته إياه بقراءة كلامه، والتضرع إليه بالدعاء كما أمر وبالطريقة التي شرعها الله له، وبينها عنه رسوله الكريم صلى الله عليه وسلم. وفيها من المداومة على الاتصال بالخالق والدينونة له، والمصابرة على دوام ذلك الاتصال ما جعل منها عماد هذا الدين. وغدت أعظم وأوضح تجل لوظيفة العبادة. وشعارا بارزا لهذه العلاقة العمودية.

٢- الزكاة:

وأما الزكاة فهي صلة العبد بمن حوله. وفيها تتجلى وظيفة الخلافة بأوضح مظاهرها إذ يقول تعالى:
قَالَ تَعَالَى: ﴿ ءَامِنُوا بِاللَّهِ وَرَسُولِهِ وَأَنفِقُوا مِمَّا جَعَلَكُم مُّسْتَخْلَفِينَ فِيهِ ۖ ﴿٧﴾ ﴾ الحديد: ٧. فوجوب الزكاة يحسس الإنسان بأنه مجرد مستخلف على ما تحت يده. وأن عليه مسؤولية بقدر ما استخلف فيه. وكما قال صلى الله عليه وسلم: " كلكم راع وكلكم

---

(١) أخرجه مسلم في كتاب الإيمان (٤١/١)، ورقمه: (١١).
(٢) أخرجه البخاري في كتاب الإيمان (١١/١).

مسئول عن رعيته. الإمام راع ومسئول عن رعيته. والرجل راع في أهله وهو مسئول عن رعيته. والمرأة راعية في بيت زوجها ومسئولة عن رعيتها. والخادم راع في مال سيده ومسئول عن رعيته."[1] وتلك هي الخيوط الأولى في تكوين الشبكة الاجتماعية ومجتمع الجسد الواحد. من هذا الباب كان هذا الركن أوضح تجل لتلك العلاقة الأفقية وهي علاقة الاستخلاف.

٣- الصوم والحج:

وأما وظيفة عمارة الأرض فإنها تتجلى بوضوح في ركن الصيام بالنسبة للأفراد. وفي ركن الحج بالنسبة للجماعة أو الأمة.

فأما بالنسبة لبناء الفرد؛ ففي الصوم قصد واضح إلى تكوين وحفظ وتزكية الشخصية الإيمانية القائمة على أمر الله. لقد شرع الله للناس في كل سنة شهرا يجاهدون فيه شهواتهم ونزواتهم ويهذبون فيه حيوانيتهم ليستعيد فيه أفرادهم اعتدال قواهم الروحية والعقلية والجسدية. إنّ هذا الشهر مدرسة يجدد فيه ما خَلُق، ويتسابق فيها طلاب الكمال الإنساني من ذوي الهمم.

ففيه ينفض الفرد عن ثوبه غبار الغفلة التي يورثها طول الأمد. إنه لا يريدهم أن يعتادوا على شيء إلا على عبادته. يريد أن يكسر آفتي العادة والنسيان اللتين عصفت بأديان الأمم السابقة. ويخلق فيهم الحركة ويحفظ عليهم قوة الإرادة التي أودعها فيهم[2].

أجل إنّ في كل أوامر الشرع ونواهيه جانبا من المجاهدات يرمي إلى تحريك إرادة الإنسان وتقويتها وتربيتها. ولكنه تعالى جعل في شعيرة الصوم أعظم تجلٍ لما يحفظ استمرار وجود عبده. وما يديم قوته وقدرته على الأداء. إذ جعل من هذا

---

(١) أخرجه البخاري في صحيحه: فتح الباري (١٣/ ١٣٩) مسلم في كتاب الإمارة (١٤٥٩/٣)، ورقمه: (١٨٢٩).
(٢) انظر كتاب شخصية المسلم كما يصورها القرآن الكريم، د. مصطفى عبد الواحد ص١٤٦-١٤٧.

الشهر مدرسة لإعادة تأهيل ذات هذا الموظف وفيه من التزكية والتربية لها ما ليس في غيره.

وأما بناء المجتمع فذلك ظاهر في دعوة القرآن إلى القوة وطلب أسبابها كما في قوله تعالى: قَالَ

تَعَالَى: ﴿ وَأَعِدُّوا لَهُم مَّا اسْتَطَعْتُم مِّن قُوَّةٍ وَمِن رِّبَاطِ الْخَيْلِ ۝ ﴾ الأنفال: ٦٠. وقد جعل تعالى أعظم أسبابها الاجتماع. لهذا؛ بقدر ما كان الإسلام حريصا على تكوين الأفراد وحفظ اعتدالهم؛ كان حرصه أكبر على جمعهم وتوحيدهم. وصهرهم في أمة واحدة؛ تعبد الله لا تشرك به شيئا. وتخلفه في إنفاذ إرادته الشرعية على أمم الأرض. قال تعالى. قال تعالى: قَالَ تَعَالَى: ﴿ وَاعْتَصِمُوا بِحَبْلِ اللَّهِ جَمِيعًا وَلَا

تَفَرَّقُوا ۝ ﴾ آل عمران: ١٠٣. أمة تتجلى فيها أسمى مراتب الخلافة الجماعية في الأرض. قال

تعالى: قَالَ تَعَالَى: ﴿ وَلْتَكُن مِّنكُمْ أُمَّةٌ يَدْعُونَ إِلَى الْخَيْرِ وَيَأْمُرُونَ بِالْمَعْرُوفِ وَيَنْهَوْنَ عَنِ الْمُنكَرِ

وَأُوْلَٰئِكَ هُمُ الْمُفْلِحُونَ ۝ ﴾ آل عمران: ١٠٤. والأمر بالمعروف والنهي عن المنكر يستلزم وجود الأمة والسلطان. لذا فقد رتب لهم الشارع في تلك الشعائر ما يجمع شمل شتاتهم شيئا فشيئا إلى أن يجعل منها صرحا مشيدا يحيط به حصن منيع. لقد بدأ بجمع أصغر جماعاتهم خمس مرات في اليوم والليلة. ثم جمع تلك الجماعات الصغيرة في جماعات أكبر فشرع لهم جمعة كل أسبوع. ثم في جماعات أكبر منها دعا إليها حتى النساء والأطفال مرتين في العام وذلك في العيدين. ثم دعا كل مستطيع منهم لحضور أكبر اجتماع بشري على وجه الأرض مرة كل سنة عند بيته المحرم. إنه المؤتمر العالمي الذي يعقده المسلمون مرة كل عام في موعده المعلوم. وتلك هي خاصية ركن الحج التي لا يشاركه فيها غيره. ففي الحج إذن مقصد واضح المعالم على جمع شتات كل تلك المجهودات الفردية والجهوية ليخلق ذلك المجتمع المنشود، وبناء ذلك الصرح الإسلامي المشيد. أمة ترفع رايته عاليا بين الأمم وتضيء للبشرية طريقها.

خلاصة الفصل:

إذن فإن القرآن يؤكد ويبين ما قطعت العقول بوجوده وتاهت عن فهم كنهه والوقوف على حدوده.

لقد أكمل القرآن ذلك الاستقراء الناقص الذي كان له أن يكتمل لدى الناس بغير عون علم الله المطلق. فأكد لهم أن كل ما في هذا الكون يقوم بوظيفة، ويسعى في سبيله لتحقيق غاية قدرت له سلفا. وكرم الإنسان أيما تكريم. وأثبت له غاية على غرار باقي المخلوقات. وبين له ما خصه به وهو أنه حر في أن يلتزم بما طلب منه أو يهملها. فالأمر راجع إليه. وأخبره بأن ذلك التفويض قد رتب الله تعالى عليه مسئولية عظيمة. فقد رزقه الله تعالى عقلا وحرية التصرف وبعث إليه بالهداية ليختبره؛ فإن هو اتبعها نجى وإن أعرض عنها هلك في دنياه وآخرته.

وأما وظائف الإنسان في هذه الحياة فإننا إذا نظرنا إلى هذا الوجود فإننا نجده قسمين؛(خالق ومخلوق، أو الله والعالم). ثم إننا إذا اعتبرنا تميز الإنسان عن بقية الخلائق -ولكون ذلك يتعلق بنا؛ فإننا نعيد تقسيم الوجود إلى (الله والعالم والإنسان). وفائدة هذا التقسيم هو بيان علاقة الإنسان بعناصر هذا الكون لمعرفة وظيفته فيه. وتتبين تلك العلاقات بهذا الرسم البياني:

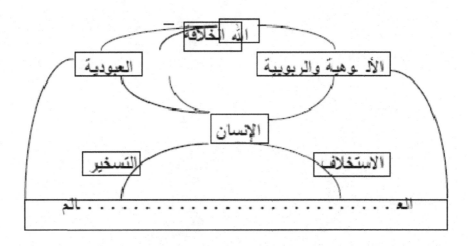

مخطط العلاقات:

يبين هذا المخطط مختلف العلاقات المتبادلة بين عناصر هذا الوجود. فإذا بدأنا من فوق إلى تحت نجد أن العلاقة الأولى هي علاقة الله تعالى بكل ما خلق. وهي علاقة ألوهية وربوبية الله تعالى لكل شيء.

وأما العلاقة الثانية فهي علاقة الإنسان بهذا الكون وهي علاقة سيادة واستخلاف.

فإذا تدرَّجنا في هذا المخطط من تحت إلى فوق فإننا نجد الواجبات وهي أن علاقة الكون بالإنسان هي أن يكون مسخَّرا له. وإذا كان واجب الإنسان تجاه ربه هو عبودية وخلافته في أرضه كما أمر؛ فإن واجب الكون الأول تجاه خالقه هو العبودية لله تعالى بالإذعان لمن استخلفه عليه.

وبالنسبة للإنسان فإن هذا المخطط يرسم للإنسان علاقتين إحداهما عمودية (بينه وبين ربه). والأخرى أفقية (بينه وبين غيره من الخلائق).

فإذا عرف الإنسان قدره ووعى حقائق الحياة التي يحياها، وعرف غايته التي يسعى إليها؛ حق له أن ينطلق في هذه الحياة، مطمئن البال، قرير العين، فيصنع الحضارة التي تنتظرها الإنسانية.

الخاتمة

وفي ختام هذه المباحث التي تجوَّلت بمواضيعها في رياض القرآن الكريم، أضع بين يدي القارئ الكريم أهمّ نتائجها وهي كالآتي:

- إنّ القرآن الكريم بجملته جواب كامل وشامل لكل ما يدور في خلد الضمير البشري من أمهات التطلعات المهمة والمصيرية. وأنه ما ترك شيئا مما يحتاجه الناس حقيقة إلا بيّنه. وما القرآن إلا تلك الهداية التي وعد اللـه تعالى بها عباده عند خروج أبيهم من الجنة.

- أنّ للقرآن منهجه الفريد في معاملة النفسية البشرية بكل مكوناتها الإدراكية، مما يصلح أن يكون أساسا متينا لِعلمِ نفسٍ ذي قاعدة إسلامية صحيحة، ووجهة نظرٍ صائبة ورائدة.

- أنّه إذا كان لكل فلسفة أو نحلة مقالاتها في تفسير وجود الكون والإنسان فهذه المسألة مبسوطة في القرآن الكريم في آيات خلق السموات والأرض بالنسبة لخلق الكون، وآيات قصة آدم عليه السلام بالنسبة لوجود الإنسان.

- أنّ النظر في كل ما وقع في هذا الكون من إبداع القدرة، وتدبير الحكمة ثم النظر في المشهد الأول الذي وصفه اللـه تعالى عن بداية الإنسانية وما صاحبه من الاحتفاء العظيم بخلق آدم يوحي بأن للإنسان مكانة عظيمة في هذا الكون. والتي لو اطلع عليها حقيقة الاطلاع لحاول ألا يفرِّط في جنب ربه طرفة عين. وأن أمر السُّموّ بتلك المكانة أو فقدانها قد أوكل إلى إرادته وعقله.

- أنّ القرآن الكريم قد أعطى تصورا إسلاميا صريحا لأصل الشر في هذا العالم، بسرده قصة مخاصمة إبليس ربه في أمره، وحسده آدم عليه السلام، ووعيده له بالكيد والإغواء إلى يوم الدين.

- أنّ للنهاية في التصور الإسلامي مفهوم مغاير لما يتبادر إلى الأذهان وجواب القرآن على ما حير الإنسان من أمر نهاية الكون ونهايته ليس الصيرورة إلى العدم وإنما هو الخلود؛ خلود الكون على غير هيئته هذه. وخلود بني آدم في رضى الله أو في سخطه.

- أنّ القرآن قد صرف همَمَ الناس عن الغرق في التأمل المجرد الذي يقصي الجانب الوظيفي فيهم، إلى المزاوجة بين العلم والعمل معا.

- أنّ للإنسان علاقتين إحداهما عمودية (بينه وبين ربه). والأخرى أفقية (بينه وبين غيره من الخلائق) وإن القرآن يحدد وظيفة الإنسان في هذه الحياة من خلال علاقتيه بطرفي الوجود. فبالنظر إلى العلاقة الأولى فهو العبد المطلق ووظيفته هي ممارسة العبودية تجاه خالقه بكل ما يحمل هذا المصطلح من دلالات. فإذا نظرنا إليه على انه مخلوق كباقي المخلوقات وأنه يحتل فيها مركز الصدارة والسيادة وجدنا أنه المستخلف عليها. وتلك وظيفته الأخرى بهذا الاعتبار.

- أنّه يمكن أن يُتّخذ من قوله تعالى: قَالَ تَعَالَى: ﴿ وَيَوْمَ نَبْعَثُ فِي كُلِّ أُمَّةٍ شَهِيدًا عَلَيْهِم مِّنْ أَنفُسِهِمْ وَجِئْنَا بِكَ شَهِيدًا عَلَى هَٰؤُلَاءِ وَنَزَّلْنَا عَلَيْكَ ٱلْكِتَٰبَ تِبْيَٰنًا لِّكُلِّ شَيْءٍ وَهُدًى وَرَحْمَةً وَبُشْرَىٰ لِلْمُسْلِمِينَ ۝ ﴾ النحل: ٨٩ وقوله: قَالَ تَعَالَى: ﴿ وَمَا مِن دَآبَّةٍ فِي ٱلْأَرْضِ وَلَا طَٰئِرٍ يَطِيرُ بِجَنَاحَيْهِ إِلَّا أُمَمٌ أَمْثَالُكُم مَّا فَرَّطْنَا فِي ٱلْكِتَٰبِ مِن شَيْءٍ ثُمَّ

إِلَى رَبِّهِمْ يُحْشَرُونَ ۝ ﴾ الأنعام: ٣٨ . قاعدة قوية للقول بمنهج إسلامي شمولي وكامل. وأن من هجر القرآن ترك التعامل معه على هذا الأساس.

هذا ما منَّ به تعالى، والحمد لله الذي هدانا لهذا وما كنا لنهتدي لولا أن هدانا اللـه وأسأله حسن ثواب الدنيا وحسن المآل، وأستغفره من كل تقصير أو إخلال في فهم هدايته، وسبحان الذي تفرَّد بالكمال. وأسأله أن يعلمني ما ينفعني، وأن ينفعني بما علَّمني، وأن يستعملني في خدمة دينه، وأن يقبلني في عباده الصالحين، آميـــــن.

قائمة المصادر والمراجع

١. القرآن الكريم.

٢. آدم عليه السلام،نمير عدنان عبد القادر، مكتبة القدس/ بغداد -العراق. ط (٢)/ ١٩٨٤م.

٣. أحكام القرآن، أبو بكر ابن العربي (الفقيه المالكي). مطبعة مصطفى البابي الحلبي/ القاهرة، ١٣٨٧هـ - ١٩٦٧م.

٤. إحياء علوم الدين، أبو حامد محمد بن محمد الغزالي. (خرج أحاديثه الحافظ العراقي). دار المعرفة/ بيروت -لبنان.

٥. أساليب الطلب عند النحويين والبلاغيين، د. قيس إسماعيل الأوسي. بيت الحكمة/ وزارة التعليم العالي والبحث العلمي. جامعة بغداد. ١٩٨٨م.

٦. الأسئلة الخالدة، سامي أحمد الموصلي ١٩٨٩م

٧. الإسلام (حقيقته وموجباته)، د. محمد عقلة. شركة الشهاب/ الجزائر. ١٩٨٨.

٨. الأسماء والصفات، الإمام أبو بكر أحمد بن الحسين البيهقي. دار الكتب العلمية/ بيروت -لبنان.

٩. الإصابة في تمييز الصحابة، أحمد بن علي بن حجر العسقلاني. دار الكتب العلمية/ بيروت.

١٠. أصول الدين، أبو منصور عبد القاهر بن طاهر البغدادي. تحقيق لجنة إحياء التراث العربي في دار الآفاق الجديدة. دار الآفاق الجديدة/ بيروت-لبنان. ط (١)/ ١٤٠١هـ-١٩٨١م.

١١. الأصول الفكرية للمناهج السلفية عند شيخ الإسلام تقي الدين أحمد بن تيمية، الشيخ خالد عبد الرحمن العك. المكتب الإسلامي/ دمشق. ط (١)، ١٤١٥هـ-١٩٩٥م.

١٢. أضواء البيان في إيضاح القرآن بالقرآن، محمد الأمين بن محمد المختار الشنقيطي. ١٤٠٠هـ-١٩٨٠م.

١٣. أمثال القرآن وأمثال الحديث، للإمام ابن القيم. دراسة وتحقيق د. موسى بناي العليلي. مطبعة الجاحظ- بغداد. ١٩٩١م.

١٤. الإنسان آخر المعلومات العلمية عنه/ ترجمة وإعداد كامران قره داغي/ الموسوعة الصغيرة ٢٠/ منشورات وزارة الثقافة والفنون ١٩٧٨م.

١٥. الإنسان في القرآن الكريم، عباس محمود العقاد. مكتبة رحّاب. الجزائر. د ت.

١٦. الانفجار الكبير أو مولد الكون، أوميد شمشك. ترجمة محمد علي أورخان. مكتبة الشعب/ بغداد. ط (١)/ ١٩٨٦م.

١٧. إنه الحق، عبد المجيد عزيز الزنداني، هيئة الإعجاز العلمي بمكة المكرمة، منشورات دحلب/ الجزائر.

١٨. الإيمان والحياة، د. يوسف القرضاوي. مؤسسة الرسالة/ بيروت -لبنان ط (٩)/ ١٤٠٣هـ -١٩٨٣م.

١٩. التبيان في علوم القرآن، محمد علي الصابوني. مكتبة رحاب/ الجزائر. ط٣/ (١٤٠٧هـ -١٩٨٦م).

٢٠. التذكرة في أحوال الموتى وأمور الآخرة، شمس الدين أبو عبد الله محمد بن أبي بكر بن فرج القرطبي. تحقيق، د. أحمد حجازي السقا. مكتبة النهضة العربية/ بغداد. ١٤٠٥هـ -١٩٨٥م.

٢١. تطور تفسير القرآن، د. محسن عبد الحميد. إصدار وزارة التعليم العالي والبحث العلمي - جامعة بغداد/ بيت الحكمة. ١٩٨٩م.

٢٢. التكريم الإلهي للإنسان، د. محمد الزحيلي/ دمشق-سورية. ط١ (١٤١٥هـ-١٩٩٥).

٢٣. التفسير القرآني للقرآن، عبد الكريم الخطيب. دار الفكر العربي.

٢٤. التفسير الكبير، الفخر الرازي. المطبعة البهية المصرية. ط (١).

٢٥. تفسير القرآن العظيم، أبو الفداء عماد الدين بن كثير. دار ومكتبة الهلال/ بيروت-لبنان. ط(١)/ ١٩٨٦م. واستعملت طبعة دار المعرفة/ بيروت-لبنان. ١٤٠٠هـ-١٩٨٠م

٢٦. التفكر في خلق الله، لحجة الإسلام أبو حامد الغزالي. تحقيق وتعليق وتقديم ماهر المنجد. دار الفكر/ دمشق-سورية. ط (١)/ ١٤١٦هـ-١٩٩٥م.

٢٧. التعريفات، الشريف علي بن محمد الجرجاني. دار الكتب العلمية. بيروت -لبنان. ط (٣)/ ١٤٠٨هـ -١٩٨٨م.

٢٨. جامع البيان في تفسير القرآن ابن جرير الطبري. طبعة الخشاب/ ١٣٢٣هـ

٢٩. الجامع الصحيح، أبو عيسى محمد بن عيسى بن سورة الترمذي. تحقيق كمال يوسف الحوت. دار الكتب العلمية/ بيروت -لبنان. ط (١)/ ١٤٠٨هـ -١٩٨٧م.

٣٠. جامع العلوم والحكم (في شرح خمسين حديثا من جوامع الكلم)، زين الدين أبو الفرج عبد الرحمن بم شهاب الدين ابن أحمد بن رجب الحنبلي. دار العلوم الحديثة/ بيروت-لبنان. ١٩٨٣م.

٣١. الجدل في القرآن الكريم، محمد التومي. الشركة التونسية لفنون الرسم/ تونس. ١٤٠٠هـ -١٩٨٠م.

٣٢. حكم ابن عطاء الله، شرح العارف بالله الشيخ زروق، تحقيق د. عبد الحليم محمود ود. محمود بن الشريف. الشعب/ القاهرة -مصر.

٣٣. حول التفسير الإسلامي للتاريخ، محمد قطب. الناشر المجموعة الإعلامية. جدة - المملكة العربية السعودية. ط٢/١٩٨٩م.

٣٤. حول الثقوب السوداء تر: حكمت غني الحميري (الموسوعة الصغيرة ١٨٨).

٣٥. الحياة البرزخية (من الموت إلى البعث)، محمد عبد الظاهر خليفة. دار الاعتصام/ القاهرة -مصر.

٣٦. دائرة معارف القرن العشرين، محمد فريد وجدي. دار المعرفة/ بيروت-لبنان. ط (٣)/ ١٩٧١م

٣٧. دعائم الفلسفة، إدريس خضير. المؤسسة الوطنية للكتاب/ الجزائر. (ط٤)/ ١٩٩٢م.

٣٨. الدين في عصر العلم، د. يوسف القرضاوي. دار الفرقان للنشر والتوزيع/ عمان -الأردن، ١٤١٧هـ- ١٩٩٦م.

٣٩. رحلتي من الشك إلى اليقين، مصطفى محمود. دار العودة بيروت ١٩٨٨م.

٤٠. روائع الإيمان من تفسير روح البيان، جمع وترتيب: محمد إبراهيم الهسنياني. الموصل -العراق/ دار الكتب للطباعة النشر _ جامعة الموصل. ١٤١٧هـ -١٩٩٧م.

٤١. روح الدين الإسلامي، عفيف عبد الفتاح طبارة. دار العلم للملايين/ بيروت -لبنان. ط (١٣)/ ١٩٧٦م.

٤٢. رياض الصالحين من كلام سيد المرسلين، محي الدين أبو زكريا يحيى بن شرف النووي. تحقيق: عبد الله أحمد أبو زينة. دار العلوم الحديثة/ بيروت -لبنان. ومكتبة الشرق الجديدة/ بغداد. ١٩٨٥م.

٤٣. سنن ابن ماجة، أبو عبد الله محمد بن يزيد بن ماجة القزويني. تحقيق وتعليق وترقيم محمد فؤاد عبد الباقي، دار الفكر.

٤٤. شخصية المسلم كما يصورها القرآن الكريم، د. مصطفى عبد الواحد. صادر عن إدارة الشئون الدينية بدولة قطر، ط٤/ ١٤٠١هـ-١٩٨١م.

٤٥. شرح العقيدة الطحاوية، محمد بن علي بن محمد بن أبي العز الحنفي. تحقيق ومراجعة مجموعة من العلماء، وخرج أحاديثها محمد ناصر الدين الألباني. المكتب الإسلامي. ط (٥)/ بيروت -لبنان.

٤٦. شرح العقيدة الواسطية لشيخ الإسلام بن تيمية، محمد خليل هراس. راجعه الأستاذ عبد الرزاق عفيفي. مكتبة الزهراء -المؤسسة الوطنية للفنون المطبعية/ الجزائر/ ١٩٩٠م.

٤٧. شرح المفصل، موفق الدين يعيش بن على بن يعيش النحوي. دار صادر/ مصر.

٤٨. شرح النسفية في العقيدة الإسلامية، الدكتور عبد الملك عبد الرحمن السعدي. مكتبة دار الأنبار/ بغداد.ط (١)، ١٤٠٨هـ-١٩٨٨م.

٤٩. صحيح البخاري (بحاشية السندي)، أبو عبد الله محمد بن إسماعيل البخاري. دار الفكر/ بغداد ١٩٨٦م.

٥٠. صحيح مسلم، أبو الحسين مسلم بن الحجاج القشيري النيسابوري. تحقيق وترقيم: محمد فؤاد عبد الباقي. دار الفكر بيروت -لبنان. ط (٢) /١٣٩٨هـ-١٩٧٨م.

٥١. صفوة التفاسير، محمد علي الصابوني. دار القرآن الكريم/ بيروت -لبنان. ط (١)/ ١٤٠١هـ - ١٩٨١م.

٥٢. ضحى الإسلام، أحمد أمين. مكتبة النهضة المصرية/ القاهرة. ط (٦)/ ١٣٧٥هـ -١٩٥٦م.

٥٣. الطبيعة البشرية في القرآن الكريم، لطفي بركات أحمد. دار المريخ -الرياض. ط (١)/ (١٤٠١هـ - ١٩٨١م).

٥٤. طريق الإيمان، عبد المجيد عزيز الزنداني، المكتب الإسلامي ط٤/ ١٤٠٧هـ ١٩٨٧م.

٥٥. العبادة في الإسلام، د. يوسف القرضاوي. مؤسسة الرسالة/ الجزائر، ط (٢).

٥٦. العبودية، أبو العباس تقي الدين أحمد بن تيمية. دار الكتب العلمية/ بغداد.

٥٧. عقائد المفكرين في القرن العشرين، عباس محمود العقاد. دار الكتاب العربي. بيروت -لبنان. ط (٢). ١٩٦٩.

٥٨. العقيدة الإسلامية في القرآن الكريم ومناهج المتكلمين، د/ محمد عياش الكبيسي- ط١ ١٩٩٥. مطبعة الحسام/ بغداد.

٥٩. العقيدة الطحاوية، أبو جعفر الطحاوي. تعليق: الشيخ عبد العزيز بن باز. مكتبة السنة/ القاهرة.

٦٠. العقيدة في الله، د/ عمر سليمان الأشقر. دار النفائس للنشر والتوزيع/ عمان -الأردن. ط(١٠)/١٤١٥هـ -١٩٩٥.

٦١. عون المعبود شرح سنن أبي داود، الحافظ ابن قيم الجوزية، ضبط وتحقيق عبد الرحمن محمد عثمان. ط (٣)، ١٣٩٩هـ/ ١٩٧٩م. دار الفكر.

٦٢. فتح الباري (شرح صحيح البخاري)، أحمد بن علي بن حجر العسقلاني. تحقيق: عبد العزيز بن باز، وترقيم محمد فؤاد عبد الباقي. دار الكتب العلمية/بيروت -لبنان. ط (١)/ ١٤١٠هـ -١٩٨٩م.

٦٣. الفصل في الملل والأهواء والنحل، أبو محمد علي بن حزم الأندلسي. تحقيق د. محمد إبراهيم نصر- ود. عبد الرحمان عميرة. دار الجيل -بيروت - لبنان. ١٤٠٥هـ -١٩٨٥م.

٦٤. الفصل في الملل والأهواء والنحل، أبو محمد علي بن حزم الأندلسي. وبهامشه كتاب الملل والنحل، أبو الفتح عبد الكريم الشهرستاني.

٦٥. فلسفة الخليقة (أو أصل الخلائق في مختلف الأديان)، كاظم ناصر الحسن. مطبعة سلمى الفنية الحديثة/ بغداد. ط (١). ١٩٩٠م.

٦٦. الفلسفة القرآنية، عباس محمود العقاد. مطبعة لجنة البيان العربي القاهرة. ١٩٤٧م.

٦٧. الفلسفة والإنسان، د. حسام الألوسي. وزارة التعليم العالي والبحث العلمي (منشورات دار الحكمة)/ بغداد.

٦٨. الفهرس الموضوعي لآيات القرآن الكريم، محمد مصطفى محمد. مطبعة وزارة الأوقاف والشؤون الدينية/ بغداد. ١٤٠٣هـ -١٩٨٣م.

٦٩. في ظلال القرآن، سيد قطب. دار الشروق/ بيروت -لبنان. ط (١٠)/ ١٤٠٢هـ -١٩٨٢م.

٧٠. قاموس القرآن الكريم أو (إصلاح الوجوه والنظائر)، الحسين بن محمد الدامغاني. تحقيق وترتيب وإكمال وإصلاح عبد العزيز سيد الأهل. دار العلم للملايين/ بيروت-لبنان. ط (١)/ ١٩٧٠.

٧١. القرآن الكريم والعلوم الحديثة، المهندس سعد حاتم محمد مرزه. مطبعة الحوادث/ بغداد، ١٤١٤هـ-١٩٩٣م.

٧٢. قصة الإيمان بين الفلسفة والعلم والقرآن، عبد الله نديم بن حسين الجسر. دار التربية للطباعة والنشر والتوزيع. بغداد. (د.ت)

٧٣. قصص الأنبياء، عبد الوهاب النجار. مكتبة النهضة العربية/ ط (٣).

٧٤. القضاء والقدر، عمر سليمان الأشقر. قصر الكتب/ البليدة -الجزائر. ط (١). ١٤١٠هـ-١٩٩٠م.

٧٥. قيمة الإنسان وغاية وجوده في الإسلام، د. يوسف القرضاوي. دار الصحوة/ القاهرة. ط (٢)/ ١٤١٦هـ-١٩٩٥م.

٧٦. كبرى اليقينيات الكونية (وجود الخالق ووظيفة المخلوق)، د. محمد سعيد رمضان البوطي. دار الفكر/ دمشق. ط (٨)/ ١٤٠٢هـ

٧٧. الكتاب المقدس.

٧٨. الكشاف عن حقائق التنزيل وعيون الأقاويل في وجوه التأويل، أبو القاسم جار الله محمود بن عمر الزمخشري. تحقيق وتعليق محمد مرسي عامر. دار المصحف/ القاهرة. ط (٢)/ ١٣٩٧هـ - ١٩٧٧م. واستعملت طبعة دار المعرفة/ بيروت المهمَّشة بكتاب الإنصاف فيما تضمنه الكشاف من الاعتزال لناصر الدين أحمد بن محمد بن المنير الاسكندري.

٧٩. الكون والإنسان في التصور الإسلامي، د. حامد صادق قنيبي. ط (١)/ ١٤٠٠هـ-١٩٨٠م. مكتبة دار الفلاح/ الكويت.

٨٠. لسان العرب، ابن منظور جمال الدين محمد بن مكرم الأنصاري. الدار المصرية للتأليف والترجمة.

٨١. لسان العرب (قرص ليزر).

٨٢. الله (كتاب في نشأة العقيدة الإلهية)، عباس محمود العقاد. دار المعارف/ مصر. ١٩٤٧م.

٨٣. لوامع في معارف الإيمان وأدب القرآن، بديع الزمان النورسي تر: إحسان قاسم صالحي ط (١)/ ١٤١٢هـ-١٩٩٢م.

٨٤. ما هو التصوف: (ما هي الطريقة النقشبندية)، الشيخ علاء الدين النقشبندي. تـر: محمـد شريـف أحمد. طبع الدار العربية/ بغداد.

٨٥. مبادئ علم الفلك/ المهندس عبد الكريم علي السامرائي. الموسوعة الصغيرة (٢٩٣). ط١/ ١٩٩٠.

٨٦. مجمع الزوائد ومنبع الفوائد، الحـافظ نـور الـدين عـلي بـن أبي بكـر الهيثمـي، بتحريـر الحـافظين الجليلين العراقي وابن حجر. دار الكتاب العربي، بيروت/ لبنان. ط٢/ ١٩٦٧م.

٨٧. مجمـوع الفتـاوى، أبـو العبـاس تقـي الـدين أحمـد بـن تيميـة، المملكـة العربيـة السـعودية، ط١(١)/١٣٨١هـ

٨٨. مجموعة متون العقائد (العقيدة الطحاوية: ص٢٣) بعناية بسام عبد الوهاب الجابي/ دار البشائر الإسلامية للطباعة والنشر والتوزيع، بيروت لبنان ط:١٩٩٣.

٨٩. محاسن التأويل، جمال الدين القاسمي. بعناية محمد فؤاد عبد الباقي. دار إحياء الكتب العربية. ط (١)/ ١٣٧٦هـ -١٩٥٧م.

٩٠. مختارات من المثنوي العربي النوري، بديع الزمان سعيد النورسي، اختارها وقدم لها أديب إبراهيم الدباغ مطبعة الزهراء الحديثة/ الموصل-العراق، ط١/ ١٤٠٤هـ -١٩٨٣م.

٩١. مدخل إلى فهم الجذور(من أين؟ ولماذا؟ وإلى أيـن)، محمـد سعيد رمضـان البـوطي. دار الفكـر/ دمشق-سورية. ط (١)/ ١٤١٢هـ-١٩٩١م.

٩٢. المدرسة الشاذلية الحديثة وإمامها أبو الحسن الشاذلي، د. عبد الحليم محمود. دار الكتب الحديثة، مصر.

٩٣. المذهبية الإسلامية والتغيير الحضاري، د. محسن عبد الحميد.

٩٤. مراتب الإجماع، أبو محمد علي ابن حزم الأندلسي. ومعه: نقد مراتب الإجماع لشيخ الإسلام ابن تيمية. منشورات دار الآفاق الجديدة/ بيروت. ط (١)/ ١٩٧٨م.

٩٥. مسألة الألوهية وأصل العالم، زياد الأحدب، دار الكتب العربية/ دمشق-سورية.(رسالة صغيرة)

٩٦. مسند أحمد بن حنبل، المكتب الإسلامي. بيروت/ لبنان.

٩٧. مشاهد القيامة في القرآن، سيد قطب. دار الشروق/ بيروت-لبنان. ط (٧)/ ١٤٠٣هـ -١٩٨٣م.

٩٨. المعجم الصوفي، د/ سعاد الحكيم. دار ندرة للطباعة والنشر/ بيروت-لبنان. ط (١). ١٤٠١-١٩٨١.

٩٩. المعجم الفلسفي، جميل صليبا. دار الكتاب اللبناني/ بيروت-لبنان. ط/١ ١٩٧١م.

١٠٠. المعجم الفلسفي، مجمع اللغة العربية. الهيئة العامة لشئون المطابع الأميرية/ القاهرة. ١٣٩٩هـ -١٩٧٩م.

١٠١. معجم مقاييس اللغة، أبو الحسين أحمد بن فارس بن زكريا. تحقيق عبد السلام هارون. دار الفكر، ١٣٩٩هـ -١٩٧٣م.

١٠٢. المغني عن حمل الأسفار في الأسفار في تخريج ما في الإحياء من الأخبار،(على هامش الإحياء) دار المعرفة/ بيروت -لبنان.

١٠٣. مفحمات الأقران في مبهمات القرآن، جلال الدين السيوطي، تحقيق إياد خالد الطبّاع. مؤسسة الرسالة/ بيروت. ط (٢)/ ١٤٠٩هـ -١٩٨٨م.

١٠٤. المقدمة، عبد الرحمان بن محمد بن خلدون. تحقيق المستشرق الفرنسي- "أ.م. كاترمير" مكتبة لبنان-بيروت/ ١٩٧٠م. عن طبعة باريس ١٨٥٨م. واعتمدت أيضا طبعة دار الفكر وقد أشرت إليها عند استعمالها.

١٠٥. مناهج الجدل في القرآن الكريم، د. زاهر عواض الألمعي. ط/٢ ١٤٠٠هـ

١٠٦. المنقذ من الضلال، (مع دراسات في التصوف) د. عبد الحليم محمود. دار الكتاب اللبناني/ بيروت لبنان. ط (٢)/ ١٩٨٥م. واستعملت طبعة اللجنة الدولية لترجمة الروائع -بيروت ١٩٥٩م. وأشرت إلى ذلك في موضعه.

١٠٧. الموافقات (مجلة أكاديمية)، المعهد الوطني العالي لأصول الدين/ الجزائر/ العدد الرابع ١٩٩٥م.

١٠٨. موسوعة أخلاق القرآن، د/ أحمد الشرباصي. دار الرائد العربي. بيروت لبنان ط١/١ ١٤٠١-١٩٨١.

١٠٩. موسوعة الحديث الشريف (قرص ليزر)، الإصدار الأول/ ١٩٩١-١٩٩٥م. شركة صخر لبرامج الحاسب.

١١٠. موقف الدين من العلم، د. علي فؤاد باشكيل. تر: محمد علي أورخان. دار الأنبار/ بغداد. ط (٣)/ ١٤٠٨هـ -١٩٨٨م.

١١١. نداء الروح، فاضل صالح السامرائي مكتبة القدس - بغداد.

١١٢. نظام الإسلام، محمد المبارك، ط (١)/ ١٣٨٨هـ -١٩٦٨م. دار الفكر.

١١٣. نظرية المعرفة بين القرآن والفلسفة/ د. راجح الكردي. المعهد العالمي للفكر الإسلامي.

١١٤. نهاية الإقدام في علم الكلام، محمد عبد الكريم الشهرستاني، تحقيق ألفريد جيوم.

١١٥. يسألونك (في الدين والحياة)، د. أحمد الشرباصي. دار الجيل/ بيروت لبنان. ط (٢)/ ١٩٧٧م.

١١٦. اليهودية، د. أحمد شلبي. مكتبة النهضة المصرية، القاهرة. ط (٤)/ ١٩٧٤م.

١١٧. اليوم الآخر (القيامة الكبرى)، د/ عمر سليمان الأشقر. قصر الكتاب/ البليدة -الجزائر. ٤١٥هـ - ١٩٩٥م.

١١٨. اليوم الآخر في الأديان السماوية والديانات القديمة، يسر محمد سعيد مبيض. دار الثقافة/ الدوحة -قطر. ط (١)/ ١٤١٢هـ -١٩٩٢م.

١١٩. اليوم الآخر (الجنة والنار)، د/ عمر سليمان الأشقر. قصر الكتاب/ البليدة-الجزائر. (د.ت).

١٢٠.الرسائل الجامعية والدوريات:

١٢١. "التفسير الإشاري، ماهيته وضوابطه"، د. مشـعان سـعود العيسـاوي. رسـالة ماجسـتير نوقشـت بكلية العلوم الإسلامية -جامعة بغداد.

١٢٢. الكون في القرآن الكريم، إسماعيل محمد القرني. رسالة ماجستير/ ١٩٩١م. كليـة العلـوم الإسلامية - بغداد.

١٢٣. يسألونك في القرآن والجواب عنها، رسالة ماجستير تقدم بهـا الطالـب: محمـد الشـيخ محمـد عـثمان ركاب، المملكة العربية السعودية/ ١٤٠٦هـ.

١٢٤. منار الإسلام (مجلة)، بحث للأستاذ عبد الأمير المؤمن. العدد٤/ السنة ١٦ ربيع الثـاني ١٤١١هـ- ١٩٩٠/١٠/٢٠م.

The abstract

Answers of the Quran

on the human questions

A thesis presented by AZZEDDINE KECHENIT to the board of the Islamic Sciences college in fulfillment of the religion principles, under the supervision of Dr. MESHAAN SAUD ABD.

This paper is a research explaining the given answers of the quran for the utmost eternal wondering of the human being concerning the immense facts of this universe in general and one mankind in particular which requires to limit the human wondering in their mother form and I had got the following three main questions:

From where ?

To where ?

Why ?

My plan in this study is to divide it into: an introduction, four chapters and conclusion.

In the introduction, I had mentioned the importance of this matter and the great importance of the preceding studies which had been achieved and its sources, and my plan in treating with the full details of this issue.

first chapter, I had made an introduction for the preceding chapter and I explained the identification of the question, its meanings and the importance of fixing the question in human life and the reasons which stays behind him. I showed the main scopes of the human ideal-occupation, I extracted from it the main issues which I made them to be the main subjects of the remaining chapters, I had talked also about the knowledge means and its contents, showing the legality of the human questions.

The second chapter, was devoted to the answers of the quran about the first beginnings, I dealt with the most important side which is the mystery (the beginner) and the first information (the universe and the human). I had talked about the imagination of the human ideology for the beginning of this universe, the news which the quran had mentioned about that mystery of creation of the sky and the earth and the beginning of the mankind.

I held a third chapter, in which I mentioned the answer of the quran for the facts of the universe in general and the existence of the mankind in particular. I had spoken on that point in two papers, the first one was specified on the destruction of this world , focusing on two important issues which are:

A -Death phenomena, which is the device of destruction of the people and individuals and groups.

B -Arising of the doomsday which is the destructive device of this lifehood and destruction of this universe.

The second paper I specified to talk about the status of the second life at the eternal house and what will arise of the people fate at that day. I added to this chapter with a fourth chapter to talk about the aim that this universe was created for, and the function which the human under take, I mentioned the intention principle validity for all features of this universe this principle which is the cause of universe existence and its aim.

- I finished this research with a conclusion in which I had mentioned the most important I attained that is the god did not create the human wastefully nor left him wanderer send to him with what remained him of his past an future and the aim of his existence and the function which commission to him.

Printed in the United States
By Bookmasters